综合卷

典藏版

见证变革

——站在上海基础教育转折点上

尹后庆

著

上海教育出版社

SHANGHAI EDUCATIONAL
PUBLISHING HOUSE

《上海教育丛书》编委会

《上海教育丛书》历届编委会

"十二五"上海市重点图书规划项目

总　序

建设一流城市，需要一流教育。办好教育，最根本的是要建设好教师队伍和学校管理干部队伍。

在长期的教育实践中，上海市涌现了一大批长期耕耘在教育第一线呕心沥血、努力探索，积累了丰富经验的优秀教师；涌现了一批领导学校卓有成效，有思想、有作为的优秀教育管理工作者。广大优秀教育工作者教育教学和管理工作的经验，凝聚着他们辛勤劳动的心血乃至毕生精力。为了帮助他们在立业、立德的基础上立言，确立他们的学术地位，使他们的经验能成为社会的共同财富，1994年上海市领导决定，委托教育部门负责整理这些经验。为此，上海市教育局、上海市中小学幼儿教师奖励基金会组织成立《上海教育丛书》编辑委员会，并由吕型伟同志任主编，自当年起出版《上海教育丛书》（以下称《丛书》）。1995年上海市教育委员会成立后，要求继续做好《丛书》的编辑出版工作。2008年初，经上海市教育委员会领导同意，调整和充实了《丛书》编委会，并确定夏秀蓉同志任执行主编，协助主编工作。2014年底，经上海市教育委员会领导同意，调整和充实了《丛书》编委会，确定尹后庆同志担任主编。《丛书》的内容涵盖了基础教育和中等职业教育的各个方面，包含有较高理论水平和学术价值的著作，涉及中小学教育、学前教育、师范教育、职业教育、校外教育和特殊教育，以及学校的领导管理与团队工作，还有弘扬祖国优秀文化、促进国际教育交流等方面的著作，体现了上海市中小学教育改革与发展的轨迹，体现了上海市中小学教育办学的水平与质量，体现了优秀教师和教育工作者的先进教育思想与丰富的实践经验。《丛书》出版后，受到广大教师、教育工作者及社会的欢迎。

为进一步搞好《丛书》的出版、宣传和推广工作，对今后继续出版的《丛书》，我们将结合上海教育进入优质均衡、转型发展新时期的特点，更加注重反映教育改革前沿的生动实践，更加注重典型性、实用性和可读性。希望《丛书》反映的教育思想、理念和观点能起到抛砖引玉的作用，引发大家的思考、议论和争鸣；更希望在超前理念、先进思想的统领下创造出的扎实行动和鲜活经验，能引领当前的教育教学改革工作，使《丛书》成为记录上海教育改革历程和成果的历史篇章，成为广大教师和教育工作者的良师益友。限于我们的认识和水平，《丛书》会有疏漏和不尽如人意之处，诚恳地希望广大读者提出宝贵意见，帮助我们共同把《丛书》编好。

《上海教育丛书》编委会

序

　　《见证变革——站在上海基础教育的转折点上》一书，是后庆同志对自己多年从事教育工作的回顾，也是他对上海30年来基础教育改革发展历程的见证，因而有他的所感所思所悟，读之亲切，颇受启发。

　　20世纪90年代，我和后庆同志曾有过一段共事经历。当时，他在市教委负责基础教育工作，对上海的基础教育情况很有热情，说起基础教育工作非常专业。他"文革"后学校毕业，就到市教育局普教处工作，联系农村教育。当他看到上海郊区农村的一些中小学教室没门窗、学校没操场，课桌椅缺胳膊少腿，有的还是小学毕业教师教学生，当一双双渴望的眼神看着他的时候，很是触动。我想他的教育情缘应该是始于此的。后来，我到市里工作了，我们还一起为推进上海基础教育事业发展共同努力。

　　我们都是新中国成立后、20世纪50年代出生的一代人，经历过"文革"的风风雨雨，又沐浴着改革开放的春风，一生最大的遗憾就是缺失正规的、无法补偿的学校基础教育。虽然下乡时农村的生活很艰苦，做工时工厂的劳作很辛苦，但是不断地自学体验，也使我们从中感悟到知识的重要、学习的迫切，恢复高考终于给了我们机遇，激起了我们汲取更多知识的热情。所以，我们都明白，应该把学到的知识传授给更多的人，从事教育事业是一项崇高而幸福的事。

　　后庆同志把他30年的基础教育工作经历，浓缩在这本书里，让我们清晰地看到了上海这30年来基础教育事业的改革发展。大致有两个阶段：前20年，城市基础设施还有许多历史欠账，在教育领域，大量的中小学校需要改造更新，教师队伍亟需提高水平，教育质量需要稳步提高。在历届市委、市政府的领导下，市、区县教育行政部门勇于实践，经历了薄弱学校改造、农村学校标准化建设、加强初中和实验性示范性高中建设等，极大地改善了办学条件。同时，率先颁布《上海市教师进修条例》，滚动开展课程改革，为上海基础教育的持续发展打下了坚实基础。

进入 21 世纪以后，这 10 多年，随着改革不断深化、社会加快转型、人民生活水平提高，上海进入了创新转型的历史阶段，与前 20 年相比，基础教育改革也呈现出转型的特征：尽管按照人口变化及现代教育发展趋势，继续加大学校硬件设施建设和经费投入的力度仍然需要，但已不再是制约教育发展的突出矛盾；尽管按照课程设置要求，保持学生良好学业成绩依旧重要，但已不再是培养全面发展人才的单纯追求。我们还在强调入学机会均等、硬件设施的统一配置、质量标准化的同时，更加注重教育过程公平与高水平的教育结果，不断满足人民群众对高质量、多样化教育的新诉求，执著追求教育内涵发展。

这些年来，上海基础教育改革重心逐步下移，深入到学校和课堂之中，就是为了丰富教育内涵、提升教学质量，办好每一所学校，让每一个学生都受到良好教育。在这个过程中，挑战是显然的。这本书也告诉我们，改革的终端是在课堂上，主力军是广大教师，校长就是主将。无论是教育行政部门的教育制度、体制机制的设计，还是第一线教育工作者的教学改革实践，都要重新审视基础教育的现状和愿景，以更大的勇气来面对挑战，实现创新发展。我们探索建立了一大批课程改革试验学校，引领校长全力提高课程领导力，促进第一线教师和教研员投身教学改革，调动学校改革的自主性和能动性，扎扎实实提高教育质量。我们认真借鉴国内外教育研究和实践成果，开展了义务教育"绿色指标"的质量测评，突破以往传统的"唯分数"指挥棒。我们着力促进学校均衡发展，统筹调配全市优质教育资源，提升底部学校的办学能力，建设了一批"家门口"的"新优质学校"，等等。这些创新措施，极大地提高了上海基础教育的水平。

从某个角度看，一个人的阅历比他掌握的知识更重要。长期从事基础教育工作，让后庆同志积累了把握基础教育规律的经验，使他不仅成为一个成熟淡定的行政管理者，而且也成了一位经验丰富的教育专家。所以，细读这本书，能够了解更多的事实、经过和缘由。人与事也许会淡忘，但是事实背后的一些深层次的思考，却会像一条曲折的小路引人入胜，一直延续下去，这就是传承的真谛。

是为序。

上海市人大常委会主任

2013 年 12 月

目录

我的导读

　　《见证变革——站在上海基础教育的转折点上》作为上海教育丛书的一本奉献给大家。感谢老领导吕型伟先生生前的鼓励和期冀,感谢夏秀蓉先生默默的关怀和支持,也感谢倪闽景、朱坚、沈祖芸……一批年轻的教育同行者们帮忙搜集、整理散落于各个时段、空间的大量资料。成书的过程,是一种时空、场境或断或续的"穿越",是一项繁杂、艰辛、细致并且需要些许智慧的劳动,没有这许多人的支持,也许我无法这么迅速地完成这一并不是那么容易完成的文字工程。

　　我尝试着从一个伴随上海基础教育改革30多年一步步走过的教育行政工作者的视野,用一种冷峻的思考,对正在引起包括美国教育研究者在内的国际教育同行高度关注的上海基础教育改革成果与经验给以客观、公正、理性的描述。希望通过这一回顾和反思,让更多的人了解在中国、在上海的基础教育发生了哪些变革,这些变革对祖国未来——年轻一代成长的预期和影响,甚至也许还可以分析、推测与上海这座国际大都市未来经济发展高度相关的未来之走势。

　　我希望用事实说明:我们的许多传统做法远不是一些人想象得那么落后,而是具有很大的优势,所以我们今后的教育改革要特别慎重,不要把我们传统做法中的许多精华当作改革对象而予以丢弃。同时,上海基础教育能够取得今天这样的成绩,也恰恰是我们不断地改革传统做法而取得的,这样的结果证明我们正在进行的改革完全是必要的,接下来我们需要进一步加大改革力度。"如果我们要学习世界最好的教育系统的经验,并在此基础上建立一个比世界上现存的都要好的教育系统,那么我们应该怎么设计",这是当前值得我们深入思考的问题。

全书的内容框架我采用了"三二一"的组装拼合模式。

前面的三个部分——"从管理到服务""动态认识均衡""踏上转型之路",是从比较宏观的管理层面来展开阐述的。

从管理到服务是一种社会进步。上海作为一个充满活力的城市,呼唤充满活力的教育,也应该具备充满活力的教育。今天的教育行政部门要增强这样一个意识——我们不仅是在管理教育,并且是作为政府部门在治理社会的一个部分。在职能上提高服务社会的能力和水平,在机制上进一步发挥社会在管理方面的潜力,提高社会自我治理和协调的能力,在体制上政府、社会和学校要合作共治,要在治理和协商过程中形成责任、权利、义务的规范体系和治理秩序,使得教育更加充满活力。

教育的均衡发展体现了一种公平与公正的理念,这不仅是世界教育发展的潮流,而且是教育现代化的核心理念。2010 年和 2013 年,国际学生评估项目(PISA)测试成绩的两次全球第一,一再把上海推到了世界基础教育的聚光灯下,许多国家在发布本国成绩的同时都不惜重墨对上海学生的优异表现加以评说。大量数据显示,上海高水平学生成绩与其他发达国家相当,而相对低水平学生成绩则远远高于经济发展与合作组织掌握的平均水平,上海学校校际差异小,不同家庭背景的学生都能受到同样高质量的教育。也就是说,一大批不挑生源、没有特殊资源、没有深厚的文化积淀的最普通学校的整体进步托举起上海基础教育的基准线。

在此基础上,上海启动了"新优质学校推进项目",以"办好每一所家门口的学校"为目标,更加积极回应社会的热点和难点,更加明确上海基础教育所处的历史方位和阶段特征;更加凸显我们对均衡和优质的全新理解和深刻认识,从而推动教育系统内部的主动作为和专业自觉,这就是"新优质学校"的样本意义。

上海的基础教育随着城市的"创新驱动、转型发展"而步入转型,围绕实现"促进每一个学生健康快乐成长"的教育理念,推动中小学教育朝着深化内涵发展的改革深水区不断前进。

上海基础教育转型主要表现在五大方面:在教育价值上,突破对功利价值的过度追求,更加关注教育对"人"本身的价值;在教育质量观上,突破以学科知识传授为主的单一质量追求,更加关注以人的全面而多样发展为特征的全面质量;在培养模式上,突破高度统一的标准化培养模式,更加注重需求导向的个性化、多样化的培养;在教师专业成长上,突破强调学科知识和教学技能的掌握,更加注重教育境界和专业能力的提升;在教育管理方式上,突破以行政手段为主推动教育发展的方式,更加注重思想领导和专业引领。

中间的两个部分——"深化课程改革"和"聚焦学校变革",篇幅相对较长,在时间和空间"穿越"的跨度也比较大。课程改革是上海基础教育改革的着力点,学校发展是上海基础教育改革的落脚点,倘若对此感兴趣的读者,我想提醒你的是,请一定要耐心地与前面三个部分对照起来看,因为基础教育改革是一个与社会方方面面有着千丝万缕联系的系统工程,牵一发而动全身。

课程是学校一切教育教学活动的总和,是学生全部的校园生活。课程改革是教育内涵发展和创新人才培养模式变革的核心,通过改革课程体系提高课程的多样性和选择性,是目前世界性课程改革的共同趋势。作为改革开放的排头兵上海经过30多年的积淀,教育已经走过仅仅依靠分数指标、物质计量、工具价值来判断学校优劣和教育效益的阶段。关注每一个学生的内心世界,通过多样化、可选择的课程浸润,使学生的内心世界变得丰富而有追求,为学生的终身发展播下创新的种子。发掘学科整体育人功能、绿色指标评价体系、提升课程领导力等,都是在上海基础教育改革中自上而下或自下而上的反复提炼而出的鲜活经验。

学校是教育教学的基本单位,教育内涵发展的主要力量。当人们审视当今教育改革成效的时候,常常会发现:学校预定的教改目标能否顺利达成,最终并不取决于具体的推进策略和方法,而是取决于学校文化。文化是教育的基因。今天的教育政策和举措,其中有很多都是民族文化基因使然。以文化建设落实以人为本的办学理念,以文化建设推动办学观念和教育行为的反思,以文化建设打通学校承前启后的通道,以文化建设构架吸收世界先进教育理念的桥梁,不断推动教育文化转型和学校发展,这是学校文化建设的根本价值所在。

一所学校究竟办得怎么样,最简单而实用的评估方法,就是看学生是不是喜欢这所学校,并且在多大程度上喜欢。办学生喜欢的学校,应该成为转型时期学校内涵发展的逻辑起点。这既是对教育本原价值的认识与回归,也是对办人民满意教育的积极回应,孩子的喜欢程度最真实地反映了一所学校的办学质量。

末尾的一个部分——"未来已来之间",阐述的是上海基础教育正在发生的变化抑或是变化的端倪,而这种变化的端倪又与未来教育发展走势紧密相关。

新技术的飞速发展、新媒体的层出不穷,把基础教育推向一个从没有过的举世瞩目的高度和"云端"。如何抓住稍纵即逝的发展机会,在纷繁复杂的世界格局中赢得头筹,给我们的教育行政决策带来了前所未有的新挑战。

教育是一项没有终点的公共服务事业。我们必须在变化的社会环境中,不断研究新问题,提出新措施,主动表达"最原味"的声音,准确传递政策制定的用意和立意,让老百姓在第一时间获得知情权。积极的社会动员,有效的民生回应,这或许就是当今教育行政专业领导的内涵要义。

教育是一项备受社会关注的民生工程。社会进步为基础教育拓展了发展空间,调动社会各方力量、架构更深刻更广泛更丰富的合作机制,是教育突破传统藩篱的核心,也是创新人才培养的必由之路。

未来的教育研究对象将更加凸显"人"的主体地位。人的身心全面发展、怎样才能给学生提供最适合的教育……这些都是未来研究要着力回答的本原性问题。"以人为本"教育理念的回归意义就在于重新恢复"人"在教育活动中的重要地位,顺应人的禀赋,提升人的潜能,让我们的孩子真正得到更全面、健康、幸福的成长。

最后,我需要说明的是:全书每个部分的导入,是站在当下的我的回忆与追思,有点像"正剧"前的序曲,可以看作是作者的内心独白、真情实感的宣泄。而六大部分的正文,则是我参加工作 30 多年积累的文稿的整理和摘录。据我的年轻的同道朋友们说,这样的排列组合可以更好地呈现历史的厚重,读出尘封的历史沧桑感。我只是觉得,作为一个有幸站在上海基础教育转折点上耳濡目染、亲身参与教育改革 30 多年巨大变化的见证者,理应尊重并保护历史的真实和本原。

第一部分

从管理到服务

▶ 1. 建立公共教育服务体系

▶ 2. 从教育管理走向教育治理

▶ 3. 凸显公共服务意识的制度创新

我的工作经历比较简单,7 年农场生活后重返校园,毕业后就进了政府机关,在市教育行政部门的普教处、办公室、基教办、督导室都工作了较长的时间,之后到浦东新区社会发展局干了 4 年,再回到上海市教委。虽说在漫长的 34 年教育生涯中我的大部分工作都是在基础教育领域,但当我确定要梳理自己的工作轨迹、写这本书的时候,我的脑海中首先跳出的问题却是"教育行政部门究竟该做什么",是守着"家底"盘好人、财、物,是执掌帅印发号施令,还是按部就班地在工作流水线上照章办事呢?我觉得都不是,或许那只是在计划经济时代特有的对政府行政职能边界的理解。今天,转型中的经济社会和飞速发展的信息时代让我重新思考教育行政部门的定位。而这 34 年的经历和感悟都告诉我,必须充分认识和有效运作手中最强有力的核心资源——政策制度资源,学会在政府职能转变的视角下进行公共政策和制度的设计。这是教育行政部门工作人员比较缺乏也是最为重要的职业素质。

　　之所以会形成这样思考的逻辑起点,是与我工作之初就受到深刻影响的人有关,他就是我的老领导、著名的教育家吕型伟先生。我刚到机关的时候,几乎每周都会跟着吕老下基层做调研,有时候跑一趟郊区就是一星期。到基层做什么?吕老的任务很明确,一是和基层一起想办法解决问题,让教育改革举措"落地";二是"照镜子",从基层反映的现象中查找政策制定和行政决策中的问题,比如哪些是拨款不足,哪些是人员编制问题,或者哪些是政策设计时被疏忽的漏洞。那时候调研的作风也非常务实,无需基层精心安排,有时就是以招待所为出发点确定好朝东或朝西走的路线走访沿途所经过的所有学校;有时是指定某所学校实地调研,听"推门课",看看教师们最常态的教学状态;有时还有专题调研,那就倾听从校长到具体操作人员的不同声音,一竿子到底切实找到问题的症结和有效的应对之策。

不过,对于我而言,还有第三项任务,就是动脑子学思路。吕老调研有一个惯例,就是在他发表意见之前,每一个随行人员必须先充分表达自己的想法。这样,我在参与调研的时候,一点都不能开小差,既要学会倾听,又要迅速思辨,还要学习抓得住问题的要害提出建设性意见。每一次发表想法之后,我再仔细对照吕老的讲话,看看哪些地方自己想到了,哪些地方自己没有想到,而吕老为什么要这么说、为什么会这么想。这种在我工作之初养成的系统思考的习惯和透过现象看本质的思维方式对我日后工作产生了深远的影响。

就这样不断探索积累反思了20多年之后,当走进浦东新区社会发展局、面对一个站立改革潮头的大区域的时候,我已初步形成了对政府职能内涵的理解。以前我总认为,机关干部要会做大事也要肯做小事,而且绝不能轻视小事,因为任何大事都是由小事组成的。然而,经历了20多年的行政历程之后,我觉得会做大事肯做小事是必需的,但在大事和小事的关系处理上绝不是小事叠加成为大事那么简单,就如同无数条小舢板连接在一起永远都不可能成为航空母舰。

浦东新区是中国改革开放的前沿地带,是集聚了转型时期所有矛盾特征的样本区域。如果仅仅靠守土有责的人、财、物管理显然无法满足时代的要求,这就考验着政府行政部门的公共政策和制度的设计能力,考验着一个行政决策者对宏观趋势的前瞻判断和对微观现象的剔透捕捉。任何宏观问题都要在微观中印证,而大量微观问题的解决都要积淀形成能够影响全局的宏观机制,然后再通过这样的机制有效地传递到基层制度设计的导向上去。对于一个行业专业领域发展的有效认识方法,大半是从微小的、微观的事物开始的。然后凭借这些微观现象积淀而提炼出的本质和趋势就形成了有我们自身印记的洞悉世界和把握局势的判断。这些认识就是我在一个个行政岗位上磨砺体悟出来的。

有了这样的体悟,从王荣华书记通知我要调浦东工作时,特别是担任浦东新区社会发展局局长的第一天起,我就花大力气在制度创新上、在"做局"中做事。

科学决策作为地方教育行政部门运行机制的重要组成部分,是履行职能的起步和关键。在占上海人口五分之一的浦东新区,教育的管理方式和权力运作都面临着前所未有的挑战。如何应对这些挑战,不能采取头痛医头、脚痛医脚的办法，而是要用改革来解决改革过程中发生的问题。我刚到浦东新区面临的教育状况是，政府公办资源非常缺乏与老百姓多样化需求之间的矛盾，小政府体制与教育规模不断扩大的管理难题等。只靠政府力量用原来的方式无法实现改革的目标，那就需要进行制度创新和体制突破。

公办资源缺乏无法满足老百姓多样化的教育需求怎么办？虽然政府公共服务的责任不能推卸，但其提供方式却可以创新，能否通过购买专业服务的方式来解决呢？于是，"委托管理"的想法就应运而生。那么找什么样的专业服务呢？正巧我和闸北八中的刘京海校长谈及此事，没想到两人一拍即合，原来他刚刚以"成功教育"注册了民办非营利组织，试图尝试用新的机制进一步辐射和验证"成功教育"的实践经验。刘京海是一位我非常敬重的醉心于办学的教育功臣，我们决定把一所薄弱初中——东沟中学拿出来委托成功教育中介机构管理，由浦东新区社发局出资购买专业化服务，使其迅速提升办学水平和教学效益。事实证明，在签订的托管期限内，学校发生了蜕变，而这种蜕变恰恰针对的是农村学校面临的共同瓶颈：办学理念相对落后，管理粗放；教师教学方法陈旧，效益不高；绩效评价机制滞后，导致骨干教师和生源流失严重等。但对我而言，更重要的是向民办非营利中介机构购买了专业化教育服务，实现了机制创新上的重要尝试。

探索委托管理、发展非营利性民办机构、购买学位……一次次突破性尝试，让我们开始顶层架构政府公共服务体系。我至今还难以忘怀在郊外小宾馆里，我们十几个人在一起争论、相互碰撞、"头脑风暴"中度过的日日夜夜。就是在那段讨论的日子里，我更加坚定地认为从教育管理走向教育治理，在公共服务中履行教育管理职责，提高教育公共服务政策设计水平，实现制度创新是政府职能转变的题中之意。

我记得当委托管理的做法开始得到更多人认同的时候，有中央电视台记者曾问过我是否受到西方新公共管理理论的影响。说实话，为了设计这套公共服务体系，我阅读过邓伟志先生的一些理论文章，并在他论文引用索引中找到6本感兴趣的西方管理理论书籍，花时间一一啃了下来。与此同时，我也重新回想起1998年去美国考察时看到的蓝带学校和特许学校的运行机制。但这些仅仅带给我一些碎片式的启发，要真正梳理出推进改革的策略，还是必须立足浦东的实际，糅合各种可资借鉴的思路解决浦东自己的问题，这是浦东可以先行先试率先破解中国教育改革前沿问题的关键所在。

从市教育行政机关的不同岗位到直接站到推进浦东新区教育改革与发展的前沿，我最大的感触有三点：一是必须充分理解政府职能转变是大势所趋，政策制定与制度设计是核心；二是必须不断提升政府公共服务的能力和水平；三是必须具有敢作敢为的勇气和魄力。记得我即将离开浦东的时候，有人对我的评价是"他很勇敢，凡是想清楚的事情他一定会义无反顾地做下去。"听了这话，我感到非常欣慰。

浦东新区的教育改革对我来说是一次考验，它让我多年积累下来的对行政工作的个人感悟有了完整实践的机会。正是有了这样的实战经验，当我回到市教委在李宣海书记和沈晓明主任领导下分管全市基础教育时，才有了更多的底气和勇气。委托管理在全市层面的深化与推行、购买服务思想在缓解入园难矛盾中的灵活运用、解决外来务工人员随迁子女入学问题所形成的思路，以及推进国际课程等一系列制度的出台都在既解决现实矛盾、又考虑长远发展之间找到了兼顾的衔接点。

作为一名教育行政干部，历史选择了你在这个阶段为这个区域谋篇布局，你自然要不辱使命、责无旁贷，既要看当前，又要谋未来。因此，我们必须学会在宽广的历史跨度中判断这个领域的发展趋势，宏观上把握好这个领域的历史走向，同时又必须剔透地洞察微观运行，敏感发现微观问题，真正撬动起上下结合的改革杠杆。

1. 建立公共教育服务体系

改革开放以来,我国经历了空前的社会变革、经济体制深刻变革、社会结构深刻变动、利益格局深刻调整、思想观念深刻变化。面对社会的转型,今天的教育确实也到了一个新的发展阶段,需要我们面对变化了的社会大环境,研究新问题、提出新措施,使得教育改革的实践得以继续推进下去。上海,作为一个充满活力的城市,需要充满活力的教育。这就需要决策者们从社会的变化中洞察其中的发展,从而调整我们的意识、思维和行动,以更好地按照时代发展和社会进步的节奏,把握教育改革的进程。

教育发展需要政府公共职能的回归①

中央已经提出了政府职能转变的指示,并且非常精辟地概括了政府的职能,这就是"市场监管、经济调节、公共服务、社会管理"。这 16 个字表明了一种思维上的重大转折——市场能够做的事情,政府不必去做。政府是市场的监管者而不是市场的主体,而公共服务、社会管理,应该属于政府的职能。这个变化反映了政府从"全能政府"回归到"有限责任"的政府,回归到现代社会政府的基本职能上来。今天,政府的职能转变已经实实在在地在推进之中,如政府已经把提供基本教育作为公共服务的基本职能,具体体现在义务教育方面不能有经费缺口,由政府财政全额保障。同时,政府正在努力建设和完善公共教育服务体系,努力保障公共教育体系所需要的公共财物。随着经济实力的增长,政府正在不断地提高教育服务的水平。公民受教育的基本权利体现了教育公平的

---

① 建立和完善公共教育服务体系的思考[J].教育发展研究,2009(1).收录时有改动。

要求。在政府职能转变的过程中,作为教育行政部门,我们要抓住政府加强公共服务的机遇,大力发展教育事业,更好地解决教育这个老百姓最迫切、最关心、最直接的问题,来扩大和延伸教育的公共服务。比如,现阶段政府大力维护教育均衡发展,努力消除城乡二元结构,把基本教育作为公共服务向农村延伸,向非户籍人口延伸,给城区低收入人群和其他处境不利人群以资助,来保障他们受教育的权利等,都是在这样的背景下出台的政策措施。我们原来是以户籍制度为依据来思考人们的教育权利的,但目前的户籍制度显然已难以适应社会发展的要求。在现代社会,税收所形成的公共财政支出作为社会财富的第二次分配,纳税人应该获得他所拥有的权利,所以只要进城务工者已经纳了税,作为纳税人应该成为公共服务的对象,我们应该站在这样的角度来思考解决进城务工人员随迁子女的教育问题。

我认为,作为今天的教育行政部门要增强这样一个意识——我们不仅是在管理教育,并且是作为政府部门在治理社会的一个部分,在职能上提高服务社会的能力和水平;在机制上进一步发挥社会在管理方面的潜力,提高社会自我治理和协调的能力;在体制上政府、社会和学校要合作共治,要在对话和协商过程中形成合理的治理规则,形成责任、权利、义务的规范体系和治理秩序,使得教育更加充满活力。上海作为一个充满活力的城市,需要充满活力的教育,也应该具备充满活力的教育。

从政府职能转变中寻找突破口①

应当看到,政府的职能转变是有效解决教育所面临的许多问题的一个好机遇。政府在职能没有充分转变、建设服务型政府任务没有落实的情况下,常常会出现一些缺位、错位和虚位的情况,而教育发展中的许多问题与此有关。

第一,改革政府管理方式,构建服务型政府,关键是转变政府职能。服务型政府建设的关键问题是政府职能回归到"公共服务"的基础上,深入研究政府职能转变,加快公共教育服务体系建设。根据我国义务教育法的规定,义务教育

---

① 建立和完善公共教育服务体系的思考[J].教育发展研究,2009(1).收录时有改动。

阶段的各项支出应该由政府全额保障。但是在相当长的时期内，由于种种原因，政府不能给予充分的经费保障，曾经要求或者默许学校通过各种途径创收以弥补经费的缺口，这就是所谓的"缺位"，这是造成学校不规范收费的主要原因之一，学校不规范收费使得学校公益性受损、寻利性增加。而一旦公共教育事业的公益性受到损害必然导致政府公信力下降，寻利性的增加也会使教育机构及其人员的思想受到侵蚀并导致行为出现偏差，校正这些不良影响所需的时间往往很长。究其根本，这是政府职责缺位直接造成的。

第二，防止政府职能缺位、虚位和越位，是职能转变的基本要义。现代社会讲究分工明晰、职责相对，管理也是如此。职责不清，就会导致管理错位。在政府公共管理中，各个职能部门都有不同的分工，政府应该加强不同部门之间的协调配合，但不能张冠李戴。有的地方政府给教育局摊派招商引资的任务，这既背离了教育局的基本职能，又扰乱了部门的分工，其结果必然是招商引资未必见效，公共教育事业大受干扰。这些可以归纳为"错位"。

政府管理的职责尽管在制度设计上是明确的，但是由于没有很好地执行，结果导致制度无法从纸面上走到现实中。这就是"虚位"。制度只停留在形式规定中，长期累积造成制度软弱，从而引起社会公众对制度的怀疑和不信任，减弱了对制度的认同和支持。

目前，政府职能缺位、错位和虚位的情况正在引起重视，有许多措施都在正面回归政府的公共职能。只不过我们需要有更加自觉的思想认识，更加主动的制度设计和更加有效的举措，去推动这种回归。教育系统也需要紧紧抓住政府职能转变的机遇，主动地推进建立和完善教育的公共服务体系，落实教育优先发展战略。

第三，政府职能的转变并不是要求政府把所有社会的职能都承担下来背在自己身上。首先，我们要在公共教育体系的大框架下，理清政府公共服务的职责。就教育而言，要分清哪些属于政府公共服务的范围。政府的公共服务有其特征：一是公平性，即每个适龄儿童青少年都能平等获得；二是非排他性，即获得这种机会无需经过竞争，只需经过一定规则安排而获取。当然，作为教育公共产品所提供的范围和水平，如包括义务教育是否可以延伸到幼儿教育、延伸到高中阶段教育等，是随着社会的发展、公众需求的提高与政府财政可能性的不断增强来逐步实现的，不能超越阶段，也不能用政府全包的思路去决策。其次,政府在履行自己职责的过程中可以探索政府公共服务提供方式的变革,如通过培育和扶植社会的中介机构,让它们承担一些专业性的事务,政府可以用委托管理和购买服务的方式,既履行自己的职责又把具体的事务转移给社会机构,这样不仅可以使政府更有效地提供公共服务,也可以扶持、推动社会组织的发展,使社会的运行变得更为健康、有序。再次,我们还需要讨论一个问题,在提供社会服务过程中,超出政府公共服务的部分是否要让服务接受者支付相应的成本。如果这种观念被社会接受的话,我们的思路也就更清楚了。因此,今天在政府职能逐渐转变、政府公共服务日趋加强的背景下,我们怎么设计我们的教育政策,需要不断地与时俱进地来认识和思考。否则,会导致我们自己的政策不系统和不完整,就会面临层出不穷的矛盾,我们的工作也就只有补漏洞的份,没有积极进取的机会。

公共教育服务的基本要义①

公共服务实质为对公共需求的供给,是公共资源投入与配置的产出,享有的对象是所有老百姓。所以,公共服务就是指通过政府的公共支出使得所有老百姓都公平享有的服务。政府发展基础教育事业的责任,重点在于提供公共服务,而公共服务的提供又需要与社会治理结合起来。

▶ 公共服务与社会治理

公共服务的概念,专家、学者的定义不尽相同。有的认为:公共服务通常指在一定社会共识基础上,一国全体公民不论其种族、收入和地位差异如何,都应公平、普遍享有的服务;有的认为:公共服务是指政府为满足社会公共需要而提供的产品与服务的总称。显然,公共服务即指通过政府的公共支出使得所有老百姓都公平享有的服务。政府在社会事业中的公共服务,最重要的领域是义务教育、基本医疗卫生保障、养老等。

社会治理。20世纪以来,世界范围内的非政府组织逐渐发展与培育,许多

---

① 从教育管理走向教育治理——政府转变管理职能方式的思考[J].上海教育科研,2008(1).

公共事务逐渐由社会承担。我国在社会主义市场经济建设与完善的过程中，吸取了发达国家的一些有益经验，日益重视非政府组织的治理。在政府公共管理中，对市场需要监管，对社会则要引导，政府、市场和社会三方面的力量都要发挥，其中必然包括政府组织和非政府组织管理上的合力，才能使社会健康发展。现代政府的公共管理，很多情况下是运用经济调节来加大对社会的间接管理，如通过国民经济第二次分配中政府获得的财政从而转变为公共服务，但这种服务是把财政间接转化为效益，转化的过程必须有专业管理，这种专业管理需要一些非政府非营利的第三方介入，并且承担社会专业管理的职责。

　　社会治理有两个方面：一个方面是社会自治，即许多老百姓自己的事情，通过一定的民主程序自行解决。如报刊曾经报道，有人在一个住宅小区绿地湖泊边唱歌，居民觉得太吵，从而发生吵架的事情。为此，物业公司则让每家每户派代表讨论，投票决定是否允许在湖边唱歌，结果57％的居民同意唱歌，43％的不同意唱歌，后者服从前者。物业公司在协调时提出，允许唱歌，但是不要超过晚上9点，伴奏的音乐要轻一点。此事通过民主程序，加上专业的管理得到了圆满解决。社会治理的另一方面则是政府对社会事务的管理和服务。大量的管理经验已经告诉我们，政府在繁荣的市场体系中不可能包办一切，包办一切的过程是低效的，结果往往是无效的。因此政府在越来越多的公共事务管理中购买服务，主要职责在于监管评估，而治理的实施则由非政府的专业机构承担，更多地采用"契约"方式进行。

▶ 动态认识公共教育服务内涵的阶段性[①]

　　基本公共教育服务是基本公共服务的重要组成部分，基本公共教育服务是一个动态的概念。界定基本公共教育服务的范围，需要遵循几项原则：

　　第一，与经济社会发展阶段水平相适应。基本公共教育服务与经济社会发展密切相关。一般来说，经济社会发展阶段水平决定了提供基本公共教育服务的能力和水平，全世界绝大多数国家的公共卫生和义务教育提供水平与其经济发展状况呈正相关性。少数国家高于或低于经济发展水平，有其特殊的原因：

---

　　① 　上海推进基本教育服务均等化的实践与思考[R].2012 - 5.根据在华东师范大学 MPA 教育中心公共管理局长论坛讲话稿整理。

或由于传统文化和社会价值认同而特别重视,并有比较健全的制度保证(如战后的日本);或由于对基本公共服务意义的认识不足而相对滞后(主要集中在最不发达国家和一部分低收入国家,穷人和富人在接受基础教育年限上差距甚远)。

第二,与社会主流的公平价值取向相一致。基本公共教育服务是让每个人公平获得最基本的公共教育服务,而社会对公平的共识对此有重要影响。假定社会公共教育资源是有限的,如果有一部分人(富人)希望公共教育资源向他们倾斜而获得更多更好的教育,那么另一部分人(穷人)获得公共教育资源的可能就相对减少。确定基本公共教育服务的范围和水平有社会主流的公平价值观的支撑(特别是政府的价值偏好),即绝大多数人认为这个范围的公共教育的享受应当是平等的。如果大多数人认为不同的人应当享有不同的基本公共教育服务的话,实现基本公共服务均等化将是十分困难的事。

第三,与大多数公众的基本教育需求相呼应。任何时候公众对基本教育的需求都是不同的,有时这种多元化差异还相当突出,应当正确区分公共需求和私人需求的差别。基本公共教育服务是公平普惠,是想学都能学的公共教育服务(其中义务教育具有强制性),只能满足大多数公众不断增长的共同需求,差异性的私人需求应当通过其他途径,如市场化供给来满足。

第四,与政府公共财力和监管能力相匹配。无论是公平还是基本公共教育服务的范围,都离不开公共财政的保障和支持。一般来说,政府公共财政实力比较强,它所能提供的基本公共教育服务相对范围就较大和水平较高。同时,政府的调节监管能力也决定了在多大程度上可以保障区域之间、学校之间基本公共教育服务提供中的公平和质量。政府需要正确处理好公共服务中的公平与效率,坚持把公平作为基本公共教育服务的核心准则。

第五,与市场和社会组织完善程度相协调。在市场经济条件下,公共服务(包括基本公共服务)必然伴随着私人服务而发展。市场和社会组织完善程度不仅决定了私人服务的有效性,而且也对公共服务产生影响,有些公共服务可以依托市场和社会组织来提供(通过竞争机制或通过购买服务的方式),从而提高公共服务的效率。基本公共服务范围内的私人需求,通过市场和社会提供效果要比公共机构提供更能体现公平(针对个人需求这些服务可能需要付费或付更多的费用)。市场和社会组织不完善,私人性的需求则会要求公共机构来提供,必将影响公共教育服务的公平性。

透过这些原则，我们可以对当前基础教育怎样纳入公共服务提供不同的思考，如在服务内容上，政府代表公共利益，利用公共财政提供公共服务，其目标是追求公共服务的有效性和适切性。涉及所有社会成员基本和普遍需要的，都应该作为政府公共服务的内容，公共服务的核心是普惠性。基本教育服务是政府公共服务范畴之内的职能，政府提供的基本教育服务产品必须具有公益性、公平性、非竞争性的特征。比如，在职业教育领域内，根据国务院文件精神，上海进一步加强了对中等职业学校学生的资助力度，预计每年市、区县两级财政将投入 3.2 亿元，使就读全日制中职校（含民办中职学校）的学生（含非上海户籍）百分百得到补助，帮困助学对象从城乡低保家庭扩大至所有来自农村和海岛的学生。实际上，这也是公共服务。当然，目前阶段学前教育、高中阶段教育尤其是中等职业学校，更需要通过自己优质的服务来争取政府的公共服务，其办学机会则按照一定规则的竞争来得到，因为公共服务并不完全排斥竞争，公共服务也存在着一定的市场法则。

再比如，在服务能力与水平上，政府公共服务的水平应当随着经济和社会发展与公众需求的增加而逐步提高。公共服务水平的提高，主要体现在普及程度提高和政府公共财力在成本分担中的比例的提高。比如，目前幼儿教育还不属于义务教育范围，政府可以根据自己的能力和财力承担学前教育部分成本。在经济比较薄弱的地区，政府可能没有支出任何学前教育经费；在一些经济比较发达、政府有财政供给能力并且老百姓对学前教育需求旺盛的地区，政府提供幼儿教育成本的可能性则迅速提高，这些地区已经开始逐步提高其中政府服务的比例。所以，幼儿教育发展到某种程度后完全可能成为一种准公共服务或者进一步成为完全的公共服务产品，这种趋势是存在的。高中教育同样如此，以往政策设计中个人负担的高中教育成本比例比较高，但是最近几年在一些高中普及程度高、经济发展水平相对较高的地区，政府也在逐步提高财政负担的比例，出现了高中实际成本在提高，而学费却没有同比例提高的发展态势。

还有，在服务供给方式上，公共服务不应该由政府包揽，不应该由政府直接回应公众所有的利益需求。政府可以直接提供公共服务，也可以通过购买服务、委托管理等方式间接提供公共服务。政府不能成为全能政府，国家也不能成为保姆型国家。政府要提高公共服务的效率，就应减少对微观事物的干预。微观领域、专业领域的公共服务，因为专业性太强，政府可能会力不从心，这完全可以通过社会性的或非营利性的组织机构来承接这种服务。比如学前教育，政府可以直接举办学前教育机构，即举办更多的公办幼儿园；也可以向民办幼儿园购买服务，当然前提是民办幼儿园是执行非营利制度的，因为只有这样，政府的财力才可能保证用于公共的事业，才能使不合理的高收费以成本为依据实现回落。

用好制度资源是履行公共教育服务的关键

服务型政府提供的公共教育服务不是用权力来支配教育资源或者用权力来管理微观事物，而是用制度和机制来治理，因为制度资源比有形的物质更具效率。

▶ 完善保障机制

公共服务既需要经费保障，又需要制度保障。在公共教育服务这个领域内，有不同层面的政府参与，因此需要明确不同层面政府的职责，尤其要明确中央和各级地方之间的责任及分工，建立起职责明确、分工合理、制度健全、举措有力的保障机制。

▶ 建立非营利制度

政府提供公共服务的方式是多样的，间接提供的服务，是通过社会性机构完成的，但是这样的机构必须是非营利的。因此，必须有非营利的制度设计，从而保证服务的公共性。当前，民办教育发展出现一定困境，瓶颈之一是民办教育发展欠缺非营利的制度设计。如果民办教育不是非营利的，投资办学的主体必然要求取得更多投资回报，因而就可能提高学费。居民无法承担高额学费，转而来要求政府提供相应的服务。政府要么选择举办公立学校，要么通过向民办学校拨款要求降低学费。但是公共财政资金进入民办学校，在缺乏非营利制度的财政制度约束下，无法保障所支付的经费真正成为成本分担的资金；不能成为成本分担的资金，政府就无法实现降低学费的目的，结果老百姓没有得到实惠，个别民办教育投资者反而可能有机会扩大钱包。

▶ **建立公共教育服务的准入制度**

长期以来,享受公共教育服务的对象是以户籍为主要依据的。居住人口的教育准入是以户籍为界线的,在人口流动相对稀少的时代,这个界限的不合理之处尚没有显示出来。当人口流动加剧之后,以户籍制度作为享受公共教育服务的界限就显得不适应了。目前,我们对个别群体的特殊处理其实还不是一种制度性的安排,是给现有的制度内与现实不相适应的"漏洞"打上"补丁"。值得注意的是,户籍制度的功能正在悄然发生变化,正从管制手段转变为一种登记内容。这样的变化一旦扩大,公共教育服务的提供将没有任何依托,必将面临极大困境,因此迫切需要建立一种跨越户籍制度的公共服务的准入制度。

2. 从教育管理走向教育治理

上海基础教育正处在一个外延发展与内涵发展互相交融,并且内涵质量提升发展的需要日益突出的阶段。在这样一个特殊的阶段,基础教育所面临的问题基本上都是深层次的发展问题,呈现出深刻性、广泛性、长远性和复杂性等特征。在这样一个阶段中需解决一些深层次发展的问题,教育行政部门必须创造新的服务机制和行事方式,实现从教育管理到教育治理的转型。

从单向管理转向公共治理[①]

教育是政府公共管理中极为重要的一部分,涉及千家万户的利益,教育的公共服务水平在一定程度上也是社会的稳定所在;教育的改革又极为复杂,市

---

① 从教育管理走向教育治理:政府转变管理职责方式的思考[J].上海教育科研,2008(1).

场规律与教育规律、人的发展不平衡与教育公平原则以及教育和经济、社会、人口等领域关系之间的复杂性，都决定了政府所负有的教育管理责任和履行职责的方式必须转变。政府要更好地履行职责，成为服务型政府，必须从大包大揽的单向度管理转向政府、社会与公众等多元主体的共同治理。从管理走向治理，政府要按社会发展的要求调整自己的角色，对教育发展要有敏锐的判断。因此，当前积极培育教育专业中介机构，建立健全家校合作协商机制，对于管理转向治理显得越来越重要。

第一，让专业性社会机构提供专业性服务。政府职责是不可推卸的，但是履行职责的方式可以是多元的：可以直接提供，也可以间接提供，运用公共支出向社会专业机构购买专业性的服务，就是一种间接提供。专业性的服务由专业机构来承担，其越来越明显的优势不仅体现在教育服务的质量上，也体现在教育服务的效益上。委托给专业机构比政府自己去做要专业得多，但并不是说教育专家就能成为行政管理人员。政府层面的教育管理者专业是教育公共服务，是在政府提供的公共服务背景下履行好教育服务职责。学校管理不是教育行政人员的专业，熟悉学校管理的人员未必是个很好的教育行政人员，两者各有不同的管理侧重点。上海实施的"以委托管理推进郊区义务教育学校内涵发展"项目，其重要出发点就是通过发挥优质教育资源机构的服务潜能，促进郊区薄弱学校的内涵发展，并从中培育出服务质量高的专业性社会中介机构。这一项目，不仅以新的方式去提高学校的发展，同时在探索政府走向教育治理的路上迈出积极的一步。

第二，让家长参与学校教育。老百姓对教育的满意率，是考评政府服务效能的重要标准。什么是老百姓对教育的满意率？根据以往的认识和经验判断，市中心城区应该比郊区高，城市比农村高，但事实并非完全如此。在一些区县，农村教育水平明显没有城市高，但农村居民对教育满意率比城市高近 20 个百分点，这说明老百姓对教育的满意率与多方面的因素有关。一是期望值不同，原来农村教育基础比较差，一段时间里通过推进城乡一体的标准化改造办学条件，以及农村教师加工资等政策倾斜，农村教育虽然质量变化不大，但这些变化在一定程度上满足了当地老百姓对教育事业发展的期望；二是参与度不同，这个因素的作用不可忽视，父母辛苦操劳家务，子女还是不满意，因为子女没有参与。所以要办让老百姓满意的教育，一定要让老百姓参与，否则永远会不满意。

教育服务提供者和服务接受者之间要建立协商关系、利益诉求机制和利益协商机制,要有根据家长意见改进学校工作的决策机制,只有这样,许多矛盾才容易解决,建立家长委员会的意义也就在于此。不过,建立家长委员会并发挥好作用并非易事。报上曾经有文章说家长委员会有时候与学校不一致:校长不准补课、家长委员会决定可以补课;校长不准收费,家长委员会决定可以收费。其实产生不同意见都是正常的,如果事事都一致反而不正常。有不同意见就需要协商,建立家校协商机制,首先要承认家长是利益主体之一,家长不是学校的代言人。学校也是利益主体,两者之间要有利益诉求,多元社会要有利益协调。如果经过协商意见达不成一致,就要有决策的民主程序。然后,对于由一定程序决定的事情,大家要有民主素养,要自觉接受。这种经过民主协商以及走过大家都认同的程序所形成的决定,就具有一定的约束力,对于推动学校发展是有利的。

立足普惠制定公共教育政策

▶ 公共教育政策的着眼点

根据对公共服务的基本认识和当前教育事业的发展需求,我们对完善公共教育服务的政策提出以下思考:

一是提高公共教育服务的均衡性与可及性。公共服务的最大特征是普惠性,公共教育服务要能够跨越区域、城乡和人群的差异,关注到所有应该享受服务的对象。当前,我们在制定教育政策时,要特别注意对薄弱地区、特殊人群的服务供给,从关注城市到关注农村与城市并举,从关注户籍人口到关注非户籍人口与户籍人口并举,从关注一般人群到关注所有人群,特别是关注特殊人群。以上海为例,基础教育阶段,上海郊区和农村地区的学生已经占全市总数的60%以上,这个比例在未来几年内还将进一步提高。同时郊区和农村地区由于历史的原因,教育管理相对粗放,教师职业进取意识相对不强,教育质量整体上低于中心城区。此外,全市非户籍人口不断增长,义务教育阶段非户籍适龄儿童的数量也在提高,这些孩子大多聚集在近郊区域。要应对这些实际矛盾,确保公共教育服务的可及性,我们只有实现上述三个转向,才能在原有的基础上,进一步完善教育服务政策,保证公共教育服务的普惠性和可及性,使得教育真正成为社会公平的基石和社会和谐的促进手段。

二是进一步完善义务教育保障机制。一方面,随着经济和社会的发展,政府的财力在不断提高,保障义务教育的能力不断增强;另一方面,人们的观念和对教育的认识不断改进,对优质教育的需求更加迫切,对政府提供公共教育服务的要求也随之提高。因此,尽管社会对延长义务教育年限的呼声很高,决策层面或许也在关注这种呼声,但是,目前我们最需要做的还是通过各种手段加强义务教育的保障工作。政府要进一步完善义务教育的保障机制,不断提高义务教育的保障水平,促进义务教育均衡发展。

三是促进基础教育优质、均衡发展。老百姓需要的是高质量的均衡教育,我们设计政策既要注重均衡,又要关注优质,特别是在均衡的物质条件已经具备的前提下,更要注重优质。这就要求我们在素质教育、课程改革、教育教学、教师专业发展等中观和微观领域明确政策导向、加强专业引领。要通过素质教育的深化,突出学生的创新精神和实践能力的培养;通过课程改革的实施,更加凸显"以学生发展为本"的理念,从知识与技能、过程与方法、情感态度价值观等维度培养学生,增强学生的综合素质;通过加强教学改革,落实教学的各个环节,切实提高教学的有效性;通过在培养、培训、管理和特色方面建立一整套制度和举措,优化师资队伍建设,提高教师队伍素质,从而更加有效地提升教育质量,促进教育内涵发展。

▶ **制定公共教育政策的关注点**①

制定公共教育政策,我们要特别关注三个方面:

第一方面,公共教育政策是多方利益的关照。必须承认,在任何社会中不同利益群体是客观存在的,我们提出建设和谐社会就是让每一个利益群体的利益都得到保证。正常的社会运行机制就是要能保证每个利益群体的利益,并且在其不同的利益发生冲突时具有有效调节的机制,我想这也是我们在和谐社会建设中所注重的"和而不同"的意义所在。当然,这就涉及我们的教育政策,我们的政策是否尊重利益多元的现实,是否考虑所有利益群体的平衡,而不是对各利益群体孰轻孰重,政策形成的过程是否民主。我认为,承认利益多元,就是

---

① 从管理走向治理:活力的城市追求有活力的教育[J].教育参考,2007(8).收录时有改动。

要允许现实生活存在着各种选择的空间和机会,这才是活力的表现。如果我们承认"民主是个不坏的东西",那么也应该接受这样的判断"民主的决策不是最佳决策"的结果,可能民主决策的结果并不是最好的结果,而只是一个不差的结果。不差的结果包容性就大,这样来看我们对今天的政策评价是否也应该能多一点理解、多一点容忍?因为它是各方利益博弈和平衡的结果。在现实生活中,当我们推出一项政策后,在有人叫好的同时,也会有人批评,时间越久,持批评者越众,这是什么道理呢?其实一项政策总是针对某一种倾向、某一些问题,万全之策是没有的。当一项政策推出之后,往往是把当初政策制订时所指向的问题基本解决了,但是政策固有的弊端又显露了。这个时候人们常常会遗忘政策推行时的初衷,而用政策推行之后新出现的矛盾来否定前者,进而引发对政策的错误评估。这是经常发生的社会现象。因此,我认为我们应该建立一种对政策后评估的思路,决策之前应该把一项政策的优势和问题全部显现出来,以便于大家深入了解决策的思路和决策的方法以及政策正负两方面的效应。一旦实施之后要看政策的效应与当初设计是否一致,只要是一致,社会就应坦然接受;否则,社会舆论的压力必然会导致决策的摇摆性和反复性。

第二方面,公共教育政策设计如何增强历史关照。我们要在公共服务的背景下讨论政策设计,应该在教育发展历史跨度上去认识每一个教育政策的历史背景,因为教育政策总有阶段性,它处于一定的背景下需要做什么事情和能做什么事情。每个阶段的决策总是有来龙去脉的,总是有针对性、指向性的。

比如,现在讨论得非常热烈的农村教育体制改革问题。据我所知,我们原来是县管教育,那为什么会形成镇管教育的体制呢?在20世纪80年代,乡镇的集体经济蓬勃发展,政府的财政捉襟见肘。教师属于公办编制,收入很低;而当时的农民收入增长很快。当时,原上海县马桥镇打扫卫生的农民一个月拿60元,我们的教师只有36元,农民的工资标准是按照乡镇企业的工资标准。正是在这种背景下,在全国推行了义务教育以乡镇为主的体制。1985年,上海也执行了郊区农村教育体制的改革,教育的面貌马上有了很大的改变。但进入20世纪90年代以后,随着我国市场经济的逐步建立,乡镇企业的优势不复存在,乡镇财政的收入也呈不稳定状态。以乡镇为单位财政收入的差异性与教育需求的统一性之间产生了矛盾,带来了教育发展乡镇之间的不均衡性。最终到90年代末提出了要由县来统筹教育,这就是一个历史的过程。我刚到教委时,在与人大代表交流时发现有关教育均衡问题是关注的焦点,有代表提出农村教育由区县统筹,那么上海区县之间也有差异,能不能由市里面统筹呢? 这同样有一个历史背景和现实条件问题。20 世纪 90 年代上海的大发展,是在充分调动各区县发展积极性、主动性和创造性的基础上实现的,这是当时上海经济发展一个很重要的体制优势。在这样的一个背景下,区县承担了经济发展的任务,财政的增长相当快,教育卫生等社会事业发展的责任必定也由区县在块里统筹。当时的薄弱学校更新工程就是依托了大规模的城市基础设施建设和城市功能转换、形成布局调整而进行的。在这样的背景下,教育的领导权应该在区县。但是今天大家比较容易看到的是这个体制的弊端,而把当初有利的一面给忽略了,所以今天看到市中心的卢湾、黄浦和远郊的崇明的差距就有一些人要求改变这个体制。其实区县有发展的自主权,必然会导致区县之间发展的差异,关键今天我们如何估量这种体制的优势和潜力是否依然,我想是肯定的。因此我认为,应该继续发扬区县主动发展的体制优势,现存的区县差距完全可以通过市级财政转移支付予以解决。所以,我觉得我们应该从历史的跨度上去认识每一个决策的来龙去脉、利弊抉择,全面地、辩证地分析和看待问题,这样才能使我们的决策不会变得盲目,不会被眼前的问题牵着鼻子走,才能指挥若定。

第三方面,公共教育政策设计要关注国内外教育发展比较。建设有活力的教育,要求我们还要善于在与国内外教育发展轨迹的比较中获得启示。比如,1997 年的时候我到美国去考察,在美国教育部看到一份《重建学校的大胆计划》(这份计划后由华东师范大学出版社翻译出版)。这个计划有七个要点,如第一个要点,由企业界拿出一笔资金,在全国范围内寻找有关改造学校的课题。这些课题涉及教育核心领域、教师队伍管理的课程,可以是学校与社区关系、可以是学校联盟,也可以是学校的合作组织。由专业机构、社会组织去承担这些课题,从而推动教育发展中许多突出问题的解决。后来我们所进行的实验性示范性高中创建工作,其思路和方法就受到了它的启发。实际上这 10 多年来有很多改革措施,比如小班化教育——克林顿总统曾提出小班化教育的政策,世界各国和各地区都掀起了小班化的浪潮。我们在分析我国大陆、香港、澳门、台湾两岸四地的资料之后进行了研究,其中澳门有一个教育管理的措施,是通过收费的杠杆来调节学额,比如规定私立学校每班 40 个学生每人按标准收费,招了第 41 位学生所有学生的收费必须降低,第 51 位必须再降低,使得学校超额招收学生没有经济上的好处，以此来控制学额。这些管理方式给我们以启发，由此我们当初提出了学校的学额管理、学额控制。今天我们已经清楚地认识到，如果当初我们不提出小班化的设想，那么上海在 10 多年的时间里将会因为生源锐减而丧失相当多的资源，小班化作为教育现代化发展的一个标志，在上海发展的机会就会失去。实际上有很多地方都没注意到这个问题。我曾经与某地教育局局长交流，他们说了解我们这个思路太晚了，他们在学生不足时已经关闭了学校，最后造成了教师和其他教育资源流失。所以，我们要研究主要发达国家和地区的教育改革，从中获得启发，从而使上海的教育得到超前的思考。

培育校长的公共教育服务意识①

政府在教育领域尤其是义务教育领域的各种努力主要作用于学校，并通过学校这个中介将一般意义上的公共资源转化成专业化的公共教育产品而作用于人（学生与家长）。换言之，政府教育公共服务职能必须在学校的办学过程中实现，学校是教育公共服务的具体和直接提供者。老百姓对政府教育公共服务的满意度取决于学校所提供的教育服务的质量。

政府通过制定政策、增加投入、改善环境、培训师资、配置资源、加强监督等多种手段为学校的发展提供物质资源和制度资源，保障学校教育公共服务的质量。然而，我们不能不看到，虽然这些年来政府对基础教育的投入逐年大幅度增加，惠及每个学生及其家庭的措施也不断出台，但公共服务的质量和社会满意度并没有随着投入的增长而同步提高。因此，我们不得不面对这样的问题，人民群众对基础教育的满意与否并不全在于校舍、设备等硬件的改善，也并不全在于教育收费的减少，他们更关注的是直接享受到的、具体的教育服务的质量。

一所学校办学水平的高低也许会受多种因素影响，但校长的工作能力与水平往往是起决定作用的因素。政府的教育公共服务政策和举措要通过学校作用于学生、服务于家长，而如何把政策有效地落实在学校层面、深入到教育教学

---

① 政府教育公共服务职能须在校长办学过程中实现[J].上海教育,2009(14).收录时有改动。

的各个环节,关键要靠校长。因此,校长是否具备相应的公共服务意识和能力,是否具有教育专业的能力,他的工作与他所领导的学校能否把政府提供的资源转化为高质量的公共教育产品,是教育公共服务能否得到落实的关键所在。从这个意义上说,在政府已经履行教育基本职责的前提下,学校的公共服务能力决定了教育公共服务的质量。校长作为教育公共服务的执行人,其公共服务能力将决定学校公共服务的质量。

校长要增强教育公共服务的执行人意识。校长的执行人意识主要包括四个方面:

一是公共意识。首先要面向所有学生。在今天,当我们进一步明确了基础教育的公共服务性质时,面向每一个学生,不放弃任何一个学生,确保所有的学生都能享受基准水平以上的教育服务,应当成为校长的自觉意识。同时要强化自身公共职责的认识,校长不是在以个人身份管理教育和学校,而是作为政府部门的执行人在治理学校,时刻都应当按照国家的公共服务政策和要求选择教育教学行为,选择与家长和社会交往的行为。

二是法人意识。法人意识的核心是要求校长从教育管理走向法人治理,从家长式和长官式的管理思路中跳出来,依据教育规律和政策法律等,以学校法人的身份领导和治理学校。

三是效益意识。今天,政府大幅提高了公共教育的投入,基本保障了基础教育学校的运行开支,校长运用所获得的公共资源,转化为教育产品,提供公共服务,因此在办学过程中校长的效益意识必须大大提高。一方面,公办学校的财政是公共财政,它必须按照公共财政的要求和管理办法来使用;另一方面,必须充分重视有限的经费如何使用,用在什么地方,什么时候用,怎么用才更有利于师生与学校的发展,这些都是校长应该关心和运筹的。

四是教育意识。教育的对象是人,人的本质决定了人的需求,人有其内在的特殊性和发展的独特规律,教育教学行为不能脱离这些规律。强调校长的教育意识,实际上是要求校长在带领教师提供教育公共服务的过程中,在具有公共意识、法人意识和效益意识的同时,还要充分理解和认识教育的特殊规律,把教育的外部要求与内在规律结合起来,以教育工作者敏锐而独特的专业目光选择教育教学行为。这是一般的公共资源能否转化为优质教育资源,进而作为教育的公共产品服务于民众的核心所在。

3. 凸显公共服务意识的制度创新

我们要在公共服务的背景下讨论政策设计,在教育发展历史跨度上去认识每一个教育政策的历史背景,因为教育政策具有阶段性,每个阶段的决策总是有来龙去脉的。教育行政部门从单向管理走向公共治理,必然要在制度设计方面有所突破和创新。

委托管理撬开政府职能转变的壁垒

随着政府公共服务职能的强化,提升公共服务的水平和效率的要求已经摆在我们面前。以"管、办、评分离并联动"机制为重点,逐步建立新型的政府、学校、社会之间的关系,努力形成"政府宏观管理、学校自主办学、中介优质服务"的教育发展新格局,是当前教育行政部门转变政府职能的主动探索和具体实践,这有利于提高行政效率和公共服务水平。推行农村义务教育学校委托管理,是在明确政府的公共服务职能的基础上,将政府公共服务实施中的具体事务,委托给专业化的社会机构,从而激活"管、办、评分离并联动"的机制,扩大优质资源的辐射效应,多渠道提升政府公共服务的水平和效率,推动义务教育均衡发展,努力办好人民满意的教育。

▶ 义务教育学校委托管理破解的难题

在推进义务教育均衡发展过程中,除了加大对远郊地区义务教育的转移支付力度,鼓励和吸引优秀高校毕业生到郊区农村任教,在农村中小学教师评聘专业技术职务和授予荣誉称号方面给予政策倾斜等措施外,采取以委托管理形式推进农村义务教育学校内涵发展,基于以下四方面的考虑:

▶▶ **实现中心城区优质教育资源更有效地辐射郊区农村**

在现行属地化管理体制下,学校的人、财、物等资源跨区域流动难度较大。由市教委拨出经费,供郊区教育行政部门向城区教育机构购买服务,并以委托管理的方式来推进郊区农村义务教育学校内涵发展,可以有效突破现行行政区域的界限,使中心城区优质教育资源更加充分地发挥作用。

▶▶ **建立引进专业化服务的渠道**

近年来,政府通过实施"加强初中建设工程""郊区小学初中教学设施改善项目"等,使城乡义务教育学校的办学条件基本达到了一致,而在学校管理、师资队伍、教育教学质量等内涵建设方面,城乡义务教育学校之间仍有一定的差距。实行委托管理,通过政府购买专业化的服务,委托中心城区优质教育资源管理郊区农村相对薄弱的义务教育学校,可以快速提升农村义务教育学校的办学水平,促进义务教育均衡发展。

▶▶ **转变学校思维方式和管理方式,塑造符合教育现代化要求的学校文化**

学校文化是学校内涵发展的重要体现,需要学校干部和教师共同精心打造。为农村相对薄弱义务教育学校引进一两个优秀的教师,常常只能改变一两个班级,不能改变整个学校的面貌。组织优质教育机构以团队形式实行签约式的委托管理,直接向学校快速植入新的教育理念与教育教学管理,推行精细化管理,有利于打破惯有的思维方式,实现学校文化的重塑,加快教育现代化进程。

▶▶ **转变政府职能,培育非政府教育专业机构**

对相对薄弱的义务教育学校实行委托管理,推进教育行政部门依法管理、学校或专业机构依法自主办学、评价机构独立参与评价的"管、办、评分离并联动"模式,有利于转变政府职能;培育非政府教育专业机构,有利于社会主义市场经济背景下教育资源要素的生长与发展。在这里需要指出的,委托专业机构管理义务教育学校,并不是说政府教育行政部门的责任减轻了。政府教育行政部门的职责是不可推卸的,委托管理的内涵是委托管理学校的具体事务,教育行政部门必须进一步依法做好对委托管理学校的领导、拨款、监督、考评、审计等工作,确保适龄学生接受良好教育的权利。与此同时,教育行政部门对学校的管理方式应当有相应的转变,将来在教育中介机构发育成熟后,由教育中介机构实施义务教育阶段相对薄弱学校的委托管理工作还可以根据需要适当扩大。

▶ 推行委托管理制度的现实需求

如何解决上海教育面临的现实挑战,也是政府在履行公共教育服务职能时必须面临的问题。"十一五"末期,郊区中小幼学生数逐年增加,城乡教育一体化发展的重心开始落到郊区。据统计,2010学年,郊区中小幼学生达到119万,占全市中小幼学生总数的70.4％。随着学段的降低,郊区学生占全市学生数的比例不断提高。"十二五"期间,伴随郊区新城和大型居住社区建设,郊区人口还将进一步集聚。下一步,我们要以常住人口为基数,大力推进郊区学校建设工作。本市大型居住社区将公建配套建设369所中小幼学校,郊区新城将公建配套建设中小幼学校69所。此外,在人口集聚、规划公建配套学校覆盖不到的街镇,还需增建中小幼学校120所。

由于历史的原因和客观条件的制约,优质教育资源基本上集中在中心城区,郊区农村原有优质教育资源较少。目前,郊区同时面临资源扩张和质量提升的双重矛盾,压力非常大。因此,上海推进城乡教育一体化发展,推进义务教育均衡优质发展,都必须把重心放在郊区。

另一个现实的挑战是,郊区教育硬件设施条件明显改善,郊区教育改革和发展的关键在于如何促进内涵发展。这几年在经费方面,本市建立了农村义务教育经费保障机制,市财政建立健全了向郊区县转移支付机制,对低于全市义务教育平均拨款标准的,按照全市义务教育平均拨款标准给予补足,同时教育费附加向农村倾斜,使远郊区县义务教育投入已接近或超过全市平均水平。在内涵建设方面,采取了农村义务教育学校委托管理、优质高中郊区新城办分校、品牌学校大型居住社区捆绑办学、区县教育对口合作交流等措施予以推进。其中,农村义务教育学校委托管理是我们推进郊区学校内涵建设的重要举措之一。

▶ 委托管理在一所学校的破冰[①]

浦东新区的东沟中学创办于20世纪50年代,原属东沟镇管辖的农村初级

---

① "管办评联动"机制创新研究——基于浦东教育改革的探索[J].教育发展研究,2006(10B).收录时有改动。

中学。2003 年随着浦东新区城郊教育管理体制一体化的实行,东沟中学与浦东新区的 86 所农村初中一起由"镇管"划归新区"统管",纳入新区第一教育署。由于长期以来各方面条件的限制,东沟中学管理水平与教育质量一直不高,基本处于新区同类学校的中下层次。

根据浦东教育"管、办、评分离并联动"机制的基本构想,2005 年 6 月,浦东新区社会发展局与上海市成功教育管理咨询中心签署了"东沟中学委托管理协议"。根据协议,东沟中学自 2005 年 7 月 1 日起由政府委托成功教育管理咨询中心实施管理,第一轮管理期限为一个初中教育周期——4 年(上海义务教育实行五四制)。根据双方签订的《东沟中学委托管理协议》,东沟中学的委托管理主要有以下方面的内容:

一是在委托管理期间,东沟中学"国有公办初级中学"的性质保持不变,与新区政府的隶属管理关系保持不变;新区政府保障东沟中学享有与新区其他义务教育阶段公办初中学校同等的资源投入与政策保障。

二是委托管理期限为初中的一个教学循环,共 4 年;委托管理期间东沟中学应根据党和国家的教育方针,全面推进素质教育,办学水平和教育教学质量达到全区平均水平以上。

三是作为管理方,管理中心应在遵守国家和上海市、浦东新区的有关法律、法规和规章制度的基础上,根据新区政府的要求和东沟中学实际制订具体的办学方案,包括引入教育理念、管理理念,建立有效能的管理模式,组织教育教学、培训教师以及各类教育资源的有效使用等全方位办学内容。办学方案在经过有关专业组织评估和教育行政部门认定后,作为委托方与管理方共同遵守的办学要求和评估办学成效的主要依据之一。

四是委托方与管理方有共同责任:通过东沟中学的委托管理实践,探索建立现代学校制度的有效途径与方法,探索利用社会多种资源和方式发展新区基础教育的途径和方法,促进新区优质基础教育资源的扩大。为保障管理方享有充分的办学自主权,在委托管理期间,东沟中学的校长人选由管理方负责推荐,报教育行政部门核准后聘用;学校实行校长负责制,依法组织实施教育、教学等各项管理工作。政府则应积极支持学校进行教育综合改革实验,并为学校开展教育、教学活动和管理工作提供及时的指导和有效的服务。

五是委托管理期间,管理方可以充分使用东沟中学的校舍、土地、设备、仪器等国有资产服务于学校办学,但不享有处置、处分学校资产和在办学目的之外使用学校资产的权利。管理方应依法接受政府的招生、人事、财务、资产等管理工作的要求,依法接受政府对东沟中学办学水平、教学质量、教育管理工作的监控和评估以及对校长的经济责任审计。

六是东沟中学的委托管理作为政府购买服务的一个项目,政府应支付必要的服务费用。政府作为服务购买方每年要通过专业机构对中心管理的东沟中学办学质量进行考核与评估。经考核,委托管理取得明显成效并达到委托管理要求的,管理方享有合理获得委托管理报酬的权利。

管理中心进入东沟中学第一年,着重做了三件事:一是情感相融、价值认同、目标定向。管理中心派出了由 10 名教师组成的团队,他们不是取代东沟中学的师资队伍和管理力量,而是与东沟的原师资队伍共同工作,因此首先要解决管理方与被管理方两支队伍的情感融合与价值认同问题。二是以工作流程为抓手,提高学校管理的绩效水平。三是以学科教学的电子平台为载体,推动课堂教学改革,促进教师的专业发展。

委托管理启动一年后,2006 年 6 月,课题组对东沟中学委托管理一年来的效果进行了一次问卷调查,对象是东沟中学的 51 名(全体)教师和 198 名(分布于初一至初三)学生。问卷从信息与了解、学校质量与评价、对学校的满意度(包括不满与抱怨)、对学校今后发展的建议四个方面展开,师生员工都做出了相当肯定的评价。

东沟中学委托管理的制度创新和实践价值在哪里呢?

第一,创新了政府的资源配置机制。浦东教育的"管、办、评分离并联动"机制第一次把传统的公共教育的全流程切分为管、办、评三大领域,这种切分使过去笼统的"政府教育职能"有了主题性分解(管、办、评)和主体性分担(政府、学校、社会)的基础,为明确参与主体的权责对应框架创造了可能。"管、办、评分离并联动"机制也第一次从资源化的角度来看待"管、办、评"的不同领域和功能,从而为教育资源的配置机制创新开辟了新的途径。由于资源的可交换性,因此可以通过资源的选择、购买、组合使公共资源得到优化配置,使政府教育职能的有效履行有了更多的实现途径。体制外中介平台的引入使教育资源的跨区域选择与优化配置有了可能。东沟中学的实践通过委托管理的方式,购买引进了一整套的专业管理服务,使政府对学校的资源投入效能有了专业保障。这种购买专业服务的方式也开始被引用到专业评估服务等方面(如委托具有专业资质的社会评估机构对学校年度办学绩效进行评估等),体现了政府通过购买社会化、专业化的教育服务,提高公共资源使用效能的积极尝试。

第二,在机制创新的实战中培育非政府的教育专业机构,不仅活跃了市场经济背景下教育资源要素的生长与发展,也为社会进步提供了新的动力源。当前不论从全国范围来看,还是就上海本地而言,社会组织(包括教育的专业化社会中介机构在内)的发育和发展现状均呈现数量十分有限、总体质量不高的特点,处于起步阶段,因此需要大力培育和扶持。对于包括专业性社会中介机构在内的社会组织的培育,在当前政府无疑应承担更多的责任,但培育的方式不能沿袭传统包办之路,而应该通过环境创设、政策调控、项目委托等方式,运用市场经济体制的基本规律来培育和扶植它,使其在实践中成长。东沟中学的实践表明,通过委托项目的实战过程锻炼社会组织和中介机构的专业能力是非常重要而具实效的环节。成功教育管理中心作为一个体制外的专业中介组织,由于接手东沟中学的管理,不得不直接面对学校运行过程中大量需要解决的问题,这使成功教育管理中心面临了自身知识开发和内涵建设的更大压力。而且他们在与各方共处的环境中还要经受诸如法规意识、契约意识、诚信观念等各方面的考验。在应对这些问题与矛盾中,管理中心开发实验了一系列的诸如教学流程管理、教学环节实施规范、师生行为准则等"产品",锻炼与培养了一批骨干力量,积累了大量的实战应对经验。东沟中学的实践也证明,以优质社会组织(如学校、研究机构)为母体,以优秀领军人物(如校长、专家)为品牌,来催生和培育专业化的社会中介机构可能是当前教育中介机构成长的一条重要路径。当然培育过程中以市场经济的基本规律来激活社会中介机构的发展积极性也是题中应有之义。

第三,加快了先进教育文化的辐射,为尽快缩小城乡基础教育软件建设上的差距寻找到了一条有效的途径。浦东实现基础教育的"二元并轨"后,实现城郊教育一体化的关键是发展郊区学校内涵,改造陈旧的农村学校文化。当前,城区对郊区教育支持交流的一个普遍形式是市区教师到农村学校的中短期支教,这种形式有其重要作用,但对学校文化的整体改观往往作用不大。在东沟中学的案例中,从一开始就对如何植入新的教育理念与校园文化进行了整体设计,包括沟通机制、制度安排、流程管理、渗透方式、电子平台等,以确保先进的教育文化处于强势地位,因此在短短一年间就见到了显著的效果。可见,对相对薄弱学校进行系统化的教育文化重塑,可能是从根本上提升郊区薄弱学校软实力的关键所在。新郊区新农村的教育均衡化发展需要借助更多的先进教育文化和管理文化的外来辐射力,但是这种外力不应是分散的个体行为,而应是有组织地导入、系统化地重塑校园文化,才能更有效地尽快缩小城乡基础教育软件建设上的差距。

委托管理是在明确政府公共服务职能基础上,以购买服务的方式将具体事务委托给专业性强、公信力高的专业机构,并通过第三方评估机构对办学绩效进行评估,管办既是分离又是联动的机制。委托管理是教育公共服务架构中一项重要的制度创新,它将政府放在与学校管理方平等的地位,以双方约定的契约关系规范双方行为准则,双方都必须按照约定的规则处理彼此之间的关系,政府不再是单方强势角色。

跨越随迁子女异地就读的户籍鸿沟[①]

▶ 历史与背景

农民工子女学校是 20 世纪 80 年代和 90 年代初,伴随大量农民工进城务工就业,在政府教育资源没有充分准备的情况下,自发产生的。到目前为止,进城务工人员随迁子女义务教育大致经历了以下三个阶段:第一阶段,20 世纪 80 年代以来,在政府没有资源和制度准备的情况下,大量外来务工者及其子女进城,这时候国家的规定是义务教育在户籍所在地进行,没有明确流入地政府在进城务工人员随迁子女接受义务教育方面的责任,当时进城务工人员随迁子女义务教育处于自发状态,上海产生了大量的经流出地教育行政部门批准的农民工子女学校,高峰期达到 500 多所。第二阶段,标志是 1996 年的《城镇流动人口中适龄儿童少年就学办法(试行)》在上海的试点和 1998 年原国家教委、公安

---

① 在上海市外来务工人员随迁子女义务教育工作会议上的讲话[R].2008 - 5 - 27.根据讲话稿整理。

部联合发布的《流动儿童就学暂行办法》,上海 1998 年 8 月制定了《上海市外来流动人口中适龄儿童少年就学暂行办法》,规定"常住户籍所在地没有监护条件的,可在上海接受义务教育",公办学校开始接受流动儿童读书,并收取借读费,同时农民工子女学校继续大量存在。第三阶段,标志是 2002 年教育部召开的进城务工就业农民子女接受义务教育工作会议和 2003 年国办转发的《关于进一步做好进城务工就业农民子女义务教育工作的意见》,上海也发布了《关于进一步做好进城务工就业农民子女义务教育工作的意见》,按照"两个为主"(以流入地政府管理为主,以公办中小学接收为主)做好进城务工人员随迁子女义务教育。

▶ 存在的困难与问题

▶▶ 公办学校接收的比例有待于进一步提高

虽然外来流动人员子女在公办学校就读的比例近年来逐步提高,然而,与进城务工人员随迁子女对义务教育资源的需求以及兄弟城市公办学校接收进城务工人员随迁子女的比例相比,上海还有一定的差距。

公办学校接收比例的进一步提高,目前主要面临以下两个方面的压力:一是人口出生小高峰的到来,将给上海学前教育和义务教育入学带来新的压力。近几年上海面临出生人口小高峰,据市人口计生委统计,2007 年全市常住人口出生将超过 16 万人,预计 2008 年常住人口出生人数将达 17.5 万,与前几年每年全市常住人口出生人数为 7 万、8 万的数字相比,增加了很多。这些儿童已经进入幼儿园,将逐步进入小学。本市户籍适龄儿童和进城务工人员随迁子女同时增长,将依次对学前教育和义务教育阶段的入学带来压力。二是进城务工人员随迁子女集聚与城市人口流向叠加,导致区域性教育资源严重不足。统计数据表明,外来务工者在城郊接合部和郊区集镇积聚趋势比较明显,在沪进城务工人员随迁子女 80% 以上集中在这些地区,而这些地区又面临着本地区农民向城镇集中、中心城区人口导入的压力。这些地区教育资源原来是以户籍人口为基础规划的,以前的公建配套制度也不健全,近几年人口的大量导入,造成原有的校舍、师资等教育资源供不应求,相当部分学校的班额长期超过标准。城郊接合部和郊区集镇教育资源的短缺需增加投入,而教育经费投入的增加给财政尚不宽裕的郊区县带来了相当的压力。

▶ 现有农民工子女学校有待于进一步规范

上海 2004 年发布了《关于进一步加强上海市以接收进城务工就业农民子女为主学校管理工作的意见》，开始对农民工子女学校进行备案、登记、清理、整顿，近年来还依次做了这些学校的食堂管理、校车管理、办学设施（厕所、黑板、课桌椅、教室照明、图书室）改造等工作。

经过市、区县政府多年的支持、扶植、清理、整顿，也经过办学者的努力，这些学校办学条件和教育质量有了一定的提高，但是，总体上仍存在许多问题，最突出的问题是缺乏合法身份，农民工子女学校基本上是临时备案登记，不具备法人资质，学校没有长远打算，学生和教师的权益不能得到保护。主要表现在以下四个方面：

第一，财务管理方面。学校由于未经法人登记，学校的收费标准不能得到物价部门的核准，学校在银行没有开设独立的账号，收费没有票据。学校无法建立规范的财务制度，有关部门无法对学校的财务状况进行有效的监督和审计。这就留下了办学资金不安全的隐患，为某些办学者侵吞办学资金留下了可乘之机，曾导致有办学者携款逃跑事件的发生。

第二，教师聘用方面。因为不是法人，农民工子女学校与教师不能签订规范的劳动合同或聘用合同，教师的切身利益（工资收入、社会保障）无法得到保护，这些学校很难招聘到合格、优秀的教师，教师的流动性较大。不可否认，还有部分学校的举办者为了节省开支、降低成本，还招聘没有教师资格的人充当教师，教育教学质量无法保障。

第三，学籍管理方面。因为没有办学资质，学校没有建立规范的学籍管理制度，对学生入学、转学、休学、升级、留级、毕业等，没有统一的规范。学校也没有颁发毕业证书的资格，很大一部分学校通过关系发给学生的是流出地学校毕业证书。

第四，学校管理和教学质量方面。虽然大部分农民工子女学校经过区县教育行政部门委派督导员的指导与监管、结对公办学校的帮助和扶持，但总体上来说，这些学校仍没有健全的教育教学和管理制度。学校的教育教学质量与公办学校还有一定的差距，管理问题较多。

另外，客观上还存在部分学校举办者素质不高，学校以营利为目的，追求低成本，严重侵害了师生的合法权益。

▶ 争论与判断

现在已到了解决这个问题的紧要关头,在这里特别指出一下,做这件事情还存在一些观念的问题。有的同志认为,农民工子女学校条件差就差了,等以后流动人口全回去了,这类学校就不要了。还有的同志认为,进城务工人员随迁子女教育弄得好,这些低素质的人就沉淀在这里了,负担太重。我们认为,这两种观点都是不符合社会发展的实际情况的。

人口流动不是一个暂时的现象,而是一个相当长时间的过程。从 20 世纪 80 年代开始,伴随经济社会的发展,这种现象就产生了。大量人口流动的情形能稳定下来,大概要有四个条件:第一,城市化达到一定水平,参照西方发达国家的城市化水平,要达到 75%,而去年我国的城市化水平才达到 43%;第二,农村劳动力的供给走过峰值;第三,务工务农收入差距要缩小;第四,城乡公共服务与生活质量大体相当。这四个条件达到了,我国的人口流动也许才能稳定下来。这个稳定下来并不是说来上海的流动人口都回去了,而是说上海的流动人口总量是稳定的,流进和流出的数量大体相当。在人口流动的过程中,有很多人都会逐渐在流入地居住和生活下来。所以说,以上两种观点是错误的,这些流动人口不会有一天都回户籍所在地去,他们会居住和生活下来,他们居住和生活下来也不仅仅是因为教育办得好,而是经济社会发展的需要。据 2008 年的抽样调查显示,来沪务工人员中来沪 10 年的已占到 15.07%。

目前,我国的人口流动与国外是有差别的。外国人口流动是为了就业,中国人口流动除了就业以外,还要进城,因为许多待遇进城以后才能享受。户籍制度的初始目的是"证明公民身份,维护治安秩序,服务于社会主义建设",但在社会主义初级阶段,社会资源相对缺乏,社会资源分配过程中形成的各种制度都需要依据户籍制度,我们的就学制度就是户籍制度的派生物之一。随着城市化和经济社会的发展,户籍制度及其派生的制度造成的不平等和弊端揭露得越来越深刻,户籍制度和相应的公共服务的体制与机制都需要作相应的改革。我们教育行政部门如果判断错误,不积极面对这一社会现象,对社会关注的热点——进城务工人员随迁子女义务教育不去认真解决的话,经济社会发展的进程就会受到影响,政府的形象就会受到损害。因此,我们必须以改革的思维思考一些问题,通过改革积极完善教育公共服务体制和机制。

▶ **应对思路与举措**

我们必须从制度创新着手,通过公办扩大吸纳的比例,通过将现在农民工子女学校纳入民办教育来管理,以保障进城务工人员随迁子女的义务教育权利。通过将现有农民工子女学校纳入民办教育管理范畴,建立健全财务制度、教师聘用制度、学籍管理制度、学校管理制度等,改变学校教育质量低下的局面,使进城务工人员随迁子女义务教育工作进入新的阶段。

▶▶ 加强统筹规划,确保进城务工人员随迁子女义务教育的权利

我们提出 2010 年要完成农民工子女学校纳入民办教育管理工作,并不是说各区县对现有农民工子女学校只要发许可证,三年完成翻牌就行,农民工子女学校的审批一定要与区域教育发展规划相适应。

总的来说,农民工子女学校的自发痕迹很重,有的地方可能聚集了很多农民工子女学校,有时候有的地方会冷不丁冒出农民工子女学校,这反映出的是我们教育的规划问题,我们的学校建设规划可能较多地考虑了户籍人口变化趋势,而考虑外来流动人口导入不够。

制订好区域教育规划,要根据区域经济社会发展和城镇建设情况,预测未来几年学龄人口的分布情况。市和区县的短、中、长期规划公布后,如市里的"1966"城镇体系建设规划、市和区县的五年规划、经济发展规划等,要认真研究,并在此基础上做好需求预测。中心城区人口向郊区导入、农村人口向城镇集中、产业发展需要大量外来流动人口等因素要充分予以考虑,在此基础上重新修订规划。

在做好规划的基础上,首先要配足公办学校。新建居住区,一定要按照市政府关于学校公建配套建设的要求,配足公办学校,区县教育行政部门要会同规划、建设等相关部门,做好规划的制订、实施、指导、监督工作,确保"控制性详规"上学校建起来、能使用。结合某些重点项目建设,有的区域人口可能会大量导入,公办学校资源严重不足的,要提前建设公办学校,实现公办学校的扩容。总之,我们要尽量使教育资源与经济社会发展以及人口状况的变化相适应,满足区域内包括进城务工人员随迁子女在内的适龄儿童少年的就学需求。

其次要鼓励民办教育发展。根据区域规划,对公办学校不能满足需要的、确需民办学校的,教育行政部门要积极扶持民办学校发展,鼓励社会力量办学,

按照基本条件申请举办以招收进城务工人员随迁子女为主的民办小学。各区县可制定相应措施,鼓励有条件的国有资产公司、校办企业、本市退休校长、教育机构等举办专门招收进城务工人员随迁子女的民办小学。同时,努力创造条件将现有农民工子女学校纳入民办教育来管理。

▶▶ 努力挖掘公办学校的接收潜力,扩大公办学校接受比例

根据国务院"两个为主"精神,我们在进城务工人员随迁子女进入公办学校读书方面要进一步加大工作力度。我们实行的进入公办学校并免借读费的条件是 2004 年由财政局、发展改革委、市教委共同制定的。根据义务教育法和《政府信息公开条例》的要求,我们正在研究调整进城务工人员随迁子女进入公办学校并免借读费的条件。在此,建议各区县教育局,特别是市中心区,要根据本区县教育资源供求情况,按照进城务工人员随迁子女在上海工作或居住情况,扩大公办学校招收进城务工人员随迁子女比例。各区县要完善管理机制,按实际招收学生人数核定教师数,下拨公用经费,鼓励公办学校通过整校招生、独立设点、独立编班、插班就读等多种形式解决进城务工人员随迁子女入学,确保公办学校招收的比例每年有一定的提高。

另外,到 2010 年初中阶段适龄进城务工人员随迁子女原则上要安排进入公办学校就读。这有两方面的考虑:一方面,初中教育分科更细,教学要求更高了,所需要设施设备较多,对教师水平的要求更高,现存农民工子女学校没有达到初中教育的基本办学条件;另一方面,从全市来看入学高峰还没有到初中学段,可以基本满足进城务工人员随迁子女入学。因此,按照"两个为主"要求,区县教育行政部门要合理规划和布局,积极挖掘公办学校的接收潜力,从今年起初中阶段起始年级适龄进城务工人员随迁子女要安排到公办学校(含政府委托民办学校)就读。个别区域因公办学校资源确实紧缺的,公办义务教育学校班额可适当放宽。放宽班额后仍不能接收的,可考虑签订协议委托普通民办学校接收,按委托人数给予民办学校生均公用经费等补贴。

接纳进城务工人员随迁子女的公办学校要健全相关制度,确保进城务工人员随迁子女在评优奖励、担任学生干部、参加团队组织等方面与本市学生一视同仁。公办学校要针对在校就读的进城务工人员随迁子女的实际,完善教学管理办法,做好教育教学工作。公办学校要及时了解这些学生思想、学习、生活等情况,帮助他们克服心理障碍,尽快适应学习环境。

▶▶ 鼓励社会力量举办招收随迁子女为主的民办中小学

发挥民办中小学的作用,鼓励社会力量举办以招收进城务工人员随迁子女为主的民办小学,委托本市民办中小学招收进城务工人员随迁子女。要鼓励社会力量按照基本办学条件,在符合区县规划的情况下,申请设立以招收进城务工人员随迁子女为主的民办小学。对这些社会力量申请举办的民办小学,区县教育行政部门要积极给予帮助和支持。

部分区县采取购买学位的方式,委托民办中小学招收进城务工人员随迁子女免费就学,区县教育行政部门根据区县实际情况按学生数补贴相应生均经费,我们觉得这种办法是可行的,同将进城务工人员随迁子女吸收到公办学校一样,这一做法也同样体现了政府履行了义务教育的责任。上海市教委今后在统计公办学校接收进城务工人员随迁子女的比例时,会考虑政府购买学位的因素。

▶▶ 进一步扶持农民工子女学校,逐步将农民工子女学校纳入民办教育管理

农民工子女学校缺乏合法身份,是目前农民工子女学校规范管理的最主要问题。现在各级领导、社会机构、新闻媒体都非常重视农民工子女学校办学条件的改善和教育质量的提升,都非常重视42.9%的在农民工子女学校读书的进城务工人员随迁子女义务教育权利的保障问题。将符合一定条件的农民工子女学校纳入民办教育管理,免除进城务工人员随迁子女的学杂费、课本与作业本费,并按学生人数给予一定的基本成本补贴,是从根本上改变上海进城务工人员随迁子女义务教育条件的重要举措,是实现社会公平正义的一个重要方面。通过将其纳入民办教育管理,并给予基本成本补贴,有利于师生和办学者合法权益的保护,既可以保障进城务工人员随迁子女的义务教育权利,也可以保障教师的切身利益与发展权益,还可以使办学者加大投入、放心办学;有利于农民工子女学校的稳定和可持续发展,使民办学校发挥城市公办义务教育的补充作用;有利于政府投入效率的提高,履行提供公共教育服务的职能。在这里需要说明的是:我们目前的基本成本补贴不能一下子定得太高。现在农民工子女学校的保障水平还很低,我们的基本成本补贴与现在的办学水平相适应。以后随着农民工子女学校办学水平的提高,我们再考虑逐步提高基本成本补贴标准。在将农民工子女学校纳入民办教育管理并给予基本补贴方面,我们重点要把握以下几个环节:

第一，关于以招收进城务工人员随迁子女为主的民办小学审批。我们确立了基本的办学条件，包括对举办者、办学方案、学校章程、校长、硬件设施、财务制度、教师聘用等方面的条件。各区县要按照我们制定的以招收进城务工人员随迁子女为主的民办小学设定的基本条件，结合本地区实际，制订本区县以招收进城务工人员随迁子女为主的民办小学设置条件。在这里需要指出的是，师资、安全、卫生等方面的要求绝对不能降低，通过审批的学校也必须有基本的章程和制度，硬件设施要能满足教育教学的需要。对符合本区域教育发展规划且办学规范的办学者，区县教育行政部门要真心实意地扶持，帮助他们创造条件，达到基本办学条件。除了满足基本办学条件外，其他还有许多地方需要改进的，可以采取一年一发证，督促学校不断提高学校办学水平。另外，各区县制定的审批办法一定要符合《民办教育促进法》和《民办教育促进法实施条例》的规定，要依法审批。

第二，关于农民工子女学校的财务管理和财政支持。我们认为，对农民工子女学校，必须给予一定的财政支持。主要有两方面的考虑：一方面，按照义务教育法的要求，义务教育是政府公共服务的重要组成部分，进城务工人员随迁子女的义务教育权利政府必须予以保障；另一方面，通过规范管理，学校不能再像以前那样抢生源、随意扩大招生区域、扩大班额了，教师质量也要提高，费用同样也要提高。这样做了之后，学校的办学成本必然提高，学校入不敷出，必须通过财政补贴学校才能维持。

对以招收进城务工人员随迁子女为主的民办小学进行财政补贴要做好两方面的工作。首先要规范学校的财务管理，要利用政府补贴的契机，对以招收进城务工人员随迁子女为主的民办小学举办者投入的资产、政府补贴的资产、办学积累的资产分别登记建账，对规范农民工子女学校财务管理提出要求。农民工子女学校财务管理方面，一定要有预决算制度和审计制度，要列入区县教育局财管中心监督，确保财务资金安全，确保资金用于学生、教师和学校。在规范财务管理的基础上，要免收学杂费、课本与作业本费，在此基础上核定办学成本，给予基本成本补贴。2008年市教委给予每生每年1000元的补贴，余下的由区县教育行政部门根据基本办学成本核算情况予以补足。另外，也要引导以招收进城务工人员随迁子女为主的民办小学建立发展基金，学校的办学结余要按一定比例用于学校的发展。许多学校租用教育局或镇政府所有的村校校舍，租金交纳情况不一而定，有的还是零租金，我们认为，原则上租用政府公共资源的非营利性学校不应收取租金。但在当前，在这些学校的财务管理尚不规范的情况下，维持原有租金额度，转化为学校发展资金，用于学校的建设和发展，也是可行的。

第三，要帮助以招收进城务工人员随迁子女为主的民办小学添置和改善教学设施设备，这是一项需要长期努力的工作。前几年，市教委和各区县教育局已经着手进行了一些设施设备的配备，主要是针对学校安全、卫生等方面的，是最基本的方面。今后几年，要在此基础上加大工作力度。市教委相关处室和各区县要制定具体的规划，有计划有步骤地帮助以招收进城务工人员随迁子女为主的民办小学改善办学条件。同时，我们要引导学校将自己的结余资金用于学校办学条件的改善。各区县要建立健全资助以招收进城务工人员随迁子女为主的民办小学的国有资产管理制度，各区县可以由民办学校对政府投入所形成的财产单独记账，也可以用教育局下属事业单位或结对公办学校向以招收进城务工人员随迁子女为主的民办小学租借的方式进行，确保国有资产不流失。

第四，要健全教师聘用制度。以招收进城务工人员随迁子女为主的民办小学应当聘任具有教师资格和任职条件的教师。学校应聘任专职的会计、出纳、保健教师，所有教职工必须有与岗位相适应的岗位证书。应当与聘任教师、职员签订规范的聘任合同或劳动合同，并依据国家的有关法律和政策规定，保障其工资、福利待遇，办理社会保障和医疗保险等，学校教师的收入状况要逐步改善。以招收进城务工人员随迁子女为主的民办小学的师（专任教师）班比应该不低于2∶1，专职教师数量要不少于教师总数的三分之一。另外要强调的是，以招收进城务工人员随迁子女为主的民办小学的校长必须要有5年以上的教育工作经验、中级以上的职称，并持有区县级以上教育行政部门出具的任职资格证明和上岗证。

第五，建立健全相关机构。以招收进城务工人员随迁子女为主的民办小学应该和公办学校一样，要建立健全党组织、学校代表大会制度、工会组织和少先队组织。要充分发挥这些组织的作用，促进学校规范发展。

▶▶ 加强学校管理，提高教育质量

纳入民办教育的管理后，要加强对这些学校的管理。首先，区县教育行政部门可向以招收进城务工人员随迁子女为主的民办小学委派校长（副校长）、中层管理干部、教师，帮助这些学校规范教育教学制度和管理制度，提升这些学校的教育教学质量。鼓励公办学校与以招收进城务工人员随迁子女为主的民办小学结对，采取公办学校委托管理或结对互助等方式，帮助学校提升教育教学质量。各区县要继续向以招收进城务工人员随迁子女为主的民办小学委派督导员，作为区县教育局的派出人员，帮助学校做好招生、教育教学管理、学校管理等方面的工作。我们派出校长、教师和督导员，具有很高的成本，不能仅仅派出了事，一定要有相关制度，切实起到帮助以招收进城务工人员随迁子女为主的民办小学的作用。

纳入民办教育管理后，以招收进城务工人员随迁子女为主的民办小学的教师培训和职称评定，要纳入全市、全区县教师培训范围，具有相应教师资格的教师从 2008 年秋季起可以参加上海的职称评定。暑期，市教委相关部门将专门组织纳入民办教育管理的校长和举办者培训，帮助他们了解教育管理和教育教学的相关知识。市、区县教研部门要将以招收进城务工人员随迁子女为主的民办小学的教研指导和服务纳入自己的工作范围，加强对这类学校教研工作的指导。市、区县科研部门也要加强对以招收进城务工人员随迁子女为主的民办小学的研究，同时加强对这些学校的指导和服务。

纳入民办教育管理后，以招收进城务工人员随迁子女为主的民办小学的内涵建设将成为我们下一阶段的全市学校内涵建设的重要组成部分。各区县教育行政部门和下属事业单位要走进去，加强对进城务工人员随迁子女教育教学规律的研究，帮助这些学校提升教育教学质量。

▶▶ 消除安全事故

各区县要继续重视农民工子女学校学生的生命安全和健康，采取各种措施，消除安全隐患，确保学生安全。

建立政府主导、社会参与的学前教育公共服务制度[①]

"十一五"以来，上海学前教育面临的突出挑战和问题是：新一轮学前教育入园高峰即将到来，幼儿园资源严重紧缺。2007 年起上海常住人口出生人数上

---

① 地方教育行政创新的上海模式[R].2010 - 9 - 2.根据学前教育如何实现政府主导专题研讨会上的专题报告整理。

升至 16 万人以上,据预测,高位将持续到 2016 年左右(1992 年—2003 年期间上海常住人口出生人数均在 10 万以下)。从学生入学周期计算,2010 年上海进入幼儿入园的高峰期,高峰期持续到 2020 年。以入园高峰时需在园幼儿数计算,上海幼儿园资源严重紧缺,必须以进一步完善学前教育作为公共教育服务的政策为目标,及时预测户籍人口增长以及外来人口大量流入将带来的学前入园高峰,深入分析学前教育资源配置存在的主要问题,并在此基础上,完善政策设计,创新体制与机制,采取多项措施大力推进幼儿园舍建设和资源配置。

▶ 正确认识学前教育纳入政府公共服务的差异性

学前教育纳入政府公共服务的范畴条件已经成熟。但地方政府需要量财而行,选择不同模式。近几十年世界市场经济国家在学前教育领域的发展趋势是由私人行为发展成公共责任。普遍实施的策略和措施包括把"让每一个儿童都做好入学学习的准备"作为国家教育发展的重大目标,对 5 岁幼儿进行免费教育,对贫困家庭儿童和残障儿童实施 3—4 岁的补偿性学前教育,对民办幼儿园的收费及质量进行监控,政府购买民办幼儿园的服务等。

处于不同发展阶段的地区都可以把学前教育纳入政府的公共服务范畴作为政策的要点,所不同的是各地政府从各自的实际能力出发,设计学前教育的公共服务水平。比如说,财政能力强的地方,学前教育可以提供三年的教育服务;财政能力弱的地方可以从一年学前教育做起。再比如,财政能力强的地方政府可以举办更多的公办幼儿园,现在财政能力还稍弱一点的政府,可以通过鼓励民间举办幼儿园,政府给予不同水平的补偿,以体现公共服务水平提高的阶段性。学前教育一旦作为公共服务来设计,各地可以随着当地政府实际财政水平来确定服务水平,不可能一下子提高到经济发达地区的程度。这也符合我国经济发展水平差异比较大的特点。

政府公共教育服务的提供方式应该是多样化的,可以是直接提供,如政府举办公办幼儿园,也可以委托提供。所谓委托提供,就是政府可以通过购买服务,可以通过政府提供的园舍委托其他的机构来举办,这些也都体现了政府的责任。因此通过发展非营利性的、专业性的社会机构,来承接政府的具体公共事务,对政府的职能转变、对政府公共资源效率的提高,都是有价值的。制度设计决定社会力量参与度,学前教育事业的关键在于政策制度和体制设计,政策资源比有形的物质更具有效应。

▶ 坚持立足公益性和非营利性架构学前教育公共服务制度

当然,需要指出的是,学前教育公共服务有一些前提条件。首先,不管是政府主办还是社会力量主办,学前教育都应当体现公益性的特征。因为学前教育服务属于公共服务,公共服务的核心是普惠性,必须具有公益性、公平性与非竞争性的特征。所谓非竞争性,指的是基本的入园机会是普遍性的,不存在你能进去我不能进去,要通过竞争才能获得入园机会的情况。

参与办园的社会力量机构必须是非营利的,因此必须有非营利的制度设计,从而来保证服务的公共性。非营利不是慈善,也不是捐赠;不是不收费,也不是不讲成本;不是不准结余,更不是从事非营利教育的人员不拿工资。其实最核心的只是不准分红,节余只能用于教育机构发展。另外政府不收营业税。

非营利制度的建立,将为民办幼儿园拓展发展空间,因为只有政府的财力进入非营利的机构,这部分幼儿园的一部分成本由政府补偿,就可以降低收费,老百姓对民办幼儿园的接受度才能提高。这是良性循环的事情,因此现在很重要的是要建立一个非营利的制度。这个制度的缺失已经成为当前民办幼儿园发展的一个瓶颈。如果不是非营利的机构,政府的财力进不去,老百姓担心民办幼儿园收费太高,老百姓没有得到实惠,民办教育的投资者就难以得到更大的发展空间。

▶ 多种途径建设学前教育公共服务体系[①]

在上述思路下,上海提出和践行了建设学前教育公共服务体系的若干举措。

上海是把学前教育作为政府向老百姓提供教育公共服务来加以设计的,但是并不一定所有的办学事务都由政府来具体承担,政府可以用财力去购买社会力量的教育服务。在政府职能转变过程中,我们要从单纯的"全能政府"事必躬亲的运动员,转向一个裁定结果的裁判。

----

① 上海建立学前教育公共服务体系的思考[R].2009-5-20.根据在全国政协学前教育专题研讨会上的交流发言稿整理。

一是强化政府职能，完善管理体制机制。坚持实行地方负责、分级管理和相关部门分工协作的学前教育管理体制，确保学前教育事业发展规划与城市经济社会发展水平相适应，确保各类学前教育机构布局合理，确保学前教育的公益性和科学性。不断完善市、区县两级学前教育联席会议制度，定期研究解决学前教育发展中的热点、难点问题，统筹协调学前教育发展工作。加大学前教育体制与机制的创新，拓宽渠道，形成多元的办园格局。积极构建民办幼儿园非营利机制，加大政府扶持力度；建立和完善民办幼儿园管理机制，促进不同体制幼儿园协调发展。不断完善学前教育专项督导制度，定期对各类幼儿园的保育、教育质量和管理水平进行督导，督导结果向社会公示，接受社会和家长的监督。

二是多途径实施园舍建设，积极应对入园高峰。首先，上海市政府2007年和2008年连续两年，将新建幼儿园作为市政府重点工作和实事项目，在郊区新建了100多所幼儿园。同时，各区县统筹和盘活区域内的教育资源，充分预测区域人口出生和流动的变化趋势，统筹区域内的各类教育资源，缓解幼儿园资源紧缺的矛盾。其次，加大落实公建配套园所建设的力度。根据上海市政府批转的《关于加强社区公共服务设施规划和管理的意见》以及《城市居住地区和居住区公共服务设施设置标准》，严格按照批准的控制性详细规划，共同实施、监督居住区公建配套幼儿园的建设，做到同步设计、同步建造、同步交付使用。通过市人大、市政府教育督导室继续强化教育公建配套设施建设的督导执法，使全面督导与阶段性专项检查督导相结合，加强督导执法与完善和健全教育公建配套设施建设的规范化管理相结合，保障教育建设与管理步入规范、健康的发展道路。再次，加大市级财政转移支付和专项经费的力度。近三年市政府每年安排4个亿，重点资助财政相对困难、基础设施条件较差、无法独立承担基建经费的人口导入郊区农村，促进教育资源的均衡配置。

三是加强师资队伍建设，促进保教人员专业发展。根据幼儿的年龄特点及其对生活、安全、卫生保健的特别需求，充分考虑学前教育从业人员结构与资格的特殊性，多途径解决新教师来源。实行保教人员持证上岗，保健教师、保育员和营养员按照规定配置；加强非学前教育专业毕业生入职培训，据统计，2002—2008年幼儿园新进教师中有4000多名是非学前教育专业毕业的。同时，创新教师培养与培训模式，研究与建立有上海特色的学前教育教师职前培养与职后培训的课程体系。立足市、区县两级师资培训机构,形成师范大学、相关教育与培训机构、幼儿园联合培养保教人员的多元化格局,充分发挥名师名园长基地的作用,调动社会各界力量参与保教人员培养与培训。另外,以点带面,充分发挥示范性幼儿园在办学思想、教育管理、队伍建设等方面的示范引领作用,使其成为上海课程改革、教育研究和师资培养的基地,发挥其对薄弱园所的指导作用和在区域学前教育中的辐射作用。

四是积极推进幼儿园课程改革进程,提高学前教育办园质量。2006年颁发的《上海市学前教育三年行动计划(2006—2008年)》对幼儿园的课程改革提出了明确的要求,确立以儿童发展为本的理念,加强幼儿园保育教育的实践研究与教育行为的研究,突出素质启蒙教育,注重儿童潜能开发和个性发展。2008年上海召开了幼儿园教学工作会议,出台了《上海市幼儿园园长课程管理指导意见》《上海市幼儿园保教质量评价指南》《上海市幼儿园幼小衔接活动的指导意见》等文件,提出了以课改试验基地园为抓手,带动面上幼儿园开展新课程、新教材以及自主游戏、幼小衔接等专题研究,尊重幼儿发展规律和身心特点,实施快乐的早期教育,引导教师将课程理念转化为具体的教学行为,提高园长和教师课程的领导力和执行力,全面提高学前教育的办园质量。

五是抓好外来务工人员随迁子女入园工作,促进民办三级园规范管理。按照2008年出台的《关于做好本市进城务工人员随迁子女学前教育工作的若干意见》,积极开展进城务工随迁子女学前教育情况调研,做好进城务工随迁子女接受学前教育的设点布局工作,加强以招收进城务工随迁子女为主的民办幼儿园的规范管理工作。目前,上海市区的进城务工随迁子女绝大多数在公办幼儿园就读,郊区的务工随迁子女中有43.11%在公办幼儿园就读,在农民工子女学校附设学前班就读占25.82%,在未经审批的办园点就读占31.07%。根据上海学前教育发展的现状,出台了民办三级园的标准,主要针对以招收务工随迁子女为主的幼儿园,其设置的基本条件可根据实际情况酌情放宽,但在安全、卫生方面的要求不得降低。中心城区原则上不设立专门招收务工随迁子女的幼儿园,务工随迁子女就近安排到公办幼儿园。区县教育行政部门根据幼儿园实际,依法加强对转为民办三级幼儿园的规范管理。区县教育部门可委托乡镇中心幼儿园或附近公办幼儿园承担本地区民办幼儿园教养工作的辅导任务,将幼儿园园长和教师的培训与提高纳入区县教育部门管理计划。区县教育、教育督导部门应会同卫生行政部门积极配合有关部门依法对民办三级园幼儿园实施年检制度,加强管理和监督,促进其提高办学质量。

引入非营利制度可为民办教育发展拓展体制空间①

活力城市需要富有活力的办学体制,是老百姓多种教育需求满足的重要手段。无论是从城市发展还是从人的需求来看,民办教育都应该长期存在并不断发展下去,政府应该正视客观需求并有所作为。当然,政府不是要对所有的民办教育需求都予以公共财政的支持,而主要是为多样化需求的满足提供制度设计,既健全满足多样需求的必要通道,又创设成本合理分担的制度架构。

▶ 鼓励民办教育发展的必要性

从上海的情况来看,民办教育的发展有几个必要性:一是一个有活力的城市,必然拥有富有活力的办学体制,而有活力的办学体制离不开富有活力的民办教育。上海是一座极具活力的特大城市,海纳百川、崇尚多元是城市的特征所在。上海的教育制度必然也是多元的,而不是单一的。二是像上海这样一个需求多元的城市,随着经济和社会的发展,人民群众对教育的需求愈发呈现出多样、选优的特点。民办教育的存在增加了教育供给的多样性,更有助于满足市民的多样化教育需求。三是发展民办教育的目的,已经不是单纯向社会争取更多的教育资金,而是着眼于在政府提供的公共教育产品基础上,满足人民群众对高质量、有特色、个性化教育的选择。无论是从城市的发展还是从人民的需要来看,对民办教育的需求都是客观存在的。面对这些需求,政府应该有所作为,应该制定更加有利于民办教育发展的制度和政策。

▶ 当前民办基础教育面临的问题

当前,民办基础教育主要面临以下四个问题:

---

① 在上海市民进教育论坛暨中国民办教育研究院揭牌仪式上的讲话[R].2008－11－1.根据讲话稿整理。

一是经费充足的优势渐失。20世纪90年代初期、中期的时候,民办学校方兴未艾,办学经费充足,而公办学校经费则相对不足。现在公办中小幼学校的办学经费不断提高,上海的小学和初中阶段生均公用经费定额分别达到1400元和1600元,人员经费也不断增长,公办和民办学校的经费对比情况开始发生变化,民办学校的经费优势正在逐渐消失。

二是师资流动的趋势明显。这几年,由于政府提高了教育的投入水平,公办学校教师的收入水平也明显提高;与之相反,民办学校教师收入增长的幅度不明显。这种变化带来了民办学校师资流动加剧、部分教师流回公办学校的现象增多。

三是少数民办学校风险堪忧。当前,大部分民办中小学都是租赁政府校舍办学的,自建校舍的民办学校占比不高。这些民办中小学校有的采用的是股份合作形式,投资者对回报率的期望较高;有的因为自身资金有限,不得不承担高额的银行贷款,或者还欠了工程款,还贷付息的压力不轻,如果加上学校的招生数达不到预期目标,学校就会面临资金链断裂的潜在危险。学生招进来以后,一旦资金链断裂,就会产生一系列社会问题。还有一些民办学校,为了吸引更多的生源,在招生广告中加入不实之词,并依此作为收取高额学费的"理由"。当家长发现学校的承诺与实际不符时,为了维护自身的权益,会与学校发生矛盾。所以,生源问题、财务问题、抽逃资金问题和学校管理、办学质量问题,都会带来这些学校资金链的断裂。资金链断裂,办学便难以为继,届时政府不得不承担由此而来的社会风险。

四是民办幼儿园高收费受到普遍质疑。民办幼儿园鉴于成本—收益考虑,加上长期以来收费不需要物价局的批准,因此收费一般比较高。有报道称,有的幼儿园的收费甚至已经高于大学了。民办幼儿园高收费是全国性的现象,教育部表示将对民办幼儿园高收费现象进行调研,提出解决的办法。民办幼儿园收费,表面上看是标准过高的问题,而本质上看它则涉及中国学前教育发展走什么路的问题。是以公办为主还是以民办为主,公办为主的话,政府现有的财力能不能负担起"为主"的责任;民办为主的话,该建立什么样的基本制度,各地对此的认识很不一致。

办学经费问题、办学风险问题、师资问题和收费问题等,都涉及政府如何管理民办学校的问题,这些问题的产生使得今天社会要求给予民办学校生均补贴、解决民办学校教师编制和退休待遇、控制民办幼儿园收费的呼声逐渐高涨。

▶ 非营利的民办教育制度设计

非营利制度是中国民办教育未来发展的一个关键性制度。当前,整个社会教育服务的供给主要由三个主体完成,一是政府;二是企业,即市场主体;三是非营利组织。三者提供教育服务的方式和机制不同,服务的性质也有区别(如图表1所示)。

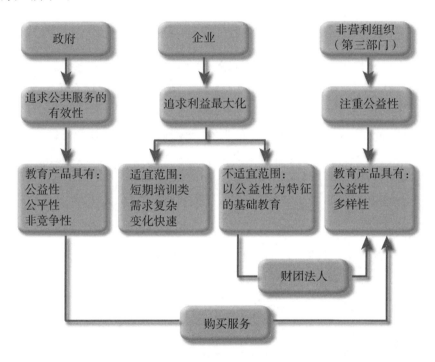

图表 1 教育服务的制度架构

政府代表的是公共利益。政府利用公共财政提供公共服务,其目标是追求公共服务的有效性和普惠性。基本教育服务是政府公共服务范畴之内的职能;政府提供的基本教育服务产品必须具有公益性、公平性、非竞争性的特征。当然,政府提供的公共服务,并不都是由政府直接提供,在微观领域、专业领域的公共服务,因为专业性太强,政府可能会力不从心,完全可以通过社会组织或机构承接这种专业性的服务。

另一个主体是企业，即市场主体。在遵守法律法规的前提下，企业有经营的自主权，因此企业也可以提供教育服务。适宜于企业提供的教育服务主要有两类：一类是短期培训，另一类是需求复杂、变化快速的教育服务。企业反应比较灵敏，能够迅速满足市场需求。从很多发达国家的经验来看，这类教育服务是比较适宜于由企业提供的。但是企业没有提供公共服务的义务，我们不能要求企业来承担政府所应该承担的公共服务职能。因为作为企业来讲，追求利润的最大化是天经地义的，而对诸如以公益性为特征的基础教育等，同企业追求利润最大化的目标是相矛盾的。因此，企业提供的教育服务有它的局限性，由企业提供公共教育服务是不适宜的，会带来很多风险。一旦风险发生，最后转嫁的对象必然是政府，承担风险成本的也必然是社会。

既然政府和企业提供的教育服务都有各自特征，或者说都有各自擅长和不擅长的地方，那么除了政府和企业这两个主体之外，还应该有第三个主体，这个主体就是非营利组织，它是介于政府和市场主体之间的。非营利组织注重公益性，这同公共服务产品的特征具有一致性。通过购买非营利组织的服务实现公共服务的职能，这是很多政府的做法，也已经被实践证明是一条可行的途径。非营利组织提供的教育服务是注重公益性的，它的教育服务产品既具有公益性特征，同时也具有多样性特征，它可以弥补政府教育公共服务单一性的不足。

三个主体之间，政府可以向非营利部门购买服务。当政府资源不足，或者是需要专业服务的时候，就可以用公共财政购买服务的方式从非营利部门获得，从而提高公共资源的使用效率。

那么，企业如果要举办并"不适宜"由它举办的教育，即提供公益性的教育服务，该怎么做呢？企业可通过财团法人制度来实现，即如果企业（投资者）要办公益性的民办教育，首先要拿出资金建立财团法人（如基金会组织），把学校的投资主体转换成一个非营利的机构。企业不是办学的主体，企业（投资者）出资后不作为法人、不参与法人事务、不享有财产权利，企业可以在出资时享受免税待遇和借此提高社会声誉。企业出资申请建立基金会组织，而基金会组织可以归结到非营利机构中去，由基金会组织作为办学的主体。这种制度架构经很多发达国家的实践证明是比较成熟的。用企业的眼光投资办学，用经济运营的规律来调整办学行为，这样办学会有很大隐患，因为教育运行不同于市场运行,教育教学过程不同于产品加工流通过程,教育的资金链一旦断裂,就会产生一系列问题。我们已经在实践中有过许多教训,现在已经到了以"非营利制度"作为安全阀来保障民办教育健康发展的时候了。今天中国的民办教育迫切需要建立这样的制度,因为政府在履行公共服务职责的过程中,不可能将所有涉及公共服务的领域全部包揽。非营利组织可以承接政府部门的部分职能,因而政府部门和非营利组织之间就形成了某种联系,这也就是国外讲的 PPP 模式(Public—Private—Partnership),这种模式在未来是有发展空间的。民办教育机构作为非营利性质的机构,就能在这种模式中寻找到发展的机会。

这里特别要说明的是,非营利组织举办教育,不是不讲成本,不是不许收费,也不是不能结余,都可以。问题在于:第一,它承担的应当是公益性事业,也就是说其行为应当体现公益性;第二,它的结余不能用来分红,只能用于学校的发展;第三,它的工作人员拿工资、计成本,当然,为了吸引人才,给的工资高一些也是应该的,但是不能分红利;第四,它享受免税优待。对于第四条,在我们没有建立非营利制度的前提下,民办学校是无法享受到的。

我在前面已经把以市场主体投入教育分为"适宜"和"不适宜"两类,那么,我们应当鼓励社会资金投到适宜的领域。如果投到不适宜的领域,我们就应该用制度来保证投入能给社会带来安全性,否则我们会面临由于"不适宜"带来的弊端和后果。我们今天讨论教育服务的制度架构,是讨论"谁应该做什么,应该怎样做"的问题。总结十多年来民办教育发展的道路,我们恐怕不能认为任何形式和目的投资的教育的行为都会带来好的结果。当然我们还要解决"为什么投,怎样投"的问题,这一问题的核心就是营利与非营利的区别。

非营利制度是今天民办教育健康发展的核心问题,按照现有的法规,投资民办教育必须不以营利为目的,同时又允许合理回报,其间法律规定的模糊性从长远来说是不利于民办教育的健康发展的。

通过上述教育服务提供的制度架构的讨论,我们是否可以得出如下判断:

第一,制度是唯有政府才能提供的资源,提供制度资源是政府的职能所在。

第二,非营利制度,是在公共资源投入民办教育问题上,政府各部门与社会达成共识的基础,也是政府为支持民办教育而投入的公共资源取得安全保障的基础,是政府为支持民办教育所做的最基本也是最重要的制度铺垫。

第三,非营利制度将为民办教育发展开拓广阔的空间。比如,现在大家讨论我国学前教育的发展道路问题。现在还有很多农村没有幼儿园,这些地区的学前教育该走什么样的发展道路? 我认为可以用三句话来归纳未来的方向:一是学前教育应当作为政府的公共服务来设计和定位;二是学前教育作为公共服务提供的水平应该根据当地的经济社会发展水平来确定(比如说学前教育的年限、标准、园舍和师资条件,政府提供经费补贴的比例等);三是在非营利制度下推动民办幼儿园的发展。政府可以直接举办学前教育机构,也可以向非营利的民办学前教育机构购买服务。接受购买服务协议的非营利的民办学前教育机构,要按成本收费,学费就不会像现在那样高得出格。政府用以购买服务的财力也能实实在在地落到每一个孩子身上,而不是肥了部分人的腰包。

▶ 扶持民办教育发展的政策

既然民办教育的存在和发展很有必要,那么政府需要采取一些举措规范和扶持民办教育的发展,以保持整个教育体系的活力,满足老百姓对教育的多样性和选择性的需要。上海近期将采取以下五点举措:

一是出台《上海市民办中小学校财务会计管理办法(试行)》和《上海市民办中小学校会计核算办法(试行)》。这两个"办法"是介于非营利的财务制度同今天的上位法《民办教育促进法》"允许合理回报"之间的一个办法。我们试图把这个办法向非营利的方向靠拢,有了这个办法我们才可以进一步为民办教育争取更多的财政性经费。

二是免除义务教育阶段学生的杂费、书簿费。当然,必须把钱给到学生身上,使学生交的费用少一点。

三是补贴生均公用经费。当学校的收费低于同类公办学校生均经费的时候,由政府对其生均公用经费进行适当补充。

四是给予校舍大修、设备添置专项经费。当民办学校收费较低时,它只能维持一般的运行,校舍大修、添置教学设备等就会产生问题,因此需要建立专项,给予扶持。

五是研究对教师实行补充养老金制度。民办学校的教师退休后是按照企业标准领取养老金的,标准较低。为其交了补充养老金后,就会使他们的养老金标准与公办学校教师的相近。

探索建立"异地中高考"依凭制度①

近年来,伴随进城务工人员随迁子女的增加及其在流入地义务教育权益保障水平的不断提高,让进城务工人员随迁子女在流入地参加中高考的呼声日增。这一问题虽然反映在教育上,反映在是否准许进城务工人员随迁子女参加中高考的表层上,但本质是综合性的社会管理问题,是在人口流动的大背景下,以户籍制度为依凭提供政府公共服务(包括教育公共服务)的办法面临严峻的挑战。这一问题在大城市反映特别强烈,从根本上说与城乡之间、区域之间就业机会与社会福利制度的巨大差异密切相关。因此,这一问题绝不仅仅是教育政策层面的问题,不是仅仅决定是否"开放"、是否"准许"就可以解决的问题,必须通过系统性的制度设计予以突破,要靠一系列政策的配套给予推进。

▶ 当前务工随迁子女在流入地参加中高考面临的困难

目前,我国部分地区采取了一些措施,包括对专业技术人才子女的照顾,中职校对务工随迁子女的开放等,适度回应了部分群体的诉求,缓解了部分压力。但面上没有放开,主要面临以下几个方面的困难:

▶▶ 没有比较完善的进城务工人员管理制度作为依凭来区分哪些人可以参加中高考,哪些人不能参加中高考,这是问题的症结

根据全国第六次人口普查数据,全国进城务工人员总量已达 2.6 亿,其中跨区域进城务工人员总量 2.2 亿。深圳常住人口中,非深圳户籍人口占常住总人口的 77%。上海城乡接合部的闵行、奉贤、松江、嘉定、青浦五个区进城务工人员已经接近甚至超过户籍人口。尽管进城务工人员及其随迁子女并不具备"合

---

① 选自务工随迁子女在流入地参加中高考面临的困难与突破的思路[R].2012-5.提供教育部教育发展研究中心的政策咨询意见。当时,关于"异地中高考"的讨论如火如荼,但大多为情绪性报道,理性思考、特别是强调制度设计的理性思考很少。我写此文章,意在请大家理性思考"异地中高考"问题,通过系统思考来进行稳妥有序地保障务工随迁人员子女义务教育后在流入地参加升学考试的权益的政策和制度设计。

法"的市民身份,甚至居无定所,但其中大部分已在城市落脚多年。据对 8000
名左右随迁子女及其家长的抽样调查显示,务工随迁子女家长来沪时间超过 3
年的比例达到 95.6％,来沪时间超过 10 年的占 60.0％。务工随迁子女来沪时
间超过 5 年的比例达到 60.4％,出生在上海的占到 27.2％。全国的情形应该也
大体相同,大部分进城务工人员已经成为流入地的"准市民",相当一部分务工
随迁子女从小在流入地长大。今后随着城市化进程的推进,人口在全国范围内
跨区域流动将更加频繁,进城务工人员"常住化"的比例将进一步增加,这将使
包括教育在内的国家基本公共服务政策必须从户籍人口逐步扩大到常住人口
(包括进城务工人员)。

　　但是,到现在为止,我们还没有建立起一个比较完善的进城务工人员管
理制度,与居住相关的信息也很不齐全。比如,很多进城务工人员说已在流
入地居住 10 年以上,可是流入地政府却没有这方面的记录,无法考证。没有
比较完善的进城务工人员管理制度,我们就没有一个过硬的依凭来区分中高
考作为教育公共服务为谁提供、哪些人可以报考、哪些人不能报考,这是问题
的症结所在。一般来说,作为政府的公共服务(包括教育服务)向谁提供,要
根据进城务工人员在流入地的工作及贡献情况来判断,根据家长的情况判断
其随迁子女是否可以参加中高考。具体来说,有以下一些途径可以探讨作为
依凭。一是纳税情况,我国的税收制度尚在完善之中,很多灵活就业人员没
有纳税,税单上也无法分辨某人是未达到个人所得税的起点零纳税,还是本
年度没有在此单位工作零纳税,因此纳税直接作为享受公共服务的依凭目前
是困难的。另一个依托是居住证制度,目前上海、广州、深圳、武汉、成都等城
市相继出台实施居住证制度,但是制度实行的情况很不理想,或者办证人群
过少、覆盖群体比例过小,或者获得过于容易,使得居住证作为依凭很不成
熟。第三是社会保险制度,但是目前进城务工人员缴保情况并不理想。拿上
海来说,据抽样调查显示,2010 年有超过一半(51.2％)的进城务工人员没有
缴纳任何社会保险,特别是家政、摊贩等灵活就业人员在很多城市都没有纳
入社会保障范围,没有渠道缴保险。第四是居住管理,稳定居住是申请享受
公共服务的重要条件。但是,据"上海市解决新二元结构的途径、前景及举
措"的调研报告,有 21％的进城务工人员实际居住在临时宿舍和简易工棚中,
他们根本拿不出规范的租赁合同。

因此,要想稳定有序推进务工随迁子女参加中高考工作,当务之急必须由各地政府牵头,在加强社会管理的总体目标下,深入研究各项制度(居住证制度、社会保险制度、房屋租赁制度、工商管理和税收制度)之间的依凭关系和衔接条件,建立起比较科学和完善的进城务工人员管理制度。这项工作远不是教育部门能完成的,需要由发改、人保、公安、工商、房管、税务等部门各司其职,分别完善各项制度,进而协调形成整体的进城务工人员管理制度。

▶▶ 务工随迁子女在流入地上大学占用流入地还是户籍地高考录取指标是个两难:占用流入地高考指标高考移民将无法避免,若占用户籍地高考指标又会在高考或招生过程中面临技术难题

与务工随迁子女在流入地参加中高考需要同步考虑的问题,就是其在流入地参加高考后,占用流入地高考指标还是户籍地高考指标。由于教育服务,特别是中高考,是附着于户籍上的重要福利,在前述公共服务的有效依凭制度尚未建立的情况下,如果仓促开放务工随迁子女在流入地参加中高考,占用流入地高考指标,其后果会引导更多的人群为此而迁入,特别对于北京、上海这样的特大城市而言后果是严重的。如果,仅以学生在大城市的就学时间作为依凭,一种新型的"高考移民"现象和福利型人口导入不仅无法避免,而且还会出现"高考移民"提前的现象。如果只允许他们高考而录取占用户籍地高考指标,由于 2010 年开始全国各省级行政区高中起始年级全部实施新课程,独立高考和自主命题的省份日益增加,高考后分数的跨省份转换或录取指标的跨省份划转又会面临相关技术性困难。

▶▶ 越是大城市,优质教育资源越密集,进城务工人员的大量涌入大城市,可能对大城市的城市基础设施和公共服务、生态环境保护等造成严峻挑战

许多大城市都面临着人口机械增长迅速的巨大压力,国家《关于积极稳妥推进户籍制度改革的通知》明确提出:"要合理控制直辖市、副省级城市和其他大城市人口规模。"但是,越是大城市,高等教育和高中教育资源越密集,高等教育和高中教育机会越丰富,开放中高考会不会刺激进城务工人员大规模流入,是否会导致义务教育阶段务工随迁子女规模进一步增大以及"父母跟着子女走"的现象越来越多,目前难以评估。拿上海来说,目前常住人口已达 2300 万,建设用地约占市域总面积的 42%(国际大都市一般介于 20%—30% 之间),中心城区人口密度已达 1.66 万人/平方千米(国际大都市一般在 1 万人/平方千

米），再有大量进城务工人员进入，将对整个城市的城市基础设施和公共服务、生态环境保护等提出严峻挑战。

▶ 解决务工随迁子女在流入地参加中高考的思路

▶▶ 在完善的进城务工人员管理制度形成之前，通过扩大政策照顾群体、开放中高职教育等途径，缓解务工随迁子女中高考压力

目前，各个省级行政区在中、高考政策中，都有政策性照顾群体，如专业技能人才、特定单位职工子女、从事特定工作的务工随迁子女等。如在上海，持有人才类《上海市居住证》人员子女自 2002 年开始，可以在上海参加中考和高考。据统计，截至 2011 年 8 月底，上海已有 37 万非沪籍人员申请了人才类《上海市居住证》，2011 年有 3923 名此类人员子女在上海参加中考，占上海参加中考人数的 4.7%；有 3653 名此类人员子女在上海参加高考，占上海参加高考人数的 5.92%。在广州，从事特定工作的进城务工人员，如从事殡葬工作、环卫工作人员的适龄子女可以中考。当前，在完善的进城务工人员管理制度尚未形成之际，通过适当降低落户门槛、放宽人才标准（学历可以有条件地降低，无学历但有一技之长的人也予以纳入），或者扩大特定单位和特定工种的范围，来扩大政策照顾群体，缓解当前中高考压力。这些适度放宽的办法，在政策层面上不改变现有的制度框架、容易操作、震动小，同时对进城务工人员就业技能和水平起到激励导向作用。其逐步实施后，这类群体的随迁子女可以在流入地参加中考、高考，在一定程度上避免了所有进城务工人员因中考、高考的利益诉求而结成巨大的民怨板块，从而也减缓了政府关于进城务工人员随迁子女中考和高考的压力。

目前，上海和天津的中职校都已开放招收进城务工人员随迁子女。2011 年，上海中职校招收随迁子女 6000 多人，占当年中职招生总数的 12.5%。上海务工随迁子女中职毕业后可以和沪籍学生一样参加高职自主招生，2011 年共有 45 名学生报名，23 名被高职学校自主录取。从上海的实践来看，准允进城务工人员随迁子女就读中职、中职毕业后升高职，一方面，能够适度回应在流入地长期居住的随迁子女接受高等教育的集中诉求，增加了这一群体子女接受高等教育的机会；另一方面，由于中职和高职的吸引力有限，传导效应并不显著，目前来看对城市人口控制没有引起较大的影响，总体上风险是可控的，比较现实可行。

▶ 建立和完善进城务工人员管理制度,形成"分类管理、合理梯度"的公共服务依凭制度,推进随迁子女稳妥有序参加中高考

目前来看,税收制度、居住证制度、社会保险制度、居住管理制度等,任何一个制度作为随迁子女中高考的依凭制度都有不足,短时间内也无法把任何一个制度完善成理想的依凭制度。因此,我们可以根据《国务院办公厅关于积极稳妥推进户籍制度改革的通知》文件精神,以居住证制度为依托,综合考虑、统筹利用目前已经建立的税收制度、社会保险制度、居住管理制度等,通过设置指标要素、权重进行积分的形式,建立随迁子女中高考的依凭制度。根据积分的标准,规定享受公共服务的范围。

通过积分的形式,强化依凭制度的整体性和系统性,避免单一管理制度缺陷的不可弥补性;有利于突破刚性的管理模式,实现复杂条件之间柔性代替和转移(如有些进城务工人员学历指标分数高,有些技能分数高,有些贡献分数高,均可以达到标准),满足复杂条件背后的多样化需求。同时,采取积分的形式,可以形成有差别、有梯度的公共服务提供机制,稳妥有序推进公共服务政策向常住人口覆盖工作;可以让城市根据资源供给情况适度调整积分指标、权重和分数线,从而建立更为动态、灵活的调控机制,实现政策之间的平衡。在推进这一办法过程中,可以通过公布指标要求,建立统一的操作体系和信息支援系统,形成具体、清晰、公开、透明的管理办法。

当前,建议抓紧由地方政府牵头,发改、人保、公安、税务、工商、房管、教育等部门参与,研究出台基于这种积分的依凭制度。由发展改革部门牵头推进随迁子女中高考的依凭制度的完善。人力资源和社会保障部门丰富社会保障的参保形式,扩大参保的覆盖人群,及时提供进城务工人员的就业和社保信息。税务、房屋管理、工商等部门要按照要求,分别提供进城务工人员纳税、住房、从事个体经营等方面的信息。公安部门加强对常住人口的管理,依据相关部门的信息形成统一操作的进城务工人员管理平台。

这一依凭制度建立以后,外来务工人员随迁子女中高考工作就可以有凭可依、稳妥推进。在此基础上,教育部门按照积分制的依凭管理制度,做好调配资源、计划编制、报名组织、考试实施以及招生录取工作。财政部门安排必要的经费,保障随迁子女升学考试及就学的财政性经费支持,稳妥有序推进进城务工人员在流入地参加中高考工作。

这项工作的推进,国家可根据城市化发展战略,区分特大城市、大城市、中等城市、小城镇等,进行有力的调控。要引导务工人员向中等城市或小城镇集中,对于这些地区,随迁子女参加中高考不要设置过高的要求。对于大城市,要有一定的要求和标准;对于特大型城市,要更加稳妥、更加谨慎,要综合考虑城市综合承载能力,积极探索实践,逐渐放宽、分步推进、合理梯度、不断深化,稳妥地多渠道解决好随迁子女升学考试问题。

外来务工人员随迁子女在流入地参加中高考不是孤立的教育问题,而是外来务工人员管理这一综合问题的一部分,是一个从属于整体人口管理的子问题。要在综合、系统的顶层设计之下,按照国家要求,立足于城市特点,根据随迁子女的需求和城市公共教育资源的提供能力,形成系统完整的外来务工人员管理思想和办法,持续稳妥地分步推进。各项制度在完善的渐进过程中,适时互动调节,转承起止,使外来务工人员随迁子女在流入地参加中高考工作能稳妥有序推进。

第二部分
动态认识均衡

▶ 1. 均衡发展，破解世界教育发展难题的考量

▶ 2. 抬升底部是教育均衡发展的关键

▶ 3. 高位均衡主要是内涵均衡

一说起均衡发展,我总会心潮起伏。这是一项只有开始没有结束的动态发展的持续工作,个中滋味五味杂陈伴随了我整整 30 年。教育均衡发展的历程既映射着时代前行的印记,又面临着永无止境的新矛盾、新问题。从某种意义上说,这是中国、是上海贡献给世界教育的宝贵财富。

　　2010 年底随着经济合作与发展组织(OECD)发布"国际学生评估项目"(PISA)成绩之后,上海学生在阅读、数学和科学中的出色表现让世界震惊。与此同时,更让世界感到惊讶的是,这一结果并非靠少数优秀学生和传统名校的表现而获得,而是大部分名不见经传的家门口学校托举起上海基础教育的整体水平,充分体现了"为了每一个孩子的终身发展"的教育理念,为破解均衡发展的世界性难题作出了积极的贡献。在最近这两年中,我们接待过世界各国前来"取经"的人,我也几次受邀参加一些国际会议,会上各国教育同行最想听到的是上海在改变薄弱学校面貌、促进每一个孩子的健康成长以及学校教研机制和教师专业发展的质量保障方面的经验。把上海基础教育放在世界教育的坐标系上加以定位,让我们倍添信心,也从中检视了这些年上海在推进均衡发展过程中所付出努力的意义和价值。

　　其实,在推进教育均衡发展的道路上,我们走得非常艰辛。在我刚刚进机关工作的时候,很长一段时间联系农村教育。现在回想起来,20 世纪 80 年代的农村教育与今天相比,简直是天壤之别。记得有一次去青浦金泽是为了处理人民来信。我清晨 4 点钟出门,换乘好几辆公交车于早上 8 点多来到这所地处上海、浙江、江苏交汇的农村初中。这所学校 4 个班级只有 5 位老师,一排平房、一个煤球炉、一台电唱机是我所看到的学校的全部设备,而且平房里所有朝南的窗户都没有玻璃。原来当时窗户上能安装玻璃是一件奢侈的事,村里的老百姓盖房子时窗户尺寸都参照学校尺寸,然后悄悄拿走了学校玻璃安装在自家窗上,又因为在学校里读书的孩子大多是自家的小囡,所以只拆除学校朝南面的相对温暖一些的窗户玻璃,而留下了朝北的玻璃据说是舍不得"孩子冻着"。

我也清楚地记得,那个时候要去趟金山,不仅要花上一天的时间,而且还要使用汽车、火车等各种交通工具。最有趣的是如果还要往"深"里走,如去廊下,还要通过当地"自主研发"的生产工具——水泥船,其实就是装上发动机的粪船。这些对于我这个刚刚到普教处工作的年轻人来说,内心产生了强烈的激荡,农村的办学条件和教学质量与市区学校的距离怎么会那么大!

1986年,上海率先颁布了义务教育条例,把推行九年义务教育作为考量政府是否作为的重要职责,上海促进均衡的号角正式吹响了。我们首先启动的是农村危房改造,之后又进行陈旧校舍的改造。直至1994年召开的全市教育工作会议上,明确提出"建一流城市、创一流教育"的目标,首次凸显教育发展在上海社会经济发展、产业结构调整、城市功能定位中的重要地位,这给基础教育提供了难得的历史机遇。上海市委、市政府决定当年投资两亿元在全市层面更新230所薄弱中小学,这意味着上海改善办学条件的"均衡"思路由零敲碎打转向集中财力、物力实现整体突破,而且设计的蓝图"先一步,高一层"——质的跨度:15年,到2010年基本实现教育现代化;预期效果:确保每一个孩子拥有基本均等的教育机会。至20世纪90年代末期,全市郊县彻底消除了设点分散、管理粗放、师资薄弱的村小,上海中小学校的办学条件焕然一新,向上海老百姓递交了一份比较满意的答卷。

今天说起走过的这段路程似乎很轻松,其实在那个物资匮乏、资金不足、经济拮据的年代,要完成这样的政府工程是非常艰辛的。比如,要更新薄弱学校,可是真正薄弱的学校究竟在哪里?领导很难看到。怎么办?我们动用有限但又是在当时数额不小的费用,组织起18支队伍,向振华出租公司租赁了18辆面包车,配备好拍摄录像的设备,悄悄开进了上海各区县进行"暗访",拍摄下各区县条件最为艰苦、办学最薄弱的学校现状,剪辑成20分钟的视频短片,专门在市教委办公会议上播放。这个配有数据分析、有现场感、有实证案例解说的短片,具有强烈的视觉冲击力和说服力,打动了所有的领导,会议当即拍板投入数亿资金彻底解决农村村小问题。

当然,更为重要的一点是,这一轮的教育均衡推进与飞速发展的上海经济社会同步,20世纪90年代初期的薄弱学校更新,完全与上海大规模城市基础设施建设相结合,而90年代末期的农村村小取消,又完全与农村城市化进程相联系。经济发展了,道路畅通了,人们的视野就开阔了,追求优质教育资源的需求也被激活了。我想,这个阶段的"均衡"是有一把统一的可测的"标尺"的,那就是通过物资和资金投入,从入学机会和办学条件上确保每个孩子拥有基本均等的受教育的机会。

薄弱学校更新任务完成后,上海进入到整体加强初中建设工程的时候,我离开了基教岗位,担任了督导室主任。由于角色身份的变化,我的视野在全国层面上看到了更多的学校,同时也感受到办学条件改善后的上海教育出现的新问题。当以前令我们犯愁的经费投入和办学条件改善等问题变得比较容易解决的时候,为什么社会对教育均衡的要求反而更高了呢?为什么那个时代老百姓对面貌一新的学校能表示出满意,而现在条件改善了、学校办学条件的整体差异明显缩小了,可老百姓却对教育越来越不满意了呢?

到芬兰考察的经历给我反思这些问题带来很大的冲击。芬兰的教育质量和均衡水平是世界公认的,我走访了很多所中小学发现,芬兰非常注重在教育教学过程中对每一个不一样的学生进行评估,这种个性化教育和评估是渗透在整个教育系统之中的。每一个学生所获得的教育资源是不同的,因为每一个学生的学习起点、学习节奏和学习风格都不一样,为不一样的学生提供适合其发展的教育,让每个学生在自己的起点上获得适合他自己的教育方式,而不是简单划一的政府资源分配,这或许才是更深层次体现公平的教育均衡。

芬兰之行给了我深深的触动,我体会到均衡发展的命题在不同的发展阶段有着不同的内涵要义。哪怕只是从政府配置资源角度也会随着社会经济发展水平的不断提高而不断进行动态配置调整,但这是没底的,资源配置的富足到了一定程度会表现出人们对物质含量的不敏感性,而教育的本质是人对人的交流,因此,只有能够关照到人的心灵成长的学校才会更优质;同样的,要提高教师队伍质量,保证教育的均衡发展,也不是将现有的教师平均分配,而是要唤起教师对学生个性的充分关注。

因为有了这些感悟,我写下了《均衡化:教育政策的必然取向》、《均衡化非划一化》和《均衡化:我们该怎么做》三篇论述均衡发展的文章,这三篇文章对于当时标准划一的均衡思路是一种冲击,具有一定的前瞻性,即便在今天看来也依然很有回味。

教育机会与办学条件基本保障后,教育均衡发展的重心不再只是学校规模与受教育者的扩展,而是真正意义上的同等受教育权的实现,就是对教育内涵、办学质量的关注。但由于每所学校的文化传统、师资力量、管理水平、生源基础都不尽相同,致使学校间的教育理念、办学行为、质量水平都有差异,因此,从用一把标准尺子衡量办学水平到用多把不同标准的尺子衡量不同学校的办学质量,是进入内涵发展阶段对均衡发展的新理解,而"办好每一所学校"则是上海新时期均衡发展的题中之意。

应该说加深我这种想法的是到虹口区柳营路小学调研的感触,我也在很多场合中提到这所学校的案例。虹口区柳营路小学因为所处社区外来人口密集,从2004年起,柳营路小学开始全面招收外来务工人员随迁子女。学校首先展开了"全校大家访"活动。通过家访,教师们发现全班学生交来的作业本,有的油渍斑斑,有的残缺不全,这都与学生家庭背景有很大关系。教师们含着泪主动提出"放学后为学生保留一张书桌",为学生提供良好的学习环境。全校动员开展养成教育,提出两周改变一个"坏习惯",帮助孩子成为文明的城市公民。假如我们的校长和教师还在千方百计地争抢生源以体现学校的教育水平,那么在以柳营路小学为代表的一批学校教师面前都将黯然失色。

上海已经走过了"均贫富"的发展阶段,均衡发展是一个永远没有终点的过程。在内涵发展阶段,上海追求的均衡不是学校之间办学水平的划一,而是要用不同的尺子来衡量不同的学校。

教好每一个孩子,表面上看是不太现实的,仔细想来却是科学的。这些年,我们通过"新优质学校"推进,力求探索如何用不同的尺子衡量不同的学校。我也更加清晰地认识到,从根本上讲,就是要通过深化教育改革,聚焦课程与教学这个改革的核心,不断提高教育效率,为全体适龄儿童、青少年的适性发展创造条件。上海基础教育正在追求更加优质的均衡新境界,这些"新优质学校"从研究学生出发,关注学生作为生命体的精神成长;这些学校回归教育本原,把育人放在首位,为学生终身发展奠基。试想,10年、20年之后,当这些孩子走向社会、为人父母、幸福生活的时候,他们不会忘记学校从改变习惯开始改变着他们的人生,这就是教育的力量。

这也是我,一个教育行政工作者最大的欣慰。

1. 均衡发展,破解世界教育发展难题的考量^①

教育的意义不仅在于培养人才,更重要的是通过对人的塑造而产生对社会物质文明和精神文明发展持久的推动作用。教育的公平是社会公平的重要基础。教育的均衡发展正是体现了一种公平与公正的理念,这不仅是世界教育发展的潮流,而且是教育现代化的核心理念。它的提出并且引起社会的广泛关注,既是我国现实教育问题的反映,又是在社会的经济、政治、文化进步达到一定水平后,广大人民群众对教育发展的一种期望。坚持教育均衡化,对于教育持续、健康发展,遏制当前不合理的教育非均衡发展的趋势和维护社会的稳定,有着重要的现实意义。

均衡发展是世界教育发展的潮流

世界各国高度重视基础教育的公平与均衡发展。自 20 世纪 80 年代以来,美国历届政府都把推进教育改革、重视教育公平、提高教育质量作为一项重要的工作。布什总统在宣誓就任总统后的第二个工作日,即 2000 年 1 月 23 日,就制定了联邦政府关于美国教育改革的新政策,并颁布了《不让一个孩子掉队法》(No Child Left Behind Act)的教育蓝图。这个教育蓝图特别强调了重视教育公平,要帮助处于不利情况下的学生,并要奖励"不让一个孩子掉队"的学校。

---

① 教育均衡化的理性思考和实践探索[R].2006 - 11.根据在上海举办的义务教育发展研讨会上的发言整理。

2002 年 9 月 8 日,英国首相布莱尔在参观一个地方的"确保起点"(Sure Start)项目中心时发表讲话,强调"我们的目标是在一代人中消灭贫困,不把贫困带到第二代。无论一个人的出身背景和阶级,每一个人都能享有我国日益增长的繁荣"。同时还强调:"我们要实现真正的平等——平等的身份和平等的机会。""确保起点"是英国政府消除儿童贫困和社会排斥的一个里程碑。

日本和韩国同样十分重视基础教育公平和均衡发展问题。两国的义务教育已经基本做到了"关爱每一位学生,使每个学生都能得到发展"。所有的小学、初中,只要有智力障碍和伤残儿童的,都有为这些儿童专设的教室并配有受过专门培训的教师,对外国儿童也是如此。

从目前的教育现状来看,教育发展不均衡是发展中国家教育发展的主要特征之一。各国专家一致公认城乡差距是制约发展中国家教育发展和实现教育现代化的瓶颈,当前最需要关注和最需要解决的关键问题就是城乡发展不均衡和农村教育不受重视问题。各国正在采取各种措施希冀改变这种状况,如越南 1993 年用法律的形式确认农村复式教学的合法性,菲律宾实施艰苦工作津贴以鼓励农村教师。

从世界教育发展的潮流来看,各国均衡发展的目标追求是促使所有的学校都提高教育教学质量,提高办学水平。均衡发展不是限制经济发达地区教育的发展,也不是限制有条件的学校、好的学校的发展,而是既要鼓励教育发达的地区,办学条件好、办学质量高的学校进一步提高质量和水平,又要在均衡发展思想的指导下,采取有效措施促进发展速度慢、办学条件差、办学水平不高的地区和学校加快发展,进一步扩大优质教育资源。

均衡发展是教育发展现实而迫切的任务

教育的不均衡状况是社会分层现实的反映。从历史上看,我国城乡之间、地区之间存在着明显的差距,在东部的沿海地区讨论发展知识经济的时候,西部农村还处在前工业时期。中国国民收入分配的差距已经超过了世界平均水平。目前,教育就面临着这样一种社会的不公平状况,必然会受到这种社会分层的现实影响——这使得在地区、人群之间存在着教育供给的不平衡,尤其存在着优质资源供给不足与广大人民群众日益增长的教育需求之间的尖锐矛盾。

解决当前基础教育阶段的新矛盾,要求我们必须推进教育均衡发展。当前,教育资源的供给与人民群众日益增长的接受更高普及程度、更高教育质量的教育机会的需求不相适应的矛盾是基础教育的基本矛盾。基础教育的基本矛盾在新时期又派生了两个新矛盾:一是区域基础教育均衡发展要求与区域基础教育发展不平衡现实的矛盾;二是学校均衡发展的客观要求和学校非均衡发展的现实之间的矛盾。随着人民收入水平差距的拉大,人民群众接受高质量、高水平基础教育的要求越来越强烈,国家办的重点校、"名校"的招生压力日趋加大,学校非均衡发展的趋势在日趋强化。解决这一矛盾,要求我们必须推进教育均衡化发展。

贯彻落实新修订的义务教育法,要求我们推进教育均衡发展。2006 年新修订的义务教育法第六条规定:"国务院和县级以上地方人民政府应当合理配置教育资源,促进义务教育均衡发展……"第二十二条规定:"县级以上人民政府及其教育行政部门应当促进学校均衡发展,缩小学校之间办学条件的差距……"实际上,义务教育法界定了促进义务教育均衡发展的三层意义:首先,实施主体是国务院和县级以上地方人民政府;其次,实施要点是合理配置教育资源,改善薄弱学校办学条件,缩小校际办学条件差距;再次,保障重点必须放在农村地区、民族地区以及经济困难家庭和残疾的适龄儿童少年,而且需要地区之间的支援。新修订的义务教育法是我国在新时期、新阶段修订的一部重要法律,是我国 20 年普及义务教育工作的经验总结,充分吸取了各地实践中好的经验和思想,进一步从法律上明确了义务教育的发展模式和制度设计,更加突出了各级政府的责任和义务,从而为我国公民平等接受高质量的义务教育提供了坚实的法律基础和制度保障。深入贯彻落实新修订的义务教育法,要求我们必须切实促进各地义务教育的健康和均衡发展。

推进我国基础教育的均衡发展,存在不少困难和问题。当前,需要重点关注以下几个方面。

▶ 优质教育资源的短缺

要积极推进基础教育均衡发展,首要条件应是教育资源要满足教育公平、机会均等的需要。从目前教育资源的状况来看,教育资源特别是优质教育资源,相对供给不足。教育资源不足能不能实行均衡发展? 从哲学的观点来看,足与不足都是相对的,而不是绝对的。我国在世纪之交已实现了"两基",高中阶段教育也逐步开始进入普及阶段,基础教育管理体制也正在不断完善中,可以说现在已初步具备了促进均衡发展的条件和制度上的保证。教育资源的短缺分为满足基本教育机会的资源短缺、扩大和增加教育机会的资源短缺、接受高水平和高质量教育的资源短缺三个方面。从目前我国情况看,基础教育的教育资源短缺主要表现为优质教育资源的短缺,因此,我们考虑的问题应该是,如何消除适龄儿童有了上学机会以后所接受教育的质量差异,如何在一定的区域或更大范围内做到有限的资源共享,从而达到基础教育均衡发展,让所有孩子都尽可能接受同等或相近水平的教育,享受自身发展的同等机会。

▶ 公平与效率的博弈

有人将经济领域中"效率优先、兼顾公平"的原则运用到教育领域,认为办优质教育是必然的,发展不平衡也是必然的,学校之间的竞争正体现了效率优先、兼顾公平。现阶段,在教育发展的过程中我们应关注效率,但教育的公平和效率与经济上的公平和效率观是不相同的。教育的公平一是机会公平,即人人有学上;二是过程公平,也就是学校提供的条件、设备、教师等方面要基本相当;三是结果公平,依据每一个人的能力和条件,通过一段时间教育之后,每个人都得到相应的发展,给学生以最好的出路。正是由于过去政府对学校投入的不同,造成了学校之间发展不公平,使学校之间、学生之间竞争不在同一条起跑线上。我们现在就是要填平这种不平,实现公平。这种公平是社会主义性质所决定的,是现代民主化的社会决定的,更是基础教育的本质要求。如果我们不加区别地强调"效率优先、兼顾公平",就有可能人为地扩大、加剧社会的不公平,阻碍或影响社会的稳定发展。

近年来,韩国、日本等国家发现,他们在推行"平准化"政策后,义务教育逐步丧失了效率。中国的地区发展非常不平衡,笼统地讲义务教育资源均衡,是没有意义的。合理和可行的策略应该是,在经济发展水平近似的区域内,努力追求义务教育资源的均衡配置。

▶ 重点发展模式的地平线

由于受经济条件的制约,在学校的发展上,我国一直实行的是重点发展模式。每个地方无论财力多么紧张,哪怕教师工资发不出,都要投入大量的人力、物力、财力,搞一二所重点学校,作为地区的窗口。在教育发展的一定阶段,通过重点发展的模式,办好一些窗口学校,并且通过窗口学校带动其他学校的发展是必要的。但过度的倾斜政策,使重点学校鹤立鸡群,人为地拉大一般学校与重点学校的差距,就会在广大的青少年心理上抹上人有三六九等的阴影。在社会心理上每个人都想让自己或自己的子女接受良好的教育,从而对重点学校趋之若鹜,使重点学校的"成功"建立在薄弱学校的"失败"的基础上。其实,衡量基础教育能否造福于国家、有利于民族,不在于重点学校培养出多少大学生,而在于大多数人能否接受到必须接受到的教育、好的教育,使国民素质得到普遍的提高。

正确认识教育均衡发展的深刻内涵

教育均衡化是一种全新的教育理念,是一种科学的教育发展观。教育均衡发展在空间结构上,主要指不同地区之间、同一地区不同学校之间、同一学校不同群体之间的教育均衡发展问题;在时间进程上,主要是指学生在接受教育的起点、过程和结果方面拥有相对平等的入学机会,得到大致均等的教育资源和教育条件,并能获得尽可能的发展与成长。就其实质而言,教育均衡发展主要涉及受教育者教育权利的保障问题,教育的民主与公平问题。具体而言,教育均衡发展主要表现在三个层面:在物质层面上追求优质教育资源相对均衡配置,从而为受教育者提供相对平等的受教育机会与条件,在就学过程中得到同等的对待与支持;在制度层面上保障受教育权利平等的实现,获得平等入学与就业机会;在意识层面上关注每个儿童潜能最大限度地发展,并为之提供最适宜的发展环境和条件。教育均衡发展是基础教育发展永恒的主题。

教育均衡化最基本的要求是在教育机构和教育群体之间,平等地分配教育资源,达到教育需求与教育供给的相对均衡,并最终落实到人们对教育资源的分配和使用上。从个体看,教育均衡指受教育者的权利和机会的均等,指学生能否在德、智、体、美、劳等方面均衡发展、全面发展;从学校看,教育均衡指区域间、城乡间、学校间以及各类教育间教育资源配置是否均衡;从社会看,教育均衡指教育所培养的劳动力在总量和结构上,与经济、社会的发展需求是否达到相对的均衡。

从社会学的角度看,教育是社会发展的平衡器、稳定器,是社会进行再分配的一个调节手段,通过给社会弱势人群以教育保障,使之接受教育向上层流动,从一定程度上增进社会公平度,进而促进社会稳定。在普及了义务教育、基础教育跃上新的发展平台之后,均衡发展应成为我国基础教育工作中一个带根本性的重要指导思想和价值追求,成为我国基础教育持续发展的战略选择,需要从政策的层面上来进行全面思考和推进。

教育均衡作为社会进步的重要标志,是相对的、具体的、发展的,绝对的教育均衡是不可能的,也是不现实的。每一个时期,由于社会经济发展等多方面因素的影响,教育均衡有着不同的表现。教育均衡发展是一个由"不平衡——均衡——不均衡——均衡",不断地螺旋式上升的循环发展的动态过程,教育均衡发展更加强调的是全面、协调、可持续的科学发展。均衡发展的过程,是整体办学条件和水平提升的过程,这种过程是不均衡逐渐走向均衡,然后均衡再次被更高一级的发展需求打破,出现新的不均衡,并在更高层次上从不均衡走向均衡。

教育均衡发展必须坚持以人为本的原则,树立全面、协调、可持续的科学教育发展观,促进各级各类教育持续健康协调发展。以受教育者的全面发展为根本,从受教育者的发展需要出发,努力创造相对均衡的受教育机会,不断提高各级各类教育的质量,力求使每一位受教育者,都能均等地获得自身发展所需的优质教育。

总之,教育的均衡发展是我国社会主义教育事业的基本要求,也是现代教育的重要特征。从促进均衡的主体看,首先是教育行为到位;从促进均衡的对象看,是以义务教育为重点,包括高中阶段教育和学前教育阶段;从促进均衡的目标看,是办学条件标准化、教师队伍交流制度化、学校管理规范化;从促进均衡的阶段看,首先是条件均衡,然后是质量均衡;从促进均衡的手段看,首先是政府指导,然后是市场运作。

当前,特别需要正确认识以下几个关键的问题。

▶ 均衡发展不是限制发展，而是共同发展，分类发展

均衡发展不是"削峰填谷"，而是"造峰扬谷"式发展。发展是教育事业永恒的追求，没有发展，就谈不上均衡。落后地区、薄弱学校需要发展，发达地区、基础好的学校同样需要发展。均衡发展不是限制或削弱发达地区、优质学校和强势群体的发展，而是要在均衡发展思想的指导下，以更有力的措施扶持基础薄弱地区、薄弱学校、弱势群体，特别是农村教育和农村学校加快发展，进而把基础教育办成高水平、高质量的教育，实现高位均衡。均衡发展绝不是教育的平均主义，不是把高水平的教育拉下来，而是要根据不同区域的实际情况，分区规划、分步实施、分类发展。

▶ 均衡发展不是划一发展，而是特色发展

均衡发展不是一种模式、不是"一刀切"，要鼓励不同区域、不同学校、不同类型的教育，根据各自的实际情况，创造性地探索有本校特色的发展道路，最终实现优势互补、特色发展、整体提升。教育个性化、办学特色化，不仅是国际基础教育发展的大趋势，也是实现更高层次均衡发展、深化教育改革、全面推进素质教育的迫切需要。因此，在办学条件、师资水平相对均衡的情况下，要鼓励学校办出特色，为每一个孩子的发展留有个性发展的空间。

▶ 均衡发展不是短期、单一发展，而是持续、整体发展

教育发展不均衡有着长期、深刻的历史原因，解决这个问题需要有一个过程，促进教育均衡将是一个长期的、动态的、辩证的历史过程，需要持之以恒，常抓不懈。基础教育均衡发展是整体发展，当前最需要关注和最需要解决的关键问题，就是城乡发展不均衡问题。只有把农村教育作为教育整体的一个重要组成部分，才能获得真正的城乡教育均衡和有效发展。要切实保障进城务工人员随迁子女教育权，同时关心好农村"留守儿童"教育。

▶ 教育创新发展与教育均衡发展

如何在教育均衡发展思想的指导下，通过建立相互竞争机制，不断激活学校向更高水平的均衡阶段发展，是教育均衡发展的关键所在。因为只有在教育

均衡发展的过程中引入竞争机制,才能达到高质量高水平的均衡。要使均衡不断向深度、广度和高水平阶段推进,必须抓住教师队伍这个核心,通过教师专业发展和教师教育制度的创新,激发教师和校长的职业活力、专业创造力和教育教学热情;必须通过引入竞争机制,不断增强学校的发展动力、活力,激励学校之间、区域之间向更高水平的教育均衡目标发展。

推进区域教育均衡发展的举措[①]

基础教育均衡发展,是一个长期过程,也是一个系统工程,不是一蹴而就的。目前我国基础教育存在的矛盾和问题,有历史性的原因,也有制度性的原因。历史性的原因要通过经济和社会的发展逐步加以解决,制度性的原因则需要通过制订具有一定取向和倾斜的公共政策来加以解决。

2003 年之前,浦东城区学校实行新区直接管理,郊区学校实行以镇为主的管理体制。由于新区经济的快速发展,区级财力增长迅速,对城区基础教育的投入力度不断加大,城区和郊区基础教育的差异明显并且日益扩大。与此同时,镇与镇之间教育投入的差距也进一步凸显,由此引发的是城乡学校间师资队伍整体素质、教学质量和办学整体水平的差异日益加大。

当迅速跨越温饱、步入小康的浦东居民在现实生活中看到教育在城乡之间、区域之间、学校之间的确存在着显著差异的时候,政府的教育政策取向、指向何处就成了非回答不可而且必须正确回答的问题。我们的回答是:当前教育发展的最迫切的任务是最大限度地满足最广大人民群众日益增长的教育需求,而为了完成这一任务,政府教育政策的必然取向就是教育的均衡化。

本着为浦东城乡居民提供均等前提下的优质教育的理念,新区政府于 2003 年底在上海市率先实现了城乡基础教育管理体制的一体化,举全区之力,统筹城郊教育资源,采取向郊区倾斜的一系列政策和措施,努力消除城郊办学水平差异,让浦东改革开放成果惠及郊区人民,制订了《浦东新区关于加快城郊教育一体化发展的若干意见》,提出了城郊教育均衡化的四个"统一"原则,即:统一

---

① 浦东新区义务教育均衡发展情况汇报[R],根据讲话稿整理。

拨款标准,统一硬件配备水平,统一信息平台,统一提供教师培训与发展机会。

具体做法为:

一是安排专项经费,同步改善城郊学校的办学条件。完成了以郊区学校为重点的学校校舍的大修、运动场地翻建和食堂内部维修改造等项目。包括郊区学校在内的全区所有学校建成了"一网三室"(校园网和教师电子备课室、学生电子阅览室、多媒体教室),生机比全部达到上海市标准。重点实施"加强初中建设工程",使初中学校尤其是郊区初中学校的面貌焕然一新。

二是制订向郊区学校倾斜的人事政策。选派城区学校年富力强的校长到郊区学校任职;选派城区优秀教师到郊区学校支教,同时给予他们一定的补贴。教师职务评聘向郊区教师和有郊区任教经历教师倾斜。改善教师待遇,在消除郊区教师收入差距的同时,使城郊教师收入得到同步提高。

三是调整教育管理机构,推进城郊教育均衡发展。由于浦东地域广、学校多,2004年成立了4个教育署,在划分各署区域范围时,特地使每个署辖区内既有城区学校,又有郊区学校,以促进城郊学校之间的交流互动和同步发展。此外浦东还合并了原有的教育学院、教科所、教育信息中心,成立全国首家区域性教育研发机构——浦东教育发展研究院,成立了资产管理中心、会计核算中心和工程管理中心。通过整合教育资源,拓展教育功能,进一步规范和加强对城郊教育资源的统一管理。

四是丰富城郊结对互帮形式,促进城郊基础教育共同发展。建立并完善"城郊办学联合体",联合体以"城郊一体、东西联动、互助共赢"为宗旨,实行一套班子管理,逐步实现办学理念、管理模式、教师管理和培训一体化,形成"优势互补、共同发展"的良好态势。进一步深化城郊结对,城区和郊区的学校在师资队伍建设、教学管理等方面结对互帮,全面合作。

五是政府购买民办小学服务,保障进城务工人员随迁子女就读待遇。为贯彻"两个为主"的精神,一方面,浦东公办学校接收符合条件的随迁子女;另一方面,以补贴的方式,鼓励民办学校接受随迁子女。同时委托教育中介机构专门管理农民工子女学校,使这些学校的办学规范性得到加强。同时,教育行政部门还下拨专款,改善这些学校的教学设备、厨房设施。

六是探索"委托管理"模式,积极拓展优质资源。探索把办学的具体事务交给一些专业化机构,通过托管的形式来落实政府的责任,并且使政府的公共事务更加具有效率。具体有三种形式:委托大学管理中小学;委托社会中介机构管理中小幼学校;委托公办学校管理中小幼学校。通过委托管理,把名校教育教学管理资源、校园文化以及办学特色与理念等整体移植到受管学校,对受管学校整体进行全面而又强势的改造。

浦东新区正在通过多种方式,加大对郊区相对薄弱地区教育的支持。郊区的教育工作者也正在努力振奋精神,开拓进取,将政府和全社会的支持力与自身的内驱力结合起来,和城区人民一起,努力描绘着浦东城乡教育均衡发展的壮美图景。

2. 抬升底部是教育均衡发展的关键

教育均衡发展是一种发展目标,更是一种教育发展过程;教育均衡发展是教育发展的目的,更是一种促进教育发展的途径。均衡发展既要鼓励教育发达的地区,办学条件好、办学质量高的学校进一步提高质量和水平,又要在均衡发展思想的指导下,采取有效措施促进发展速度慢、办学条件差、办学水平不高的地区和学校加快发展,进一步扩大优质教育资源。因此,在现阶段,抬升底部是教育均衡发展的关键。

均衡发展是教育公平的基础①

2002 年的时候,我在市教育督导室工作,那时党的十六大还没有开,我们强烈地意识到基础教育的政策取向应该改变,均衡化应该成为基础教育政策的基

---

① 均衡化:教育政策的必然取向[J].上海教育,2002(5),均衡化不等于同步化、划一化[J].上海教育,2002(7),均衡化:我们该怎么做[J].上海教育,2002(8).收录时有改动。

本价值取向。当时《上海教育》杂志向我约文章,我就自己的工作实践和思考,以均衡化为主题谈了自己的思考和认识。先写了《均衡化:教育政策的必然取向》,后来又写了《均衡化非划一化》、《均衡化:我们该怎么做》。2002 年 11 月,党的十六大召开以后,义务教育均衡发展被党中央、国务院提上议事日程,国家先后召开多次会议,多次颁布文件推进。后来我到浦东社发局以及又回到市教委工作,这些思路仍是我推进义务教育均衡发展的基本思路。

▶ 均衡化:教育政策的必然取向

改革开放以来,教育已经有了巨大的发展,但是面对加速现代化建设的历史进程,人民群众接受更多更好教育的愿望从来没有像今天这样强烈。因此,教育的供给滞后于人民群众需求,仍然是现阶段教育的基本矛盾。然而这种滞后性今天正日益表现为教育发展的非均衡性。

首先,教育均衡化是在社会主义市场经济的大背景下,政府职能转变的必然要求。在市场经济条件下,追求最大效率的刚性法则既有其促进人的潜能的充分发挥、进而推动社会发展的正效应,也可能产生在社会的竞争中处境不利人群生存和发展上差异不断扩大的负效应。如何有效调控效率与公平的关系;如何在社会保持生机和活力的同时,保障全体社会成员的生存和发展的基本权利,则是政府的公共政策必须予以关注的,甚至可以说是政府必须认识到的一项基本职能。因为市场经济的逻辑是:效率由市场去安排,公平则由政府来调节。政府必须在市场机制所难以企及的问题解决中发挥其合理的调节作用。

其次,教育均衡化是在社会财富普遍增长、贫富差距拉大,阶层之间教育差距日趋显现的背景下教育政策的必然选择。社会主义市场经济以"效率优先、兼顾公平"为分配原则。其中效率与公平的关系,需要社会通过两次分配来调节。一次分配讲效率,二次分配讲公平。所谓二次分配就是指在税收基础上建立起来的公共资源的配置。政府及其教育行政部门控制的教育资源是公共资源的组成部分,其配置必须坚持公平和公正性原则,必须体现大力促进教育权利平等和教育机会均等,坚持面向全体青少年提供良好的教育机会,更加关注弱势群体受教育问题的政策取向。教育资源配置的合理化作为教育均衡化的重要方面,在它所要解决的教育发展水平差异问题的背后,是广大人民群众的切身利益和社会稳定的大局。在某种程度上,教育的均衡化将有助于扩大经济增长在社会人群中的受益面,有助于减弱收入差距拉大对人的生存和发展带来的影响,也有助于社会内部关系的良性化。

再次,教育均衡化是我国步入小康社会之后,公民的基本权利保障水平不断提高的背景下,教育政策价值取向演变的必然趋势。在现代社会,教育正日益成为人类生存的基本需要,成为现代社会公民的基本权利,成为改善人的生存状态、促进社会公平的有效手段。因此,世界各国的现代化进程中,无不把教育均衡化作为教育现代化的基本价值,作为现代教育的基本出发点。今天,我国的经济发展和社会进步,一方面正在为公民实现包括受教育权在内的各项基本权利创造着保障条件,另一方面也不断促进着公民权利意识的觉醒,教育权利的公平作为社会公平价值在教育领域的体现,群众对它的关注度和敏感度也不断提高。在这样的形势下,参照世界各国的共同趋势去推动教育政策的演进则是必然的。

▶ 均衡化不等于同步化、划一化

今天,我们面对着种种教育发展的非均衡现象,产生这些现象的原因是极其复杂的。长期以来,经济、文化发展的不平衡导致了巨大的地域差别,计划经济体制和城乡二元结构加剧了城乡差别,这些都是现今教育巨大的地域差异、城乡差异的主要成因。而这种历史性的成因难以在短期内消除,只有随着经济发展和社会进步才能从根本上逐步加以解决。

值得我们重视的应该是导致教育非均衡现象产生的政策性因素。因为政府及其教育部门公共教育政策的不同取向,往往会对教育的均衡程度带来完全相反的两种影响,通过教育政策的调整来推动教育的均衡化最为现实也最为有效。因此我们探讨教育均衡化问题,主要是在政府的职能以及公共政策层面,尤其是针对公共教育资源配置的公平、公正性而言;主要是关注当下的政策导向是缩小以致努力消除,还是人为地扩大现存的差异。

在我们探讨教育均衡化问题时,如何看待客观存在的校际差异和地区差异也是值得我们作进一步辨析的。

第一,教育均衡化不等于学校之间办学水平的划一化。在学校办学层面,不应该也不可能对所有的学校提出无差别的要求。教育均衡化的原则所不主张的是:政府及其教育行政部门运用对公共资源的支配权,集中本该均衡配置的资源，创办"窗口学校""重点学校"，以显现其"政绩"和"形象"。这种做法客观上拉大了在这些学校就读的少数人，与在其他学校就读的大多数人之间享受公共资源的差异。在普遍学校的配置水平与当地经济、社会发展水平不相适应，或者学校之间配置水平差异过大的情况下，此类违背教育公平、公正性原则的行为，只会衍生出诸多矛盾，加剧社会不公。然而，在政府对学校的配置水平基本均衡的前提下，我们不仅应该坦然面对学校之间存在的客观差异，而且应该鼓励和倡导学校之间在正确的目标导引下，开展符合教育科学规律的办学水平竞争，创建办学特色，不断提升办学水平。对于这种基于学校自身发展内在机制的差异，我们应该看作是教育整体发展的动力。因为在学校群体中，只有部分学校的发展取得突破，才有可能引领同类学校群体的整体发展。教育行政部门往往也是在整个群体"不平衡—平衡—不平衡—平衡"这样一个循环发展的动态过程中，不断地运用激励或扶持手段（这里所说的手段不是指特殊的资源配置）去鼓励冒尖、推动发展、促进平衡，从而实现事物的螺旋式上升。

第二，教育均衡化不等于区域之间教育发展的同步化。一般来说，教育均衡化所体现的教育公平、公正性原则，更加需要在基础教育尤其是义务教育阶段得以贯彻。然而，根据我国现存的教育体制，基础教育由地方负责。一级政府在教育均衡化上所能做到的只能是：从本地的财力状况出发，在辖区内均衡地配置教育资源。但是，即便做到了这一点，也难以避免更大区域范围内的不均衡，因为地域之间经济发展差异巨大。当然，我们可以要求上一级政府来履行更大区域范围内教育均衡化的责任。在实际工作中，中央和省级政府对一些地区的财政转移支付和教育专项拨款，以及普遍开展的对口支援工作也正是在这个意义上发挥着作用。但是正如有人所说，中国国情的最大特点之一是经济、文化发展的不平衡性。如果面对东部和西部、城市和农村的巨大差异，中央和省级政府倾其全部财力恐怕也难以将其弥合。因此，教育均衡化本质上是各级政府决定公共政策时必须遵循的原则，衡量政府是否遵循这一原则的关键是其公共政策的倾向及其实施效果，即政府是否重点关注在发展中处境不利的地区和人群，其通过行政手段配置资源的效果是否有利于缩小而不是扩大辖区内地域之间、学校之间的差距。教育均衡化不是试图在一夜之间改变长期以来客观存在的，由于各地区的自然、历史、经济、文化背景的差异而形成的教育差异，也不应该以长期形成的差距来衡量当今政策的效应。相反，对于地方政府而言,只要在辖区内遵循了教育均衡化原则并且实施有方,其立足原有基础加快发展教育,形成区域性教育发展高地的努力应大力提倡和鼓励。

▶ 均衡化:我们该怎么做

自20世纪80年代中期实施义务教育以来,教育的均衡化问题正日益引起各级政府的重视。我们上海就曾经经历过:义务教育实施初期大规模的校舍新建和改造,90年代依托城市的振兴和崛起而实施的"薄弱学校更新工程",跨世纪的"中小学标准化建设工程"等几个体现历史发展阶段的重大工程。这些工程无一不是教育均衡化的杰作,无一不是政府依法为全体青少年提供基本均等教育机会的具体而又实在的行动。正因为有这些基础,今天我们才有足够的底气和实力,在新的形势和背景下,继续加深对教育均衡化必要性和重要性的理解和认识,并且采取更加扎实、有效的措施去大力推进教育的均衡化,更好地解决教育的公平问题。

我们要努力缩小义务教育阶段学校之间的过大差距,大力推动学校的均衡发展。义务教育的宗旨和教育公平性的原则都要求我们把义务教育阶段学校的均衡发展作为一项重要的教育政策,因此我们必须在教育经费分配、校长和师资安排、校舍和设备等硬件的建设,生源安排的政策导向等方面,采取比过去任何时候、任何措施更加切实有效的办法,充分地体现和坚决地落实这一政策,绝对不要再以政府行政行为人为地去扩大学校之间的差距。尤其是千万不要再沿袭"总要有几所拿得出的学校给人家看"的思想,沿袭建设"重点学校"、"窗口学校"并以此作为"政绩"的做法。要以对全体公民负责的态度,采取向亟待加强的学校倾斜的有效政策和实际行动,大力扭转校际差距过大的局面。同时,也要防止过去主要依靠行政手段集聚教育资源的学校,今天以"市场"手段再度集聚教育资源(如收取高额赞助费,用高于周边学校的待遇吸引教师等),再度拉开校际差距。如果我们对于这类现象不加抑制,校际差距终将形成滚动效应,再度引发教育内部和社会的种种矛盾,对此我们必须有清醒的认识。

我们要继续坚定地推行义务教育阶段公办学校免试、就近入学的办法。在现代社会,义务教育阶段的公办学校实行免试、就近入学的办法,其积极意义在于使公民(既纳税人)在其居住地实现其子女教育上的权利与义务。这一办法与现代社会的纳税制度、公共政策密切相关。应当看到,我们实行这一办法是历史的进步,即在教育的公平性和民主化上迈出了很大一步,现在不是后退的问题,而是要进一步完善的问题,是要通过缩小校际差距,并且随着经济和社会的发展不断整体提升义务教育学校的办学水平,努力使大多数居民对居住区中的学校达到较为满意的程度。同时,也积极鼓励民办教育的发展,形成一批有质量、有特色的民办学校,满足具有支付办学成本能力的一部分家庭的选择要求。

我们要努力缩小地区和城乡之间在教育发展上的过大差距。各级政府要通过转移支付和专项拨款等办法,建立起对本级政府辖区内相对落后地区教育的支持,逐步地缩小地区差距和城乡差距。当然相对落后地区的人们也要摒弃因循守旧、不思进取、无所作为、消极等待的思想,努力振奋精神,开拓进取,积极创造条件,将外来的支持力与自身的内驱力结合起来。

我们要深化教育改革,提高教育效率,为全体适龄儿童、青少年的健康发展创造条件。如果教师缺乏面向全体学生的教育理念和教学策略,甚至歧视"差生";如果教育内容脱离学生的生活实际、缺乏吸引力,甚至过难、过深;如果教学过程枯燥乏味,缺乏生气,甚至极具负担和压抑,那么学生学业成功的机率就会大为降低。因此,通过深化教育教学改革,提高教育效率,以最终达到增加学生成功和发展的机会的目的,而这一目的也是所有均衡化政策的出发点和归宿点。

上海推进基础教育城乡一体化发展的思考与实践[①]

上海基础教育是上海海派文化的重要组成部分。自 20 世纪 80 年代起,尤其是经过世纪交替前后 10 年左右的大规模、大力度发展,上海基础教育已完成了以数量扩充、满足学位为特征的第一次跨越,全面普及了 3—18 岁适龄儿童和青少年的 15 年基础教育,形成了由学前教育、九年义务教育、高中阶段教育,

---

① 我到上海市教育局工作时,就联系农村教育。从浦东新区社会发展局重返市教委后,我写了此文章,对上海农村基础教育发展的历史进行了回顾,并提出了下一阶段城乡基础教育一体化发展的思路。2008 年以后,城乡基础教育一体化工作得到了显著的重视。当时的回顾与梳理为后一阶段工作的推进奠定了一定的基础。

以及特殊教育和工读教育所组成的,结构合理、相互衔接、内外沟通的基础教育体系。

随着科学发展观与建设和谐社会目标的提出,尤其是上海市城乡一体发展目标与策略的确立,标志着上海基础教育已进入以均衡发展和内涵发展质量提高为特征的新一轮发展阶段,然而它的难度将远高于第一轮的发展。

▶ 上海地域变迁与农村基础教育

当前基础教育的城乡和区域差异主要表现在投入力度、管理方式、教育文化以及学校、师资等优质资源的积累等多方面。教育差异形成的原因是复杂的,同时也是历史的,其最重要的背景原因是长期以来的城乡二元结构社会发展形态。

上海是中国历史上近现代城市文明发展水平较高的地方。不仅工商业发达,而且文化多元,教育领先(当时上海高等教育占全国的 1/4,职业教育发达,国民教育普及程度在全国首屈一指)。1958 年时,上海(现市区)已经基本普及了小学教育。

1958 年,江苏省的 10 个县划归上海市,市域范围从 300 多平方千米扩展为6000 多平方千米,并由此奠定了上海市地域内城乡二元结构的发展格局长达50 年,上海有了农村基础教育。经过 20 多年的发展,直到 1983 年全市郊区 10县的小学教育才全部达到并超过教育部《关于普及初等教育要求暂行规定》的标准,上海初等教育的普及水平郊区县与市区整整相差了 25 年。

▶ 上海农村基础教育的发展历程

"文革"以后的中国经济逐渐走上了拨乱反正和持续发展的轨道,人民群众的教育需求开始复苏,经济发展对人才培养的要求也日益加强,强烈的教育供需矛盾和民族振兴对教育的呼唤促成了教育管理体制的改革。1980 年,党的十一届五中全会提出,要"确定适合国民经济发展需要的教育计划和教育体制"。1985 年 5 月,中共中央颁发了《关于教育体制改革的决定》,做出了重大决策:把发展基础教育的责任交给地方,实行地方分级管理的新体制,有步骤地实行九年制义务教育。1986 年颁布的义务教育法用法律形式确立了这一基础教育管理的新体制。

颁发于 1985 年的《上海市普及九年制义务教育实施方案》对上海基础教育管理作了体制上的分工:上海市政府承担对基础教育发展的宏观管理,通过制定发展规划、制定实施要求(包括人员编制标准、学校建设标准、考核管理办法等),加强教育教学指导……实施九年义务教育的主要责任和权力在区县,区县人民政府通过对本地区实行九年义务教育的规划制定、对区县教育经费的核定拨付,任命、管理中小学校长等,组织推动九年义务教育。在郊县,设定乡镇一级的教育管理层级,全市 200 多个乡镇都成立了教育委员会,负责乡镇的教育事宜。乡镇要根据本地经济及社会发展需要,统筹规划本乡镇初中、小学、幼儿园、职业学校与业余学校的发展,负责征收教育税费并多渠道集资,合理核定并分配全乡教育经费,建设校舍改善办学条件,并负责本乡镇学校管理干部和教师的配备、调动与管理等。

与此相应,上海的教育经费管理体制也进行了改革,实行地方负责、分级管理体制。在郊区则实行三级管理,即郊区各区县教育实行区县和乡镇分级管理,乡镇的基础教育主要由乡镇政府负责投入与管理,并一直延续到 2008 年。从教育经费构成的角度说,原来各区县教育经费分担的比例大致为区县、乡镇各占 50% 左右,乡镇财政对区域范围内的乡镇管辖学校实施财力保障,主要是义务教育和学前阶段学校;区县财政对直属学校实施财力保障,并包括对部分承担高中教育的乡镇实行财政转移支付。市教育局主要对区县教育经费的筹措和使用进行宏观指导,并安排一部分专项经费,对部分学校和项目进行专项补助与专款补助。

基础教育实行"分级管理"的体制,使"依靠人民办教育"成为发展基础教育的重要基础,各级地方政府不仅对教育拨款,并动员群众集资办学,征收教育税费,建立人民教育基金会等。由于教育管理体制充分调动地方政府和农村群众办学积极性,因此使教育在较短的时期内得到了超常规的发展,完成了上海基础教育的第一轮发展任务——提供了充足学位,普及了九年义务教育,实现"人人有书读"。1993 年,经国家教委验收,上海在全国率先实现了九年义务教育。在这一过程中,1988 年在嘉定、青浦两县进行的"农村教育综合改革实验区"实验,通过在农村实行"三教(普通、职业、成人教育)统筹"、"农科教(农业、科技、教育)结合",充分调动农村人民办学的积极性,支持教育,办好教育,加快了农村普及义务教育的进程。从 1983 年上海普及初等教育到 1993 年全市普及九年义务教育,农村用了 10 年的时间,大大地短于初等教育普及时城乡的 25 年时间差。

从高中阶段教育的普及情况看,上海市区在 1985 年时普及率已达 96.65%,但郊区县只有 52.5%。在"地方负责、分级管理"的基础教育管理体制下,通过市、区县两级政府的共同努力,尤其是充分发挥区县政府的教育积极性,抓住了上海城市大发展的契机,上海建设了一批大型现代化寄宿制高中和现代化职业学校,使上海高中阶段教育资源有了量与质的极大提升。到 1997 年全市高中教育普及率达到了 97%,基本完成了普及高中阶段教育的目标。高中阶段教育的普及,市区和郊区的时间差是 12 年。

在"七五"到"九五"时期,上海曾先后开展了三轮"薄弱学校更新工程",郊县有 1700 多所学校得到了改造。1993 年上海提出了"双高普九"①的要求,1998 年上海又启动了"中小学达标工程",至 2002 年工程完成,基本实现了上海市初中、小学校舍与装备的标准化配置。在此期间,农村基础教育得到了各级政府的特别关照,为了使所有的农家子弟在跨入新千年的时候有一个较好的教育环境,上海加紧了村小的撤并和保留村小的改貌建设工作,一方面大力改善"硬件"面貌,另一方面特别强调要重视管理和师资队伍建设等"软件"建设。1997 年上海市教委建立了"农村教育专项资金"补助机制,当年投入 5000 万元,使郊区中学理化实验仪器、小学自然常识仪器全部达到市颁标准;1998 年又为郊县完成更新改造的学校及部分经济困难乡镇的中小学添置设备,从而使郊县中小学的装备水平上了一个台阶。

进入 21 世纪以来,随着上海现代国际大都市建设的进程,"1966"城镇布局的推进,农村的工业化、市场化、城镇化水平不断提高,上海各郊区陆续完成了农村学校的重新设点布局,使郊区的基础教育布局有了彻底的改观。2004 年,市政府再次把"改善 355 所郊区初中、小学教学设施"列为市政府实事,10 个郊区共有 423 所学校教学设施得到了改造,通过添置和更新教学仪器、课桌椅、多媒体、专用教室、图书资料等设施设备,使郊区特别是农村初中的办学条件进一步得到改善。

在"加强初中建设工程"的 2002—2004 年,全市 19 个区县共投入 85.65 亿

---

① 高标准、高质量普及九年义务教育。

经费用于这一工程,是多年来投入初中教育经费最多的一个时期,尤其在郊区,如青浦区先后投入 32 亿元用于初中校舍建设和信息技术装备。浦东新区于 2003 年秋季实行区二元并轨统筹管理基础教育,做到"统一拨款标准,统一硬件配备水平,统一信息平台,统一提供教师培训和发展机会"。市政府对郊区也实施财政倾斜政策,向农村义务教育,特别是农村初中教育倾斜,如设置农村教育专项资金,用于农村中小学特别是初中教育。市财政从 2005 年起,连续 3 年,每年安排 3 亿元专项资金,通过转移支付和专项拨款,用于崇明、南汇、奉贤、金山等远郊区县和财政相对困难区县的义务教育,着力推进城乡义务教育的一体化发展。

20 多年来,上海基础教育的普及与发展,全市持续多年的生源高峰圆满渡过,农村教育的深刻变化,主要得益于教育体制的改革。基础教育"地方负责、分级管理"体制的落实,调动了区县和乡镇政府综合管理基础教育的积极性和主动性,其最重要的意义在于义务与权利的统一。实行分级管理后,区县和乡镇把办好基础教育作为各自的职责,列入政府的工作规划,明确了各级政府分担基础教育经费的责任,多渠道投入,使教育经费大幅度增加。同时,分级管理也使区县和乡镇有可能从本地区实际出发,统筹"三教",从而更好地为当地的"两个文明"建设服务。

▶ 21 世纪以来基础教育发展的城乡差异分析

进入 21 世纪以来,基础教育尤其是义务教育的均衡发展成为人民群众强烈的呼声与政府教育发展思路的重要转折。在党的十六大提出的科学发展观和建设和谐社会思想的指导下,基础教育尤其是义务教育的均衡发展,成为上海"十五"以来基础教育发展的重要特征。这说明,上海的基础教育已跨入了新一轮以内涵发展为核心、以提高质量为特征的发展阶段。

在新的发展阶段,上海基础教育发展最大的问题是市区中心与郊区、城区与农村义务教育发展水平的差异。它们主要表现在教育投入、教育负担、教育文化与环境以及优质教育资源与教师队伍等多方面。

从教育投入看,上海市域范围内基础教育投入在区域间、乡镇间有着很大的差距,虽然近年来远郊地区的政府对基础教育的努力程度不断提高,但从全市整体教育经费情况分析,远郊地区教育经费投入的力度与市区相比仍存在差距,如 2007 年松江、奉贤、青浦等区的小学生均经费,在市级财政转移支持前要比全市各区县生均拨款平均水平约低 33％左右。在教师收入问题上也存在着明显的差距,仍以金山、奉贤、崇明为例,2007 年教职工年人均收入在全市排位分别为 19、17 和 18 位。同一个区域范围内也存在城镇教师与农村教师收入的差异。

由于基础教育"分级管理、地方负责"的管理体制使地方财政拨款在基础教育经费组成中占主导地位,主要由地方政府负责筹措,以地方税收为主要来源。尤其是农村,义务教育经费由乡镇负责投入,但乡镇经济发展能力与实力的差异极大,因此地方财力、学校财力负担能力等的差异性,就成为教育投入以及教师工资水平不均衡的关键因素。

从教育负担看,上海中心城区人口大量外迁,导致市中心区生源大量减少,教育负担减轻,教育资源相对过剩。而规划中的 9 个新城区、60 个新市镇、600个中心村的逐步形成,第二产业的梯度转移,使郊区农村人口、外来务工人员大量向农村镇区和城郊接合部聚居,人口高度集中,教育负担也急剧增加,导致这些区域教育资源相对不足。据统计,2008 年,郊区中小幼在校生数为 102.14万,占全市总数比例由 2002 年的 56.6％提高至 67.0％,9 个城区的中小幼在校生占全市总数比例由 2002 年的 43.4％下降至 33.0％(在城郊结合地区农民工子女学校的学生还未统计在内)。同时,一些市的重大工程建设形成的人口迁移也使部分郊区的教育负担大大增加,而市属配套商品房基地动迁居民对优质教育的需求十分强烈。由于在基础教育投入上以区县为主,市的调控力度非常有限[①],因此郊区县因人口迁移带来教育负担加重,再加上受到各区县经济发展水平的制约,加剧了义务教育发展的不均衡现象。

从教育文化与环境等因素看,经济文化相对发达的区域与新兴的居民聚居区、市区与郊区、城镇与农村之间都存在着大量影响教育内涵发展水平的因素,如乡镇教育管理的低专业性和粗放型使得义务教育的内涵均衡发展面临很大困难;乡镇管理中形成的地缘性、亲缘性管理关系使师资队伍建设面临很大挑战;乡镇管理教育带来的地域文化小循环也会在一定程度上压抑学校的文化生

---

① 2006 年,全市教育预算经费为 178.93 亿元,其中,区县教育预算经费占 78.52％,约为 140.5 亿元。而 2006 年市教委集中下达给各郊区县的教育费附加和财政转移支付资金共为 10.1 亿元,仅占区县教育预算经费的 7.18％。

长,学校难以吸引高层次人才,也难以在当地形成文化高地……在这样的文化环境中,即使当教育的总体投入大幅增加、教育投入不再成为教育发展的瓶颈时,如果没有外力加以大力推动的话,郊区、农村等欠发达地区的文化与习惯势力将仍然会成为教育内涵发展的障碍。

从优质教育资源与教师队伍看,由于历史的原因和客观条件的制约,义务教育和学前教育声誉较好的学校大多集中在中心城区,优质的高中学校也是城区多、郊区少。郊区的教师队伍由于地域偏远,优秀教师和师范毕业生进不来,即使进来了也难以留住。20 世纪 90 年代末和 21 世纪头两年间因为郊区教师待遇差,大量教师流失,当时为填补空缺而补充的一批教师综合素质普遍较差,需要进一步加大培训力度,再加上郊区名教师和名校长相对较少,因此队伍建设面临很大挑战。

▶ 上海推进基础教育城乡一体发展的思考与实践

解决城乡差异、推进城乡一体化,是当前我国改革与发展中的一个重大课题。党的十七届三中全会指出:"我国总体上已进入着力破除城乡二元结构、形成城乡经济社会发展一体化新格局的重要时期。"按照上海在消除城乡二元结构、推进社会主义新农村建设等方面走在全国前列的目标,必须大力推进郊区教育事业发展,促进城乡教育一体化,切实保障和改善民生,为构建社会主义和谐社会、全面实现社会主义小康社会作出应有的贡献。为此,"十一五"以来,上海认真贯彻党的十七大精神,积极落实科学发展观,采取多种形式和途径,大力推进郊区教育改革和发展。

▶▶ 统一对城乡教育一体发展的基本认识,并通过立法保障

上海市委、市政府高度重视郊区教育事业,市委八届九次全会通过了《关于推进社会主义新郊区新农村建设的决议》,市教委制定并颁发了《关于推进新郊区新农村教育改革和发展的若干意见》,提出了新郊区教育发展目标、工作任务和主要举措。尤其在义务教育领域,在新修订的义务教育法颁行后,上海市人民政府也修订了《上海市实施〈中华人民共和国义务教育法〉办法》,并于 2009 年 6 月 1 日正式实施。新办法突出了上海市义务教育发展的重点和亮点,如确立了上海义务教育"实行市人民政府统筹规划实施,区县人民政府为主管理的体制",强化了市和区县人民政府实施义务教育的职责,同时不再对乡镇人民政

府设定法定义务,但鼓励乡镇人民政府在土地、校舍、设施设备、经费等方面支持本区域内义务教育。在经费保障问题上,新办法对义务教育经费保障进行了全面规范,通过市、区县两级政府制定生均公用经费标准,义务教育经费单列,设立义务教育专项资金以及义务教育经费必须做到"三个增长"和审计监督并向社会公告等途径加以保障与规范。同时,新办法特设"均衡发展"专章,进一步规范上海的义务教育财政转移支付制度,明确对义务教育经费人均拨款水平低于本市平均拨款水平的区县,市人民政府通过财政转移支付予以补足。要求通过统筹规划,均衡配置教育设施设备,促进教师合作交流与合理流动,尤其对农村学校师资力量的建设设置了多项规定和措施。

▶ 创造性地推进各类推动农村教育发展的举措

一是实行义务教育经费区县统筹。在 2003 年浦东新区率先实现全区基础教育"二元并轨"管理体制的基础上,全市深化了"以区县为主"的义务教育管理体制改革,至 2008 年全市 10 个郊区全部实行了义务教育经费区县统筹,从而保证了财政相对薄弱的乡镇义务教育的均衡发展。实行农村义务教育经费统筹要求将农村教育经费的财务、资金和资产管理统一纳入区县本级预决算体系和集中收付渠道,并将统一教师收入标准、统一生均公用经费定额标准、统一校舍修缮和设备配备标准、统一困难学生补助标准作为首先解决的问题,实行全区域同一的"城乡均等"教育经费定额标准和供给方式,确保教育经费的"三个增长",统筹各类教育资源,实现教育资源共享。

二是健全财政转移支付制度并加大市级财政转移支付力度。2008 年市财政安排城市教育费附加 38.77 亿元,其中转移支付下达 17.27 亿元,市教委集中安排使用下达 21.5 亿元,主要用于实施义务教育均衡化工程、对人口导入区及经济困难地区补助等方面。通过市集中分配教育费附加倾斜后,农村和经济困难地区义务教育生均拨款情况有所变化,小学生均拨款金山区排名从第 17 位上升到第 10 位;青浦、南汇也上升 1 位;崇明县小学生均拨款已列全市第 4 位,仅次于黄浦、卢湾、静安 3 个区。初中生均拨款崇明县排名从第 11 位上升到第 4 位;金山、奉贤上升 2 位;崇明县初中生均拨款已列全市第 4 位,仅次于黄浦、卢湾、静安 3 个区。

同时,市政府教育督导室对各区县政府依法履行教育责任执行情况统计监测制度和向全社会公示公告制度,也有效保证了区县政府对义务教育经费保障的法定责任落实到位。另外市、区县两级政府共动用 3.2 个亿,实施义务教育阶段学生免除教科书费和作业本费政策,"两免一补"也已覆盖小学至高中阶段所有学校。

三是加快郊区学校建设步伐。2006—2008 年,郊区共实施基础教育基建项目(指中小幼,下同)362 个,征地 336.5 万平方米,公建配套、新建、改扩建建筑面积共 260.7 万平方米,投入资金 49.50 亿元。郊区办学条件明显改善,资源总量大幅度提高,中小学教育基本满足入学需求,其中幼儿园校舍建设项目数占郊区教育基建项目总数的一半多;近郊成为全市校舍建设的重点,占郊区教育基建项目总数的 68%;公建配套项目数占郊区教育基建项目总数的 64.4%。郊区优质教育资源有所扩大,城乡教育一体发展有了明显进展。

2008 年第四季度,市政府召开了上海市郊区学校建设工作会议,分析了郊区学校建设的形势与问题,再次明确了郊区学校建设的指导思想、基本原则、发展目标、重点任务、主要举措等,并提出要举全市之力加快郊区学校建设,大力推进城乡教育一体化发展。根据各区县上报的数字,2009—2012 年郊区县计划完成基础教育设施规划建设项目 272 个,其中 2009—2010 年计划完成的重点建设项目 94 个。我们计划重点在以下三类地区建设学校:一是根据城乡"1966"规划,在市郊区县建设的新城和新市镇建设。例如,奉贤南桥新城规划人口 45 万,2010 年南桥新城的义务教育阶段学生将占全区该类学生数的55%,需要相应的学校配套。二是随着交通的改善、房地产开发和人口的流动,形成的一批人口高度集聚的地区。例如,松江九亭镇的人口近五年来每年都以20%的比例增长,截至 2007 年底,九亭常住人口已达 21 万(其中本镇户籍人口3 万,市区购房人口 5 万,外来人口 13 万),现有教育资源远远不能满足入学需求。三是产业调整与管理体制改变产生的新的薄弱环节。例如,崇明县的长兴岛,2006 年有常住人口 3.7 万(基本上是本市户籍人口),随着长兴海洋装备岛的蓬勃发展,人口急剧膨胀,2008 年常住人口已达 11 万。2008 年修订的《长兴岛岛域总体规划(2008—2020)》已将规划人口规模从原来的 13 万调整为 25万。而长兴岛目前的教育资源仅有初中 2 所、小学 4 所,且规模最大为 5 个平行班,另有以招收进城务工人员随迁子女为主的民办小学 2 所,入学矛盾突出。同时要求根据人口出生高峰悄然而至的情况,适应常住人口出生幼儿入园、入学高峰要求,相应增建幼儿园和中小学。

四是优质教育资源向郊区农村辐射方面取得新突破。首先,农村义务教育学校委托管理工作有效地突破了学校人、财、物等资源区域流动的困难和以城带乡体制瓶颈,取得了显著成效。2008 年的中期评估结果显示,20 所受援学校管理明显改善,办学水平和教育质量明显提高,14 所初中学校中考成绩在所在区县百分位数的平均值较 2007 年提升 5 个百分点,有的学校学生纷纷回流,小学五年级的平均成绩也得到较大提升。其次,区县教育合作交流工作取得明显成效,市教委组织 9 对兄弟区县教育局开展了为期三年的教育对口合作交流(浦东新区区内组织),通过城郊学校合作共建、城郊教师支教、跟岗培训扶植郊区农村学校办学。自 2005 年启动以来,共有 91 对学校合作共建,中心城区共选派教师 394 人次到郊区支教,郊区选送 373 人到中心城区优质学校挂职锻炼和跟岗培训,还启动了新一轮教育合作交流签约仪式,争取在未来三年教育合作交流取得更大突破。再次,组织城区品牌学校到大型商品房基地办学,以快速提高商品房基地的教育水平,即由市教委确定对口办学的人口导出中心城区和学校,由市郊区县教育部门将这些学校委托给人口导出的中心城区教育局,由中心城区派驻校长和教师队伍进行对口办学。

五是大力推进进城务工人员随迁子女义务教育工作,依法保障随迁子女义务教育权利。2008 年上海市教委发文启动了进城务工人员随迁子女义务教育三年行动计划,完成了 66 所农民工子女学校办学设施改造、纳入民办教育管理工作,并对这些学校进行基本成本补贴,这些学校共接收了 5 万余名随迁子女免费就读。同时经与市发改委、财政局、公安局、劳动和社会保障局协商,降低了随迁子女进入义务教育阶段公办学校就读的条件。2008 年底在全市公办学校就读和在政府委托的民办学校免费就读的外来流动人口子女两者相加达29.88 万人,占外来流动人口子女总数的 74.36%。与此同时,本市中职校试行招收进城务工人员随迁子女,32 所中职校共招生录取 1200 多人,满足部分随迁子女高中阶段学习要求。同时,我们还制订了以招收随迁子女为主的三级幼儿园标准,允许在郊区县设立标准略低的三级幼儿园,解决随迁子女接受学前教育问题。

六是加强郊区农村学校内涵建设。随着投入的持续增加和办学条件改变,农村教育已经进入总体水平发展的加速期,而其中内涵发展和质量提升的需求已进一步突显。为此上海在教育"软件"建设方面也加大了力度:2007 年全市召开了教学工作会议,大力推进校长的课程领导力、教师的课程执行力、教研员的教学指导力建设,扎实推进教学五环节的落实和教学效率的提高。

七是提升农村教师水平,为郊区建立了上海新农村教师专业发展培训平台。开展远郊区县师资队伍质量提升工程,完成6门学科、5112名农村重点培训教师的培训,完成180门远程课程的制作。伴随郊区教师收入待遇的提升,近年来已有一大批优秀的毕业生被引入郊区学校,郊区教师流失现象得到缓解。奉贤区教育局特别加大了对边远学校各学科优秀中青年教师和骨干教师的推荐、选拔、培养和任用力度,同时鼓励农村教师参加高一层次学历进修,落实"农村英语教师培训计划",实施"农村新教师培养工程"等。青浦区的数据显示,"农村学校教师稳定工程"实施4年来,主动要求调往城区学校的教师明显减少。通过这些措施,本市郊区基础教育面貌有了明显改善,促进了城乡教育一体化发展。

对基础教育发展若干社会关注热点的回应①

世纪之交时,关于政府责任边界、择校费、就近入学等问题,一直是大家热议的问题。我就这些问题谈一点自己的看法。

▶ 关于政府的教育责任问题

随着经济收入的增加和物质生活水平的不断提高,人民群众对高品质教育的追求与日俱增。尽管在过去的五年里,政府的教育投入和所采取的其他各项措施,其力度比过去任何时候都明显增大,教育发展和改革的成果也令人瞩目,但是教育的供需矛盾却未见缓解,相反还有加剧的趋势。其主要原因是,社会教育需求的增长远高于教育供给的增长。

社会在中小学阶段对教育的强烈需求主要有两大类:一类是高品质的学校教育,包括义务教育阶段的小学、初中和非义务教育阶段的普通高中,学生及其

---

① 对基础教育几个社会关注热点的分析[J].教育参考,2001(3).编入中国教育政策评论2001[M].北京:教育科学出版社,2001.

家长普遍期望进入其中的高品质学校；一类是学校教育之外的各种技艺类培训班、学科类补习班以及家教。这两类教育需求的发生，有社会发展之后学生个人寻求多样化、高层次发展的因素，也有对学校教育不满足、不满意而产生的补充性质的教育需求。总的看来，教育需求愈来愈呈现出高品质、多层次、多样化和持续性的特点。

面临着社会纷繁复杂的教育需求，政府固然有责任通过一定的手段去推动教育的发展，但是如何区别情况，采取不同的策略（包括政府直接动用行政控制的资源，以及通过适度的政策调控引入社会力量）去促进教育的发展以满足社会的需要，政府究竟应该在哪几个方面直接动用所控制的公共财政来扩充教育资源、支持教育发展？可从以下几个方面进行讨论。

一是对于义务教育阶段的公办教育，政府必须为每一个适龄儿童、青少年提供符合基本要求的义务教育机会，具体就是通常说的"要办好每一所义务教育阶段的公办学校"。所谓"办好"，指的是学校要达到法定的基本办学条件配置以及相应的办学水平。当然，学校办学条件的基本配置标准和办学水平标准，应当随着社会的进步和教育的发展而提高。在过去的 20 年中，政府就是这么做的。但是无论怎样提高这种标准，只能是体现面对大多数社会成员的基本教育要求，其特征是公平性、普遍性，而不能只是顾及一部分人的要求。凡超越基本教育要求的社会需求，一般不能要求政府通过公共财政来提供资源，即政府不应承担基本教育之上的那一块社会需求的拨款责任。

凡超越基本教育基准的教育需求，应当通过需求者补偿成本、办学者提供教育服务的方式予以平衡和满足，具体形式主要是社会力量举办与社会需求相适应的学校以满足多样化的社会需求。

二是对于非义务教育（这里主要讨论的是普通高中教育和学前教育），在经济较为发达、人均受教育年限较长、普及教育程度较高的地区，政府为了促进高中教育、学前教育的普及，通过拨款提供高中、学前教育资源是必要的。但政府在高中、学前教育阶段的责任与义务教育阶段的责任不同，高中、学前教育并非强制教育，家长可以选择适龄儿童、青少年不就读高中或学前教育，因此政府可以让教育服务的受益者承担一定的费用。同时，政府应对家庭经济困难儿童、青少年就读高中或学前教育给予资助，确保有需求的适龄儿童、青少年不因贫困而无法就读。

三是对于学校教育之外的教育需求,如家教、社会力量举办的各种名目繁多的班,客观上是社会需求的反映。这种需求不论出于何种动因,既然有社会需求,适应这种需求的供给就会应运而生,政府除了对有些领域规定"游戏规则"之外,不必去担负这一类供需关系调节中的责任。同时,这类需求之所以存在,必然具有合理性的成分,如补课、家教,即便它的存在与社会倡导的价值判断有背离的趋势,但政府只能用舆论引领的方法去疏导,而不宜用行政手段去干涉。因此,在这一方面尽管有社会舆论的压力,但政府不应该试图用刚性的行政手段去体现其教育责任,社会也不应陷入据此来褒贬政府行政有效性的误区。

由此,我们可以得出如下结论:随着社会多样化、高品质教育需求的日益增长,社会对高品质教育追求的无限性与政府能力的有限性之间的矛盾会不断加剧。界定政府依法所应承担的责任,并在政府职责范围内提供资源,同时积极寻求其他社会力量来共同发展教育,是缓解矛盾的现实选择,也是促进高品质教育持续发展、缓解教育供需矛盾的基本出路。多样化的教育需求,由教育市场这个供需关系来调节,对于各种需求和供给,哪怕社会成员对它的价值判断迥然不同,但是如果它的存在具有合理性成分,社会成员就可以通过大众媒体协商讨论。应当允许各种需求和供给的客观存在,不要轻易去打破这种供求平衡。

▶ 关于中小学择校及由此引发的收费不规范现象问题

引发社会与教育矛盾的一大原因是教育收费,而教育收费问题中大部分都与择校有关。择校以及由此引发的收费不规范现象,已经引起社会的广泛关注和议论。这一现象是在社会主义市场经济的大背景下,教育发展和改革必须正视和研究的一个问题,它的产生有着深刻的社会原因。这里试对这一现象产生的原因作如下分析。

一是择校以及由此引发的收费不规范现象是社会对教育需求增长的表现,也是教育供需矛盾加剧的表现。改革开放和社会发展,带来了人们的物质生活水平的提高,也推动了人们对教育重视程度的提高,这一趋势大大地激发了社会对高质量教育需求的快速增长。现阶段政府教育投入的有限性,客观上使中小学办学水平校际差异较大的现象还难以在短期内解决。高质量教育的供给与日益增长的社会需求之间矛盾尖锐,缴费择校现象成了社会自发地调节这对矛盾的一种手段。

二是择校生现象是社会竞争超前化的表现。社会发展中出现的贫富差异使人们得出了这样的结论:高质量的中小学教育对人的一生带来的影响是决定性的,从而使人们对高质量教育的追求不仅带有一定的盲目性,而且具有不惜付出金钱代价的特点,相当一部分富裕家庭的支付能力,也为产生这种现象奠定了基础。

三是接受择校生成为学校调节社会关系的手段。教育改革和发展把学校推到了独立自主办学的位置,学校处于自行协调各种社会关系的地位。社会需要学校,学校也有求于社会,学校调节各种与学校生存息息相关的社会关系需要手段,需要资源,而招生入学是学校唯一用来调节各种社会关系的有效手段,这种手段之所以存在的社会基础是与学校相关并为学校服务的各种行业和单位的行为的不规范性。

四是教育管理的行政行为相对滞后。面对择校及其密切相关的不规范收费现象这一教育发展和社会发展中出现的新问题,教育管理的行政行为还很不适应,缺乏对这一问题的整体性把握和因势利导的政策调控。

对于择校问题及由此引发的收费不规范现象的确不能视而不见,任其滋生蔓延而无所控制,但是简单地归结为不正之风恐怕也难以从根本上解决问题。由此,必须对这一问题进行深层次,多方位的探讨和思考。

对择校现象及其背后蕴藏的社会对教育的需求,不能用抑制的方法来解决。我们发展教育的根本目的之一应该是满足社会和群众对教育的需要,在教育的供需悬殊的现状下只能用适当的调节、引导来缓解。

社会对教育需求的增长,应能转化为社会对教育投入的增长。需求的存在客观上有利于把可能调动的社会资源转化为教育资源,这在我们发展中的大国、穷国尤其不可忽视。是不是可以使一部分先富起来的人把高于社会平均收入的那部分资金有选择地投于发展教育,这种投入对这一部分人来说无疑也是一种正确、有意义的消费导向。当然,这种投入不能违背利益原则的客观性。

对由择校引发的对教育的公平性问题,可否从两个方面来寻求答案:一方面,真正实现公平的根本途径是强化学生的发展主体作用,办好每一所学校,让教育回归本原;另一方面,应当把择校生控制在很小的范围内,以最大可能抑制教育的不公平。

择校现象自发性和普遍性的背后隐含着它的客观性。实践证明对这一类社会现象的根本治理,用简单的"堵"的方法难以奏效。能不能在整体把握上,用因势利导的政策妥善解决择校生问题,对政府及其教育部门来说是一个能否适应新形势转变观念,作出正确有效的政策抉择,提高管理效率,加强宏观调控的权威性的问题。

▶ 关于义务教育阶段小学、初中就近入学问题

前几年全国大中城市普遍实行了义务教育阶段小学和初中就近入学的改革。这一改革遵循了义务教育法的基本精神,体现了基础教育从以选拔为主旨的精英教育向全体适龄者的基本教育的转变,直接的效果是减轻了小学生的不合理课业负担,为小学教育的改革提供了宽松的环境。

但是任何一项改革都有可能存在改革措施本身无法顾及的问题,尤其是像就近入学这种涉及面极广的改革。全社会之所以能够大体认同,主要原因是初中入学考试给小学生带来的课业负担,的确到了令人担忧的地步,而这项改革一举扭转了这种局面。然而,随着时间的推移,当初普遍认同的改革动因,人们已经日渐淡漠,而对就近入学的批评和持异议者却有增多的趋势。这种批评主要表现在以下几个方面:

一是认为随着社会的发展,人们的主体地位日益确立,选择要求日益增长,学生及其家庭应当具有对学校的选择权,就近入学的方法限制了人们的选择权利。

二是认为市场经济需要培养学生的竞争意识和竞争能力,就近入学不利于增强学生的学习动力;没有升学竞争,学校办学也缺乏进取精神。

三是认为在一些地区为体现入学机会的平等而采取的电脑派位办法,是把命运寄托于"求神拜佛"上,会对学生的思想和成长带来不利影响。

四是家长多有抱怨:居住区内的学校不注意向其服务对象提供学校办学信息。每逢学校招生季节,家长常常为了子女选择学校而到处奔波。

应当看到,现存的就近入学办法主要是由教育部门按居住人口和学校资源分布大体均衡的原则以行政手段划定,在学校办学存在显著差异、居民与学校的利益关系尚不密切的情况下,一旦居民教育质量意识增强,势必会对这一方式提出异议。至于上述种种不同看法,有的涉及对义务教育制度公平性的认

识;有的涉及社会竞争与基础教育阶段学业竞争的关系,涉及过早和过度的学业竞争对学生身心发展的影响等复杂问题。因此,对就近入学办法的不同意见是很正常的,问题在于我们如何抓紧巩固和完善这一办法。

要坚持并且巩固义务教育阶段小学、初中就近入学的制度,从根本上讲,有赖于建立居民个人税收(用征收教育税或在个人所得税增加之后其中一定比例用于教育等方式)向居住地区转移支付的制度,形成居住区的学校与居民的利益关系纽带,并在此基础上形成学校民主办学的机制。

但是,实行上述制度的主动权并不在教育当局。因此,在现实情况下就近入学的客观基础是比较脆弱的,教育行政决策者必须看到这一事实。因此,必须努力缩小校际差距、采取适当措施去弥补义务教育中学校与居民两者利益关系上的不足,从而减缓过度的择校需求,同时积极疏导不正当的择校需求,提高教育的整体水平。为此必须做好以下几项工作:

政府必须大力办好义务教育阶段的学校,对义务教育学校的办学实施标准化配置和规范化管理,确保基本的办学水平和教育质量。缩小校际差距,提高教育的整体水平,从根本上减少择校需求。

学校要增强为招生区域内居民服务的意识,建立学校与居民联系和沟通的机制,主动宣传学校发展和改革成绩,征询对学校规划以及工作的意见、建议,贴近服务对象,不断改进工作,提高服务质量,从而增强居民的参与意识和归属感。

积极鼓励和支持义务教育阶段民办学校的发展。义务教育阶段强调政府办学为主,主要是为了明确政府对义务教育具有法律赋予的不可推卸的责任,而不是为了简单、机械地去控制民办学校的数量。相反,当政府已经履行了职责,而随着人们选择要求的增加(这种要求将越来越多地体现在学生个性发展要求以及超出义务教育基本要求范围的个别教育需求),民办学校按照这种需求来发展,而不应加以人为的比例来控制。正因为民办学校适应了居民的这种需求,因此政府及其教育部门也大可不必为民办学校办得比公办更有鲜明特色和更高质量而感到羞愧。

▶ 关于舆论对教育政策制定的影响问题

似乎有一种感觉:社会公众的情绪、大众传媒的舆论对教育政策的影响正在增强,这种影响在敏感度和纵深度上都比过去有发展。这就引出了以下两个问题:

一是教育决策如何增加透明度问题。目前对教育政策的公布,往往于教育行政机构决策之后向社会通报结果。在社会公众的民主意识日益增强、价值选择日趋多元的情况下,社会对决策的议论实属正常。但是,一项决策一经作出必须实施,而议论纷纷又会带来阻力,于是教育部门就试图去堵住舆论、控制传媒,却又常常难以奏效。应当学会正确地运用舆论工具,主动宣传决策依据、决策思想和决策过程,有的有待决策的教育事务还可以由公众来讨论。公众的意见肯定会五花八门,但是讨论的过程将是辨析决策依据的过程,是宣传正确决策思想的过程,客观上也是协调和综合各种利益关系的过程。有了这个过程,决策的科学性大大增强了。当决策一旦实施,阻力也会减小许多。况且一旦形成了制度,对公众的民主意识养成以及对教育问题的认识和理解水平的提高都会带来好处。其实,对于涉及公众利益的教育及其政策的研究,公众也应当享有知情权。

二是必须确立辩证的思想方法。任何科学决策一经作出,总有其指向性,总是在一定范围内具有它的价值和成效,这是所谓正效应。但是正因为它具有指向性,也总有它所难以顾及的另一方面,客观上就存在它的负效应。有时候正效应和负效应几乎是二律悖反,实在没有一种魔法能使得一项具体决策成为既能这样又能那样的万全之策。相反,一项决策是否科学和有效,恰恰是它的指向性,是它所指向的价值是否大于它自身所存在的缺陷,这才真正符合辩证法。对于教育现象,比如就近入学、减负、高考、家教等问题的政策,从领导干部到社会公众,能否用这样的思想方法去思考,对决策者的压力和对问题的认识,可能就会大不一样了。

3. 高位均衡主要是内涵均衡①

放眼世界,发达国家、地区都把提高学生基本素养、聚焦课程教学的改革和师资队伍的专业发展,作为义务教育公共服务质量的更高追求。《世界发

---

① 　上海义务教育高位均衡发展的新应对[R].2012.收录时有改动。

展报告 2006：公平与发展》指出，在学校层次的因素中，唯一一个对学生成绩有显著影响的就是教学资料和具有充分正规教育背景的教师。相对以往关注义务教育普及、以规模扩张为主要形式的发展形态，我们需要更加注重内部结构改善以及以提高质量为中心的发展模式。上海义务教育的再提升，必须进一步转变传统的思维方式和发展方式，理清目标、路径、手段、策略等要素之间的关系和规律，在内涵发展中真正实现基于公平、提升品质、追求卓越的使命。

上海义务教育进入高位运行阶段

上海义务教育发展历程与城市发展的进程紧密相连。

20 世纪 80 年代中期上海开始普及九年义务教育。为了解决好普及问题，在 90 年代城市大规模基础设施建设中抓住机遇，连续实施了薄弱学校改造工程、学校标准化建设工程和加强初中建设工程等，优先改善了义务教育存量资源。义务教育发展呈现出三条线路：一是先行建设底部学校，在提高标准中均衡配置"硬件"资源；二是采用就近入学方式，相对平衡生源资源；三是推进"一期课改"和"小班化教育"等改革，整体提高义务教育水平。如果没有当时的审时度势，抓住难得的历史发展机遇，就没有 21 世纪上海义务教育的健康发展。

进入 21 世纪以后，随着上海城市进步和城乡一体化进程加快，经济的二元结构矛盾逐渐化解，但在公共服务体系的重新架构中，一方面人民群众对优质教育需求迅速增长，资源相对"稀缺"特征凸显；另一方面郊区教育发展承受着中心城区人口不断向郊区导入，外来流动人口在郊区集聚，本地农村人口向城镇集中等多重压力，郊区义务教育学龄人口占全市比例逐年上升。为有效应对这一趋势，上海实施郊区学校建设工程，"十一五"期间累计在郊区投资 130 亿元，建设了 639 个基础教育基建项目。通过近 10 多年的努力建设，上海义务教育不断交替改造存量和扩张增量，有效优化了资源配置。同时，上海连续滚动实施"二期课改"，大规模培训提升教师队伍业务水平，创新机制激发学校活力，提升办学水平。

目前上海义务教育进入了高位运行阶段。与 10 年前相比,上海义务教育的发展已经呈现出以下特征:

——尽管按照人口变化及现代教育发展趋势,继续加大学校"硬件"设施建设和经费投入的力度仍然需要,但已经不再是制约教育发展的突出矛盾;

——尽管按照课程设置要求保持学生良好学业成绩依旧重要,但已经不再是学生终身发展的唯一追求;

——仅仅是教育入学机会的均等、教育"硬件"设施的统一配置、教育质量的标准化并不深刻反映发展内涵和均衡的本质,也不能满足人民群众对高质量、多样化教育的新诉求,更不是教育改革的全部价值追求。

对上海基础教育改革而言,深层次内涵发展任务比学校建设和"硬件"资源配置更加紧迫,改革的着力点正在向效益、质量转移,改革的发生越来越深入到学校、课堂、教师、学生等内核之中。

在内涵式质量均衡阶段,教育公平、均衡就必须从经济发展逻辑转向教育本身的发展逻辑。所谓经济发展逻辑,主要是指以往在办学条件标准化建设中,主要依靠政府的资金、土地等物资、财力支持,甚至运用市场机制和企业工程标准模式,推进义务教育资源的均衡配置,这一发展逻辑在一定的历史阶段中促进了整个义务教育事业的发展。但是当上海面临教育转型挑战,立刻发现:生均校舍面积、生机比、生均图书册数甚至生均公用经费等资源配置指标,以及合格率、升学率、辍学率等外在的可度量的标准化指标,已经不能反映教育内涵发展的本质。上海义务教育发展要不断提升质量,整个义务教育资源的配置思路以及教育质量的评价必须先行转型,要按照教育内部规律、发展的路径回归教育本原。

▶ 课程教学:必须在教育过程和结果中实现学生全面而有个性发展

无论是经济发展与合作组织(OECD)的国际学生评估项目(PISA)测试,还是教育部进行的学业水平测试反映,上海义务教育的教学质量在国际上或者国内比较中都处于相对领先地位,这说明上海连续滚动进行的课程教学改革成效明显,三类课程符合上海学生发展的需要。但是按照《上海市中长期教育改革和发展规划纲要(2010—2020 年)》"为了每一个孩子的终身发展"要求,课程资源的开发与建设依然无法满足学生全面而有个性发展的需要,陈旧的教学模式与方式方法仍然在学校占主导地位,学校之间课程的执行能力、研究能力、改造能力、开发能力存在着一定的差距。而各种测试的结果以及上海市教育信息调查队的长期监测数据表明,义务教育阶段学生的课业负担仍然偏重。这说明,先进的教育理念、现代的教育设施设备、课程内容真正转化为素质教育效益和高质量需要漫长的过程与大量的、不懈的探索与改革;对每一个学生来说,实现教育过程与结果的相对公平远比得到教育机会的绝对公平更为困难。

▶ 教师队伍:必须在教育实践中提升教师的育人能力

实践告诉我们,解决义务教育内涵发展深层次的问题,仅仅调配"硬件"资源是不行的。提升人力资源水平,优化师资配置,是发展的关键要素。

总体上看,上海义务教育教师队伍的学历、职称等在稳步提高。"十一五"末,上海小学、初中教师本科及以上学历占比分别为 52.3% 和 93.2%;初中教师研究生学历达 2.5%,具有中学高级职称教师为 10.7%;全市小学、初中生师比分别为 1:15.2 和 1:12.7。

但在人力资源的分配过程中,城乡之间、区域之间,尤其是学校之间仍然存在着差异,主要不是提高学历层次而是专业发展的问题。郊区义务教育新建学校新进教师多,年龄偏低实践历练不够;不少学校存在队伍结构性短缺问题;更有一些学校教师缺乏改革能动性,校长缺乏课程领导力等,这些深层次的、实际发展之间的不平衡,成为义务教育学校出现差异甚至扩大差异的关键所在。

▶ 评价改革:必须建立健全科学的评价体系

教育价值观决定教育的评价观,市场经济社会多元发展格局和利益的多重性质,很难在教育内部及外部统一对教育价值的认识,从而也影响了教育评价的改革。上海基础教育的学业质量不断攀升,国际学生评估项目(PISA)2009年监测结果和教育部"建立中小学生学业质量分析、反馈与指导系统"项目结果显示,近年来上海基础教育质量始终在一个高位水平上保持平稳发展。但是,我们不能仅仅通过分数指标、物质计量、工具价值来判断教育效益,更应该关注学生的全面发展、学校的内涵建设、教育的人本价值,让教育过程更加丰富、师生关系更加和谐,充分满足学生多样化需求,这是我们面临的新挑战。

　　随着上海教育质量的逐步提升,建立反映质量内涵的先进督导评价体系、掌握科学评价技术势在必行,尤其迫切需要对区县开展义务教育均衡发展专项督导,敦促区县均衡配置教育资源。对学校深入开展发展性督导评价工作,用不同的尺子来衡量不同学校的发展性,敦促学校从研究学生出发,更加关注学生内心世界的成长与发展,更加关注基础教育对学生终身发展所产生的影响。

▶ 教育经费:关键是提高经费使用效益

　　从 2008 年开始,上海小学和初中生均拨款标准提高到均等的 1400 元和 1600 元,2010 年又提高到 1600 元和 1800 元,保证了义务教育学校的正常运行。同时市级财政不断加大对崇明、奉贤、金山等远郊地区教育经费的投入力度,有力促进了郊区教育事业发展和质量提升。2009 年上海实施义务教育教师绩效工资,远郊农村教师工资与市区教师基本持平,也与本市公务员平均年收入基本持平。

　　2012 年,上海教育投入 700 亿,用于基础教育 470 亿,投入力度前所未有。在教育经费持续增长的今天,如何优化投入结构和提高教育经费的使用效益显得越来越重要。特别是中心城区,学校建设任务相对较少,财政资金用于教育内涵的制度设计以及体制、机制的创新成为时代迫切的呼唤。

▶ 校舍条件:重点是在人口集聚的城乡接合部建设学校

　　“十一五”以来,大量中心城区人口持续向郊区转移,来沪务工人员在郊区集聚,农村人口向城镇集中。据统计,2011 学年郊区中小(幼)学生数达到 126 万,占全市中小(幼)学生总数的 71.4%,而郊区学校数只占全市学校总数的 64.9%。经中期评估和规划调整,“十二五”期间,全市在城郊接合部实施义务教育基本建设项目 462 个,由于上海市人民政府全局谋划,目前整个义务教育学校建设的规划到位、资金安排落实到位、布局以及土地调控基本到位。但城郊接合部及局部街镇的学校建设任务还是很重。松江北部、青浦西部、宝山和嘉定南部以及闵行、浦东外环线附近街镇,外来常住人口剧增,原按户籍人口配置的校舍资源已远不能满足需求,学校普遍超规模办学,这些部分区域亟需补建义务教育阶段学校。

高位均衡需要关注的核心要素

▶ 课程：直接保障义务教育质量的基本资源

影响义务教育质量的因素有许多，服务义务教育质量的资源也有许多，但在各种因素和资源中，只有课程资源、教学因素与教育质量直接相关，是直接保障义务教育质量的基本资源。

从类别上看，课程资源具有技术资源的属性。课程作为资源，可以源源不断地进行再生和再创造，是无限开发利用的"绿色"资源，同时它也具有信息资源的流动性、共享性等特征。课程资源支持着教育过程的一切活动，成为教育教学的最主要载体，服务着所有的教育对象，而且教育者与受教育者都是课程资源的使用者、受益者。关注课程资源的开发和应用成为上海在义务教育内涵式质量均衡发展战略选择中的一个首要抉择。

▶ 教师：支持义务教育改革与发展的第一资源

人力资源是一种特殊而又重要的资源，是各种生产力要素中最具活力的部分，而教师又是人力资源中具有较多科学知识、较强劳动技能，在价值创造过程中起关键或重要作用的人才资源的一个庞大群体。

教师是人才，一切教育活动都必须通过教师的创造性劳动才能进行。教师也是资源，需要建设和优化配置，但与物质资源建设和配置相比，有其特殊性及其特有规律。教师资源的特殊性表示在：基础性，教师劳动成为所有教育活动开展的必要基础；公共性，教师服务于整个教育事业，社会属性大于单位属性；连续性，教师资源可以不断开发，不仅使用过程是开发的过程，培训、积累、创造过程也是开发的过程；能动性，教师发展具有主观能动性，能根据教育改革变化的需要以及人自身智慧进步需要激发潜力；当然教师资源也具有两重性，生产性和消费性同时存在，如何促进教师资源的生产性，是世界上所有国家、教育机构共同关注的焦点。

在教师资源的配置中，有些国家采用流动方式来缩小校际差距。例如，日本法律规定,公立学校教师属地方公务员,日本中小学教师的定期流动(或者叫"转任"),属公务员"人事流动"的范畴。全国公立中小学的教师平均 6 年流动一次,多数的中小学校长 3—5 年就要换一所学校。流动有利于教师资源的调配,但是究竟是全员流动还是部分骨干教师流动,究竟是刚性的法律法规约束下的流动还是兼顾学校与个人客观实际需求的柔性流动,流动的方向、周期如何等诸多问题,还需要大胆探索和周密设计,不能简单照搬。

经过多年实践的证明,上海义务教育阶段学校并不缺少一般的授课教师,而是在优秀教师、骨干教师的配置上存在着校际差异。因此重点推动骨干教师流动,以建立"造血"机制为主,在示范辐射中放大教育的最大效益成为上海促进义务教育教师资源均衡配置的目标诉求。

▶ 学校:改革发生的主要策源地

在所有的教育场合中,学校是发生教育教学活动的最主要场所,肩负着教育的主要使命,在人的社会化过程中起主导作用。在教育内涵发展中,改革聚焦于学生,重心也逐渐从政府层面向基层学校转移。在这个转移过程中,政府需要建立灵活的机制和良好的改革氛围,学校以及教师将真正成为改革主体,整个资源的建设、分配、享有也趋于多元、灵活。

长期以来,义务教育学校作为政府提供社会公共服务的教育机构,政府在宏观维度中按照均衡原则分配教育经费、配置教育资源,同时政府也为学校改革发展提供了规划引领、政策保障、课程资源等必要的条件支持。但总体来看,学校始终处于资源配置的客体对象,学校的特色也不明显。随着上海基础教育进入到内涵发展阶段,由于学校办学理念、管理水平、历史文化积淀尤其是改革的主动性、持久性、科学性等主观因素存在差异,同样的办学"硬件"、师资队伍以及课程资源,办学的水平和质量会有相当大的区别,因此管理重心下移,不断激发学校内在改革的能动性,成为当前教育行政部门推动教育发展的政策指向。

学校改革需要聚焦学生、关注课堂、改进教学,服务于学生终身发展的所有要求,因此今天的学校,不仅是资源配置的客体,同时也是创造、集聚、运用有效教育资源的主体,不仅是改革的跟随者,更是改革的策划源和实施者。只有学校发展了,才能有学生全面而有个性的发展,才能实现上海基础教育的现代化。

▶ **体制机制创新：可持续发展的保障**

如果说教育外延规模扩张主要依靠财力、物力得以实现，内涵发展就必须建立制度，转变体制机制，实现"创新驱动"。需要通过提高学校课程领导力、"绿色指标"评价机制改革等项目引领，以及健全"委托管理"、资源联盟等共享机制，让学校创造、分享改革成果，让义务教育内涵发展生机勃勃，充满活力。

"新优质学校"的样本意义①

2010 年 12 月 8 日，国际学生评估项目（PISA）测试的全球第一，把上海推到了世界基础教育的聚光灯下：许多国家在发布本国成绩的同时，都不惜重墨对上海学生的优异表现加以评说。

对于教育行政部门而言，PISA 成绩第一，让我们更为理性地树立起"质量"的新标杆。大量数据显示，上海高水平学生成绩与其他发达国家相当，而相对低水平学生成绩则远远高于经济发展与合作组织掌握的平均水平，上海学校校际差异小，不同家庭背景的学生都能受到同样高质量的教育。也就是说，一大批不挑生源、没有特殊资源、没有深厚的文化积淀的最普通学校的整体进步，托举起上海基础教育的基准线。

这些学校的办学成就表明，上海正在涌现一批新的名校，它不是靠学业成绩排名和升学率成名，而是靠育人质量过硬成名。包括对困难学生、外来务工人员随迁子女教育取得卓有成效的学校，都应该成为上海教育的名校。总结这些学校的经验对于实现基础教育价值取向和质量评价标准的转型，实现从过度追求现实功利转向追求教育对人的发展的价值的转变，对教育质量的全新理解和科学追求具有重要的标杆意义。

---

① 2011 年启动的"新优质学校"项目，是当前上海基础教育改革的核心体现。新优质学校切合了上海基础教育目前所处的历史方位和阶段特征，表明了走向内涵发展的上海基础教育对均衡和优质的全新理解和深刻认识。

为此,2011 年初,上海确立"新优质学校推进项目",重点研究一批不挑选生源、没有特殊资源、没有特殊文化积淀的普通学校如何走向优质的轨迹,以"办好每一所家门口的学校"为目标,更加积极回应社会的热点难点,更加明确上海基础教育所处的历史方位和阶段特征;更加凸显我们对均衡和优质的全新理解和深刻认识,从而推动教育系统内部的主动作为和专业自觉。

项目学校不命名,也不表彰,更不给予特殊的资源。项目的价值在于形成学习共同体,动态推进项目学校不断谋求新发展;项目不是为了形成"盖棺定论"的总结报告,而是通过清晰了解学校的进步历程,总结和提炼具有"新优质学校"特征学校的成功经验,形成指导学校"新优质"发展的科学方法。项目不仅可以推进项目学校的发展,而且树立了上海基础教育转型阶段的优质学校标杆,对其他学校产生引领与辐射作用。目前,项目单位共有 43 所,每一所学校都有各自走向优质的精彩之路。

▶ "新优质学校"是政府缓解过度择校的实践作为

在现实生活中,城乡之间、区域之间、学校之间的确存在着差异,当人们普遍认同教育能改变命运这一道理时,教育发展的差异性与人们对优质教育需求的普遍性和迫切性之间的矛盾就会凸显。这一矛盾直接反映为过度择校现象的加剧,乃至进一步反映为社会对教育公平问题日益密切的关注。

择校不仅是人们回应社会发展变迁而做出的"适应性"反应,也是一系列传统文化与制度因素影响下的"习惯性"举动。在市场经济条件下,追求最大效率的刚性法则既有其促进人的潜能的充分发挥,进而推动社会发展的正效应,也可能产生在社会的竞争中处境不利人群生存和发展上差异不断扩大的负效应。因此,如何有效调控效率与公平的关系;如何在社会保持生机和活力的同时,保障全体社会成员的生存和发展的基本权利,是政府必须认识到的一项基本职能。因为市场经济的逻辑是:效率由市场安排,公平由政府调节。政府必须在市场机制所难以企及的问题解决中发挥其合理的调节作用。

我们通过"新优质学校"的项目推进,形成积极的价值导向。这些"家门口"的学校在政府的资源配置和保障孩子教育机会均等的前提下,通过课程改革的推进、教学过程的优化、师生关系的和谐,让家长和社会真切地感受到教育的进步和发展。家长们感受到的利益不是用大理石建的校舍,而是从孩子健康成长中间体现出来的。比如,普陀区的洄阳路小学,周边地区曾经是上海最大的棚户区,潘家湾、潭子湾、朱家湾和药水弄合称"三湾一弄",这个学校由原来周边6所学校并校而来。现在老百姓称赞这样的学校,并不是它今天的"硬件"条件,更多的是从孩子每天回家喜怒哀乐的状态,从学业水平上获得的进步以及教师对孩子的关注程度。这就是教育的内涵,一所家门口的优质学校存在的价值。

"让每一所家门口的学校都优质""关注每一个孩子的学业进步和精神成长"成为政府遵循教育规律,关切民生需求,从而有效缓解过度择校问题的积极作为。

▶ "新优质学校项目"是最接近教育本原的价值回归

"新优质学校"不再把学业成绩、分数排名作为衡量学校优质与否的唯一标准,取而代之的是回归教育的原点——真正关注人的发展,关注如何让教育过程更丰富、师生关系更和谐、多样化学习需求更充分满足,这是对人作为生命个体的重新打量和深度审视。

人的发展理应成为一所学校关注的起点和终点,关注每一个学生内心世界,进而通过课程的浸润使得其内心世界丰富而有追求,这是"新优质学校"的核心。

比如,在"新优质学校项目"的推进中,一大批普通学校在长期的办学实践中提炼出"自己的"办学新理念,普陀区江宁学校对学生的培养提出了"不一定第一,但绝对唯一"的理念,他们认真研究每一个学生的不同的学习起跑线,并依据这样的起跑线在课程教学实施的过程中实现不同的教学目标;杨浦区上理工附小提出"不一样的生命一样的精彩",虹口区实验中学"把百姓的孩子高高举起",平南小学提出"一个都不放弃,把每个都教好",在这些有鲜明时代特征和学校特点的理念引领下,学校开展的一系列围绕课程关照学生心灵成长的办学实践非常精彩,在区域内获得了一定的声誉。

"新优质学校"改变以往依据自上而下的指令性要求被动执行的状态,对学校内外需求保持敏锐洞察和积极适应,采取有效应对措施,给学校的"生命机体"注入持续动力,促进学生健康快乐成长。

学校的教育质量是由校长和他的教师团队共同努力,通过作用在每一个学生身上的专业服务质量来评判的。以往自上而下的改革策略的局限是让变革不易成为校长和教师们"自己的事"。在学校发展和改革的推进过程中,面对转瞬即逝、复杂多变的环境,对居于一线、直接面对学生的校长和教师而言,信任关系和创造活力至关重要,而高水平办学和高质量教学的责任心和使命感需要根植于校长和教师的心灵,让变革的理念成为校长和教师内生的动机,使其带着一种主人翁意识让教育充满想象力和创造力。这种教育工作者的专业性必须由育人观念、投注热情和对能力建构的不懈追求以及新知识的不断创造来驱动,这种力量会超出严格意义上的学校工作日限制,深入其日常生活的领域。也只有进入这样的状态,我们学校的办学境界和教师的专业境界才会真正提升。

▶ "新优质学校"是教育均衡发展的内涵开掘

今天上海义务教育均衡发展已经不再是"均贫富"的阶段,而是政府所提供的教育资源必须通过学校专业化的劳动创造性地转化为能让学生切身体会得到的教育服务,学校必须从研究学生出发,寻找适合学生的教育而不是为教育寻找适合的学生。

均衡发展是一个永远没有终点的过程,是一个"均衡基础上的新优质、优质基础上的新均衡"的动态过程。这标志着我们对教育公平的理解更加深刻。在内涵发展阶段,我们追求的均衡不是学校之间办学水平的划一。在办学层面,不应该也不可能对所有的学校提出无差别的要求。上海对均衡发展的内涵开掘是在政府对学校的配置水平基本均衡的前提下,不仅应该坦然面对学校之间存在的客观差异,而且应该鼓励和倡导学校之间在正确的教育理念和科学的质量观导引下,从关注教育的服务对象——学生出发,不断提升办学水平。我们应该认识到,学校是教育变革的基本单元,真正的变革发生在学校"内部"。

当然,这样的均衡发展新境界是不能用一把尺子来衡量学校质量的,而是要用不同的尺子来衡量不同的学校。我们不能认为所有学校都达到同一个课程标准所要求的同一个水平就是均衡,其实在一定程度上的差异是永恒的。我们追求的均衡发展新境界就是更加关注人内心世界的成长与发展,更加关注基础教育对人的终身发展所产生的影响。

假如我们的校长和教师还在千方百计地争抢生源以体现学校的教育水平,

那么在一批"新优质学校"教师面前都将黯然失色。这些学校老师的所为是最接近教育本质、最接近育人本原的,因为他们知道教育面对着的孩子是自己的责任,能够把这些孩子培养好,让他们接受和融入城市文明,就是学校对社会的贡献。如果学校养成了学生得益终身的习惯,丰富了他们的精神,这样的教育难道不是优质吗?这些学校也许名不见经传,但始终坚守着对教育本原的理解,展开最质朴而充满人文关怀的教育实践,让教育回归对人生命价值的追问;这些学校都保持着公共理性,从公共利益出发,成为社会正义的维护者,成为办人民满意的教育的积极回应者。

今天,面向全体学生,提高每一所学校的办学质量,通过不断深化的课程与教学改革,关照学生的学习需求和精神成长,就是上海内涵发展阶段所显现的均衡特征。

第三部分
踏上转型之路

常常听人这样评价，上海基础教育之所以能够领先，很重要的原因就是始终在"先一步、高一层"地设计教育蓝图和确立实现步骤。这的确不假，但要实现这样的始终领先，就需要一代代教育决策者在继承中突破，既要对经济社会的宏观走势有非常清醒的认识与预判，也需要对微观领域的改革状态和实现可能有非常剔透的洞悉和精准的把握。30多年的教育行政部门工作经历让我浸润在吕型伟、杭苇、姚庄行、袁采等老一辈教育行政工作者的思想光芒和务实风气之中，磨砺着自己的眼光，逐渐形成了自己对教育发展走势的判断力和决策力。

　　今天从表面看来，对上海基础教育处在转型发展历史方位的提出是在2011年上海基础教育工作会议上，但对转型发展阶段的社会特征的判断，转型对处于内涵发展阶段的上海基础教育的现实影响，以及上海基础教育在转型时期的核心要义和关键作为这些问题的思考却是由来已久的。

　　很多人也许不知道，在我进入2000年后的教育行政生涯中，有三次"半夜惊醒"，并把惊醒后的思考结晶挥洒笔端的经历。

　　第一次是在2001年上海召开基础教育工作会议之前，那时我已从基教办主任移至督导办公室主任。当时处于世纪之交的上海基础教育需要鼓舞士气、提炼"到位"，并能启迪未来的核心经验。市领导对此次会议的要求非常高，多次找大家来商量如何给上海基础教育定位，市领导以及时任教委主任的张伟江同志和副主任张民生同志嘱我把上海基础教育的优势归纳好。我记得非常清楚，在起草会议文件时的一天晚上，我突然半夜惊醒，在纸上写下这样几句话：

充分发挥区县改革各具特色、各展所长、具有极大的创造性和灵活性的特点，采取"上下联动，重心下移，区域推进"的策略，因势利导，形成你追我赶、奋勇争先、百花齐放的生动局面；

牢牢把握上海经济和社会跨越式发展的历史机遇，坚持以改革促进发展，以发展破解难题。通过体制改革和机制创新，突破教育发展的瓶颈，激发教育发展的活力，在迎接社会对优质教育巨大需求的挑战中，扩大和优化教育资源，增强教育的综合实力。

紧紧围绕上海经济建设和社会发展的全局，审时度势，调整和改革基础教育，始终保持基础教育发展目标与上海现代化建设发展要求的一致性，在改革中不断体现基础教育的时代性、开放性、超前性特征，不断增强自身的生机和活力；

始终跟踪世界教育发展和改革的前沿，坚持按照争创一流的高标准、高要求，发扬开拓创新的进取精神，建设一流基础教育。

从"充分发挥""牢牢把握""紧紧围绕""始终跟踪"这些词语的确立中可以看出，我们对世纪之交的上海基础教育做了较好的总结和清晰的厘定。

我的第二次印象深刻的"半夜惊醒"，是因为一些困扰我的问题。在物欲横流的社会现实面前，原本应该是净土的校园和教育，多少受到了不良的风气影响，有的校长一味追求升学率，或者沉溺于频繁的社会活动中，办学似乎缺少更大的动力。教育究竟为什么，校长应该怎样办学，这些问题让我常常夜不能寐。突然有一天晚上，我梦中惊醒，写下几句话：

校长是学校教育的领头人，引领学校按照新时代的新要求改革和发展应该成为校长的自觉追求。校长的自觉追求、办学理念和行为的选择不能局限于行政的推动，不能束缚于潜规则，不能屈服于世俗压力。只有达到文化自觉的高度，才能推动教育文化转型和学校的自主发展，才能实现具有历史和时代意义的文化担当。

"不能局限于行政的推动，不能束缚于潜规则，不能屈服于世俗压力"，这三句话就是针对当时学校现状我一直想大声疾呼的心声。

　　第三次"半夜惊醒"就是在筹备 2011 年的上海基础教育工作会议期间,与 2001 年相比,我们同样面对一个上海基础教育的历史方位定在哪里的问题,同样需要回答的是已经走入教育发展"深水区"的上海基础教育如何才能继续保持领先势头,怎样在经济社会转型发展的今天实现教育的适度超前发展。对我而言,最为困扰的是如何用浅显易懂的语言概括出上海基础教育在转型时期的基本特征和发展方向。

　　记得那一晚,我辗转反侧无法入睡,好不容易睡着了,突然惊醒,全然不顾冬日的寒意,跑进书房写下这样几句话:

> 今天的上海,依赖于个人体验的幸福感与上海基础教育高位发展正遭撞击;先行先试的教育探索让我们率先获得"改革红利"的同时,也率先触及教育改革内涵发展中更深层次的矛盾。但是,我们已经走过仅仅依靠分数指标、物质计量、工具价值来判断教育效益的阶段,我们必须以必胜的心态,对学生全面发展、学校内涵建设和教育人本价值做更深入的构思与实践突破,从而让转型发展的价值更加彰显。

　　当我写下"分数指标、物质计量、工具价值"这 12 个字的时候,我的内心热血沸腾、百感交集,未来的基础教育改革真正要摆脱这些惯性,道路漫长而艰巨,但 10 年后再次召开的上海基础教育工作会议必须对历史方位、转型特征和发展趋势做出到位的判断,才能让广大教育工作者充满责任感和方向感地继续前行。

　　对于上海教育工作者来说,大家也许都知道"转型"的提出是在 2011 年 3 月 14 日上海基础教育工作会议的日子里,但这段心路历程却是十分漫长的。

　　2010 年,在国家和上海教育发展规划纲要相继推出之后,上海召开了五年一次的教育工作会议。在分组讨论之后,我在走廊里遇见时任上海市委副书记的殷一璀同志,她问我参会的感受,我对她说了三个字"紧迫感"。在她追问之下,我说,在规划纲要的明确方向下,我在思考已经处于高位发展的上海基础教育未来究竟该怎么走? 我们正在遭遇越来越难以攻克的瓶颈问题,所有能够靠金钱和物资的投入来改变教育面貌的做法都已经做了,那么接下来我们究竟要把上海基础教育带向何方,这是今天会议上尚未解开的问题和让我感到紧迫的原因。

让我没有想到的是，在下午的总结大会上，殷一璀同志明确提出，加紧筹备，并在合适的时候召开一次上海基础教育工作会议。说实话，这对于当时的我而言，是莫大的鼓舞。

然而，开会的信号已经明确发出，那么，究竟该怎样开这个会呢？不得不说，2010年底的PISA成绩公布是给我的第二个刺激，阅读、数学、科学三项世界第一，公布后有十几批各国考察团来探寻上海的秘密。面对成绩，我们的确没有沾沾自喜，但也在某种程度上，提振了上海基础教育的信心与士气。我们第一次如此强烈地感受到上海基础教育已经不再是2001年时的"始终跟踪"了，而是正在与世界同行，我们既面对着与世界基础教育同样的瓶颈难题，也在为世界基础教育的发展贡献着上海经验。

当然，这只是一方面。另一方面更为严峻的问题是，我们的成绩已经走到了世界第一，那么接下来我们究竟应该追求什么？难道还是继续追求分分计较的成绩？我们为这些成绩的获得付出了怎样的代价？我们的孩子快乐吗？我们的教育是图高分之快还是谋求人的健康发展？PISA成绩让我们第一次在世界教育的坐标系中找到了自己的位置，而面对中国经济社会转型所带来的种种矛盾、冲突和阵痛，上海基础教育必须率先转型，必须回归教育的本原，而此时"人是教育的目的"这几个字跃入了我眼帘，这就是回归的本意。

上海基础教育这次面对的深刻变革，在我看来是一次结构性转型，是从一种平衡过渡到另一种平衡的转折，它会涉及重新分配社会成员的基本权利和义务，引导合理分配利益、塑造社会文化、培育社会成员的自身发展等方面。同时，这样的转型也必定是以不断变革的方式去适应深刻变化的环境，这一过程意味着旧秩序的打破和新秩序的建立，而其中的核心命题就不再是仅仅依赖于分数指标、物质计量和功利价值，而是彰显人的独立价值和回到"让人成为人"的教育目的上来。

在这样的认识基础上，我们提出了"转型发展是上海基础教育的必然选择"，并明确了五大转型的方向，确立了转型发展阶段的一些突破口，比如以"绿色指标"为切入的评价改革、以"新优质学校"推进为切入的义务教育阶段高位均衡发展思路、以创新素养培育为切入的高中改革、以创新内涵发展机制为切入的区域教育改革、以校长课程领导力为切入的深化课程改革思路、以研究学生为切入的教师教育境界提升策略等。这些突破口或者说抓手的提出，实际上都是一种设计思路。长期的教育行政工作影响着我的思维方式，2011年的上海基础教育工作是具有阶段特征的，在这样的转型发展阶段，我们不仅要有明确的理念和方向，也要有体现阶段性和思想性的鲜活实践，必须给区域和基层学校可以行动的策略和抓手，只有让大家"进入"，才能体会到转型的特征，才会暴露冲突和问题；也只有暴露了冲突和问题，才给我们更多创造和解决问题的办法和空间。从这个意义上说，这些具体的抓手既是将思想转为现实的操作路径，同时这些富有智慧的实践典型又把思想的光芒彰显出来，成为思想可行的依据。

如果从这个视角看，这或许就是我30年从事教育行政工作，无论身处哪个历史方位，尚能够做出基本判断和进行顶层设计的一些体悟吧。

1. 转型发展是基础教育的必然选择

教育是民族振兴、社会进步的基石,是提高国民素质、促进人的全面发展的根本途径,寄托着家庭对美好生活的期盼。2010 年,《国家中长期教育改革与发展规划纲要(2010—2020 年)》出台,描绘了未来教育改革发展的宏伟蓝图,开启了从人力资源大国向人力资源强国迈进的历史进程。当前,上海正处在改革和发展的关键时期,整个城市正在呼唤创新、面临转型。2009 年国际经济合作与发展组织(OECD)组织的国际学生评估项目(PISA)测试成绩的公布,让我们看到了自身的优势与不足,增强了我们进一步改革的底气和信心。正是在这种背景下,我们开始重新思考上海基础教育的历史方位,大胆提出转型发展的目标与要求,围绕实现"促进每一个学生健康快乐成长"的教育理念,推动上海基础教育朝着深化内涵发展的改革"深水区"不断前进。

转型发展的责任担当与历史使命①

面临基础教育转型,我们要认清历史方位,并进一步明确自身的责任担当与现实使命,我们可以从以下三个方面来思考。

▶ "十一五"以来上海基础教育取得的成绩

进入 21 世纪特别是"十一五"时期以来,面对经济社会发展和城市建设对上海教育事业提出的要求,上海基础教育在"先一步、高一层"的指导思想下,坚持以学生发展为本的理念,以内涵发展为主线,创新公共服务体系,完善公共服

---

① 基础教育转型发展的责任担当与现实使命[J].教育发展研究,2011(18).收录时有改动。

务政策,基本实现基本公共教育服务均等化;加强城乡教育统筹,均衡教育资源配置,实施教育布局结构调整,促进城乡教育一体化发展;深化课程和教学改革,加强学生创新精神和实践能力培养,全面推进素质教育,推进教育内涵建设;加大教育投入,改善办学条件,不断增强教育优质均衡发展的保障力度。到"十一五"末期,上海学前教育一共新增学校 400 余所,构建了 0—3 岁儿童学前教育服务体系,3—6 岁幼儿入园率达到 98% 以上;义务教育初步实现了城乡和校际办学条件的基本均衡,户籍和非户籍学生全部享受免费的义务教育,特殊教育实现全覆盖;优质高中规模进一步扩大,在市、区县两级优质高中就读的学生占 70% 以上。基础教育初步实现了规模、布局、结构、效益和质量的统一。

▶ 上海基础教育面临新的发展机遇和发展挑战

一是国家和上海经济与社会发展的大势对教育提出新要求。改革开放 30 多年以来,中国经济实力显著增强。1978 年时中国 GDP 世界排名为 11 位,到 2011 年我们已经跻身前三甲。有专家测算,按照现有的经济增长率发展,中国经济十年时间将能赶上美国。中国模式使世界震惊(有一本书,叫《中国震撼》,说的就是中国模式的世界影响)。但同时,中国经济依然面临很多严峻的问题。根据国际能源署的 2010 年 7 月数据,中国已超越美国,成为全球最大的能源消费国;2009 年,全球海运铁矿石的 2/3 运往中国,等等,发展的不可持续性风险增加。中国经济的"刘易斯拐点"正在到来,粗放而低技术含量的产业,趋于萎缩;廉价劳动力的优势,不再重现;高能耗、污染重的发展模式,无法延续。只有跨过这道坎,我们的经济才能进一步向前发展。

面临经济和社会发展的重大转型,中央强调"以科学发展为主题,以加快转变经济发展方式为主线",注重把抓住发展机遇和创新发展理念、发展模式有机结合起来。顺应这种趋势,上海必须实现自身的产业转型、城市空间转型、市民生活转型以及城市功能转型。但是,上海还没有在思想资源、人才储备、文化软实力等方面做好充足的准备。

教育作为社会大系统的重要构成部分,经济发展的智力来源和人才保障,必须有所作为。教育要主动适应国家和地方发展需求,在服务加快转变经济发展方式、推动教育优先发展上下功夫;要坚持促进教育公平,在改善民生、解决人民群众关心的实际问题上下功夫；要着力提高教育质量，在推动各级各类教育科学发展上下功夫；要大力推进改革试点，组织实施重大项目，在推动教育科学发展的体制机制改革上下功夫。只有完成这些任务，教育才能迅速实现自身的转型，并着力推动我国从人口大国向人力资源强国的转型，切实推动经济社会又好又快发展，建设小康社会。

二是上海基础教育自身已经进入发展的转折期。表现为：

▶▶ "硬件"建设不断提升，内涵发展尚需进一步深化

改革开放 30 多年来，在教育优先发展的大旗下，上海基础教育的经费投入、师资队伍的学历层次、教学设施设备相对于 30 多年前，发生了质的变化。特别是自 20 世纪 90 年代以来，上海实施了学校标准化建设工程、薄弱学校改进工程、加强初中建设工程、大型寄宿制高中建设工程、学校信息化工程等，教育环境和设施极大改善，有的达到甚至超过了发达国家的配置水平。总体上看，今天办学"硬件"资源和经费投入已经不再是上海基础教育发展的主要矛盾。教育现代化的内涵已经发生改变，教育质量已不再是传统的单一学业分数，教育均衡发展也度过了"几个统一"的阶段而具备新的要义。今天，学校建得好，老百姓感觉不再明显，而学校课程改革深入推进、内涵发展有所突破、学生精神面貌有所改观，家长则会非常满意。教育事业发展的特征从外延发展转向内涵发展，市民对教育的需求已经从单纯的提高质量转变为优质和多样并存，所以，基础教育的当务之急是通过内涵发展和多样发展应对市民教育需求的转变。

▶▶ 学业水平接近高峰，学习效益尚需进一步提升

上海基础教育的学业质量不断攀升，特别是近几年，始终在一个高位水平上保持平稳发展。经济合作与发展组织（OECD）3 年一次的国际学生评估项目（PISA）调查结果给出了以下数据和信息：

总成绩方面，我们 15 岁的在校生，在阅读素养、数学素养和科学素养全部三项测评中，均取得了第一名的佳绩，而且成绩比较均衡。在这一轮测试的主项，即阅读素养上，OECD 平均成绩为 493 分，上海为 556 分，在 65 个国家和地区中排名第一。在成绩差异方面，上海学生阅读成绩分布差异比较小，上海高端学生（第 95 百分位）平均成绩仅比紧随之后的新西兰、新加坡相差 1 分和 3 分，但是在低端（第 5 百分位）平均成绩却比新西兰和新加坡分别高 73 分和 60

分。在阅读素养等级表现方面,PISA 把学生阅读素养分为 7 个精熟度等级:最高等级(包括 6 级和 5 级)预示着国家或地区未来的高端竞争力,而最低等级(2级以下)预示着这些学生在未来工作和生活中会遇到较大的困难,需要进一步补偿教育。在最高等级的 6 级中,上海占 2.4%,仅低于新加坡(2.6%),5 级占17.0%,具有明显优势,5 级和 6 级合计比例为 19.4%,是所有 65 个参与国家和地区中最高的。上海 2 级以下学生比例仅为 4.1%,也是在所有国家和地区最低的。这说明上海学生学业质量和能力的差距在参加测试的国家和地区中是比较小的。在阅读参与度、学习策略等与学生阅读成绩相关因素方面:上海92% 的学生每天进行趣味性阅读,OECD 平均值为 63%;每天进行不到半小时趣味性阅读的学生,平均成绩为 560 分,比从不进行趣味性阅读的学生高 63分,但阅读时间再增加,对成绩提高没有显著作用。

透过这些数据,我们感到,上海基础教育的学业质量已经达到了一个高峰,这给了我们信心。但是,监测数据同时还表明,我们的教育依然面临一些挑战。比如在阅读文本类型上,通过 PISA 测试,我们发现,学生在访问和检索、整合和解释、反思和评价三个认知方面的表现都比较好,反映了上海课程内容比较均衡;在文本阅读中反映学生比较善于阅读小说、散文等连续文本,但在阅读图表、表格、清单等非连续文本上表现相对薄弱。在阅读策略上,上海学生概括文章的策略、理解和记忆文章策略的掌握程度都是中等偏上,但自我调控策略(监控调节自己的学习,检查自己是否理解了阅读的材料)运用显著低于 OECD 平均值。在学习时间方面,65 个国家和地区中,上海学生报告的每周校内上课时间 28.3 小时,位于第 14 位,校外上课时间 6.5 小时为第 9 位,校内外上课时间总量 34.8 小时位于第 12 位,学生课业负担偏重。在教师激发学生阅读参与的7 项测试中,上海教师在很多方面做得比 OECD 平均水平好,但在"提出具有挑战性的问题"和"向学生推荐一本书或某个作者的书"方面表现欠佳,说明上海教师在教学中引导学生阅读的挑战性和延展性还不够。此外,教育部基础教育课程教材发展中心的监测数据表明,从 2006 年到 2009 年的 4 年间,上海学生学业压力和课业负担上没有改善,主要表现在作业时间长、睡眠时间少、周末补课多、体育锻炼少等。这种带有强烈的功利色彩的教育,对"应试"推波助澜,带来了学生发展的诸多缺陷,如"强智弱德""眼高手低""模仿强而创造弱""有知识没文化"。这同越来越强调人格形成、知行合一的全人教育的世界趋势相比,已经越来越不适应。显然,在获得高质量教育的背后,还存在一些不容轻视的问题。

▶ 发达国家基础教育的发展潮流

当今世界正处在大发展、大变革、大调整时期。世界多极化、经济全球化深入发展,科技进步日新月异,竞争日趋激烈。国际的竞争归根结底是人才的竞争,而教育作为培养人才的主要途径,自然成为各国进行角逐的竞技场。在 21 世纪第一个 10 年即将过去之际,许多发达国家纷纷推出新的教育改革政策,以求在下一个 10 年继续引领世界发展潮流。

英国 2010 年 11 月发布了《教的重要性——学校白皮书 2010》,公布了改革中小学教育的一揽子计划,包括改革教师培训与招募制度,改革学校评估排名制度,简化校长剔除不合格教师和开除严重违纪学生的程序等,对中小学教育进行"彻底改革"。首相卡梅伦认为,英国的教育已经被其他国家赶超,英国迎头赶上的"唯一的路径就是学习其他成功国家的经验"。英国认为世界一流教育系统学习的经验主要包括:提高教师质量,向第一线放权——同时建立有效的责任制,加大经费投入、缩小成绩两极分化等。

美国奥巴马政府非常重视基础教育在学生和国家发展中的地位。奥巴马政府刚开始运作,就提出庞大的教育改革计划:包括加强幼儿教育,实施 0—5 岁幼儿教育计划,为学龄前儿童及其父母提供关键性帮助;设立"早期学习挑战基金"(Early Learning Challenge Grants),以推动各州为实现此计划而努力等。改革《不让一个孩子掉队法》,加大对该法案的资助,以确保教师和校长们获得所需要的发展资金;帮助学生采用适时的、个性化的学习方式;大力投资学区改革,以达到更高的教育标准等;同时针对《不让一个孩子掉队法》提出"成绩问责""黄牌警告"等举措,强调重点支持处境不利学生的学习,力争实现"人人享有优质教育"的目标和理念。

另一个发达国家法国针对高中学业失败严重、学科不平衡现象加剧的矛盾,于 2009 年启动了新一轮的高中教育改革,制定了《面向 2010 年的新高中》改革方案,并于 2010 年 9 月正式实施。新的高中改革方案提出了"更好定向、更好辅导和学好外语"三大要点:更好定向指的是,给予学生一种"错选权",使高中分科成为渐进的、可更改的过程;更好辅导指的是,教育要针对社会存在的不平等,通过为学生提供更好的教育和辅导,予以校正;对于学好外语,法国认为外语一直是法国高中教育的软肋,新的方案强调"在学业上,每个学生都应当掌握至少两门外语",文科应当成为培养国际化人才的重要领域并引起人们的重视。

统观发达国家教育改革的政策核心,有几个关键特征值得我们关注:一是对教育的目的和功能的反思,教育如何直接作用于人,挖掘人的潜能,培养他们面向未来的终身发展能力;二是对学校的持续改进和重建,缩小学校差距;三是对课程的持续改进和更新,改革育人模式;四是对学校与政府、市场、社会关系的重整,形成教育合力;五是对教育公平和卓越双重谋求。

这些特征,同当前我们对基础教育事业发展的关注点是基本一致的。上海作为一座开放的城市和国际化大都市,海纳百川、吐故纳新,国际基础教育未来发展政策和思路,应该成为我们规划基础教育未来改革与发展的有益资源和参照。

基础教育转型发展命题的破解①

现在我们常常感到很困惑,为什么政府教育投入巨大、学校建得很好,但老百姓感觉不明显,意见仍不少,这说明上海基础教育发展的着眼点和着力点必须调整。

我们必须思考如何构建新型的适应未来经济社会发展需要和人的健康成长需要的现代化的基础教育,让每一个学生健康快乐成长。为此,必须推动和实现基础教育的转型发展。

转型一:在教育价值上,突破对功利价值的过度追求,更加关注教育对"人"本身的价值。

改革开放 30 多年来,一些口号我们耳熟能详,如教育是一个民族最根本的事业、科教兴国战略、人才强国战略、教育是社会公平的基石……这些口号的提出,无一不进一步夯实了教育优先发展的地位。但是今天,我们要看到,这些口

---

① 上海市基础教育工作会议筹备会报告[R].2011.根据讲话稿整理。

号的直接影响是：第一，教育价值在于让学生习得知识，提高技能，升入高一级学校；第二，教育价值在于把学生培养成合格公民、高素质国民。在关注教育对国家、对社会进步的重要地位和作用的同时，却对教育之于"人"的价值没有给予应有的重视高度。这同越来越强调知行合一、完美人格形成的全人教育的世界趋势相比，已经越来越不适应。因此，以学生发展为本，更加关注学生的存在与发展，更加尊重学生的个性特长，更加重视学生的兴趣和需要，更加重视人与自然、人与文化和谐共生、相互滋养的价值取向应该得到更大的关注，甚至成为现代教育的价值首选。今天，面对教育，我们也要更多地考虑"治教为人、施教为人"。

转型二：在教育质量观上，突破以学科知识传授为主的单一质量追求，更加关注以人的全面而多样发展为特征的全面质量。

什么是教育质量？在不同阶段，我们赋予其不同的内涵。在国民基本的读、写、算素质总体上都比较弱的情况下，质量就是要让更多的人认识更多的字、会加减乘除法、能读书看报写文章。因此，当时的教育政策都是围绕掌握基础知识和基本技能制订的，检测的手段是考试，标准是考分。以分数来标示的"双基"成为一个时代的教育特征。到了 20 世纪 90 年代，人们开始发现，分数导向的教育逐渐滋生出一些问题，如我们强调数理化，而人文、生活、社会等方面却被弱化；学生在国际奥赛屡获奖牌，但是生活能力、与人相处能力、心理承受能力不足；掌握了大量学科知识，但是动手能力却很差，质疑创造的精神严重不足。显然，分数导向的教育质量不应是教育质量的全部。2010 年召开的全国教育工作会议明确提出，要树立科学的质量观，把促进人的全面发展、适应社会需要作为衡量教育质量的根本标准，强调面向全体学生，着力提高学生服务国家、服务人民的社会责任感，勇于探索的创新精神和善于解决问题的实践能力。正确的教育质量观一定是适合学生成长需要的教育质量观，一定是为学生的终身发展和一生的幸福奠基的质量观。面对知识经济、全球化和信息社会的挑战，我们要反思教育如何能让孩子"学会做事、学会求知、学会共存、学会做人"，如何为孩子的终身发展和一生幸福奠基。

转型三：在培养模式上，突破高度统一的标准化培养模式，更加注重需求导向的个性化、多样化的培养。

一直以来，我们主张的是高度统一的标准化的培养模式，这种培养模式在经济社会欠发达、教育普及程度不高、社会基本建设矛盾突出的发展阶段具有非常高的效率,能够为国家建设和社会经济发展的各个领域迅速提供大批合格的劳动者。随着生产技术的升级、产业的转型、人们的教育需求日益多样,统一的标准化的培养模式无法继续满足要求。今天的基础教育,要在关注学生基本素养获得的同时,更加关注学生个性化、多样化的教育需求的应对,深入探讨基于不同需要的多样化的培养模式。上海"二期课改"设置多种类型的课程,为个别化的教学等奠定了很好的基础。在这个基础上,如何进一步加强对学生的研究、以学定教,提供多样优质的教育服务,是转变基础教育育人模式的一项重大命题。

转型四:在教师专业成长上,突破单纯强调掌握学科知识和教学技能,更加注重教育境界和专业能力的提升。

教育价值观、教育质量观、培养模式和管理方式的转变,使微观层面的学校管理、课堂教学、师生交往也随之悄然变革,制度管理、文化陶冶,对话教学、研究性学习,教师主导、学生主体等元素,构成了一种新的教学生态。这种生态同传统的重教轻学的课堂不同,呼唤教师的成长转型,即从知识和技能提升转向教育境界的提升,从注重如何"上好一堂课"转向到注重"如何培养好一个人"的发展取向。教师的专业发展应该是专业工作的基本任务、生涯发展的重要手段和科学育人的内在要求,而不是生存的手段、职业的派生物。

转型五:在教育管理方式上,突破以行政手段为主推动教育发展的方式,更加注重思想领导和专业引领。

在不同发展阶段,教育管理手段"给力"的效果是不一样的。实践证明,在教育事业规模发展和基础水平较低的时候,以行政手段和经费投入为特征的措施很"给力"。行政部门可以通过统一的政策推动面上的工作,并能够取得预期的效果,如 20 世纪的薄弱学校改造、加强初中以及寄宿制高中建设等,校舍焕然一新,效果明显。但是,当经济水平较高,教育的规模和基础建设不再是主要矛盾的时候,一味地提高投入所能带来的效应会逐渐递减,这也是世界教育发展的经验。经济合作与发展组织(OECD)曾经做过一项发达国家教育投入的研究,发现教育投入只在一定区间内,效果比较明显,也就是说钱太少或者太多都不能带来预期的效果。当前,我们要追求的是全面的、体现以人为本的质量,这个质量目标需要通过行政命令做到令行禁止,从而保证办学基本规范,但是更需要课程改革的深化来奠基,更需要教师的创造性劳动来支撑,更需要教育行政部门的专业领导来保障。

让现代化的城市充满教育幸福感①

上海基础教育的发展态势与一些发达国家教育改革之路颇有相似之处。在未来的日子里,上海基础教育将进一步贯彻落实国家和上海规划纲要的精神,深入推进教育改革,努力让这座现代化的城市充满教育幸福感。

第一,进一步深化中小学课程改革,提升学校的课程领导力。我们根据学生基础和需求的差异,创造性地、校本化地实施国家课程,为学生未来发展打下宽广的知识基础;要激发学生的学习兴趣,拓宽学生学习渠道,丰富学习经历,提升学生学习的品质,让学生成为学习的主人。

第二,我们强调面向全体学生,树立全面质量观。要从以学业分数为主的质量评价转向全面质量。我们坚持 10 多年推进发展性督导,改变了以往对学校整齐划一的结果评价,开始从学校自身实际出发,用多把尺子评价学校的成长性。在这一过程中,学校自己确立发展目标,制定发展规划,厘清发展方向。

第三,我们强调各级教育行政部门的专业引领,要从行政手段管理为主转向行政主导和专业引领的有机结合。治理教育的手段要更多地通过越来越强调体制机制的创新、多样化的项目引领,对教育实践过程的问题予以关照,以提升专业境界。

未来的上海,从以财富来评判幸福到幸福感的多元化,其中分明透露出一个信号:国民对财富的占有总量开始丰富,财富将不再是人们感到幸福的绝对要素。城市的生活节奏、便利程度、教育需求、人文环境等一系列表征内心感受的软性因素对幸福感的影响更大。基于这样的发展阶段,享受优质教育资源无可争议地成为老百姓直接体会幸福感的重要指标。

让我们一起努力,让上海这座现代化的城市充满教育幸福感!

———————————

① 上海基础教育的历史方位与内涵要义[J].上海教育,2011(6).收录时有改动。

是转型就会有冲突①

转型意味着对既有教育发展理念和发展模式进行重组,这就必然带来一定的冲突。这个观点可以从最近的几个例子得到印证。

美国耶鲁法学院教授、美籍华裔移民"虎妈"有两个女儿,姐姐14岁把钢琴弹到世界音乐圣殿,妹妹12岁当上了耶鲁青年管弦乐团首席小提琴手,姐妹俩还保持着门门功课皆A的全优纪录。在十分畅销的《虎妈战歌》一书中,姐妹俩每一张照片都笑容甜美,但想到笑颜背后的耳光、辱骂和超负荷练习,美国人疑惑了:难道中国妈妈都是"虎妈"? 中国人也疑惑了:难道只有做"虎妈"才能把孩子教好?

教出"哈佛女儿"的"猫爸"却是另一种培养方式,美国报纸称其女儿是"跳着华尔兹进了哈佛",因为女儿坚持跳舞12年。更让许多人不解的是,这个经常因跳舞出访而缺课的女孩,在上海市七宝中学的学业成绩名列前茅,年年都获得奖学金。对此,"猫爸"的解释是充分尊重孩子的选择,在孩子需要的时候给予人生导航。

前不久,网友"番茄妈妈"坚持8年撰写育儿日志的故事开始走红。她在网上留言:我不会想方设法让儿子进一流幼儿园、一流小学,也绝不让他去跳级或是进什么少年大学班;读不读名校不是问题,关键是孩子学得快不快乐、有没有兴趣。她还做了一个决定:不让孩子学奥数,因为孩子不感兴趣。

"虎妈、猫爸和番茄妈妈"引发的网络热议,体现了当前社会转型进程中多元多样多变的教育价值观碰撞与冲突。每一个社会都拥有主导的价值观念体系,为人们提供价值评价的尺度和价值选择的标准。在工业化社会的发展阶段,价值体系以潜移默化的方式引导着人们的行为,此时的社会结构稳定,主导价值权威、地位牢固,多元多变甚至对立的价值观念相对而言还不成气候。到了社会转型时期,利益格局与社会秩序发生了根本变化,这些变化因素使之前的各种隐形的、还处于休眠或萌芽状态的价值观念显性化。于是,各种新的价

---

① 上海基础教育的历史方位与内涵要义[J].上海教育,2011(6).收录时有改动。

值观念纷纷出现,各种价值观之间的碰撞和冲突趋于明显。

"虎妈、猫爸和番茄妈妈"折射出的多元价值取向告诉我们,随着开放程度的加深,社会价值观将日益呈现出更加多元的态势,再加上市场经济本身造就了多元的市场主体,每一个市场主体往往都从自身的需要和利益出发去选择一定的价值取向。所有这一切,构成了当前价值观领域多元价值观并存的局面,各种价值观之间的差异与交织也必然越来越突出。这种多元,一定会直接、间接反映到教育中来,对教育政策的制订带来复杂的影响,教育工作者必须积极倡导富有时代性和先进性特征的主流价值观,包容不同群体的多样化选择,特别是提取多元价值观中的积极意义,推动社会发展和人自身的和谐发展。

用转型发展的实践说话[①]

2011 年 3 月,上海召开了基础教育工作会议,根据转型发展的思路,提出了若干举措,主要包括以下几个方面。

▶ 义务教育均衡发展

基础教育公平首先强调基础教育特别是义务教育要保证基本标准、保证全覆盖、保证机会均等,但并不排斥每一所学校结合学生和学校特点探索校本化的特色课程,实施特色化的素质教育项目,也不排斥高中优质、特色、多样化办学、改变同质化办学倾向,也不排斥为具有天赋、特长和拔尖学生提供必要的成长条件,所以我们不要把教育均衡公平发展简单化。只要我们坚持从学生发展的实际出发,在达到基本标准的基础上,充分考虑学生发展的多样性,学校的办学特色和多样性也就自然形成,教育公平和特色的矛盾就会自然协调。主要举措有:

▶▶ 加大市级财政对区县教育的转移支付力度

年内建立"上海市教育公共平台建设专项资金",明确专项资金的来源、使

---

① 关于上海基础教育转型发展的思考[R].2011 - 3 - 30.根据在第二届"长三角"基础教育课程与教学改革论坛上的讲话稿整理。

用和管理办法。

▶▶ 继续推进以常住人口为基数配置教育资源

　　按照各区县常住人口基数,明确各区县各学段应该配置的学校或班级数,再根据实有学校或班级数,确定各区县缺少的学校或班额数,"十二五"结束时教育资源配置基本满足常住人口教育需求。大力加强郊区学校建设,特别是做好郊区新城、大型居住社区教育资源的同步建设工作。

▶▶ 促进优质教育资源辐射郊区农村

　　深入推进农村义务教育学校委托管理,郊区新城、大型居住社区公建配套学校捆绑办学等举措。

▶▶ 建立健全区域优质教育资源共享辐射机制

　　推进浦东新区一校多部、杨浦区小学教育集团、普陀区打造优质教育"圈、链、点"、奉贤区构建教育资源联盟、青浦区构建教育共同体等工作,使得"办好每一所家门口的学校"成为老百姓看得见摸得着的"实惠"。

▶▶ 加强教育督导工作

　　对区县开展义务教育均衡发展专项督导,敦促区县均衡配置教育资源。对学校深入开展发展性督导评价工作,用不同的尺子来衡量不同学校的发展性,敦促学校从研究学生出发,更加关注学生内心世界的成长与发展,更加关注基础教育对学生终身发展所产生的影响,特别是学校推进整体育人、学生体质健康等工作的落实情况。

▶ 深化课程改革

　　要有效落实上海教育"为了每一个学生的终身发展"的核心理念,实现"十二五"期间上海基础教育"让每个孩子都健康快乐成长"的发展愿景,就必须更加坚定不移地全面深入实施素质教育,树立正确的教育价值观和科学的教育质量观,继续深化课程改革,切实减轻学生过重的学业负担,促进学生全面发展。

▶▶ 完善课程方案和课程标准

　　重点体现三类课程整体育人的功能,强化学习经历的丰富;各学科课程标准的修订凸显学科核心育人价值,提高课程标准对"基本要求"的描述精度。

▶▶ 提升中小学校长的课程领导力

　　按照上海市提升中小学课程领导力三年行动计划,切实推进"上海市提升中小学课程领导力行动研究"项目,及时推广和辐射研究经验和成果,适时推进中小学课程领导力的督导和评估。

▶▶ **强化课程的整体育人功能**

中小学各学科课堂教学中进一步贯彻落实"两纲"指导意见,有序推进中小学各学科育人价值的研究和实践,强化课程实施和评价中的育人要求,发挥课程的整体育人功能。

▶▶ **改进教学过程**

开展新一轮课程标准的培训,加强备课、上课、作业等环节的一致性,促进教学基本要求的有效落实,增强学生的自信心和改善师生关系,提高教学有效性,减轻学生过重负担。推进中小学作业品质提升的实践研究,编制《上海市中小学作业设计与实施指南》,引领教师根据教学目标、教学内容和学生学习实际,编制解释性强、类型丰富、科学合理的作业,提高作业的有效性。推广长宁区作业备案制,逐步推进作业网上公开制度,接受家长和社会的监督,合理控制作业量。通过群体的帮助和监督,促进教师去研究作业的有效性、精心布置作业,约束不合理的教学行为。

▶▶ **丰富学习经历**

两年内在全市所有小学推广"快乐活动日",每周安排半天时间让小学生开展综合实践活动(包括体育锻炼、社会实践和社会服务、班团队和社团活动、参观考察活动、社会调查和研究活动等),并适时向初中预备年级、初一年级拓展。与"长三角"地区合作建立中小学生社会实践活动共建共享基地。深入推进中小学生创新素养培育工作,探索高中阶段拔尖创新人才早期培养的途径与方法。

▶▶ **推进学生健康工程**

制定和落实学校课程计划公示制度,学校定期汇报"三课两操两活动"落实情况;建立"每天锻炼一小时"专项督导和社会监督制度,实行公开举报和责任追究制度;推进市、区县、学校体质监测网络体系建设,实施儿童青少年心理卫生评估项目;建立学生伤害事故赔偿标准和处理程序,建立市级赔偿基金,为学校推进体育和校外活动减轻压力。

▶▶ **推进教育质量综合评价体系**

树立科学的质量观,建立符合全面协调发展、可持续发展要求的科学的质量评价体系。2011年下半年起全市试行义务教育质量综合评价办法,借鉴PISA测试和国家教育部学业质量监测的经验,制定综合评价标准和测试框架,把学生的责任感、幸福感、身心健康、学习负担、学习实践经历、学习兴趣、学业水平等作为考察区县和学校育人质量的基本方面,并把评价结果与学生体质健康一并公告社会。探索基于课程标准的学业质量评价、基于信息化平台的课堂教学评价和基于过程的真实性评价,促进学生综合素质的发展。着力建设一支具有先进教育评价理念、掌握评价专业技术的专业队伍。市、区县、学校三级联动,深化教育评价综合改革。

▶ 建设高素质专业化教师队伍

当前,本市教师队伍建设面临的矛盾和任务主要包括四个方面:一是适应城市布局结构调整和人口出生高峰到来,优化教师队伍配置;二是适应教师队伍结构变化,促进青年教师快速成长,提升学科教师、跨学科教师、学生发展指导教师的整体质量,塑造在全国具有重大影响力和引领能力的名校长、名教师;三是适应基础教育进入内涵发展阶段,普通教师需要从侧重掌握学科知识和教学技能转向以育人为本的教育境界和专业能力的提升;四是适应教师个性化的终身学习需求,进一步整合资源,提高培训专业化程度。

完善教师教育资源联盟。形成以区县教师进修院校为主阵地,依托华东师范大学和上海师范大学等机构的机构资源体系;建立教师教育优质课程资源库;构建一个多通道的教师培训者资源库;构建开放兼容、资源共享、规范高效的中小学教师培训公共服务体系。

深入推进教师培训培养工作。发挥教学、教研、科研、培训在教师专业发展中的综合效益。以育德能力、创新精神、学科素养、研究能力为学习重点,开展需求导向的全员培训计划。完善校本研修制度,提高校本研修的质量和水平。加强中小学名校长名师队伍建设,继续开展第三期"双名培养工程",加强教师培训师资队伍建设,建设一支专兼结合、素质优良、结构合理的教师培训者队伍。充分发挥教师专业发展学校在教师成长方面的"种子"作用。实施教师教育全市课程共享、学分互认的管理机制。

深化校长、教师管理制度改革。完善中小学校长职级制度,制定中小学校校长专业发展标准与准任制度,研究校长选拔任用与聘期考核制度,加大校长的培养与培训力度,形成校长队伍建设与专业发展的长效机制。完善教师资格制度,开展教师资格考试改革试点,严把教师入口关,探索研究新教师准入见习制度,试行在职教师 5 年一周期的资格定期注册制度。出台中小学编制标准,推进中小学定岗定编工作。

进一步提高教师待遇,使教师成为更具吸引力的职业。推出教师货币分房补偿机制,参照公务员办法,从新增的教育费附加中市里每年拿出 10 个亿,区里配套 10 个亿,花五年时间完成达到一定标准的教师的住房补偿问题,并设计为年轻骨干教师提供教师公寓、经济适用房的办法。

▶ 形成学校、家庭、社区互动合作机制

改变学校的"封闭""孤岛"状态,回应家长反映的"学校不民主,缺乏对家长的尊重,缺少与家长沟通方法,有意见没地方反映"的诉求,推进学校关注学生鲜活的生命在真实的社会环境中的内在需求,关注家长、社会的意见和建议,形成符合教育现代化要求的学校、家庭、社区互动合作机制,提升家长对基础教育的满意度。

推进学校信息公开工作。进一步规范和完善中小学信息公开制度,认真做好学校基本情况、规划与年度计划、招生、收费、教学管理、教职工管理、安全管理、学生服务、突发事件处置等重点信息公开工作。

推进学校与家长、社区的联系沟通。推进学校建立与家长、社区联系的责任人制度,健全联系沟通机制,通过设立热线电话、微博、虚拟社区、家长接待室等举措,传播学校的愿景和改革举措,即时向家长告知学生的在校表现,及时了解家长和社区对学校教育问题的建议和利益诉求。此项工作先小学、后中学,先市区、后郊区,分层推进,逐步扩大普及面。

推进家长、社区参与学校管理。2011 年下半年在杨浦等区试点推进社区参与学校管理工作。总结嘉定、浦东、闵行试点家长委员会的经验,在全市推广。在黄浦区试点"办学生喜欢的学校"的实验,每所学校和教师要重点在四个方面取得突破:一是形成倾听学生的观念和习惯;二是掌握了解学生的办法;三是建立一个从学校管理层到教研组到教师获得学生反映并用以调节和改进教学行为的机制;四是建立了解并协调家长、社会建议和诉求的机制。

推动市、区县、学校加强宣传工作,引导家长、社区从指责基础教育,转为积

极参与基础教育变革,引导全社会"从我做起,促进学生健康快乐成长",形成全社会支持基础教育改革与发展的氛围。

▶ 推进区县主动改革

由于各区县基础教育发展水平差异明显,面临的主要矛盾各有特点,因此,需要下移工作重心,以区县为单位,以内涵发展为核心任务,以机制创新为突破口,进一步激发区县的主动性、创造性,推进基础教育改革和发展。

第一,以"27+10+10"①项目为突破口,大力推进体制机制改革。这些项目针对目前上海基础教育改革与发展的瓶颈和难点所设,是构建新型的适应未来经济社会发展需要和人的健康成长需要的现代化的上海基础教育的重要突破口。我们将推动区县主动承担项目或项目的实验任务、子项目,并加大项目指导,加强监督监管,推进任务的落实。

比如,学前教育突出的瓶颈是政府的公共服务如何覆盖外来适龄人口问题。针对这一难题,闵行区申报了国家教育体制机制改革试点项目,以项目的形式探索建立学前教育公共服务体系。这一项目的成果,一定会在体制机制上取得突破,推动学前教育公共服务体系的完善,进而对面上学前教育的改革发展起到长期作用。

再如,高中改革和发展问题。高中时期是学生形成价值观、明确人生志向的关键时期,改革和发展的价值深远。但是由于升学考试的压力存在,高中改革非常困难,发展的模式单一、活力不足,迫切要求推出一些针对性改革项目,谋求突破。教育部批准了我们的"普通高中多样化发展"和"高中创新素养培育"试点项目,部分区县和学校都是改革的参与者和主体。我们希望通过项目的试点,在探索高中育人目标、课程设置、培养机制、教学方法等方面取得突破,推动学校持续、多样发展,带动高中整体改革。

第二,加强区域内涵发展的专业指导,协调各相关区县深入推进"办学生喜欢的学校""丰富学生体验"等内涵发展项目;引导各区县和学校结合自身实际,扎实推进创新素养培育工作,提升上海学生的创新意识和实践能力。

---

① 上海负责的 27 个国家教育体制改革试点项目,上海中长期教育改革和发展规划纲要确定的 10 个"教育综合改革重点试验项目"和 10 个"重点发展项目",都有涉及基础教育的项目。

2. 评价改革是教育转型的突破口①

　　长期以来,我们对教育的管理和决策依据过分单一,过于关注终结性考试和升学考试的分数,这种偏向客观上导致教学管理和决策背离了素质教育的要求,加剧了应试教育的倾向。与此同时,把考试视为学生学业成就评价的唯一方式,而考试结果又难以为教学的改进提供有益的反馈。因此,在基础教育内涵发展阶段,我们不可回避地要树立科学的教育质量观,还要采用科学的手段,依据科学数据形成对学生学业成就和学校办学质量的科学分析与判断。

▶ **正确认识改进基础教育质量评价的必要性**

　　评价对教育教学改革的意义重大,评价是课程改革的重要内容和新的生长点,是深化素质教育的必然要求,是政府教育行政能力建设的重要内容,是学校提高教学成效的内在要求。

　　但是,当前我们评价基础教育质量的手段单一、方法陈旧,对评价过程的控制和对评价结果的利用不尽科学。国家和地方行政部门三令五申,对考试的形式、内容和结果应用作出规定。但是,事实上目前普遍的感觉是,考试铺天盖地,考试主导了教和学。有一份涉及全国 20 多个省的关于统考的调查报告,调查发现:全国小学平均每所学校一学期考 17 次,初中是 27 次;上海小学平均每所学校一学期考 19.7 次,初中是 24 次,小学的频率还是很高的。统考后公布成绩、排名之风盛行。全国小学统考之后公布成绩的比例是 67％,初中是 76.5％。小学排名次的比例是 50.4％,初中是 72.9％。

　　这种以纸笔测试为主的统考,是一种高利害的评价方式。高利害的测试所评价的课程内容限制了所教授的学科和认知技巧。很明显,高利害测试对于课

_____

　　① 加强教育质量评价,还原教育丰富内涵[J].现代教学,2011(1).收录时有改动。

程的腐蚀在于剥夺了许多学生应该学习的重要东西。对于他们来说,不合理的高利害测试的根本后果是严重减少了他们应该接受的教育。

高利害的测试导致教师带领学生大量重复练习测试题,如此重负的练习活动抹杀了学生真正的学习兴趣。学生在一个真正有趣的课堂上所表现出来的兴奋和对于知识的兴趣,都被这一系列单调乏味的、以测试为中心的练习活动赶走了。

对教师来讲,高利害测试也会带来相当的风险。教师被迫去提高学生的测试分数,以至于他们把课堂教学变成了纯粹的填鸭式教学,或者流水线作业的工厂,而结果是压抑和泯灭了学生对于学习的热爱。如果学习是毫无乐趣的,而且如果所有教师做的都是让学生永无止境地练习,那么一些学生选择永久的放弃也是不足为奇的。

▶ 站在内涵发展的高度认识评价,形成内在动力

上海已经尝试开展了一些新的评价方式,如组织区县参与教育部课程中心"中小学生学业质量分析、反馈与指导项目",参与 PISA 测试等。

PISA 的特点是在测试学生知识和能力的同时观察学生的态度。学生可以有渊博的知识,但能否在具体的背景和环境下运用这些知识呢? 如果不能运用,那学到的知识是无用的。当今时代的需求发生了变化,对人的要求也随之而变,善于把知识转化成实践并具有人际沟通能力,才是时代所需要的。因此,PISA 测试的标准就是看一个学生是否能将其所学知识转化成实践,能否运用现有知识去学到更多、更新的知识和技能。在 PISA 测试中,阅读测试的目的不是为了测试学生能否理解课文,而是看学生能否作出评论;科学测试的目的主要不是让学生记住常识,而是引导学生作深入研究,学会假设,并能解决实际问题;数学测试的目的主要不是让学生背公式、记理论,而是把数学原理运用到实际生活中去。

由于 PISA 测试从一开始就是顺应时代需求而生的,因此它越来越多地吸引不同国家和地区教育部门加盟,上海 2009 年、2012 年参与到该项目之中。上海参与 PISA 项目的目的不仅在于获得学业质量分析数据和上海基础教育质量总体水平的基本判断,更重要的是消化吸收这些测试项目中所体现的先进的评价理念、掌握专业的技术手段和结果使用的方法,形成科学的评价体系,培养一批专业水平较高的评价队伍。

当前,上海基础教育已经进入内涵发展阶段,越是深入就越需要我们发挥

主动性,去破解内涵发展的瓶颈和难题,就越是要关注人,关注师生关系,其中评价是块硬骨头。新中国基础教育 60 年取得了巨大成就,但在教育质量评价方面,鲜有革命性的突破,我们实现评价方式的转变需要魄力和决心。

▶ 评价很复杂,需要加强能力建设

评价很重要,评价很复杂,评价很专业。简单的评价不科学,科学的评价难操作,评价是一道世界性难题。评价的实施主体是教师,实施对象是学生,它既是一个结果,又是一个过程,因此它以其综合性而显得尤其重要。此外,评价的功能不是单一的,而是兼具了激励、反馈或鉴别等多种功能于一身,且蕴含着隐性和显性等不同指标,因此显得复杂。另外,有效的评价是建立在师生友好关系基础上的协商过程,它要求教师懂得心理学和评价的基本理论。要真正深入推进改革,并从理念、方式、方法上建立完整的评价体系,任重而道远。

评价具有两面性,做得好,它就能成为课程改革和素质教育的新的生长点和推动力;做得不好,它就可能成为瓶颈甚至是阻力。评价的高风险,束缚了我们对评价方式的选择。教育行政部门、教研室对学校的大量评价,对学校基本质量的控制,主要是靠经常性的考试。这种评价在保证基本教学质量上有其积极作用,但是随着课改的深入,这种方式明显落后了。课程改革中我们从人的发展要求出发,设计了那么丰富的内容,这些丰富内容的内涵恐怕是没有办法用传统的知识量评价、分数评价能够显示出来的。不但如此,在实际生活中,这种评价对学校而言,还是一种高利害的评价,它与学校排名甚至教师的待遇等都有关系。这样一种评价会影响我们课改的实施。

我们现在必须去研究,既要通过评价保证基本的教学质量,又能够通过评价使得课程改革提出的以人为本的要求得到真正落实,使得符合教育本质要求的内容在评价中能够得以体现,使得教育行政部门对学校的评价、学校对老师和对班级的评价,或者班级的老师对孩子的评价都能促进课改任务的落实。

因此,我们要在已有的基础上,改革和完善现有的评价方式,改进政府行政部门管理教育的方式,对教育评价提出新的理解,只有这样,我们的教育才能上升到新的境界。我们要在参加 PISA 测试、参加教育部学业质量分析和评价等项目的过程中,形成改革自身教育评价方式的内在动力,从而提升区域教育评价的专业化水平。

学业质量评价需要"拨乱反正"①

开展什么样的评价,怎样实施评价,如何对待评价结果,这是学业质量评价的关键问题,也是基础教育质量评价改革的瓶颈问题。在这些问题上,认识到位、措施有力,评价就能成为内涵建设新的增长点,就能拉动整个课程与教学的改革,进而深刻改变教育的整体形象;反之,可能会成为瓶颈与阻力,给教育工作造成积重难返的局面。

改革学业质量评价是一项攻坚之举,目的在于真实反映全面的学业质量,关注学生的全面发展。许多人认为,学业质量评价就是对学生进行考试或测验,看看学生学科知识学得怎样,给学生提出进一步的要求。学业成绩确实能反映学生发展的基本价值,测试也确实是评价的一种工具,但这不是学业质量及其评价的全部内涵。我们需要进行学业质量评价,就是要破除种种陈旧的观念,摒弃落后的评价机制,建构新的评价理念,促成新的评价机制的建立。

整体上看,原有的学业评价,基本上呈现三种倾向。

第一种倾向:分数指标唯上,忽视学生的全面发展。

分数或学业成绩要不要?无可否认,学业成绩对学生当然重要,但必须认清其本质特征。学业成绩上的达标,本质上是国家、社会对人才规格的最基本的要求,是教育最基本层次的目标要求。我们应该看到,在现代化背景下的基础教育不能仅仅依靠分数指标、物质计量、工具价值来判断教育效益,而要从学生全面发展、学校内涵建设和教育人本价值的实现上体现教育的价值。单一的分数指标已无法反映学校对学生成长的全部贡献,也无法体现新时期我们所追求的全部价值。

谈到学业成绩,就必然要说到学业质量。学业质量不等于学业成绩,其内涵更为广阔,既是一个构成性概念,指学生在自身、教师、学校、家庭等各类因素影响下,通过课程的浸润,达成的学业表现、品德行为、身心健康等诸多领域的发展水平;又是一个关联性概念,包括影响学业表现的学习动力、师生关系、教师教学方式、校长课程领导力等各相关因素及其相互关系。我们今天实施的

---

① 改革学业质量评价,推动基础教育转型[J].教育发展研究,2012(Z2).收录时有改动。

"绿色指标"评价就是坚持这种全面的学业质量观。

如果把学业成绩看作全部的学业质量，人为地提到不应有的高度，就会忽视课程对学生创新素养、品德行为、身心健康等多方面发展的要求，把教学工作人为地限制在非常狭窄、非常低级的水平，也就可能会不顾一切，通过简单、粗暴的方式求得学业成绩的迅速提高，从而给学生造成较大的学习压力、心理负担。

以上问题在教育中并不少见，其根本原因在于学校、教师以及社会往往把学业成绩作为教育教学的根本的、唯一的目的，把对学生的加压变成实现这一目的的主要手段，而没有把学生本身的发展作为目的来对待。

因此，我们必须把学生本身的发展作为目的，通过全面的质量标准，分析学生多方面发展要求，分析学生各方面的素质水平和影响因素，寻求有效的对策和办法，以学生的健康快乐成长体现学校教育的价值。

第二种倾向：评价方式简单，缺乏对学生的真实关照。

简单的评价不科学，科学的评价难操作，评价是一道世界性难题。目前纸笔考试往往是评价的主要方式。考试对促进学习和教学能起到一定促进作用，但作用有限，且这种方式本身也有明显的问题和不足。首先，考试特别是具有高利害性的统考，其过度使用会导致教师带领学生大量重复练习，减少学生应该接受的课程经历，抹杀学生真正的学习兴趣；其次，测试用的许多题目带有一定的随意性，没有经过教育测量学的考量和探究，不能真正体现学生的能力水平。有的教师把市面上的参考书直接拿过来，或者从中随意摘选题目组成试卷，依据自己也没有斟酌过的参考答案给学生作评价依据。

当前，有的区县、学校为了解学生的主观感受、家庭背景的影响度，进行了问卷调查，这是值得肯定的探索。但需要指出的是，问卷设计本身的专业性要求也很强，既要尽量减少被调查者对概念本身的理解偏差，又要尽量防止被调查者的主观价值偏向对结果的影响。比如，PISA测试在问卷设计上就比较考究，分析学生家庭经济背景，不是直接问家庭收入的多少，而是通过询问电脑、汽车、配有浴缸或淋浴的客房等数量来体现。同时，通过问卷对学生整体情况进行分析判断时，要确保一定的样本量，才能尽量反映客观情况。

除测试和问卷外，还有现场调研、行为观察、个别访谈、心理投射等各种评价工具和方式，需要我们去探索，以真实反映学生多方面的素质状况和诉求。与学生的交流中我们发现，许多学生毕业时，把能够和自己喜欢的教师合影、能和校长合影看作是无比快乐的事情。其实,在学生内心深处,非常希望平时就能得到教师、校长的赞许和关注;有些家长对学业成绩并没有过高的期望,而是希望学校能够对他们的孩子关注多一点,让孩子的心理发展更加健康。家长的需求、学生的期望,以及从这种需求和期望引申出的对今天学校的评价,都需要认真去分析、整理和分析,需要寻找合适的信息获取以及评价手段。

第三种倾向:结果功能单一,难以实现教学的过程改进。

原有评价模式下的评价结果往往就是学业分数的多少、等级或名次,这些只能证明学生达到的学业水平状况。光看分数或者是对学校、对班级的学业水平评价只看平均分,会陷入认识的"陷阱",会导致一部分学生的发展需求被忽视。同时,这样的评价结果也缺乏相关性分析,难以对教学改进产生有效指导。我们往往习惯于策略性模糊的处理方式,而忽略或不擅长对学生学业的精准诊断和针对性的改进。而现在更需要的是"让数据说话,让数据驱动"。

从宏观角度看,上海在推进课程改革方面起步早,在全国有较大影响。近年来,又在课程教学改革方面推出了一系列措施,如抓教学有效性、抓校长课程领导力、抓课程标准修订、抓作业方案设计,都取得了积极的改革成果。但我们也发现:仅靠抓课程与教学的实施,还不能明显改变学生负担过重的局面,一个很重要的原因就在于原有的评价体系束缚了课程教学改革的深入推进。单一的以考试成绩为标准的评价体系,已经深刻地影响着教育教学,已经成为阻碍教育内涵深层次变革的瓶颈,必须启动教育质量的评价改革,实现教育内涵发展目标和过程的完整与统一。在评价改革这个问题上,我们不能无动于衷,不能习以为常,不能得过且过,更不能麻木不仁。

"绿色指标"还原教育丰富内涵①

在 PISA 测试以及连续 5 年参加教育部基础教育课程教材发展中心举办的基于标准的"中小学生学业质量监测"之后,上海开始了本土评价——中小学生学业质量"绿色指标"的构建之路,与世界上许多发达国家共同探索从"证明"转

---

① 上海基础教育需要定期"健康体检"[J].上海教育,2011(21).收录时有改动。

向"改进"的变革。

▶ "绿色"源自综合与全面

评价对教育教学改革的意义重大。评价改革是课程改革的重要内容,是深化素质教育的必然要求,也是政府教育领导能力建设的组成部分,更是学校提高教学成效的内在要求。由于原有以学业分数和升学率为目标、以高利害测试为主要手段的评价方式,已经成为教育可持续发展的障碍,这就要求我们必须建立综合评价体系,以克服传统评价对学生身心发展带来的损害,必须在评价结果的使用上努力实现从"结果证明"到"过程改进"的突破,让评价真正成为学生健康成长的助推器。基于这样的考虑,我们和教育部基础教育课程教材发展中心合作,在吸收国内外评价项目经验的基础上,提炼出一系列影响学生学业质量的敏感的、重要的指标,构建了以关注学生健康成长为核心价值追求的指标体系,称为学业质量"绿色指标"。目前包括:学生学业水平指数、学生学习动力指数、学生学业负担指数、师生关系指数、教师教学方式指数、校长课程领导力指数、学生社会经济背景对学业成绩的影响指数、学生品德行为指数、身心健康指数以及上述各项指标的跨年度进步指数。

上海构建的中小学生学业质量"绿色指标",之所以称为"绿色",是因为评价指标的核心是促进学生全面发展和健康成长。在内容方面它与传统的以学生分数为单一内容的评价不同,是基于标准的包括学习成就、幸福指数、身心健康、学业负担、教学方式等在内的具有综合特征的评价。它类似于定期的"教育健康体检",从长远看,会影响到如何提高教育管理中的科学性和推进以校为本的质量保障系统的逐步建立。

中小学生学业质量"绿色指标"有着多年的实证基础,这是特点之一。这套指标不是一蹴而就的,而是经过长期实验、分析、研究得出的。上海自 2003 年起,参加了教育部基础教育课程教材发展中心"建立中小学生学业质量分析反馈与指导系统"项目,开始为建立上海中小学生学业质量的数据库做基础性工作。随后五年,连续参加这一项目的小学三年级数学、语文和初中八年级数学、语文、外语、科学学科的学业测试,积累了开展大样本学业测试的经验。同时,这一项目在全国 31 个省(直辖市、自治区)抽样测试的基础上,建立了三年级和八年级学业质量全国常模。2010 年,上海承担国家教育体制改革试点项目"改革义务教育教学质量综合评价办法",与教育部项目组密切合作、共同研究,在学生学业质量评价、分析、反馈和指导体系基础上,提炼出了一系列影响学生学业质量的关键因素,构建了这套"绿色指标"。

第二个特点是,中小学生学业质量"绿色指标"有着不同的内涵要素。与以往偏重学习成绩的质量标准相比,这套"绿色指标"的内涵更为广阔,是由学业水平及影响学业水平的相关因素所构成,既关注学生的学业,又关注学生为学业水平所付出的各种代价;既衡量学生一般认知能力水平,又衡量学生体质、品德、创新等高层次能力的水平;既以学生发展为中心,又兼顾教师、校长、学校乃至家庭对学生发展的影响。与学业水平测试相比,"绿色指标"所进行的测试选取的是四年级和九年级以前的课程内容,测试本身也是"标准—教学—评价"这个教学循环系统的一个环节,旨在发现落实课程标准、发现教学中的问题并加以改进,是教学内部的一项活动,不是终结性评价,不与毕业、升学挂钩,不应也不能增加学生的课业负担。与更加注重解决实际生活问题的 PISA 测试相比,"绿色指标"所要进行的测试是严格基于课程标准和针对教学内容的,是基于标准的水平测试,对教学改进的指导性比较强。

需要指出的是,这套学业质量"绿色指标",并不是全面衡量教育质量的完整指标体系,也不是我们所要追求的终极质量评价标准,虽然经过较长时间实践探索,但在全市教育管理中予以应用,不能不说是一个大胆的举措,在推行过程中也会有这样或那样的缺陷和不足。只要我们具有坚决打破这块制约教育内涵提升的坚冰的决心,同时又保持不断探索、不断完善的科学态度,冒一点风险、顶一点压力也在所不惜。再说,指标老停留在研究阶段,不放在教育管理的实践中检验,也永远无法臻于完善。

▶ "绿色指标"推动区域教育评价的突破[①]

▶▶ 变单一维度评价为综合多维评价

教育质量是教育的核心问题,也是内涵发展阶段需要攻坚克难的瓶颈问题,"有质量的教育"是每个国家对教育的基本要求和期望。对教育质量的评价既与指向结果有关,又与获得这一结果的过程有关。"绿色指标"不仅反映学校

---

① 以绿色指标引导基础教育科学业发展[J].现代教学,2012(Z2).收录时有改动。

教育教学质量水平和影响因素,还多方面考察了教育的公平性,如从学生社会经济背景对学业成绩的影响指数可以了解公立学校对家庭经济困难学生所作的贡献;学业水平指数考察了学校间、区县间和全市的均衡程度;跨年度进步指数考察了学校、区县、全市跨年度是否有所进步。

▶▶ 直接指向教育教学的实践改进

与更加注重解决实际生活问题的 PISA 测试相比,"绿色指标"所要进行的测试是严格基于课程标准和针对教学内容的,测试本身是"标准—教学—评价"循环系统的一个环节,通过"绿色指标"评价,就可以比较全面地了解各个层面课程标准的执行状况,实质就是了解义务教育课程目标落实情况以及学生是否在这样的目标框架下得到了很好的发展,这样就可以发现落实课程标准和教学中的问题并加以改进,对教学改进的指导性比较强。

▶▶ 有效回应人的发展和人民群众的诉求

人的全面、可持续发展是现代教育的追求,《国家中长期教育改革和发展规划纲要(2010—2020 年)》强调要根据培养目标和人才理念,建立科学、多样的评价标准。《上海市中长期教育改革和发展规划纲要(2010—2020 年)》坚持"为了每一个学生的终身发展"理念,提出要制定教育质量标准,建立义务教育质量评价和监测体系,实施教学质量综合评价改革试验,形成实施素质教育的导向机制。2011 年 3 月召开的上海市基础教育工作会议提出"在教育质量评价上,要从过度注重学科知识成绩转向全面发展的评价;必须重新审视教育质量评价标准,有所取舍,有所更新,更加科学地理解和追求教育质量"。"绿色指标"基本适应了国家和上海市对教学质量评价的要求,同时也可以通过评价结果实现区域内公众对义务教育教学质量的知情权,对社会呼声较高的"减负问题"作出积极回应,从而在全社会逐步树立正确的教育质量观。

用"绿色指标"为教育教学定期"体检"①

2011 年 10 月底,以"绿色指标"为依据,本市进行了首次抽样测试,市、区县

---

① 上海基础教育需要定期"健康体检"[J].上海教育,2011(21).收录时有改动。

两级的评价报告已陆续发布,接下去关键是如何正确解读与有效利用。2012 年 3—4 月,上海市教委基教处和教研室共同围绕"绿色指标"举办了教学质量评价专题培训,帮助区县从事教育质量评价的人员掌握基本评价知识,学会正确解读和撰写质量分析报告。

▶ "绿色指标"评价着眼点在于科学解读和应用

解读评价报告的目的在于认清现状、寻找不足和背后原因。我们要求区县和学校正确解读评价报告,绝不是说拿到评价报告后,去给区域内的学校、师生进行评比、排序,而是要对区域和学校的教学质量进行全面分析和把握,在剖析真实情况和水平的基础上,寻求影响教学质量的诸多因素,总结经验、发现不足,为制定教育决策、改进教学研究、增强教学实效提供可靠的实证依据。

应用评价报告的着眼点在于管理和教学模式的转变。评价本身不是最终目的,而是作为全面了解教育教学状况的一种手段,作为发现和诊断教学问题的一种方法、教学决策的一种依据。对此,我们有三个期待:

一是期待"绿色指标"能成为提升区域教育专业领导力的重要抓手。上海基础教育进入内涵发展的新阶段,要实现顺利转型,作为教育行政部门,不能仅仅依靠分数判定教育质量,必须用科学方法洞察教育质量;不能仅仅依靠经验作决策,必须具备更多基于实证的决策能力,着眼于优化顶层设计,下移教学管理重心,把更多的精力放在对学生学业质量的综合考量上,放在制定基于实证的有效教育决策上,放在建立专业化的教学质量评价队伍上。试行"绿色指标",是对专业领导教育发展能力的一次考验,也是提升专业领导能力的一次契机。

二是期待"绿色指标"能成为提升教研员专业教学指导力的重要手段。在教学质量评价方面,教研员承担着双重使命,既要研究、掌握科学的评价理念、手段和方法,让教育教学实施过程更加连贯、系统;又要把评价作为指导教师教学的有效手段,引导学校和教师正确实施教育教学。通过掌握"绿色指标"评价的理念和方法,教研员可以逐步克服单纯依靠经验进行教学研究的弊病,有利于实现经验与实证的有效结合,提高教学研究的针对性,从而有效指导区域、学校、教师落实教学与管理的改进建议。

三是期待"绿色指标"能成为建立以校为本教学质量保障体系的现实依据。宏观的评价结果只能呈现整体状况和趋势,不足以解决评价对于一所学校如何具体改进教育教学环节的问题。对学生学习过程的即时评价,并依据反馈用于下一阶段的教学改进,推动教育过程中的调节与矫正,这就需要建设以校为本的质量保障体系。以校为本的质量保障体系的建立,一方面让学校能够关注到每一个学生在学习进程中出现的状况并及时加以补救或矫正,另一方面也让教师在这一过程中掌握评价方法和体验正确使用评价以促进教学,提高教师敏锐洞察学生学习过程的能力,促进教师专业水平的提高。这也是以校长为核心的专业团队,不断提升课程领导力,提高教育教学质量,以评价促进教育教学改进,保障义务教育质量的重要方面。

▶ 区县和学校如何用好"绿色指标"

区县和学校应该从"绿色指标"的内涵中思考推动教育发展的真正着眼点和着力点。

对区县来讲,"绿色指标"的评价结果绝不是要证明哪所学校、哪个区域教育质量高,也不是要给区县、学校排名,其主要的功能在于正确引导、合理分析与科学改进。"绿色指标"虽不是反映教育质量的完整指标体系,其本身也有需要改进、调整的地方,但它所坚持的导向,也就是"关注学生全面发展""不仅要看学业成绩还要看学习成本",无疑是符合教育发展要求的,也是需要坚持不懈的。区县的作为是"绿色指标"评价改革的关键,要通过评价结果的解读和应用,增强评价改革的自觉性和行动力。"绿色指标"在部分区县的先行试点,至少有三点启示,值得区县教育行政部门思考。

▶▶ 启示一:探索区域的教学质量评价体系

这是顶层设计上的启示。影响学生学业表现的因素是多方面的,在不同区域、不同学段,这些因素的影响力是有差异的,需要区县因地制宜、根据学段特点有重点地加以探索与实践。相对而言,全市的"绿色指标"评价是"粗线条"的,需要区县进一步细化。比如,可以通过细化研究,形成区域教育的"绿色指标";再比如,可根据学前、小学、初中、高中学段特点选择关键指标,形成适用于不同学段的指标体系,等等。

区域教学质量评价体系的构建是一项系统工程,需要行政的支持、专业的支撑和团队力量的凝聚。闵行区的先行探索,依赖于教育行政部门的政策保障,依赖于各部门和基层学校的合作机制,也依赖于一支专业化的监测分析队伍,这些都是建立区域教学质量评价体系的必要条件。

▶ 启示二:更加注重基于实证的思想引领和监督调控

"绿色指标"评价是一根相对科学化的"指挥棒",但这根"指挥棒"本身不会自动发挥作用,关键还在于使用者,其中首要的是区县教育行政部门的领导。"指挥棒"能否接得住、用得好不好,很大程度上决定了评价改革的成败。就是说,教育行政部门领导者要在思想和行动上起到带头示范作用。闵行区追求的教育强区,不是分数上的"强",而是学生全面素质上的"强",是评价改革力度上的"强"。在教育转型期,如果教育行政部门的领导,思想仍然停留在单一分数的追求上,停留在抓所谓的"主科"上,这个区域的基础教育面貌就很难得到明显改观,教育变革的活力也难以得到有效激发,甚至会拖累整个上海基础教育改革的脚步。所以,要率先在思想上从原有桎梏中解脱出来,以综合评价的理念和思维,带动区域教育和学校的健康发展,把学校从疲于追分的状态中解放出来。

"绿色指标"评价,要求教育管理者,不能仅仅依靠分数判定教学质量,必须用科学方法洞察教学质量的内涵;不能仅仅依靠经验作决策,必须具备更多基于实证的决策能力;不能过多干预教育教学的微观管理,必须对教学质量进行全面考量和发展性评价。今天,我们解读"绿色指标"评价报告,目的在于全面认识区域和学校学生学业水平状况和课程标准的执行现状,寻求影响学业质量的诸多因素,寻找存在的缺陷和不足,探求背后的原因,为制定教育政策提供实证依据,形成"综合评价→问题界定→原因分析→教育决策→监督执行"的良性循环机制,这也是"绿色指标"触动教育管理机制变革的主要体现。

▶ 启示三:教师进修院校和教研员应实现服务能级的提升

评价的专业性及其与教学的紧密联系,使得教师进修院校不能局限于原有的教师培训、教学指导功能,应当承担起监测评价的专业责任,组建起区域的教育质量监测机构,建设教学质量评价的常规化运行平台。

随着教师进修院校的功能升级,教研员的教学指导功能也应随之升级,既要研究、掌握科学的评价理念和手段,让教育教学过程更加连贯、系统;又要把评价作为指导教学的有效手段,逐步克服单纯依靠经验进行教学研究的弊病,采用数据分析比较等实证研究的方法,提高教学研究与指导的针对性和实效性。

对学校来讲,学校是"绿色指标"评价改革的主体,要逐步建立基于课程标准的校本教学质量评价与保障体系,对学生学习过程的即时评价,并依据反馈用于下一阶段的教学改进,推动教育过程中的调节与矫正。"绿色指标"学校报告可以给学校四点启示:

▶▶ **启示一:严格基于课程标准,是学校实施有效教学的基本要求**

黄浦区瞿溪路小学作为一所规模较小、原有基础薄弱的公办小学,牢牢抓住课程标准不放松,依据课程标准抬升底部,为不同起点的学生提供适切的教育,在"办学生喜欢的学校"这个目标上大步前进;静安区教育学院附属学校作为一所有教改特色的名校,不拔高教学要求,认真执行课程计划,实现了低负担基础上的高质量。这两所学校基于课程标准的评价与教学改进,真正体现了"绿色指标"基于标准的评价理念,实践证明是适应学生需求的,也是十分有效的。

这里很关键的是对课程标准要有清晰的认识。课程标准不仅仅是教学指导性文件,本质上是国家和社会对人才规格的要求在课程上的具体反映,是学生成长规律和教育教学规律在课程上的生动体现。从这个意义上说,遵循课程标准就是遵循教育规律,就是在培养社会所需要的人才,就是有效的学校教学。

▶▶ **启示二:促进师生和家校关系的和谐,是学校有效管理的基本取向**

黄浦区瞿溪路小学为学有余力的学生设计个性课程,为学有困难的学生提供个别化教学,体现了因材施教的教育境界,又减弱了困难家庭背景对学生学业的影响,营造了和谐的师生关系,让学生从心底里喜爱学校,这反映了学校在管理上的成功。师生关系的和谐,背后往往是学校领导者与教师关系的融洽。

需要指出的是,推出家庭经济社会背景对学业成绩的影响指数,目的是体现学校"有教无类"的表现水平,并不等于忽视或淡化家庭的影响,也不是要把学校教育和家庭教育人为地隔离开来。实际上,学校教育和家庭教育是完全可以相互弥补、互为促进的。

▶▶ **启示三:建立以校为本教学质量评价体系,是学校内涵发展的新使命**

黄浦区瞿溪路小学的"尊重差异、分层评价",二师附小的"智慧年轮评价手册",上外静安外国语中学的"学习处方设计"等,都符合"绿色指标"的评价理念,都是校本化探索"绿色指标"评价的初步成果。

学校直接面对学生,理应最了解学生的真实情况,最能直接促进学生的快乐成长,这就需要在"绿色指标"评价体系下,通过分析、解读学校的评价报告,进一步探索面向班级层面、个体层面的具体评价办法,实现即时性、真实性、个性化评价,提高教师敏锐洞察学生学习过程的能力。

有的学生频繁在简单问题、小问题上出现失误,在许多教师看来,就是因为学生自己粗心大意。但从生理或医学角度看,可能是睡眠时间不足,引发大脑部分功能区域出现抑制状态造成的。有一份对 10 所小学、2000 多个小学生的调查发现:平时每天睡眠时间不足 9 小时的孩子,注意力、记忆力、自觉性、数学语文能力等各项学业指标均差于睡眠时间 9 小时以上的孩子,这与"绿色指标"调查的结果基本一致。如果教师发现学生常犯一些看起来是"低级"的错误,上课时精神总是难以集中,不妨去全面考察他的睡眠情况,从而给予特别的关注,并有针对性地对其家庭生活进行指导。

▶▶ **启示四:建立以科学评价为导向的教学质量保障体系,是学校持续发展的强力支撑**

课程的校本构建与实施、学校的可持续发展,都必须依托一套建立在科学评价观基础上的教学保障机制。静安区教育学院附属学校创造的后"茶馆式"教学,通过各学科教研组的"循环实证",增强了教师对这种教学模式的文化认同,在不同程度上改变了教师日常的教学行为,成为学校教学质量持续提升的有力保证。

当前,我们的学校就要在"绿色指标"的基本理念和框架下,通过解读和应用学校层面的评价报告,设身处地、全面客观地分析学生和教师的现状,构建起"教学—检测—分析—改进"的教学内部循环,使教师能明智地运用数据来改进教学,从而实现有针对性的教学,并在此过程中不断探索体现发展性要求的学校教学新模式,以此推动学校的科学发展。

基础教育质量评价体系作为一根"指挥棒",应当通过各级教育部门的实践,拨动教育教学机制的转型;基础教育质量评价体系作为一根"杠杆",也应当通过各级教育部门的行动,撬动教育改革的整体推进;基础教育质量评价体系作为一根"令箭",让学校不断改进教学,把美好的教育理想一步步化为可见的教育行为现实。

"绿色指标"需要不断刷新①

"绿色指标"并不是全面衡量教育质量的完整指标体系,也不是我们所要追求的终极质量评价标准,总会有这样或那样的缺陷和不足,需要在实践过程中不断发现新问题、积累新经验,使其不断完善和发展。"绿色指标"评价要持续发挥引导基础教育科学发展,必须以开放的姿态不断兼收并蓄、自我更新,必须构建一整套完善的运行机制。

▶ 优化"绿色指标"体系

要根据时代要求和上海实际,不断丰富和完善"绿色指标"的内容和机制。一方面,要博采众长,积极吸收各方面,特别是心理健康、品德行为、社会实践等领域的评价成果,充实"绿色指标"中身心健康指数和品德行为指数的内容和评价手段,对其他指标也要深入细致地研究其内容和要素;另一方面,要放眼世界,积极吸收国外教学质量评价先进经验,特别是要把 PISA 测试的理念、技术逐步融入"绿色指标"体系之中。只有这样,才能使"绿色指标"不断保持旺盛的生命力,持续发挥应有的引导作用。

▶ 健全评价运行机制

要从市、区县、学校三个层面开展综合评价机制的系统性研究,明确各部门的工作职责、合作机制,设计合理的制度与工作流程,逐步建立各级教学质量评价运行模式;还要注重信息化手段在教学质量评价中的应用,建立学生学业质量数据库和支持系统,实现数据抽样、试题管理、数据分析、报告生成、在线调查等功能的自动化运行,为"绿色指标"评价添翼。同时,要结合高中教育的特点,逐步将"绿色指标"评价推广到普通高中。

▶ 建设科学的评价文化

一方面要推进"绿色指标"与教育其他领域工作的深度融合,把"绿色指标"

① 以"绿色指标"引导基础教育科学发展[J].现代教学,2012(7).收录时有改动。

作为教育督政督学的重要依据,作为推进"新优质学校"的重要方面,作为推进学生德育、体育锻炼、家校互动、依法办学等工作的重要抓手,建设以"绿色指标"为基础的评价文化,发挥科学评价文化的渗透力和辐射力;另一方面要通过加大"绿色指标"评价的宣传引导,通过各种途径和手段向教师、家长、社区传递科学的教育评价观,改变社会对学校"好差"口口相传的主观评价状态,营造推进教育教学改革、实施素质教育的良好氛围。

"绿色指标"的推行并不是最终目标,我们必须努力在现有基础上不断实现新的更大的突破。教育质量综合评价体系建设还有广阔的空间,还有许多我们尚未触及的领域,需要我们大胆试验、积极总结。一是要在实施"绿色指标"的过程中不断发现新问题、积累新经验,使"绿色指标"不断完善和发展。二是要在"绿色指标"的基础上,逐步深入开展对学校评价(规范、创新等方面)、教师评价(教学、教研等方面)的研究和探索,逐步形成上海市义务教育质量综合评价体系。三是要充分关注学校这个实施素质教育的主体,引导学校逐步建立以校为本、基于过程的教育质量综合评价体系,从深度和广度上把党的教育方针落到实处,促进学生的健康成长。

"绿色指标"就像一个新的"支点",我们要齐心协力,以此撬动整个基础教育的转型发展;"绿色指标"评价是一项开创性的工作,需要得到各方面、各部门的高度重视和大力配合。基础教育教学质量综合评价是一项专业性很强的系统工程,需要我们持之以恒、坚持不懈地探索和实践。

3. 以专业引领为教育转型保驾护航①

上海的教育行政管理,主要是市、区县、校三级,市与区县的教育行政管理怎么定位、如何转型,是全上海基础教育转型的重要课题。

---

① 在上海师范大学"东方讲坛(教育领导系列)"的专题发言[R].2008-9-24.根据讲话稿整理。

▶ **市级层面,通过决策的制定和实施来体现基础教育领域的教育领导**

现实生活中,前瞻性地发现问题是很重要的。发现问题就要去研究,这些问题涉及的各种各样的因素,正效应和负效应,今天的效应和明天的效应。如进城务工人员享受公共服务的数据,我们搞了许多专项调研,499 万人中有多少人有居住证(51 万),交综合保险累计满一年大概有多少人(177 万),177 万加上51 万,大致 220 万左右,499 万人中我们的政策只覆盖 220 万人,显然不够。那么我们设计一个政策,进城务工人员加上交综合保险满一年的大概是 201 万,再加上 51 万持居住证的人,那么就提高到了 250 万左右。我们制定一些政策的时候,要为这些政策的修改留一些空间。我们现在对这些政策进行后评估,然后再来进一步地调节。这些决策都是市级层面的。

我们市级层面要根据时代的发展、根据我们地方的特点、根据我们教育发展、文化发展和经济发展的现实需要来决定我们今天上海的基础教育应该提出哪些目标,根据这些目标应该采取哪些措施。比如说,我们花了很大的力气做学前教育的五年规划,去年出生了 16.5 万人,今年很可能要出生 17 万左右的孩子;去年我们幼儿园三个年级在园的人数达 32 万,如果 3 年以后,两届的学生可能就超过了我们现在 3 届的学生,明年我们不知道还会出生多少人。因此,我们要把这个趋势告诉大家,接着我们就要研究如何解决幼儿园的园舍,如何落实。今年我们公布了 60 所新开办的幼儿园,此外我们做了两件事,第一,明年不得少于 50 所新开办的幼儿园;第二,工建配套,居民小区建好了,应该配备幼儿园,开发商是否配了,我们要对其进行督促。

这需要市一级的领导具有一定的前瞻性,有一定的前瞻性才能提出一些方向,提出一些政策,然后推动改革。当然,我上面所举的是比较容易看到的事情,比如素质教育的公利和私益,这个问题是软的,比较难以显现,这就要靠领导者的专业领导和学术知识去把握和推动。

▶ **区县层面,主要是通过结合实际情况,创造性地落实上级教育决策**

作为教育领导,应该具备两方面的能力:

一是作为教育公共服务的提供者,一定要懂得政府公共服务理论,懂得公共服务的提供,也就是要懂得如何决策和实施。

　　二是教育领导者应该是个专业上的行家。我曾调到浦东新区当社发局的局长,刚到那里时,可能由于我之前教育工作做得比较多,人家大多问我关于浦东的教育怎么发展诸如此类的问题。我当时就提出,作为浦东社发局的局长,我不是靠我的所谓教育知识来管理,我首先是懂得公共管理。其次,作为一名管教育的局长,我要抓教育教学,我知道教育教学是什么,关键问题在什么地方。

　　因此,教育内涵的目标是要靠领导者敏锐的专业目光和学术底气。我曾经在一师附小听过一节四年级的语文课,那节课的内容是关于鲁迅的。通常一篇课文的第一节课往往是语文老师讲读课文,但这位教师一上来就说:"上周五的时候我请大家预习过这篇课文了。"预习就是要求学生回去阅读课文,然后找出自己觉得自己不理解的地方,提出问题。于是教师让学生把问题写在纸头上传上来,然后又全部发下去。提的问题有很多,教师让学生选出觉得最重要和最难解决的五个问题。接着教师就组织学生对这些问题进行讨论,80%的问题通过学生自己的讨论都找到了答案。下课时间快到了,教师说道:"还有剩下的问题,请大家阅读关于鲁迅的书籍报刊,下节课我们继续来讨论这些问题。"下课铃声响,这节语文课就结束了。下课后,听课者觉得很奇怪。原来这位语文教师是从四年级接这个班的,了解到这个班级的同学的自学能力非常强,在一至三年级时已经把一般意义上的字、词、句的问题都解决了,就根据对这些孩子的能力评估重新定位教学目标,对这些孩子的教学要求就是深度阅读,自己通过阅读把自己的问题解决掉。孩子第一次提的问题,有一大堆,有些问题不是问题,所以让他们再考虑考虑,选出重要的问题。下课之后,学校图书馆关于鲁迅的书被一扫而空。像一师附小这节语文课的教学,其实就体现了教师对课程的把握能力、开发能力,教师对学生现实基础的评估并在评估的基础上懂得自己确立目标、选择教学方法的能力。这位教师教学中的个别化、有效性与传统的单向传授之间的差别,作为领导者,你能看得出来吗? 一些不太专业的人,可能会发张卷子下去,看学生的平均分,平均分高了就表扬这个学校的校长,低了就批评这个学校的校长,然后根据这个发奖金,这对教育发展有贡献吗? 所以说这也是很有讲究的一个问题,作为教育领导,必须注意教育内涵的问题。

▶ **学校层面,主要是校长对学校的领导,关键是校长的课程领导**

　　学校特别是公办学校,是政府教育公共服务的提供者,政府要通过办学校来提供教育公共服务。学校是教学的基本组织单位,因此领导一所学校的课程设置、课程实施,是校长应该具备的能力,课程领导力是校长教育领导的核心。我们现在的体制有点怪,正校长不管教学、管创收,副校长管教学,但副校长往往没有办法完全调动学校的资源。其实,校长的核心能力就是课程领导能力。课程在实施过程中,需要校长来掌控整个过程,不断地用可以调节的资源去推进课程在学校的建立和实施,但我们现在很多学校不到位。若到一些学校,向校长询问和讨论他们的课程,有些学校就把课程表拿出来,课程表就是学生课程了吗? 什么是课程,应像我刚才讲的:怎么理解教学,怎么设计教学,怎么实施及之后的情况如何等。

因此我们今天的教育要掌握这三个层面,各个层面都有各自需要解决的问题,作为不同层面的领导,必须具备相应的能力。

重心下移,激活基层的智慧和创造力①

上海基础教育的重心已经从数量扩张的外延发展阶段进入质量提升的内涵发展阶段。一方面教育发展的起点更高了,另一方面教育改革与发展的深层次问题也开始全面显现,如深入实施素质教育问题、创新型人才培养问题、健全公共教育服务的体系问题、教育的公益性问题,等等,这些问题都需要在发展的过程中,通过深化改革而予以逐步解决。

▶ 对基础教育内涵发展的解读

内涵发展是当前基础教育领域的核心话题,我们应该如何理解它的"内涵"呢? 内涵发展阶段至少有四个特征值得关注。

▶▶ 教育教学的有效性

在以人为本的大旗下,内涵发展的起点不是教育行政部门提出一句响亮的口号或动人的举措,也不是呼唤一个英雄来带动全局的改变,而是要从教育的

---

① "学校变革与教师发展:历史、理论与方法"国际学术研讨会会议论文集[R].2009‑11.收录时有改动。

终端——学生来观察和思考,我们该怎样培养和培育? 党和国家的教育方针、政策确立了基本的育人原则,规定了教育要做什么和不能做什么,而教育的有效性一定是体现在学生个体身上和教师个体身上的,一定是富有个性特征的教师和学生在教学互动过程中才能体现的目标。

▶▶ 教育主体的多样性

教育的主体是学生和教师,教育的主要任务是通过发展人的心智来培养人,而人的思维具有多样性和复杂性,认知的风格具有鲜明的个体特征。此外,学生拥有的基础可能不同,需求也会存在差异。现代教育的理念要求给学生更加个性化的人文关怀和指导,从而回应学生存在的差异。从教育的另一大主体——教师角度而言,教师的禀赋不同,对教育的理解、对学生的认识不同,对教育方法的选择和环境的取舍有个人偏好。教师的这种差异更进一步加强了教育多样化的特点。

▶▶ 教育教学的多主体性

既然多样性客观存在,那么教育首先要透过多样性的背后选择适合学生的教育教学活动。谁是选择的主体? 以人为本的教育,学生必然是第一个选择者。学生应该对自己的学习有选择权,他们可以对学习的内容、过程、方法甚至是学习结果的应用等作出更加符合个人实际的取舍。教师是另外一个重要的选择主体,教师是不是可以选择教育的内容、主宰教育的过程? 是不是可以用自己的教育理念和教育行事方式去影响学生? 我想,多样性的教育应该充分尊重教师的自主权和选择权。没有学生和教师自主的选择,多样性将失去根基,学生和教师的主体地位也将难以巩固。

▶▶ 教育决策的多主体性

教育教学的多主体性要求教育决策同样体现多主体性。政策的制订应该是一个自下而上的过程,每一级组织和个人在政策诞生前都有表达观点和诉求利益的权利,成为决策的一个主体。政策的执行是一个从上到下的过程,但不是照搬照抄,而是通过政策本地化来体现执行的主体性。各级决策机构和个人要从本地的实际情况和需要出发,根据政策的核心精神执行上一级组织的教育决策,同时能够解决本级层面面临的实际问题,推动实践向前发展。所以,教育决策要有多主体性。

▶ 以区县为主，管理中心下移

当前上海基础教育内涵发展，一方面要求教育系统必须按行政规定的基本规范和统一要求令行禁止，另一方面更需要呼唤区县和学校围绕素质教育生成与创造的实践经验，为此，上海的策略选择是：

第一，把理念转化成行为。以人为本的理念是内涵发展的一面旗帜，教育内涵发展就是要充分彰显教育对人的积极价值。这个理念要成为决策的价值纲领、实践的旨归，要通过学校的管理、教学落实，要真正渗透在学校的各个方面。

第二，激活微观主体。教育内涵发展是一项重大任务，是一次没有终点的实践。实践中，人们由于角色不同，所处的层面不同，因而面临的实践主题就不一样，但是每一层面的人都是本层面的主体。离教学实践最近的人才是最能推动实践前进的人，所以教育内涵发展首先要激活微观主体，提倡每个层面的主体针对本层面的实际问题开展富有创造性的实践工作。

第三，开展精细化管理。精细化管理就是在以人为本的现代管理理念指导下，提供精细、精确和精致的管理与服务。教育教学的有效性、多样性、多主体性，一方面需要通过管理为其保驾护航，另一方面又反过来对管理提出更高的要求。管理者要通过对宏观世界的准确把握和对微观世界的剔透洞察，做到精细、精确和精致化管理。

第四，下移管理重心。教育行政部门不要寄希望一项举措能解决教育面临的全部难题。管理的层次越高，离实践就越远，所能解决的问题就越基本，越具有一般性，越满足不了多样性的需要。因此教育行政部门不是去担当学校管理的救火队员，而是要下移管理重心，让离实践最近的组织和个人主动地、有创意地去解决实际的问题。教育行政部门要通过创设环境、提供资源实现从管理到治理的转变，从管理走向服务。

四项策略不是孤立的，把理念转化成行为是内涵发展理念落地生根的根本要求和主线，具有统帅地位。行为通过实践体现，而实践通过微观主体开展。实践的主体越微观，对管理的精深度要求就越高。管理要提高精深度和针对性，就必须下移管理重心，明确分工，各司其职。因此，把理念转化成行为、激活微观主体、开展精深化管理和下移管理重心是一个策略体系,其功能在于整体推动教育的内涵发展,从而使各项行政举措得以有效"落地",并转化为校长和教师的创造性实践。

▶ 以校为本激活基层智慧

学校是课程实施的基本单位,教育政策、课程方案都是通过学校校长及其领导的教师队伍的创造性劳动,才变为现实的。因此,内涵发展的着力点在学校,主体是校长和教师。

▶▶ 以学校课程计划为抓手,增强校长课程规划和实施能力

学校课程计划是对学校近期目标、课程设置、课程内容、实施方法策略、管理评价等可操作性措施的整体规划。2007 年底,上海启动了"上海市中小学学校课程计划"研制项目,该项目一共涉及小学、初中、高中三个学段的 39 所学校。通过该项目,校长们普遍加深了对课程计划的理解,掌握了把办学理念、发展目标渗透在学校课程体系内的基本方法,在对学校课程计划的研制、评价与改进过程中增强了课程规划能力,并以此为抓手全面推动学校各项工作。

▶▶ 以提高教学有效性为突破口,提高校长教学领导能力

教学领导是课程领导的重要内容,教学有效性是校长课程领导水平的直接体现。我们出台了相关文件,通过抓基本要求的落实,备课、上课、作业、辅导、评价等环节的规范和学习方式的改革,提高教学有效性。在抓好规范的基础上,积极鼓励学校加强校本化课程实施和质量保障的能力建设,引导校长把规范化的要求内化为领导教学活动的自觉行动,发挥课程实施自主权,加强教学创新,提高教学领导力,提升教学品质。

▶▶ 加强保障和支持,建设提升校长课程领导力的助推机制

一是完善课程标准,为校长课程领导奠基。课程标准是课程领导的重要依据。在国际比较的基础上,我们进行了课程标准的修订和完善,为校长开展基于"标准"的课程领导提供依据。二是建设符合新课程理念的评价体系,为校长课程领导导航。区县和学校共同对课程设置、课程实施等进行满意度评价,促进学校改进教学。同时,参与 PISA 测试等国内外重大评价项目,消化、吸收先进的评价理念、方法,提高评价科学性,引导区县和学校着力于改

进课程与教学。三是搭建资源平台,为课程实施提供资源保障。上海制定了《中小学课程改革利用社会教育资源实施方案》,建成了 7 个社会教育资源系列、41 个爱国主义教育基地、187 个科普教育基地,为丰富学生的学习经历提供了有力支撑。

为基础教育发展提供强有力的专业支撑

上海是新中国最早成立教研室的省市之一,至今已整整 60 年。教研机构与制度的建立与发展,是与上海基础教育改革与发展紧密相连的。

▶ 教研工作与基础教育的发展休戚相关

新中国成立时,人民政府面对百废待兴的局面,把办好人民教育放到十分重要的位置。因为教育尤其是基础教育发展好了,国家与民族的发展才有坚实的基础和后发力。

在新中国成立之初发展教育,只能选择"小投入、大产出"的模式。因为广大人民群众迫切需要自己的子女受到良好的教育,国家建设与发展也需要教育多、快、好、省地提供各种人才。因此,扩大基础教育规模和提高基础教育质量就是最迫切的任务。而当时的实际情况是教师队伍少、班级额度大,要取得高质量的教育结果,就要有高质量的课程与教学内容,以及高质量的教学指导与服务。在国家提出课程计划、编制课程与教材的同时,组织少量专门人员来承担对广大基层教师的业务指导,是实现有限投入、高效产出教育模式的最好办法。因此,新中国成立之初在教育行政部门中设置教研机构,配置教研人员,是符合中国国情的兴教之路。

教研工作的开展情况与基础教育的发展状况休戚相关。从时间维度上看,凡是教研工作发展得比较理想、作用发挥得比较好的时期,也是基础教育发展得比较好、教学质量比较高的时期。从空间维度上看,凡是教研组织健全、教研活动活跃的地区,教师接受新课程理念的速度就快,各项教育改革的实验就容易实施与推广;而教研组织不健全或活动不活跃的地区,则相反。教研工作就像联系教育政策和理念与学校教育教学之间不可或缺的桥梁与纽带,在我国具有旺盛的生命力,因为一来这符合我们的教育国情,二来教研工作的职能定位科学合理。

当然,教研制度与教研工作本身必须服务和服从于基础教育的发展需要,教研制度的建设史充分反映了教研与教育发展共生共荣的特点。新中国成立初期,教研制度的建设主要围绕教育秩序正常化的要求,在课程选择与教学指导等方面开展工作。在教育秩序基本稳定后,我国开始建设比较系统的中小学课程,教研制度的建设就围绕教学计划的执行和教学质量的提高开展研究、指导与管理工作,"文革"后的初期,其工作重心也是如此。但随着新的课程改革,教研制度建设便开始以课改为中心,进行研究、指导、服务和业务管理。

在我国基础教育教研制度建设过程中,积累了许多宝贵的经验,值得总结和传承。但我们也应该看到,进入 21 世纪以来,经济、社会、文化和科学技术的飞速发展,对教育和课程提出了新的要求,也对教研制度建设提出新命题。寻求和确定教研制度建设新的发展方向、发展目标和生长点,是当前的一个重要任务。

▶ 上海教研制度建设的基本做法

教育内涵发展的核心是提高教育质量,关键是深化课程改革。政府主导的课程改革,需要专业力量的支持,而教研室正是教育行政部门推动课程与教学改革、促进教师发展的专业机构。面对基础教育发展的新形势和新任务,上海对教研室的职能定位赋予了新的内涵:探索课程与教学理论与实践的研究机构,提供课程与教学专业指导的服务机构,评价和改进基础教育质量的指导机构,努力将上海市教委教研室建立成为"三大中心",即"课程发展中心""教学研究中心""教育质量监测中心",从而实现课程建设——课程实施——课程评价的一致性,充分发挥评价的分析诊断功能,利用课程评价不断改进和完善课程建设与教学实施。为此,上海积极改革和加强教研室工作机制,充分发挥教研功能,促进教育内涵发展。

▶ 深入基层,强化教学研究和指导机制

我国实行国家、地方和学校三级课程管理机制,国家课程的本地化和校本化实施,是当前课程改革的重心之一。因此,教研工作重心必须下移。

近年来，上海市教委组织教研室等力量每学期对一个区县开展实证性、主题式调研，促进教育教学工作的内涵发展。调研工作强调"三结合""三加强"：整体与专项结合、集中与分散结合、全面评估与跟踪指导结合，加强学校环节、加强教研本身、加强实证研究。教研员针对所调研区县的教育实际和发展需求，深入课堂，深入教研组和备课组，对该区县课改与教学的整体情况以及备课、上课、作业、辅导、评价等各个具体环节进行诊断，总结经验，发现问题，提出对策。

▶ 创新模式，构建基于网络的扁平化教研工作机制

随着课程改革的深化和信息技术的发展，传统的教研方式已不能完全满足教育改革和发展需求。我们认为，网络资源的开发利用和网络教研的有效开展，是实现上海基础教育均衡发展的重要抓手。因此，上海市教委指导市教研室和市电教馆合作建立网络教研工作机制，加强网络教研专家队伍和骨干教师队伍建设，建设和利用市"二期课改"网络教研互动平台，通过在线学习、专家引领、同伴互助等方式，开展多主体、跨时空、低成本、高效率的扁平化网络教研，实现教师与教师、教师与专家间的"零距离"交流与分享。

▶ 整合力量，形成多方联动的项目合作机制

我们清醒地认识到，在教育内涵发展阶段，课程与教学改革中的诸多难点问题，仅凭教研室的力量，是难以很好解决的。因此，我们鼓励教研室通过项目合作的方式，整合多方力量，共同攻坚克难。

上海市教研室设立了基于信息化平台的课堂教学评价研究、基于信息化平台的教材评价研究、提高作业解释性、丰富作业类型、探索分层作业的研究、提升学校课程领导力实践研究等项目，遴选区县教研室、学校教研组、教材主编和审查专家、高校专家等，共同研究和开发。

▶ 专兼职结合，完善教研队伍建设机制

教研员队伍的质量与水平直接决定了教研工作的功能发挥程度与成效大小。因此，上海坚持改革和完善教研员任用、管理和研修制度：制定了教研员资质标准，在学历条件、师德表现、研究能力等方面都做了明确的规定，特别是要求具有中小学教学工作经历；推行岗位合同制和任务聘用制，完善教研员工作评价体系，建立教研员轮岗流动和竞争上岗机制；探索专兼职相结合的教研队伍建设机制，通过成立学科中心组、工作协助、项目委托等多种方式，建立兼职

教研员队伍,形成包括校长、学科专家、课程专家等在内的专家团队;与华东师范大学课程与教学研究所合作举办上海市教研员研修班,努力培养一支与推进教育内涵发展相适应的专家型教研队伍。

▶▶ 加强质量监测,完善教育质量保障机制

开展基础教育质量监测是全面实施素质教育、保障教育质量的必然要求。上海市教委将基础教育质量监测中心设置在教研室内,就是希望教研部门充分利用监测过程和结果,不断提升教研工作的科学性、实证性、针对性和有效性,改进课程改革与教学工作,提高教育质量。我们工作的基本策略是:将研制质量监测的内容标准、能力标准与修订课程标准相结合;将学业质量监测工作与学业水平考试相结合;将指导学校利用监测结果分析、改进教学工作与引导区县正确评价学校教育质量、及时调整教学管理政策相结合。

▶ 适应课程改革,加强教研制度建设

当前,基础教育已经站到了历史的新起点上,进入了以内涵发展为主要任务的新的发展时期。基础教育改革与发展的任务艰巨,可以说是面临着前所未有的挑战。时代要求教育行政部门很好地把握基础教育发展的新形势、新特点,分析当前阶段的主要瓶颈,深化改革,持续发展,更好更快地推进素质教育。而这些都需要教育行政部门充分发挥教研部门的作用。

如何实现基础教育内涵发展? 除了要规范办学行为之外,优化课程和教学是其中最重要的内容。所以,我们要把课程改革放到更加重要的位置,作为大力推进素质教育的重要抓手。为此,教研制度的建设和教研模式的创新必不可少。适应课程改革的教研制度建设,主要关注点有哪些? 这必须从新课程具体要求来考察。当前应该努力把握好以下几个方面:

▶▶ 优化教研部门的专业职能

不管面临的工作任务多么繁多复杂,教研部门要紧紧围绕"培养什么样的人"和"如何培养人"这两个基础教育的根本问题,牢牢抓住课程改革和教学研究这两项中心工作,按照时代的要求和育人的规律,找准当前上海基础教育改革和发展中的重点难点问题,要加强调查研究,提出发展思路和应对策略,成为教育行政部门课程与教学工作的重要助手和参谋;要勇于实践,敢于突破,率先将课程与教学改革的各项要求落到实处,不断创造新的经验和成果;要潜心研

究、精心指导基层学校和教师的课程与教学业务，大力促进校长课程领导力、教师课程执行与创造能力的不断提升，引领学校不断加强内涵建设，全面实施素质教育。

同时，要进一步理顺市、区县和学校教研机构的职能，健全三级教研网络。市教研机构加强对新课程实施的研究与指导，同时加强对区县课程与教学实施的指导和服务；区县教研机构面向基层学校与教师，加强教学研究，推广先进教学经验；学校加强教研组建设，开展以校为本的教研活动。

▶▶ 实现教研工作模式的重心下移

根据当前基础教育的课程政策，国家课程的本土化和校本化实施，地方与学校课程的选择与开发及其有效实施，都是学校的新课题。课改的方向确定以后，新课程的成效关键在于学校与课堂的教育教学实践，在于学生的素质能否实现预期的发展。因此，教研重心必须下移，关注课程的实施层面。

实现重心下移包括三方面的含义：一是教学空间上的要求，要关注到基层学校和课堂上的教学有效性，要对所存在的问题进行诊断、研究和指导；二是教学要素上的要求，要把重心从关注教学的"教"下移到关注学生的"学"，包括从教师到学生、从教法到学法、从教材到学材等；三是教学环节上的要求，要从教材教法等上游的环节下移到有效作业和有效评价等下游的环节上来。可以说，如果我们的教研工作重心真正下移到这些方面了，课程改革与素质教育的落实就有了基本保证。

这里特别强调要深入基层，加强教学研究和指导。教研工作的生命在于基层、在于实践，要以服务基层的效果作为衡量教研工作绩效的重要标准之一。只有在指导与服务中才能凸显教研员和教研工作的价值。因此，教研部门要进一步增强服务意识和服务能力，针对区域和学校教育实际与发展需求，开展主题性调研，及时总结经验、发现问题、提出对策。要加强实证研究，建立学科或项目研究基地学校，以点带面开展教学研究和教研组建设。同时，要注意通过日常教研工作中的个案积累和量化统计，建立常模，使基于个案实证研究得出的经验更具普适性。

▶▶ 发展网络教研，促进均衡发展

网络资源的开发利用和网络教研的有效开展，将成为上海基础教育推进均衡发展、提升质量的重要手段。当网络环境建立起来后，利用网络平台进行教研活动是有效而快捷的方式,因为这种教研突破了时空的限制,一些比较偏远学校的教师,也能通过网络同步享用优质的教研资源。可以说,网络资源的开发利用和网络教研活动的有效开展,也是实现基础教育优质均衡发展的重要抓手。因此,当前发展网络教研是具有现实意义的一项工程。发展网络教研,至少要做好三方面的工作:一是网络教研平台的建设,要使得网络优势覆盖更多的区域,尤其是广大农村学校,这是发挥网络教研优势的物质基础,也是发展新农村教育的一个重要策略;二是精心设计组织网络教研的活动项目,它应该不同于常规教研活动,能够发挥其开放性和互动性的优势,让一些农村偏远地区教师在交流中及时获得最需要的教研资源;三是设计好网络教研资源的后续开发与利用,要注意将每次网络教研活动的结果整理、建设成为易于接入和拓展、日益丰富的网络教研资源库,让更多教师更方便地享用。

多主体、跨时空的扁平化网络教研,通过在线学习、专家引领、同伴互助等方式,能够低成本、高效率实现教师与教师、教师与专家间的"零距离"交流与分享。信息化、网络化工作环境,事实上已经改变了教师职业生活方式和体验。一些平时默默无闻的普通教师,可以通过博客、微博、网上留言、实时互动等方式,突破专业工作在时间和空间上的界限,便捷地参与到课程教学改革的研究讨论中,有的慢慢成了"网络名人",有的则成了粉丝,他们的工作和生活更加有机地融为一体,职业体验更加丰富多彩。

▶▶ 改革评价,加强教育质量保障

教育评价是课程改革的重要内容和新的生长点,是深化素质教育的必然要求,是政府教育能力建设的重要内容,是提高教学成效、保障教育质量的内在要求。因此,教育评价改革对于基础教育内涵发展意义重大,教研部门必须加强研究和探索:一是要通过国际比较等方式,提高课程标准的适切性和精确性,为开展基于课标的评价奠定基础;二是要拓展评价内容,对学校的课程设置、课程实施、作业设计、测验考试等进行全面评价;三是要积极学习国内外先进的评价理念和方法,不断提高上海教育评价的科学性;四是要充分发挥评价作用,既要指导学校积极利用监测结果,分析、改进教学工作,也要引导区县正确评价学校教育质量,及时调整教学管理政策。

加强教研队伍建设,提高课程指导能力①

教学研究在课程改革中具有举足轻重的作用。教研员是指导学科教学的专业人员,教研员的素质直接影响教学质量的高低,教研员的水平往往能够代表一个区域的教育教学水平。一支业务素质较高、科研能力较强、能准确把握素质教育和基础教育内涵发展的专家型教研员队伍,是全市开展教研工作不可或缺的力量。

目前,从总体而言,市、区县教研员队伍结构比较合理,深入基层服务学校和教师的意识较强,受到基层学校教师和领导的认可。但也存在着不少的问题,主要表现在有些教研员忽视学习、精力分散、作风浮躁,凭主观经验行事;有的教研员不深入课堂教学第一线,抓不住教学效率的主要问题;教研员队伍的专业结构也有待进一步改善。为此,这里对教研队伍建设提出以下四点意见。

▶ 加强学习和研究,提升自身师德和学科教学素养

首先是要熔铸师德。教研员是教师队伍的骨干和精华,教研员的精神风貌、师德水平对全市、区域教育界有着极为重要的示范和影响作用,教研室的全体教研员必须以优良的师德形象展现在人民群众面前。

其次是要练好内功。教研员要引领和指导学科教学,必须把握学科教学发展动向和国际上学科教学的发展趋势;必须认真研读课程方案和课程标准,把握上海课程改革的方向,只有这样,才能把握好学科教育的改革方向。我们已进入终身学习时代,知识更新速度越来越快,这就要求教研员不断进取,不断学习学科教育的前沿知识,丰富和完善自己的知识结构。教研员要不断提升理论水平和实践能力,提升对教学现实问题的研究能力,全面把握素质教育的德育核心和创新、实践两个重点,才能引领校长和教师破解新课程实施中的瓶颈问题。

---

① 深化课程与教学改革,全面提高教育质量[J].上海教育科研,2007(9).收录时有改动。

▶ 深入学校,把握本学科教学的基本情况和发展趋向

听课和评课是教研员的基本功,教研员必须聚焦教学,深入学校第一线,不仅听课和评课,还要有意识、有针对性地收集学科教学的信息,包括教学基本环节,如备课、上课、作业练习、个别辅导、测试等情况以及校本教研活动情况等。对教学中的问题,要拿出数据说话,真正把握本市、本区县、本学科的真实状况。每个教研员必须扎扎实实地到基层做好具体信息的积累工作,对学校教育教学情况进行科学分析,把握真实情况,研究与解决主要矛盾和问题。各区县的每位教研员,每学期末和每学年末,要完成本区县学科报告。既要有定性的分析,也要有定量的分析;既要有教育质量的分析,也要有原因分析和改进措施等,从而不断提升教研水平和学科教学质量。

▶ 提高教研品质,加强专业引领

教研的工作性质需要教研员既要有一定理论水平,也要有一定的实践经验,在将理论转化为实践、将实践提升为理论中发挥桥梁作用,因此教研员必须强化基于实践的应用性研究。要针对教学中存在的问题,提出解决的对策和办法,以指导学校课程和教学实践。目前教研员队伍面临新老更替,新教研员要向老教研员学习,一定要亲历课堂教学实践,在教学实践中学习、钻研,不断积累经验,成为教学和研究的行家里手。

▶ 创新教研队伍建设机制

教研员不能成为单打独斗的"狼",而要形成以教研员为核心的"团队"(狮群)。上海通过成立学科中心组、工作协助、项目委托等多种方式,探索专兼职相结合的教研队伍,形成包括校长、学科专家、课程专家、评价专家等在内的各类专家团队。

我们将实施提升教研员课程指导能力研修三年行动计划,提高教研员以指导课程要求、指导课堂教学、指导学业评价为重点的课程指导能力,力争用三年时间完成全市约1000名教研员的研修,研修的重点是基于标准的教材分析、基于标准的教学和基于标准的评价。

以发展性督导促进学校自主发展①

在上海基础教育转型发展的背景下,教育督导部门要动态把握督导工作重心,在坚持督政的同时,加强对学校教育的督导。如果说"学生发展"是一切教育活动的起点和终极目标的话,那么"学校发展"则是教育行政管理的直接目标。正如学校要从研究学生出发一样,教育督导要深入研究和掌握学校发展规律和推进策略,从对学校的鉴定性督导转向发展性督导,在坚持对学校办学行为监督的同时,加强专业化指导,从而引领学校在依法自主、规范办学的基础上,走上特色、多样的内涵发展之路。

▶ 发展性学校督导出台的背景

随着人民群众对教育的需求由"有书读"转向"读好书",内涵发展成为基础教育新一轮发展的主要方式,校本发展成为新一轮发展的基本策略,要持续提高基础教育的内在品质、品位和品牌,其主体应该而且只能是学校。伴随着政府机构改革和职能转变,学校和校长进一步走上了依法办学、自主发展的地位。

基础教育改革的重心逐步向中小学校下移后,如何引导学校发挥自身的主体意识,通过内部机制转换和对内涵发展的重视,增强竞争力与可持续发展能力,是教育督导要探究的主要问题。与新一轮基础教育内涵和校本发展的阶段特征和需要相适应,"改进"而非"证明",促进发展而非简单的分等定级,就成为教育督导工作的根本价值取向,实施"发展性督导评价"势在必行。

我国现行的学校评价模式产生于 20 世纪 70 年代末 80 年代初。这种以工业化生产时代的标准化管理为核心理念、以检验各不相同的学校是否达到预先设定的统一标准为基本操作方式的评价模式,可以称为"鉴定性评价"。通俗地说,即"用一把尺子量不同的学校"。在学校发展的初级阶段,鉴定性评价对于促成学校"软硬件"达标、管理到位、质量和效益达到一定标准,是十分必要和有

---

① 探索发展性督导评价模式,促进学校自主持续发展[EB/OL]. http://www.moe.edu.cn/publicfiles/business/htmlfiles/moe/moe_759/200506/9790.html,收录时有改动。

效的。然而,由于鉴定性学校督导评价模式具有多同一、少个性、重奖惩的特点,因而其弊端或者说局限性也是显而易见的。

▶ 何谓发展性学校督导评价

发展性督导评价的基本内涵,是以帮助、指导学校自主发展为宗旨,依据学校自身发展规律、现有办学水准和学校发展目标,运用督导与评估的理论、技术和方法,对学校发展现状和潜能进行价值分析与判断,指导学校制订科学合理的发展规划,提高学校自我评估、自我调控、自我完善的意识和能力,增强学校可持续发展能力,使学校最终发展成为各具特色的办学主体。

发展性教育评价关注被评对象的发展态势和发展潜力,注重诊断发展过程中的问题,积极寻求持续发展的关键因素和最佳策略。发展性督导评价以内部动因为逻辑起点,评价者也是服务者,评价对象同样是主体,通过评价手段的有效运用,为学校教育活动的价值增值提供保障与服务。

如果说鉴定性督导评价主要关注教育活动的现实价值,发展性督导评价则更多地关注教育活动的潜在价值,创设使潜在价值向现实价值转化所需要的各种条件。发展性教育评价不是对共同标准和规范的简单否定和抛弃,而是在基本规范之上对共同规范的超越,正所谓"随心所欲不逾矩",规范已经内化在学校的发展之中了。合乎规范是对于所有学校的基本要求,个性化的发展才是更高追求。因此,两者是基础与提高的关系,是相对而非相反的一组概念。由鉴定性督导评价向发展性督导评价的转变,反映了教育督导评价价值取向从关注社会需要向关注个体需要的转变。

因此,实施发展性学校督导评价,必须坚持以下三个评价观。

▶▶ 维护学校主体责任的评价观

作为法人实体,学校具有人格、财产、责任的独立性,拥有学校规划、教学指挥、质量控制、人事聘任、财务管理等办学自主权。学校作为法人自主办学,对于政府和学校都提出了新的要求。

就政府而言,要扩大学校自主办学空间,必须以正确的评价观加以引导,以唤起学校的主体责任意识,来提高学校依法办学的自觉性。为此,政府需要根据社会体制转型的现实,调整管理权限,充分尊重学校的办学自主权,尊重学校在实施素质教育方面的创新观念和实践。

就学校而言,要真正发挥作为办学主体的自主作用,就必须依法规范自身的办学行为,必须确立自身发展目标,依法规范办学行为,形成自我约束、自我管理、自我发展的良好机制,发挥作为办学主体和素质教育实施主体的积极性和创造性。

▶▶ 有利于学校自主发展的评价观

倡导学校的主体发展是为了更好地体现学校在办学过程中的主体责任,实现主体发展。学校要根据自身的办学条件和水平,确定学校实施素质教育的目标和要求,在办学规划设计、组织结构变革、师资队伍建设、教育教学改革、现代教育技术开发运用、校园文化建设、学校特色创建等方面制订正确的策略和行动方案,并采取有效的措施予以实施。自主发展主要体现在以下几个方面:

整体性发展。学校的办学效能取决于学校内部、外部各类资源的整合水平、人与组织的互动水平,即形成科学、系统的管理体系与和谐、高效的运行机制。

多元化发展。每一所学校均有其独特的发展历史和社区背景,学校发展的目标和重点也必然是多元的、个性化的,而不是整齐划一的。评价要有利于学校办学特色培育,引导学校对特色创建与学校整体发展、教师专业发展、学生全面发展的关系作深入思考、整体设计、系统实施。

可持续发展。学校在确立发展目标时,必须具有一定的历史预见性,通过不断变革、创新实现自我超越,创建富有个性和魅力的学校文化。

▶▶ 有利于学校反思改进的评价观

发展性评价的目的在于让评价对象了解自身发展变化的轨迹,看清自身发展的现状和趋势,帮助评价对象树立发展的信心,明确发展的重点,优化发展的对策,促进评价对象去实现新的更高的发展目标,其实质是为评价对象提供的帮助。具体体现在以下三个方面:

一是帮助评价对象深化对素质教育的认识和理解,在对所从事的教育工作进行深刻反思的基础上,树立正确的教育观,厘清发展的思路。

二是帮助评价对象总结、提炼经验。有时评价对象可能并没有意识到其在实践中创造的一些经验具有先进性和典型性,评价人员帮助其总结、提炼经验,不单是帮助其强化经验意识,更重要的是帮助其对已形成的经验进行理性的反思,进而在实践中进一步丰富和完善经验。

三是帮助评价对象发现问题,并找到解决问题的对策。任何学校在发展的过程中,都会碰到各种各样的问题,旧的问题解决了,又会产生新的问题。评价人员应帮助评价对象充分认识影响其发展的关键问题,并提出解决问题的建议,供评价对象研究对策时参考。

▶ 发展性学校督导评价的框架与内容

▶▶ 发展性学校督导评价框架

发展性学校督导评价采用"基础性指标＋发展性指南"的框架,前者反映了政府和社会对于学校办学的统一需求,后者反映了学校自身的个性化发展需求。

"基础性指标"指学校在依法办学、办学质量、效益等方面必须达到的基本规范和水平,也是一所学校自主发展的基础和保障。它分为学校管理和办学质量两个部分,在评价标准上要求尽可能采用量化指标来检测目标的达成度,以增强督导评价的可操作性和比较上的客观性。基础性指标是由教育督导的教育行政执法行为的根本性质决定的,具有强制性和评价标准的统一性等特点。

"发展性指南"主要指学校在达成基础性目标的基础上,根据时代和社会发展对学校教育的要求以及学校自身的发展现状,为进一步提高办学水平、质量和效益,创建学校特色而确立的发展目标。它是由学校的个体差异性与学校自主发展需求决定的,具有个别性、选择性、差异性等特点。为学校实现预定的发展目标提供指导与帮助,是教育督导需要发挥的指导职能。

发展性指南提供了学校发展目标、师资建设、课程建设、学与教、教育科研、校园文化、社区教育、保障机制和发展成效等九个方面内容。学校依据办学现状、潜能与对未来发展的前瞻性思考,确定自主发展的重点领域,构建相应的保障机制,并制订发展成效的形成性评价与终结性评价相结合的评价内容和标准,从而增强学校的主体意识,促进学校形成主动、自主、持续发展的运行机制。

▶▶ 发展性学校督导评价内容

现代发展观认为,发展既是指一种过程状态,又是指这一过程的结果和成效;发展既包括数量的增加、规模的扩大,更包括质量的提升、结构的优化和效益的提高。发展性督导评价既要考察一所学校当前的发展水平和状态,更集中关注其可持续发展能力和未来发展趋势。因此,评价内容主要包括以下方面:

学校发展目标体系：评价学校发展目标的主要变量有三个，即学校发展目标的方向、实现程度和实现时间。

学校发展能力体系：包括师资队伍建设与校本培训能力、争取社会支持能力、教科研氛围与能力、校本课程建设能力、人才培养模式和校园文化建设情况等。

学校发展保障体系：包括外部和内部保障体系，特别是内部自我保障机制，是学校走向成熟与自主的重要标志。

学校发展成效：通过学校发展能力体系和保障体系的有效运作，学校发展目标体系在特定时间点上的实现程度。

▶ 发展性督导评价的运行模式

学校发展规划是学校教育活动的起始环节，也是衡量学校发展是否规范、是否高效、是否具有持续性的重要依据，学校发展性督导评价正是从这一环节介入学校发展全过程的。在对学校发展的基础进行全面诊断、评价，对学校发展规划制订加以指导，对规划实施过程进行监控，对规划实施成果进行评价等一系列活动中实现学校发展性督导评价，由此，构成了学校发展性督导评价的运行机制。

▶▶ 学校发展规划制订的会商与评审机制

督导部门与学校协同开展诊断性评价，对学校发展的现实情况以及存在的问题、阻碍发展的原因进行分析。在诊断过程中应发挥全体教职员工乃至学生的积极性，客观地分析学校现状，找准最优发展区，找出阻碍学校发展的关键因素。学校也应该让家长、社区有关人员参与到发展规划制订过程中，让诊断学校发展基础的过程成为学校内部以及学校与家庭、社区之间统一认识、形成合力的过程。

学校发展规划的制订应充分体现参与主体的全面性：制订过程的协商性、目标设定的适切性，强调学校、部门和个人发展目标有机整合，使发展规划能够真正体现学校的办学理念和目标追求。督导部门要引导学校自主选择发展目标，同时也要提供双方协商的机会，在确立发展目标、选择发展策略上形成共同的认识。

督导部门应协同教育行政部门对学校发展规划进行评审与认定。可以采用以下考察标准进行评审:是否能对自身的发展背景作出客观、全面、透彻的分析;是否能在对教育改革与发展进行理性思考的基础上确定发展的重点,构建从发展总目标到发展子目标的目标体系;是否确定了实施计划的策略、措施、步骤、时间及方法;是否明确了每一个人的岗位职责、具体任务及工作要求;是否建立了发展规划的监控与评价体系。

▶▶ 学校发展规划组织实施的监控与协调机制

对学校发展计划实施的监控应以自控为主、他控为辅。学校应建立相应的监控机构与制度,逐级监控部门、组室和教职工个人发展规划的实施情况,形成规范有序的监控机制。督导部门通过督导随访监控学校发展规划的实施情况。

教育行政部门、督导部门与学校三方应相互协作,形成立体、开放式的纵向横向有效沟通的协调机制。一方面,要发挥教育行政部门和督导部门的外部协调作用,在规划实施过程中为学校提供政策、技术、人力、财力、物力等方面的支持与保障;在规划实施总结阶段主动参与分析会诊,提供改进意见与后续发展建议;另一方面,学校要发挥组织内部的协调作用,以规划目标为中心把学校各部门、各方面工作有序地组合成为有机系统,调动全体教职员工实现学校目标的积极性、主动性,把学校的价值追求内化为教师的价值追求,从而提高学校可持续发展的能力。

▶▶ 学校发展规划实施过程的自我评价机制

学校自评是以学校内部自评组织为主体,建立相应的自评运行机制,对照自我设定的评价标准对学校发展状况作出价值判断的过程。学校自我评价区别于外部评价的一个特点是,实践主体成为评价主体。评价从外在的、硬性的、他人判定式评价向内生的、弹性的、自我体验、改进式评价发展,这是学校自我评价的优势所在。当然,学校自我评价与外部的评价标准可能会存在差距,督导部门应该在学校自我评价目标设定、评价组织形式和程序上予以指导。

自我评价是学校自我发展保障机制的重要组成部分。它既可以是集体自评,也可以是个体自评;既可进行综合评价,也可进行单项评价。自评的过程就是自我诊断、自我反思、自我调控、自我完善、自我发展的过程。发展过程自评制度主要由学校年度自评和学校督导自评两个部分构成,年度自评是围绕学校发展规划中确定的年度工作目标达成进行自我评价;督导自评是根据学校发展性督导评价方案进行综合的自我评价。教育行政部门要及时建立学校发展过程自评制度,使自我评价成为学校持续不断的一项常规工作。

▶▶ 学校发展规划实施成效的督导评价机制

教育行政部门、教育督导部门需要建立对学校发展规划实施的督导评价制度,在规划实施过程中以及规划周期结束时对其实施情况和目标的达成度进行督导评价。可以采用阶段性督导评价和终结性督导评价相结合的方式,阶段性督导评价即对学校发展规划在某一阶段的实施情况和阶段性目标达成情况进行的督导评价,一般每年进行一次;终结性督导评价即在规划实施周期结束后对规划实施成效和各项目标的达成度进行的全面的、总结性的督导评价。

▶ 发展性学校督导评价的基本特点

在把握了发展性学校督导评价的理念、内容和运行机制后,我们不难发现其基本特点如下:

▶▶ 督导评价目的的建设性

发展性评价在分析学校现状和主要优势、劣势的基础上,发掘学校的发展潜力,选准学校的最近发展区和生长点,指导和帮助学校发扬优势、弥补不足,逐步形成学校特色,最终发展成为特色学校。促成发展是学校发展性督导评价的内在特性和必然要求,发展和建设是学校发展性督导评价的出发点和归宿。

这种建设性还凸显在评价人与被评学校相互信任、沟通和合作的伙伴关系上。评价方案是评价者和学校共同协商、讨论而确定的,整个评价活动也是双边互动、共同建构的过程。因此,建设性是学校发展性督导评价的本质属性。

▶▶ 督导评价内容的个别性

学校发展性督导评价增加了学校自主选择的"发展性指标"这部分内容,因而对学校规划实施成效的督导评价具有了个别性与针对性。相对于鉴定性评价,发展性评价在对学校的评价方案中,共性成分较少,个性化内容居多。就评价目的而言,发展性评价的关注重点不是共性的标准化要求,而是这一学校所特有的个别差异性,是为了帮助学校立足自身的特点,发现自身的特长,发展自身的特色。

学校发展性督导评价主要依据学校自己制订的发展规划来评价学校的发展状况,主张立足学校的个别性,发展学校的个别性。因此,推崇个别性是学校发展性督导评价的哲学基础和价值基石。

▶ 督导评价主体的多元性

学校发展性督导评价注重督导部门、学校、社会的多边互动。它要为学生所在家庭、社区参与评价活动、发表意见提供机会,通过问卷、个访、座谈会等形式,充分发挥家庭、社区有关人员在评价过程中的主体作用。这种多方参与的督导评价机制旨在督促学校更好地与家庭、社区沟通,确立"学校——家庭——社区一体化"意识,主动邀请家长、社区有关人员参与学校管理,对学校各方面工作进行评价,并自觉接受社会对学校工作的监督,有利于体现教育督导活动的社会性,有助于实现政府行政行为、学校办学行为和社会需求方向的聚合。

▶ 督导评价过程与结果的开放性

开放性是学校发展性评价在操作运行模式上的首要特征。它要求评价活动的双方互动、协商、共建,以便促进学校的改革和发展,这就要求评价必须也必然是开放性的。在开放性的评价过程中,学校独特的需要才能渗透进去,与学校发展有关的方方面面的积极性才能充分调动。

学校发展性督导评价的结论也是开放的,享有知情权的或是关心学校发展的人们都能及时获得对学校发展的评价结果,从而能够更好地参与到学校的发展中去。

▶ 发展性督导要处理好几对关系

建立和实施发展性学校督导评价模式,要特别注意处理好以下几对关系:

在学校自评与外部他评的关系上,学校自评为主,外部他评为辅。学校是发展的主体,应该而且必须是评价的主体。一方面,学校在享有更大自主权的同时,必须进行更多的自我评价、自我约束和自我调整;另一方面,只有当学校自觉加强并持续成功自评和调整,从他控为主转向自控为主时,才标志着学校主体地位的真正确立。

在评价学校的过去、现在与未来的关系上,总结过去经验,立足现在分析,注重未来规划。发展性学校评价注重梳理从过去到现在的发展历程,总结经验教训,分析现在的发展状况和优劣势,根本目的在于促成学校未来的可持续发展。

在纵向比较和横向比较的关系上,侧重纵向比较,不主张无条件地横向比较。学校发展性督导评价注重的是学校自身的进步幅度和"增值"大小,坚持的是"发展是硬道理",强调的是"今天比昨天好,明天比今天好"的纵向比较和发展。

在指标评价与非指标评价的关系上,以非指标评价为基本方式。与指标相比,非指标评价作为价值标准呈现的另一重要方式,更具个性、针对性,效度更高,建设性更强。因此,非指标的学校自评,其科学、合理、有效的过程往往比结论更重要。

在综合评价与专项评价的关系上,以针对性的专项评价为主。由于学校的发展总是非均衡的,每一个发展阶段都会有其主要的发展目标和相对突出的主要矛盾,发展性学校评价就要及时地、有针对性地帮助学校更好地发展。

教育督导呼唤专业化发展[①]

无论是督政还是督学,监督还是指导,要切实履行教育督导工作职能,关键是要建设一支专业化的督导队伍,不断提升督导人员专业化程度。上海基础教育的转型发展形势,强化了对学校督导特别是指导的工作任务,对督导人员的专业素养提出了更高的要求。上海教育督导部门要进一步加强学习和研修,继续深化学校发展性督导评价的研究和实践,"先一步、高一层",主动适应和积极引领基础教育的转型发展。督导人员要不断克服依靠分数指标、物质计量和工具价值来判断学校教育效益的惯性,必须从学生全面发展、学校内涵建设和教育人本价值角度来指导学校的改革和发展。

▶ 推进教育督导专业化的必然性

近年来教育督导专业化发展问题被频繁提起,自然并非偶然。概而言之,这种必然性来源于教育发展新形势对督导的需要和督导系统自身发展的需要两个方面。

一方面,新一轮基础教育改革与发展的重心从满足社会就学的数量需求转向优质教育资源的增长和提高适龄儿童少年接受教育、享受文化成果的充分程度,从外延增长为主转向内涵发展为主,强调和倚重通过课程、教材、教法的改革和教师素养的提高、教育管理的优化来提高教育的质量和效益。同时,随着

---

① 教育督导呼唤专业化发展[J].上海教育 2002(17).收录时有改动。

素质教育的全面推进和不断深化，随着新课程在全国范围的推行，随着教育管理重心的下移和校本发展的凸显，我国的基础教育越来越洋溢着鲜活的主体特性、多彩的个性特征和活泼的生命灵动，呈现出高层次的发展水平和专业水准，因而必然呼唤承担监督和指导职能的教育督导的专业化发展。

另一方面，教育督导要从阶段性的工作转向长久性的事业，必须确立和建设自身的专业领域；"两基"任务基本完成后在坚持"督政"工作的同时强化"督学"功能，专业性要求越来越高；督导在立足监督的基础上强调指导的职能，需要不断提升专业化程度；要不断提升督导工作的科学性，必须不断提高督导的专业化水平。因此，督导系统自身的不断成长必然追求专业化发展。

▶ 教育督导专业化的挑战和目标

在我们热切呼唤教育督导专业化发展的同时，也要清醒地看到当前督导专业化发展所面临的无法回避的体制和观念两方面的挑战。

就体制而言，在我国强行政的教育管理体制下，学校自主办学权利还不充分，同时教育行政部门的附属机构功能强大，并受委托代行一定的行政职能，因此督导专业化发展的空间比较有限。

就观念而言，人们容易受"两基"督导工作模式的局限，认为督导的主要任务是"督政"而不是"督学"，督导的主要内容是管理，而课程、教学等领域不属督导业务范围等。

因此，推进教育督导专业化发展的前提是廓清督导专业领域，厘清督导专业化内涵。一种专业的成立，首先要有其独特的研究和工作的领域。教育督导作为专门的教育行政监督部门，其独特性和不可替代性在于它同时兼备监督的专门性、业务的综合性和教育的行业性。

督导专业化发展的目标，从理论上讲，就是教育督导要成为不可替代的专门职业，包括督导人员受过长期的督导专业训练，具备专精的督导知识和技能，形成强有力的督导专业团体和职业准则，形成督导工作的权威性和独立性，严格的准入制度和专业选拔等。因此，推进督导专业化发展，必须加强督导基础理论研究，构筑督导专业基础；实行督导资质证书制度，建立督导行业规范。就实践而言，就是在专门地、综合地开展教育监督与指导的基础上，督导业务、督导人员和课程与教学、设施与装备等某些具体的教育领域不断紧密结合的过程。督导专业化的核心是评价专业化,即督导人员必须成为教育评价的专家,在一般性综合督导的基础上,成为评价、监督和指导某一专门领域的专家。理想的专业化目标是:督学群体样样精通,督学个体在全面达到督导一般要求的基础上各有所长。

▶ 督学资格制度设计的基本思路①

教育督导专业化发展是基础教育发展新形势和督导自身走向成熟的要求,是对以前督导工作的继承和创新,是督导事业继续进步的方向,是一个动态提升的长期过程而不是一蹴而就的简单结果。因此,推进教育督导专业化既需要督导人员积极稳妥地不懈努力,也需要有关方面提供条件,给予支持。

督导专业化主要通过督导人员的专业化发展而实现,督学群体专业化通过个体专业化发展而实现。要从根本上推进教育督导队伍专业化,关键是要进行教育督导制度的创新,探索和建立督学专业资格制度,拓宽督学遴选渠道,严格督学准入条件,优化督学使用机制,建设一支机动灵活、结构合理、专业化的督学队伍。关于督学资格制度设计的基本思路是:

首先,进行督学的专业分类。依据学校发展重点向内涵发展转移、教育督导的指导职能日益受到重视的现状,可将督学按照专业领域分为管理类(学前教育、中小学教育、职业教育管理等)、学科类(语文、数学、外语、德育、心理等学科教学管理和研究等)和保障类(教育经费、设施设备使用和管理、现代教育信息技术开发等)。

其次,明确专业督学准入条件。专业督学的准入条件除国家《教育督导条例》规定的入职条件外,更注重要求专业督学在学校教育某一领域具有较深的专业造诣。

再次,认定专业督学资格。在教育系统一定区域范围内公布督学资格的专业类别,凡符合准入条件者都可提出申请,建立由市、区县教育专家组成的专业督学资格认定小组,对申请者进行笔试、面试、答辩,并进行一定时期的督导实践考核,合格者颁发上海市督学资格证书,任期三年,并进入督学资源库备案,

---

① 探索发展性督导评价模式,促进学校自主持续发展[EB/OL]. http://www.moe.edu.cn/publicfiles/business/htmlfiles/moe/moe_759/200506/9790.html,收录时有改动。

成为上海市的"注册督学"。

最后,确定专业督学的工作机制。督学获得证书后,平时在原单位工作,根据督导任务和要求参加督导活动,活动结束后,仍回原单位工作。对已取得督学资格的人员每年开展2—3次督学专题培训,上海市教育督导事务中心进行3年一次的注册、复检工作。市和区县教育督导室每学期确定督学任务及主题,并依据督学任务数量及主题抽调相关的专业督学组成督导评价组,指定一位专业督学全权负责本项督学任务,组织开展督导评价活动,撰写督导评价报告。市和区县政府教育督导室负责对各督导评价组上交的督导评价报告进行审核,检验各组督学任务的完成情况和督导活动的成效。

随着专业督学制度的建立,在督学任务主要由"注册的专业督学"承担的情况下,市和区县政府督导室的职能将在原有基础上,重点突出以下三项:一是开发研制督导评价工具,为督导评价活动提供标准和依据;二是确定每学期的督学任务及任务的主题,组织督导评价队伍;三是组织审核各督导评价组的督导评价报告,检验督学任务完成情况及督导评价成效。

督学资格证书制度的推行和专业督学资源库的建立,集社会上教育行政管理、教学业务管理和学科教学专家等于督学人才库中,将使得教育督导部门拥有专家型的督学队伍,从而有力地推进上海教育督导专业化,也必将更有效地推动上海基础教育内涵发展和现代化建设。

4. 为实现"每一个孩子都健康 快乐成长"而努力

要有效落实上海教育"为了每一个学生的终身发展"的核心理念,实现"十二五"期间上海基础教育"让每个孩子都健康快乐成长"的发展愿景,必须更加坚定不移地全面深入实施素质教育,树立正确的教育价值观和科学的教育质量观,继续深化课程改革,切实减轻学生过重的学业负担,促进学生全面发展。这既是推动上海教育科学发展、培养造就优秀人才的迫切需要,也是对人民群众高度关注的"减负"等热点问题的积极回应。

学生课业负担过重问题与教育的作为①

中小学生课业负担过重,多年来已成为困扰教育界乃至全社会的一个"顽症",尽管各级政府部门和教育管理部门曾采取过不少措施,这些措施也曾在一段时间内产生过一定作用,但就总体而言,尚未从根本上解决问题。而这种状况如果不改变,将会影响教育事业的健康发展,影响一代人的整体素质,导致社会畸形发展。本文试就中小学生课业负担过重的现状、成因与对策作些探讨,以求教于各位行家。

▶ 中小学生课业负担过重的现状调查

近年内,上海市政府、市教委曾组织人员就中小学生课业负担问题作过两次较大规模的调查,调查的结果表明:目前中小学生的课业负担是重的,已大大超过了国家和地方教育管理部门所规定的标准;这种负担过重的现象具有普遍性,并不因学校教育条件的差异或教师、学生个体的差异而有本质的区别;学生、教师、学生家长对课业负担过重的看法基本一致。

中小学生课业负担过重的表现形式,主要有以下几种:

一是学生课余学习时间增加。据调查,目前小学生平均每天完成教师规定课外作业时间为 1 小时多;中学生平均每天完成教师规定课外作业的时间接近 2 小时,如果是毕业班的学生,则大大超过这一平均数。

二是以学生为对象的各种类型的习题册、参考书过多过滥。据调查,小学生平均每人除规定教材之外另有教学辅导书 7 本;中学生平均每人除规定教材之外另有教学辅导书 9 本。

---

① 中小学生课业负担过重的现状、成因与对策[R].1996.根据海峡两岸义务教育的现况与展望学术研讨会讲话稿整理。

三是各种"升学辅导班"层出不穷。目前,各类教育机构、各种社会力量与社会团体举办的"升学辅导班"比比皆是。据调查,约占总数 37% 的中小学生参加了"升学辅导班",小学毕业班学生的比例则更高达 42%。

四是学生家庭学习负担过重。据调查,家长给学生另外加码布置作业的占中小学生总数 77%,有 70% 的学生星期天不得休息,有 19% 的小学生聘有家庭教师,有 32% 的小学毕业班学生聘有家庭教师。

五是校内正常教学计划之外的加班补课现象较为普遍。据对小学教师的调查,有 58% 的英语教师、42% 的数学教师、39% 的语文教师利用学生休息时间或节假日给学生上补习课;另据对小学毕业班的学生调查,有 71% 的学生上各类补习课。

六是学生的书包越来越重。据调查,小学生书包的平均质量为 3150 克,小学毕业班学生书包的平均质量为 3850 克。其学习负担之重可见一斑。

上述这些现象如果全部或大部集中在一个学生身上,那么,其学习负担之重则可想而知。据推算,如果扣除学习时间、睡眠时间和吃饭盥洗时间,每个小学生每天平均可以自由支配的闲散时间仅为 2—3 小时。小学生如此,中学生的状况更是可想而知,这种状况若不改变,必将严重影响中小学生的身心健康发展。

▶ 中小学生课业负担过重的成因分析

中小学生课业负担过重已是不争的事实,这可以说是由来已久,屡禁不绝,且有愈演愈烈之势。究其原因,则是多方面、多层次的,既有社会导向上的原因,也有教育制度和教育结构上的原因,甚至还涉及深层次的传统文化的影响。

具体而言,这主要是以下几个方面的因素造成的:

——升学考试的分数,已日益成为社会分层的决定性因素。所谓社会分层,是根据社会成员的身份、地位、声望、财富、权力等划分等级的社会现象。一般而言,社会分层的主要依据是受教育程度、职业类别、经济水平、家庭背景等。在现代社会中,随着科学技术进步,对人的素质要求不断提高,因而教育在社会分层中的作用愈显突出,这本是社会进步的表现。然而问题在于:教育的社会分层功能应该建立在对人的整体素质的提高、完善的基础之上,如果仅以升学考试的分数作为社会分层的基本标准,那么,就从根本上扭曲了教育的社会分层功能,这是不利于社会进步的。在现实中,学生升学考试分数的高低对其职业选择与未来的发展越来越具有决定性影响,在很大程度上,学历的高低已成为"白领"与"蓝领"、"官"与"民"的分界线,已成为日后利益分配、价值体现的关键因素。在这样的背景下,升学的竞争实质上已演化成未来发展的竞争——"人往高处走,水往低处流"这本是自然定律,如此的社会导向,中小学生学业负担焉能不重?这可以说是中小学生学业负担屡减不轻的一个根本性因素。

——升学率的高低,已成为评价学校与教师工作绩效的主要标准。在社会普遍追求高分数、高学历的导向下,教育行政部门对学校教育质量的监控、评价缺乏有效的手段,有的基层政府领导甚至简单化地将升学率作为衡量学校工作得失成败的主要标准,导致学校领导把办学目标定位在:学校统考的平均分在同类学校中的相对名次;升入高一级重点学校的学生比例;学科竞赛获奖人次,甚至把上述目标通过内部管理、考核奖惩的形式层层分解到教师,而教师受职称评定、考核奖励等方面的制约,又用加重学生负担的做法将扭曲的办学目标落实到学生身上。由此,对学生学业负担的加重起到了推波助澜的影响。

——中小学教师对基础教育从应试教育向素质教育转轨还表现出较大的不适应性。为了扭转过度的升学竞争,全面提高人才素质,原国家教委早就提出了从应试教育向素质教育转轨的教育改革要求;地方教育行政部门也多次调整教学计划,降低教学要求,进行课程改革。但是由于受升学率这根"指挥棒"的左右,相当部分的中小学教师对这些改革表现出较大的不适应性,担心改革会降低所谓的"教学质量",会影响学生的升学考试分数。此外,也不排除有部分教师由于受观念和自身素质结构的制约,缺乏科学有效的教学方法和手段,这在一定程度上也加重了学生的学习负担。以上这些,也是学生课业负担得不到减轻的原因之一。

——独生子女家庭的普及,使得家长对孩子受教育的期望值水涨船高。目前在校的中小学生,基本上都是独生子女,可怜天下父母心,"望子成龙,盼女成凤",哪个家长不希望孩子受到良好的教育、有一个灿烂的前程呢?在"唯升学率"的影响下,绝大多数家长关心子女的教育,但又缺乏正确的教育观念与方法,便不惜工本地为子女的学习层层加码,不顾子女的实际学习状况,盲目请家教、加作业,这种家庭教育的结果往往导致学生没有娱乐时间,处于被动状态,学习效果不佳。也有部分家长知识层次较高,深知孩子全面发展的重要和"唯升学率"倾向的危害,但又有谁愿意拿孩子的前途开玩笑呢?因此也身不由己地卷入其中,徒叹无奈。在这样的情况下,学生的课业负担当然是有增无减。

——受经济利益驱动,争夺中小学生教育消费市场的行为屡禁不止。在"唯分数、唯学历"的社会背景下,产生了畸形的社会需求,提供了合适的气候与土壤。因此,各类教学参考资料、习题集充斥书刊市场,各种补习学校、提高班等蜂拥而起,各项邀请赛、选拔赛层出不穷。这一切,无不与编写出版者、组织举办者的经济利益相关,而由中小学生教育消费形成的市场,又是一个何等巨大的市场。而这一切导致的结果,恰恰使中小学生本已过重的学业负担"雪上加霜"。

——"学而优则仕""万般皆下品,唯有读书高"等传统观念,仍积淀于不少人的心灵深处。几千年的儒家文化至今还潜移默化地影响着人们的价值观念。正效应是崇尚知识、重视教育,负效应则是把读书学习当作升官发财的"敲门砖"。传统文化的因素加上现实生活的昭示,必然对人的价值取向产生不可低估的影响,这不能不说是加重中小学生课业负担一个深层的社会文化因素。

上述的这些原因中,社会分层与选拔标准的失衡是根本性的原因,其他则大多是由此而衍生出来的。这种种因素相互交织、相互作用、相互影响,以至于造成了一种"剪不断,理还乱"的状态。

▶ 减轻中小学生过重课业负担对策思考

诚如前所言,中小学生课业负担过重是一种综合社会现象,且其形成非一日之功,因而解决这一问题也需立足一定的高度,加以综合治理。学生"减负"不可能通过简单调整中高考难度来解决,但通过教育内部的改进,是可以让学生逐渐步出"知识迷宫"走入开阔天地的,是有可能大幅度减轻学生课业负担的。

从方法论的角度看,要全面解决中小学生课业负担过重这一社会问题,就有必要明确以下几条基本原则:

——要立足现实、正视现实、承认现实,看到这种现象的产生与发展自有其社会的、历史的原因,在此前提下来思考有关的对策;

——要从整体着眼,透过纷繁芜杂的现象抓住本质的东西,力求正本清源,抓住核心环节对症下药,做到标本兼治;

——对教育自身所能起的作用要有一个恰如其分的评判,既不怨天尤人,也不推波助澜,尽最大可能缓解这一矛盾;

——要恰当地把握学生的课业负担,承认合理的负担对学生的学习是必需的,该摒弃的是那种不利于学生身心健康发展的不合理负担。

具体地说,要从根本上减轻学生过重的课业负担,关键在于解决以下几个实质性的问题:

▶▶ **要确立不唯学历,主要以实际能力为依据的社会选拔机制**

这是一件相当艰难但又必须下大力去做的事,因为回避它就无法彻底解决问题。建立起这样一种社会选拔机制的核心,是劳动、人事制度和用人制度的改革。对此,知名学者、北京师范大学顾明远教授有过很好的设想:在用人制度上实行职业资格证书制度,把学历证书与职业资格证书分开;同时不强调学历,主要强调实际能力,凭职业资格证书录用人才。对有专业要求的职业必须实行资格证书制度;取得资格证书必须通过严恪的职业资格考试,取得证书方能从事相应的职业。这样就把职业与学校分开,就业需要有一定学历,但不是唯学历,同等学历者也可以参加某种职业资格考试,通过考试取得某种职业的资格证书。当然资格考试要严格把关,杜绝弄虚作假。

社会的价值取向从根本上制约着学校教育的价值取向,现实是最好的老师。随着不唯学历、主要以实际能力为依据的社会选拔机制的形成,必将促使人们观念的转变,改变只重学历不重能力的倾向,进而改变片面追求升学率的倾向。

▶▶ **要建立并健全有利于学生全面发展的教育制度**

主要包括:

——调整教育的总体结构,形成各类教育相互沟通、各层次教育相互衔接的新体系,为各类人才的分流和成长广开渠道、拓宽途径,使各种类型的学生各有所学、学有所长,从根本上改变"一次考试定终身"的现状,由此而缓解"千军万马过独木桥"的升学竞争。

——建立起有利于学生德、智、体、美全面发展的课程框架,全面实施素质教育,深入开展课程教材改革,适当减少学科教学课时的总量,增加课外兴趣活动课时,调整教学结构,降低教学难度,切实减轻学生的课业负担。

——大力提高教师队伍素质,着重通过加强在职培训等途径,促进广大教师逐步转变教育观念,树立新的知识观、质量观与人才观,进而积极改进教学,提高课堂教学质量。当前在实施素质教育过程中,学校及教师应着力于如何提高课堂教学效率的研究,力求"高质量、轻负担"。要克服违背教学规律的错误做法,引导学生学得生动、学得活泼,充分调动学生自身的学习积极性。

——积极改革办学体制,调整学校布局,挖掘教育资源的潜力,缩小校际差距,努力办好每一所学校,为每一个学生提供接受良好教育的机会与条件,从而在一定程度上缓解供需之间的矛盾。

▶▶ 要努力探索并建立科学的教育评价体系

教育评价对教育活动的导向作用是显而易见的,但建立科学的教育评价标准,在实践中会碰到许多困难,往往需要投入大量时间与精力,做深入细致的信息收集、取证与分析工作。在没有先进的科学技术(如智能计算机)可以替代的前提下,书面考试不失为一种两者兼顾的办法,因此它作为衡量教育的一个重要手段仍将长期存在。但与此同时,要积极创造条件,在教育系统内部,坚持衡量教育质量指标的全面性,同时把评价所需的大量信息收集、取证工作,通过建立各种教育档案制度的办法,分散在日常的管理、考核中,为建立比分数标准科学得多的教育评价打下基础。

创新素养培育的本质和意义

创新人才的成长规律中一般有三大要素:第一,他们的成长要有能激励志气的培养模式,有大成,必须有大志;第二,他们的成长要有能激发兴趣的培养模式,兴趣作为一种特定的认识倾向、指向,缘于好奇心和探究的需要,学校教育就应该保护学生的好奇心和探究精神;第三,他们的成长要有能启发思考的培养模式,"问题意识"强的人,善于分析问题、解决问题,更善于提出问题。提出问题是解决问题的关键,是创新的起点。教育中的创新精神培养,本质上是面向全体学生的个性化的培养。真正优质的教育均衡应该根据不同教育对象的不同需求,提供适合其成长的教育,让学习者个体在原有基础上有所提高,获得不断进取、挖掘潜能的动力。当前,我们在关注差异的个性化教育方面还缺少研究和办法,其中最为缺失的就是对"资优少年"的承认及对资优教育的关注。事实上,我们要真正决胜未来,并拥有较强的国际竞争力,资优教育不容回避。而在重视资优教育的过程中,其最核心要素——创新素养的培育与发现最为关键。

培养新型人才是现代国家和社会发展的客观要求。为建设创新型国家,我国需要"培养和造就数以亿计的高素质劳动者、数以千万计的专门人才和一大批拔尖人才"。目前,我国的高层次拔尖创新人才极为匮乏,尽管我国的科技人力资源总量居世界第一位,但每百万人口中从事研发活动的科学家和工程师仅为美国的 1/8、日本的 1/9,能参与国际竞争的战略科学家更是凤毛麟角。为改变这一现状,高中必须承担起创新人才早期培养与研究的任务。普通高中教育是基础而非专业教育,一方面,要奠立学生扎实宽广的知识基础,全力提升学生的思想境界与思维品质;另一方面,需在全面发展的基础上突出创新精神和实践能力的培养,强调学生个性与特长的发展。未来高中培养的人,必然是人格完善、品德高尚、创新精神与实践能力突出的人。

用课程浸润学生的创新因子①

课程改革是教育内涵发展和创新人才培养模式变革的核心,通过改革课程体系提高课程的多样性和选择性,是世界优质高中的共同走向。今天的课堂要走出具有创新素养的人才,绝不是靠统一模子批量生产,而应着眼于人的发展需要,从学生的成长规律出发,创设一种滋养创新人才涌动的环境与氛围。作为改革开放排头兵,上海经过 30 多年的积淀,教育已经走过仅仅依靠分数指标、物质计量、工具价值来判断学校优劣和教育效益的阶段。关注每一个学生的内心世界,通过多样化、可选择的课程浸润,使学生的内心世界变得丰富而有追求,为学生的终身发展播下创新的种子。

构建培育学生创新素养的学校课程,是一场巨大的挑战。这需要突破中学

---

① 在课程的浸润下激活每个学生的创新因子[J].基础教育课程,2011(10).收录时有改动。

教学内容的传统框架,从学科现代发展的高度,从课程改革的视野,体现课程思想,改革课程结构,优化课程实施,彰显课程文化;这需要摆脱应试的束缚,以优秀学生成人成才、可持续发展为目标进行教与学方式的变革;这需要通过资源的重新整合,在充分利用与提升自身资源的同时,广泛利用社会资源……这一切都需要创新。

课程创新必须实现观念破冰:

首先,改革课程结构,为不同发展倾向的学生提供多样化可选择的课程。课程要传递什么样的知识,即课程的知识构成;这些知识以什么样的方式来传递,即课程的形态结构;不同类型的课程形态在整个课程结构中的课时比例,这是课程结构改革的要素。在此基础上,增强课程的可选择性,让多样化课程符合学生多元化发展目标,并通过课程实施张扬学生的个性,在师生互动过程中将创新元素植入学生头脑,使之点燃激情、积蓄能量,进而转化为高度自主的创新能力。

其次,在课程文化的浸润下,助推教与学方式的变革。在课程观、教学观、内容观、资源观、技术观等一系列观念的更新中,一些学校创造性地开发了以学生发展为本的创新课程及其相应的实施系统。比如,上海中学针对创新拔尖人才培养所设计的课程图谱,市三女中回归学生对真实社会生活体验的教育剧场课程,上海实验学校基于个性化教育的特需课程构建等,这些都对促进学生的潜能开发、志趣聚焦与创新素养提升具有积极意义。更为重要的是,在课程系统构建与实践中,针对有创新潜质的学生,通过合作学习、课题研究等方式促进其个性化知识构成,注重使学生志存高远与磨砺意志,推进学生兴趣与潜能的匹配,激发学生成长与飞越。

最后,体现课程的整体育人功能,注重认识和发现学生的潜能,探索创新人才早期培养和创新素养培育的基本规律。课程不是简单的知识传授载体,它所蕴含的丰富内涵一段时间内被忽略了。创新人才早期培养或者创新素养的培育并不是依赖学科知识学习的单兵突进,也不是借助超量叠加的训练进行尖子选拔后的再加工,而是依托课程对学生的健全人格、高尚情操、精神追求给予整体浸润。课程是学生在校全部学习生活的总和,其育人功能体现在学生的德、智、体、美等多个方面,对学生的成长起到整体作用。学生的文化学习过程是智力发展和道德成长相统一的过程。

提高教师软实力需要硬功夫[①]

软实力对一个地区、一个城市乃至一个国家的发展始终起到重大作用。上海基础教育的优势，不全在校舍，全国有不少地区的"硬件"水平已经远远超过上海了。但自近代以来，上海的基础教育一直处于全国领先地位，有一批优质的学校，更有一批优秀的教师，名师名校代代相传，共同奠定并延续着上海基础教育的优势地位。

不过，今天我们要看到，上海基础教育的优势同一些发达省市相比，在逐渐变弱。目前，上海每年有 10 万左右的初中生毕业，其中 6 万名左右升入普通高中。在升入高中的学生中，约有 83％的人考入大学。按照目前的高校录取办法，北京大学、复旦大学等著名高校先把一部分成绩优异的学生录取了，而这些学校的毕业生从事教师工作的比例很低。周而复始，势必影响到师范教育系统优秀生源供给。同时教师队伍中，还存在一定比例的教师希望离开学校，其中不乏优秀的教师。尽管我们采取了一些针对性的举措，如实施免费师范生政策等，总体而言，今天的教育系统对优秀人才的吸引力还不够大。我们该怎样面对现实，提高这支教师队伍的软实力？

当前，我们都在谈聚焦教学，但聚焦教学、改变教师的教学行为是十分复杂的工作。

首先，激发教师专业发展的内在动力。教师具备内在发展的动力，才有可能为了提高软实力而去下硬功夫。教师专业发展最强劲的动力来自自身，而激发教师群体的内在发展动力并非易事。现行的职称激励机制有其双面性，青年教师希望较早获得高职称，因而比较努力，可是一旦"职称到头"后，往往会出现"革命到头"的想法，前进的动力小了，方向也不明确了。还有一些激励的机制，往往对一部分教师有效，而对另外一部分教师效果不明显。闸北区通过大面积的课堂诊断和辅导，抓得很实在。但是全区基础教育阶段有 8000 多名教师，需要进一步思考如何激发每一位教师发展的内在动力，如何让每一位教师在整个

---

① 在闸北区教师教学基本能力调研展示活动推进大会上的讲话[R].2008 - 4.根据讲话稿整理。

职业生涯阶段始终保持发展的动力，在提高软实力上下功夫。

其次，改变惯常的教学行为和生活方式。专业发展是教师专业生活的一部分，每位教师都要找到适合自己专业成长的方式和目标。学生有独特的文化需求，教师要理解孩子，也要培养自己的文化需求。行为是理念的流淌，惯常的教学行为不易改变，关键是要在教育教学理念上突破和超越。理念改进了，新的教学行为就自然地流淌出来了。当前教学中存在一些问题，一是我们能否在第一次就正确地教授学习内容，第一次没有正确地教授，接下来又继续教新的内容，新教授的内容中又有不正确的，如此一轮一轮层层叠加，学习的结果成了"夹生饭"；二是聚焦教学不是聚焦课堂，教学是德、智、体、美等全部目标的实施过程，包括课内也包括课外，包括校内也包括校外，一线教师要特别注意这两个问题。

最后，校长可以做什么？校长要做教育者、思想者和管理者。学校是教育的场所，最基本的功能是教育教学。校长是学校的第一责任人，掌控着学校的全部资源和教学过程，因此必须思考如何扩大学校的教育教学功能，思考如何发挥学校育人的功能，思考如何落实教学工作、提高教学成效。我们身边有很多资源，关键是看我们从什么角度去理解并应用。

校长要做一个思想者。校长要有思想，学会思考，善于选准角度。于丹用现代学者的视角和现代式的寓言解读《论语》，结果于丹出名了，《论语》也更为众人所了解了。易中天的《品三国》也是这个道理。校长要有思想，用思想的力量引领学校发展和教师成长。

校长要做有思想的管理者。一般管理，做计划、定目标、分工整合等，这些都是技术层面上的管理。校长作为思想者，要考虑如何通过思想和理念引领学校。把所有的资源都整合起来形成合力，也只是组织的力量。校长从学校治理的上位思考学校，整合集体，形成思想上的共识，所起到的作用将更大。

教研重心聚焦师生个性化发展[①]

教研工作要坚持把教育的重点转向人本身，在教育过程中把人的全面发展

---

① 在上海市教委教研室成立 60 周年纪念会议上的讲话[R].2009.根据讲话稿整理。

放在中心地位。坚持以人为本，就要关注师生教与学的变化，提高教研指导的针对性。市教委曾在华东师范大学召开了"高校自主招生与高中教育改革峰会"，会上发布了一份由市教科院普教所联合南京、杭州、宁波、苏州教育科学研究机构所做的"高等学校自主招生对苏浙沪高中教育的影响调研"报告。调研发现，70％—80％的学生认为高校自主招生后，教师的教育观念和教育教学方式发生了一些变化：教师更加注意调动学生学习的主体性和主动性；更加关注课本外的知识，更加有意识地培养学生的创新性和求异式思维，更加重视讨论、活动等互动式、启发式教学等。同时，调研结果显示，60％—70％的教师认为试行高等学校自主招生后，学生学习行为发生了一些变化，其中变化最大的是学生更加积极地参加各类竞赛，更加重视多方面的兴趣和特长发展；其次是学生学习更加主动，更加重视课外阅读，更加关心国内外形势和社会问题。

教研指导的效果往往取决于对教师和学生的教育关注，关注的内容不同，所引发的后继教育指导活动和效果也不同。教研员要引导教师提高关注学生的能力，掌握关注学生的方法，优化关注学生的过程，提高关注学生的效果，促进师生的共同成长。

▶ 确立基于生源特点的教研重心

当前教研工作面临的格局，最突出的一点变化是中心城区和郊区教育结构对比的变化。目前，郊区中小幼学生占全市中小幼学生数的67％，但是郊区学校布局设点与城镇化建设和人口布局还不适应，郊区优质教育资源占比较低，办学水平和教育质量相对不高。

同时，上海流动人口逐年增加，流动人口子女教育将以公办学校就读为主。数据显示，到2009年新学年，在沪就读的外来流动儿童，在义务教育公办学校就读和在随迁子女民办学校就读的比例达90％，这部分学生主要分布在郊区。生源重心的转移和生源结构的变化，给郊区教育教学增加了难度。郊区教研工作面临严峻的挑战，城区要加强对郊区教研工作的支持，全市教研工作的重心要转移到郊区，共同为提高郊区教育质量、推动教育均衡发展、促进教育公平创造条件。

▶ 用网格化的教研服务教师发展

目前，上海已建立并完善了上海基础教育信息网。百分百中小学拥有校园网络系统,完成"校校通"工程;全面实现"管理通",80％以上的中小学(幼儿园)实现教育教学管理信息化;基本实现"教学通",60％以上的学科建成与"二期课改"配套的数字化教学核心资源库,各学科基本上达到信息技术与课程整合的要求;基本实现"培训通",60％以上的教师培训课程能利用网络进行。

课程实施需要专业支持,教研系统必须承担提高课程有效实施的责任。目前上海有 1000 名左右教研员,面对的是 1400 多所中小学的近 13 万名教师不同层次、不同范畴、不同领域的需求,迫切要求改革基础教育教研模式,迫切要求提高教研员的课程指导力。

我们要进一步建设基于信息化平台的教研工作系统,实现对基层教研的"扁平化"指导,提高教研的有效性,架构一个基于现代技术支撑的全市范围的新教研体系。同时,加强教研指导方式的改革,建立基于网络的教研方式,增强教研的实时互动和在线研讨。

▶ 以丰富的指导手段应对师生发展的差异性

教师之间是存在差异的,教研手段要更加丰富,更能贴近教师的专业成长需求和个体差异。教研指导一定要以人为本,尊重师与师、生与生间的差异。教育的对象和实施主体都是人——师生。教师之间、学生之间都存在差异性,学生不仅在思维上具有多样性和复杂性,认知的风格上具有鲜明的个体特征,而且拥有的基础可能不同,需求也会存在差异。现代教育的理念要求给学生更加个性化的人文关怀和指导,从而回应学生存在的差异。从教师角度而言,教师的禀赋不同,对教育的理解、对学生的认识不同,对教育方法的选择和对环境的取舍有个人偏好。教研指导通过教师进而作用于学生,因而教研指导一定要以人为本,尊重师生间存在的差异。

差异是需要正视的问题,同时也是一种教育资源。应对学生身心发展和学业水平上的差异,客观上对教育教学行为的选择和教育效益的提升要求和难度都更高了。但同时,我们还要看到,一定程度上存在的差异又是一种不可多得的教育资源。以学生之间的差异为例,对于同一个问题,有的学生理解了,有的学生不理解,如果让两部分学生相互交流,那么,不理解的学生慢慢理解了,而理解了的学生则会理解得更深、更精确,因而有助于所有学生通过正反对比强化正确认识,学会比较和鉴别,学会从不同视角正确地认识和解决问题。再比如,今天,本地公办学校接纳了很多随迁子女入学,有的家长甚至教师担心,流动人口子女太多,会影响本地孩子和学校等。但是换一个角度看,这些孩子总体上非常朴实、单纯、能吃苦耐劳,有人性中最美丽的东西,对他们的帮助、关心也锤炼着今天城市孩子的宽容、同情、助人为乐、善待他人的心理品质。

对于教师而言,道理也是如此,教师之间的差异同样可以转化为教师相互学习、共同发展的资源。教研员要学会巧妙地、充满智慧地利用这种差异,把它转化成能够促进师生发展的有效资源。

让研究学生成为教师专业自觉①

"从研究学生开始",这是一个我们常挂在嘴边,却又无法真正说清楚、做明白的话题,也是一个在当下教育内涵发展阶段的极具现实意义和重要价值的命题。有一本十分畅销的教育书,叫《第 56 号教室的奇迹》,作者是一位获得"全美最佳教师奖"的优秀教师雷夫,讲述的是他如何创新教育方式,把大多来自于贫困或移民家庭的普通孩子变成热爱学习的天使,并用热情的教育态度,把教室变成温暖的家,为孩子们获得不凡成就奠基。读完这本书,我很感慨。这位优秀教师提倡建立彼此信任的"没有害怕的教育",认为"教师可以带班级,但决定这个班级走向优秀或平庸的却是班级里的每一位学生";他强调知识本身就是一种最好的奖品,认为"再多的掌声也比不上学生们所经历的探索,以及为每一次学有所获而付出的努力,因此过程就是一切"。我想,在这个 56 号教室里之所以会发生奇迹,就在于这位教师对学生的深刻研究。对此,我谈三个观点。

▶ "研究学生"应当成为一项教育自觉行为

研究学生不是一项外在叠加的任务或要求,而是伴随在教师职业生涯过程中持续的行为习惯和自觉的职业追求。用一个不恰当的比喻,我们知道每一个病人走进医院时,医生总会对其进行预检,通过望闻问切,推测其病因和病情发展的可能性;然后以药物手段对疾病进行控制,并观察分析这种控制是否有效,

---

① 教育从研究学生开始[J].现代教学,2010(7).收录时有改动。

判断有没有必要调整治疗计划;针对一些疑难杂症,病人长年累月地不见好转,医生还要持续观察,甚至会诊,制订或调整治疗方案,期待妙手回春。从这个过程中,我们不难发现研究病人就是医生融于职业"血液"中的能力,而且为了医术的不断精进,研究更深入就成为其职业生涯中的永远追求。

当然,我们的学生不是病人。但一个孩子走进学校,要让他充满情趣地参与到学习中来,并得到最大可能的发展,教师就应该认真研究孩子身心发展的特点,依据他们的心智特征来确定教育教学的实施方案。苏霍姆林斯基曾说:"只有把教育教学和研究了解儿童视为学校工作最本质的内容放在第一位,校长才有可能成为一个好的领导者。"今天,日常的教育教学工作,绝大部分时间是花在教材和教法的研究上的,花在课程体系的构建、教学经验的交流和总结上,这当然需要,但对学生的身心发展状况的研究却比重太轻。因此,我想说的是,"不具备研究学生的能力,就不能算是懂教育,就不能成为好教师"。

教师要研究学生,但是教师研究学生不是依据个人的主观意愿或教学经验来预设与实施,而是在平等与信任基础上观察、体察、理解、指导和帮助学生。现在有不少学校开展的调查研究并不科学,许多对学生进行研究的问卷,其题目本身就带有教师个人较强的主观愿望,让"聪明"的学生们一下子便能领会出题的用意,并用"应然的答案"来替代真实的想法,导致研究结果的不准确。

有一项来自11个国家的调查研究,结果发现8—14岁的少年儿童已经具有独立的品牌偏好,并受日益发达的媒体影响,控制和影响着父母60%的消费选择,他们决定着全球每年3000亿美元的消费,影响着1万亿美元以上的消费选择。这些数字是值得我们教育工作者深思的,这一代学生拥有了被消费主义过早侵蚀的人生履历,他们的行为方式或思考角度往往会超越教师们的经验判断。"我们真的了解坐在眼前的这些学生吗?"这是每个教师必须重新审视的问题。

在《第56号教室的奇迹》一书中,孩子们因为这样一位教师而学会了遵守规则、为他人着想、自我计划、自我教育。作者告诉我们,这一切的获得原本并非教师的最初目标,而是在不断实践反思和研究中才渐渐明白起来的。他还告诫每一位同行:"当我们越是想让孩子们达到我们所设定的目标时,我们往往离目标越远。"

我想,作为教师应该回到教育的起点,真正走进孩子的心灵,并在孩子的世界里找到教育孩子的方法。

▶ 紧扣当代青少年的时代特征研究学生

今天的青少年学生,生于 20 世纪 90 年代和 21 世纪初,他们的父母大多是 60 后、70 后,在改革开放之初开始迈入社会,这些父母们的青年时期是在激烈的社会变革中度过的,因而对子女的教育更自由开放,过去那种绝对服从的教育观念已逐渐被竞争、消费等符合市场经济的教育法则所取代。受社会变革和成长环境的影响,这一代青少年的思想观念和行为方式发生了巨大变化,他们所能享有的物质生活和思想空间日渐丰富和宽松。从他们懂事起,人与人之间的沟通方式就有了手机和网络,出国也不再遥不可及。因此他们在多个方面显现出新的群体特征和时代烙印,比如民族责任意识较强但爱国理性不足,悦纳西方文化但渐离民族优良传统,基础知识扎实但实践能力不强,乐于追新求异但创新能力薄弱,强调自我实现但缺乏对生命本体价值的追问,这些特征必须得到教育的关注和回应。

但是还有一个问题,可能更值得我们教育工作者关注,那就是这一代正在面临"童年的消逝"。这是美国著名媒体文化研究者和批评家尼尔·波兹曼今年推出的一本书。随着时代的发展,特别是以电视为代表的娱乐文化充斥生活和社会的方方面面之后,他提出,童年正在逐渐消逝。主要有这样几条值得回味的理由:

第一,学习环境的改变。从童年到成人,是一个有序学习的过程。以往一些专为成人控制的信息,分阶段用儿童成长中能吸收的方式提供给儿童,让其循序渐进地掌握,逐步提升学习能力,从而步入成人。然而现在,电视、网络等多种媒体改变了信息传递的方式,成人丢失了对信息的控制权,甚至在有些方面还不及儿童知道得多。当儿童有机会接触到从前密藏在成人世界的信息时,他们就开始被逐出童年这个乐园了。

第二,学习方式的变化。过去,人们在把直接经验传递给别人的过程中,语言至关重要。但语言的学习并不是那么容易,成熟的阅读所需要的识别能力,是要经过一段长时间学习才能获得的。而现在这一切却变得简单——语言学习逐渐向图像学习过渡,理解电视不需要任何训练,当信息的传播通过手指的比比画画就可以实现时,人们的嘴巴开始沉默了。而且,从来没有一个电视节目能够区分儿童和成人,一些标榜少儿不宜的节目,反而更增加儿童的好奇心。看电视已经成为人们学习的一种途径,这种途径正在改变和威胁着学校教育,因为学校用文字和理性支撑起来的学习过程,比接受电视信息困难多了。

第三,读写能力的衰退。电视与网络文化带给我们什么?一是稍纵即逝、层出不穷的新闻,几十秒时间,让你来不及思考;二是对一个事物的判断从逻辑判断向审美判断转化,一个长相不错的政治人物,你对他的话语的信任程度就比一个长相难看的人要高很多,尽管后者很有智慧;三是信息的大量堆砌,一个孩子还没有来得及提出问题,就被给予了一大堆的答案;四是电视与网络将"现在"大大地放大,迫使人们把即刻满足的需要和对后果漠不关心的接收方式视为正常。这一切,都将导致儿童读写能力的衰退。

当读写能力、学习环境与方式都在逐渐改变的时候,原先那个"童年"也就逐渐消逝了。也许这一切都是不可逆转的趋势,这一代学生的变化正在深刻影响和改变教育的方式,因此,教师只有敏锐地捕捉到这些新动向,深入地研究教育对象身上正在发生的微妙而又迅速的新变化,才能做出积极应对来有效改进教育教学方式。

▶ 研究全部学生和学生的全部

青少年学生面对三个世界的教育:知识世界、社会生活世界和心灵世界。知识世界的教育,主要通过学校教育来完成。它是通过从无到有、从少到多的知识积累过程,使人的知识结构趋于完善,知识储量趋于丰富。社会生活世界的教育,需要通过教育回归生活、学校融合社会的途径予以有效实施。而心灵世界的教育最复杂、最奥妙,要由教师引领学生认知、体验、感悟、抉择、践行,才能寻找到自身的精神家园,这是教师研究学生的重点领域。学校教育要为人的全面发展服务,就必须关注学生成长的三个世界,使学校和课堂真正成为学生的精神家园。

研究学生,就要关注每一个学生。今天的教育教学需要更多地关注每一个学生,走进学生心灵。需要教师通过与学生更多的情感交流,更加深入而细致地了解学生的需要、动机和情感特征,进而更加个性化地、灵活深入地关注和处理学生情感发展的差异性、丰富性,达到促进学生情感发展、实现认知和情感协调的目标。

研究学生,就要关注学生的学习方式。今天教育教学应该更多地让学生主动地探究和发现,让学生的学习充满着探究的快乐。教学要适应学生学习方式的多样性、差异性和选择性,就应该更加细微地关注学生,关注学生的学习方法、学习习惯、学习意识、学习态度、学习品质,允许学生选择适合他自己的方式学习。

研究学生,就要关注学生的生活经验。学生的生活经验是课程的重要组成部分。学习不是简单的知识传递和叠加,而是学习者主动建构自己的知识和经验的过程,是将所获取的知识、信息与日常的直觉经验联系的过程。缺少生活经验的课程,是不完整的课程;缺少对学生生活经验的关注,是不完整的教育关注。

学校教育效果常常源自教师对学生的教育关注,关注的内容不同,所引发的后继教育教学活动和效果也不同。有效的教学从研究学生开始,因此,学校要引领教师提高关注学生的能力,掌握关注学生的方法,优化关注学生的过程,提高关注学生的效果,让学生健康、快乐地成长。

值得欣慰的是,上海不少区县和学校已经迈出了良好的第一步,长宁区提出的"小学快乐学习,初中有效学习,高中综合学习"的理念,黄浦区提出"办学生喜爱的学校,做学生喜爱的教师"的要求,这些都是研究学生的结果。我想,2007年的教学工作会议,我们强化基本环节对提高教学有效性的重要性;现在当上海教育进入内涵发展的"深水区",在追求规范的同时,我们更应强调特色和多样,以满足不同特点学生的不同需求。要做到这点,就需要对学生进行充分而持久的研究,这样我们才能真正走向有效教学,走向优质教育。

第四部分
深化课程改革

每个人看待课改都会有不同的视角,有的人也许会认为这不"宏观",不是教育中的什么大事,只是学校里校长、教师每天去忙乎的"那点事";有的人也许认为这不是当下值得下功夫的重要事,因为它是无法迅速见效的长期事。但我始终认为,课改是关系到国家、民族和地区未来的大事,关系到每一个孩子的终身发展,是关乎从宏观决策到微观实施各个环节的重大命题。它非常专业且牵一发动全身,它的神经末梢是每一所学校里的每一个课堂及其中的师生互动,它的系统运行需要强有力的心脏搏动,需要有效的政策设计和机制保障。

　　我在教育行政部门工作的 30 多年,是对课程改革的认识不断深化的 30 多年,我经历了上海"一期课改"和"二期课改"的全过程。上海基础教育之所以保持领先的势头,很重要的原因在于每一阶段总是积极去寻找并能找到持续发展的突破口。上海早在 20 世纪 80 年代就开始了"一期课改",建立了以社会的需求、学科的体系、学生的发展为基点,以全面提高学生素质为核心的课程教材改革理论模型,构建了必修课程、选修课程、活动课程的三大板块课程结构。到了 1998 年,上海启动的"二期课改"同样是敏锐地洞悉到国际教育的发展趋势。世纪之交,知识经济初见端倪,科学技术突飞猛进,国际竞争日趋激烈。在这样的背景下,创新的重要性日益凸显,为此,基础教育必须通过课程改革来改变人才培养模式。当时,美国、日本和一些欧洲国家都提出了教育改革的目标,英国在 1999 年开始了新一轮国家课程改革,日本在 2002 年实施新课程,美国在 2000 年颁布《不让一个孩子掉队法案》等。跨世纪培养什么样的人才,成为世界各国的重要命题,上海的"二期课改",正是顺应时代要求、合乎国际潮流的重要战略举措。

当时作为基教办主任的我也参与其中。在这段时期里,我们非常关注世界各国的课程改革的研究。比如,法国的"做中学"项目,是通过教师引导学生对生活中的科学现象进行观察、发问、实验和讨论,从而使学生从中学习科学知识、学习独立做事、学习记录与表达,养成遵守规则和尊重他人的习惯。这个项目的核心在于让学生亲身体验科学探究、科学发现的整个过程,进而培养学生探究问题和解决问题的能力。我在2001年,也就是"二期课改"启动三年之后曾去法国进行较为深入的考察。这次考察对我的影响是深远的,要着眼于学生的学习方式转变,要重新认识实验在教学中的作用,要重视开发体现现今教育理念的教学案例,要研究设计不同学段、不同年龄儿童的教育内容体系,要逐渐开发出教学资源、服务体系和获得社会支持等。

在推进"二期课改"的过程中,我们在全国率先开展研究性学习,很多高中在那段时间里以研究性学习为突破口进行了难能可贵的改革创新。我们突破原有的以单科性、学术性为主的课程框架,开发具有综合性、社会性、实践性特点的新型课程,在培养学生创新精神和实践能力方面形成新的生长点;我们改变以往偏重知识传授和技能训练的教学方式和被动接受的学习方式,充分发挥学生学习的主动性和创造性,形成体现21世纪学校教育特点的学习方式和教学氛围;我们在研究性学习的实践中,促使教师转变原有的课程教学观、学生观,寻找到培养学生创新精神和实践能力的抓手,进而在各科教学中推进素质教育。所有这一切的探索在今天看来都是回归以人为本的教育教学改革之本义,也是让我更加深入地去从课程的视角思考"今天培养什么人,以及怎样培养人"的问题。

2007年,当我从浦东再回到市教委分管基础教育时,我在上海课程与教学改革工作会议上提出了要抓好"教学五环节"、提升校长的"课程领导力"、从教育内部改革出发实现减负增效的要求。会议一结束,我记得有校长特意候在会场门外等我出来说:"这么多年总算把校长和课程教学的关系问题说清楚了。"但也有一些比较熟悉我的朋友不解地问:"按照你的风格,应该在'新官上任'时提出一整套宏观思路才对啊,教学五环节实在是太微观、太小儿科了。"

选择必须抓教学五环节有两个原因:一是我在浦东的经历。当我花了足足两年的时间理顺区域教育发展方方面面的各种关系、完善了行政运作的基本规范之后,进入了教育的核心领域——课程与教学。当时我们从全市范围内引进了很多名师、名校长到浦东，办起了各种校长培训班。不同的班都请我去做讲座，于是我想还是把大家都集中在一起讲一次吧。于是在一个星期六的上午，我做了精心准备，面对多名校长做了"今天怎样抓教学"的专题讲座。讲完之后，说实话，我比较失望，有呼应的特别是在校长如何抓教学的问题上有呼应的校长寥寥。当时的教育环境使得校长们关注"经营"学校居多，而忽视了最本职的核心工作。这让我第一次如此强烈地认识到课改理念提得再好，校长如果只做传声筒而不去研究如何结合学校实际的落实措施，到了基层学校只能是停留在口号上。只有把理念落实到每一所学校、每一位教师、每一天的课堂上，并让校长回归到最核心的工作中学会领导课程与教学，才能真正提升每一所学校的办学质量。后来，我们就在浦东新区推出了"课堂教学改进计划"，让教研员、督导人员和师训人员提前一天打招呼并"提着小板凳"走进学校深入课堂听课，发现课堂上的问题并引导学校有针对性地加以改进。这样进行了两年多，直到我离开浦东新区回到市教委。

回到市教委之后，我发现校长远离教学的现象在全市同样存在。有的学校校长的管理重心偏离了原先的轨道，正校长不管教学，由分管教学的副校长管。教学"沦为"脱离学校管理中心环节的一件"事务"，在有的学校教学实施依赖于强大的传统惯性，课改的任务悬在空中没有落实。这让我非常焦急。照理说，校长是掌握和调控学校所有资源的核心人物，而学校最重要的工作是课程实施，校长应该把所有的资源用来支持课程与教学才行。

与此同时，更加严峻的问题是"二期课改"面临很大的争议，当时甚至有报纸在探讨"'二期课改'该不该缓行"的问题，加上历史教科书等突发事件的"狼烟四起"，使得我一上任就面对一道选择题——是进还是退。

在浦东的工作经历和常年抓课改的经验告诉我，首先要抓住课改的实施环节。因为再好的理念，没有在教学实施过程中的落实都无济于事。"二期课改"的理念是先进的，教材也都按照课改精神汇聚了专家的力量编出来了，把重心放在学校，让校长专心地去实施推动和深入研究，才能把先进理念逐步落实到学校的每一个课堂中，这就是把核心问题聚焦在课程实施的过程中。正因为课程实施中的最基本的教学环节存在许多问题，校长的领导和干预不到位，才使得先进的教育理念不落地，才使得学生的课业负担在加重。同时，也只有这样做了以后才有可能把实施中的问题和课程设置与教材编写中的问题区分开来，并且在找到问题的症结之后,或者改进实施环节,或者调整课程方案和教材编写。

于是,在 2007 年 8 月 22 日,也就是我上任 4 个月之后,我们在上海市委党校召开了教学工作会议,上海所有中小学校长参加会议,济济一堂的会场鸦雀无声,大家静静地听我谈"最熟悉的陌生人"——教学,听我从一封家长投诉信入手谈最小儿科的"作业环节"缺失的问题,听我分析最基本的教学五环节不规范怎么引发了社会对课改本身质疑的过程。

顺着这样的思路,我们又提出了校长应该在课程领导中处于核心领导地位的想法,"校长课程领导力"的概念就此产生。经过两年多紧紧抓好教学五环节的工作,到通过项目引领的方式提升校长课程领导力,再从义务教育推进中的"新优质学校"到高中创新素养培育,再到评价改革,特别是"绿色指标"的实施,都是聚焦在最为核心的课程教学领域,把课改碰到的各式问题归纳成项目逐步深入研究,并通过实践寻找解决的办法。有了教学规范做保障,课程改革的深化就有了明确的方法和专业的策略路径。

课堂影响着一个国家的未来竞争力。课程改革绝对不是一件小事,而是一个战略问题。对于这样一个战略问题,教育决策者不仅要学会宏观设计,还要晓得微观突围。课程改革必须依靠每一个教师的力量才能将课改理念贯彻落实到位,因此下移管理重心,发挥教师的智慧创造,激活学校的细胞能量,才能真正产生课改的实效。而这,也是内涵发展阶段教育决策的重要部分。

1. 课程改革是一场全方位的
理论与实践创新①

　　课程改革是实施素质教育的核心环节,直接影响到学校的发展、教师的发展、学生的发展和教育质量的整体提高。依托课程改革探索育人模式和教育方法的改革,是当今国际教育发展的一大趋势。上海作为国家教育综合改革实验区,自1988年起,受国家教育部(原国家教委)的委托,相继启动了上海市中小学课程教材改革第一期工程(简称"一期课改",1988—1998年)、上海市中小学课程教材改革第二期工程(简称"二期课改",1998年至今)。经历数十载的课程改革,我有以下三大体会。

▶ **课程改革是在传承中不断发展与创新的工程**

　　课程改革是一项继承与发展的工程,通过对课程重大问题的改革和突破,来实现课程文化的继承、发展与创新,促进教育质量的提升。例如,日本的课程改革,基本上是每十年更新一次国家基础教育课程,设计与实施相隔三年;上海的"二期课改"也是对"一期课改"的继承与发展。

▶▶ "一期课改"的时代背景与改革要点

　　20世纪80年代末,国家教委制定了新的中小学教材建设方针:在统一教学基本要求、统一审定前提下,逐步实现教材的多样化,实行中小学教材的"一纲多本"。1988年,国家教委召开了教材改革规划会议,决定有计划地编写多套教材,其中将面向发达地区教材编写任务交给上海完成,并批准上海可以根据自身

---

　　① 上海课程改革与教育质量提升[R].2011-5-11.根据做客"三秦课改大讲堂"教师教育论坛上的讲话稿整理。

实际情况拟定教学计划和教学大纲。经过一年多的调查和理论研究,上海制定了上海市中小学课程改革方案,组织编写了中小学各科教科书,从1993年秋季起,新教材在各学段的起始年级开始全面使用。

"一期课改"以全面提高素质为核心,确立了以下改革目标:改变以升学为中心的"应试教育"的课程教材体系;改变以必修课为主体的课程教学模式;实现"三大突破",即减轻负担,提高质量;加强基础,培养能力;提高素质,发展个性。

"一期课改"建立了"以社会的需求、学科的体系、学生的发展为基点,以全面提高学生素质为核心"的课程教材改革理论模型,构建了必修课程、选修课程、活动课程的三大板块课程结构,并在学科设置、课时安排、教学内容、教学要求、教学方法、教学评价等方面,进行了较全面的实践,取得了积极的成果。

▶▶ "二期课改"的时代背景与改革要点

在"一期课改"10年实践与认识的基础上,恰逢世纪之交科技迅速发展,社会的信息化、经济的全球化和知识经济初露端倪,创新精神与创新能力已成为影响民族生存与发展的基本因素。一个最突出、最迫切的动因就是1997年的东亚金融风暴,沉重打击了一大批亚洲国家,对我们的重要启示是提出了创新的重要性,这就要求改变人才培养模式。在这样的背景下,上海从1998年启动"二期课改"工程。"二期课改"先在179所中小学幼儿园基地学校试验,到2008年秋季,实现全市中小学所有年级推广新课程和试行新教材,完成了首轮试验。"二期课改"着重解决以下三大改革目标:如何重点培养学生的创新精神和实践能力,如何更有利地加强德育,如何以信息化带动课程教学的现代化。

"二期课改"基于上海这座国际化大都市对市民的要求和对经历"一期课改"后教育现状的反思,树立起课程是为学生提供学习经历并获得学习经验的观念;以学生发展为本,构建体现时代特征和上海特点的课程体系;以德育为核心,强化科学精神和人文精神的培养;以学习方式的改变为突破口,重点培养学生的创新精神和实践能力;加强课程的整合,促进课程各要素间的有机联系。

可见,课程改革的目标与社会、时代、政治、经济的发展是密切相关的,而且是在传承中不断发展的。

▶ 课程改革是循序渐进的多因素系统工程

从上海的"二期课改"来看,按照工作重心的不同,自1998年至今,"二期课改"的历程主要经历了有方向探索(1998年—2000年)、文本编制(2000年—2004年)、试验推广(2004年—2008年)和质量提升(2008年至今)四个阶段。自2008年起,上海市课程改革进入质量提升阶段,也是课程改革攻坚克难阶段。各个阶段既相互衔接,又重点突出,保证了课改的系统性和连贯性。一是关注"重点突破",主要以2007年"教学五环节"的研究与实践为标志;二是加强"整体设计",主要以2008年探索和推广学校课程计划的整体设计与实施为标志;三是强调"以校为本",主要以2009年全市推出的"提升学校课程领导力项目"为标志;四是引导"评价改革",主要以2010年开始的"中小学绿色指标"的研究与实践为标志。

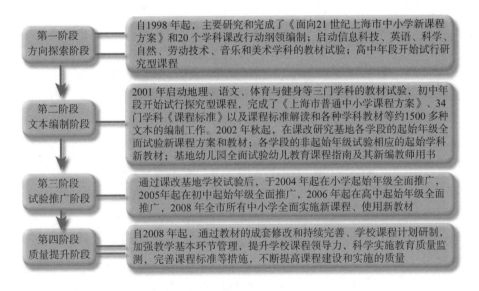

图表2 "二期课改"主要阶段及其任务

从图表2可见,课程改革绝不是仅仅设置方案、编写课程标准、编写教材,而是涉及学习方式变革、评价改革、管理机制改革、师资队伍建设的系列变革;课程改革工作有助于综合、辩证地处理各种因素和各环节之间的关系。因此,课程改革是一次旅程,而不是一张蓝图。

▶ **课程改革是一项理念与操作同步变革的工程**

课程改革首先需要课程理念的变革,形成新的课程体系,更加需要通过丰富和完善教育教学实践方式,提升教师专业素养,最终促进学生的发展。对于一个庞大的系统工程来说,"二期课改"的成果内容是丰富的、系统的、宏大的。与"一期课改"相比,"二期课改"通过直面问题,从容应对解决,在以下方面进行了发展与创新:

——确立了"以学生发展为本"的课程理念。"二期课改"倡导通过课程为学生提供品德形成和人格发展、潜能开发和认知发展、体育与健身、艺术修养和发展、社会实践等学习经历,以适应和促进每一位学生有个性、有差异和可持续地发展。

——整体设计了12年一贯课程结构体系。继承"一期课改"三大板块的课程结构体系,但又与时俱进,"二期课改"整体设计了三类功能性课程和八大学习领域组成的课程结构(参见图表3)。

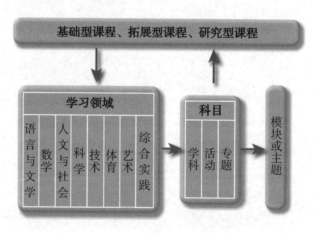

图表3 上海"二期课改"课程结构图示

其中,基础型课程主要由体现共同基础要求的学科课程组成;拓展型课程主要关注学习内容的多样化和学习过程的选择性,满足学生个性发展的需要;研究型课程着重关注学习过程的个性化、探究性和学习内容的综合性,培养创新精神与实践能力。

——建立了以"两纲"教育为核心的德育体系。上海研制了《民族精神教育指导纲要》和《生命教育指导纲要》（简称"两纲"），作为当前未成年人思想道德建设的两个抓手。同时制定了 32 个学科贯彻落实"两纲"的教学指导意见。目前，上海已形成国家、市、区县、街道（乡镇）为主体的四级教育基地网络，近千个爱国主义教育基地，成为未成年人思想道德教育的有效平台。

——设计了科学、社会和艺术学习领域"合分一体"的课程结构。在总结"一期课改"综合课程实践的基础上，"二期课改"在科学、人文与社会、艺术三个学习领域中，采用"合分一体"方式设置综合课程与分科课程。并在这样的结构下，确定综合课程与分科课程的定位和内容体系，形成鲜明的上海特点（参见图表 4）。

图表 4　三大学习领域综合与分科课程"合分一体"一览表

学习领域	一	二	三	四	五	六	七	八	九	十	十一	十二
人文与社会学习领域	品德与社会（合）					思想品德				思想政治		
						历史（分）		社会（合）	历史（分）		社会（合）
						地理（分）			地理（分）	
自然科学学习领域	自然（合）或科学与技术（合）					科学（合）		物理（分）		科学（合）	
								化学（分）		
								生命科学（分）		
艺术学习领域	唱游	音乐（分）			艺术（合）						
	美术（分）										

——通过研究型课程等多种途径培养学生创新精神和实践能力。在"一期课改"活动课程实践的基础上，从学习过程的个性化、探究性和学习内容的综合性两方面发展活动课程，形成了"二期课改"的研究型课程，并作为一至十二年级全体学生的必修课程。在《上海市中小学研究型课程指南》的指导下，不仅开发了小学、初中和高中的研究性课程学习包和案例集，而且形成了小学以综合主题探究活动为主、初中以学习课题研究为主、高中以自主课题研究或项目活

动为主的基本序列,体现了课程循序渐进的设计特点。在单独设置研究型课程的基础上,还注重在学科课程中渗透研究性学习方式。

——形成了适应城市发展需要和独具特色的外语与信息技术教育体系。上海整体设计了一至十二年级的外语课程体系,经过 10 多年的探索和实践,上海在外语师资队伍建设、教学水平等方面都得到了显著提高。上海还进行了德语、日语等多种外语教育的研究与实践。

上海在全面实现"校校通"的基础上,率先从小学到高中普及了信息科技课程。此外,在课程与信息技术整合的探索中,也形成了一些上海特色。例如,上海的数学课程引入以计算器(机)为支撑、拥有智能软件和丰富课件的 DIMA 平台(数字化数学活动),改善了数学内容的处理方式和呈现方式;上海的劳动技术课程引入了 CASA 实体设计系统,支撑从三维设计切入的课程要求;上海的物理课程引入以传感器、数据采集器、计算机为支撑的 DIS 系统(数字化实验系统),其研究、开发、试验引起了全国同行的重视,获得全国课程教学成果奖一等奖。

构建以学生发展为本的课程体系

基础教育既是国民教育体系的奠基阶段,又是个人发展的奠基阶段。基础教育课程改革关系着学生的终身幸福、广大市民的根本利益和城市的未来发展。通过改革基础教育课程,提高教育质量,是 21 世纪世界上大多数国家和地区的普遍做法与成功经验。上海于 1988 年和 1998 年两次启动中小学课程改革,以课程改革促进学生全面与可持续发展,着力建设与城市发展和学生需求相适应的基础教育课程体系,增强基础教育应对新形势和新挑战的能力,提升基础教育的品质。学校的根本任务是育人,育人的根本途径是课程及其实施。

▶ 基础教育质量与国际化大都市建设

基础教育质量与个体利益和城市整体利益息息相关。一个城市基础教育的质量,直接关系到这个城市每一位个体未来发展的空间,进而直接决定城市发展的人力资源基础。近年来,上海基础教育事业取得了显著进步,教育质量不断提升,对经济和社会发展的贡献力持续增强。全市 0—3 岁早教服务有效覆盖社区和家庭,建立了学前教育均衡发展和科学育儿指导的服务体系。适龄幼儿入园率在 97％以上,学前教育均衡有效发展。九年义务教育入学率持续保持在 99.9％以上,基本实现均衡和优质服务的目标,义务教育的均衡化程度在全国处于领先水平。高中教育入学率达到 99.7％,开放、多样、优质发展的目标逐步实现。总体而言,上海基础教育进入高位运行的阶段。

但是,随着信息时代的到来和全球化进程的加深,上海既要迎接来自世界各国和地区的多方面竞争,又要承担为国内经济发展和城市建设积累经验的任务。上海将着力建设国际经济、金融、贸易、航运四个中心,努力实现"率先转变经济增长方式、率先提高自主创新能力、率先推进改革开放、率先构建社会主义和谐社会"的"四个率先",成为现代化国际大都市。上海经济社会发展的新形势,呼唤上海基础教育优质、均衡和快速发展,期望基础教育的贡献值不断增加,为上海转变经济发展方式、增强自主创新能力和提高国际竞争力,提供更有效的知识、技术和人才支撑。

▶ 上海基础教育课程改革的基本思路

面向 21 世纪,为建设与以"四个中心"为特点的现代化国际化大都市相适应的现代化基础教育,我们提出以德育为核心、以培养创新精神和实践能力为重点、全面推进素质教育的课程改革思路。由此设计了基础型课程、拓展型课程、研究型课程三类功能性课程,在保证为学生奠定终身学习和发展基础的前提下,为学生提供可供选择的多样化、个性化课程,提供培育创新意识和开展探究实践的机会;重视为学生提供品德形成和人格发展、潜能开发与认知发展、身体和心理发展、艺术审美、综合实践五种学习经历,建立起以学生发展为本的现代课程体系,切实通过课程改革提升基础教育质量。

▶ 深化课程改革,完善基础教育的课程体系

随着课程改革推进,一些与课程改革密切相关的问题更加突出,如校长课程领导能力问题、考试评价与深化素质教育问题、教学有效性问题等,这些都是影响和制约课程改革向纵深发展的深层次问题,不采取措施加以攻克,教育质

量进一步提高的瓶颈就难以突破。为此,我们着力建设以下四个体系。

体系之一:进一步完善课程实施体系

现有课程体系经过调整后,课程的偏难、偏繁、偏深等问题已基本解决。但在教学实践中,仍有拔高教学要求的现象出现,这在一定程度上加重了学生的学业负担。为此,我们加强课程实施体系的建设,重点抓好教学常规管理和校长的课程领导力两个环节。

通过加强教学常规管理,使教学常规系统化、科学化。切实遵循学生的认知规律,按照因材施教、循序渐进的原则,注重教学目标、过程与结果的一致性,提高教学的有效性;鼓励广大教师在教育教学第一线积极实施和主动创造,实现"减负增效"的目的。

通过加强校长的课程领导力,切实增强校长对课程与教学的领导意识与能力,包括深入开展教学调研,加强对教学思想和理念的引导,加强对科学制定学校教学计划、有效实施课程过程的领导,加强对校本教研、校本培训的领导等。

体系之二:进一步完善网络支撑的教研体系

课程实施需要专业支持,教研系统必须承担提高课程有效实施的责任。目前上海有 1000 名左右的教研人员,面对的是 1400 多所中小学的近 13 万名教师不同层次、不同范畴、不同领域的需求,迫切要求上海基础教育教研模式进行一次重大变革,迫切要求提高教研员的课程指导力。

为此,我们将进一步加强教研队伍建设,切实提高教研机构和教研人员对课程实施的研究力和指导力;进一步理顺市、区县、学校教研机构的职能,健全三级教研网络;建设基于信息化平台的教研工作系统,实现对基层教研的"扁平化"指导,提高教研的有效性,架构基于现代技术支撑的全市范围的新教研体系;改善教研指导方式,建立基于网络的教研方式,增强教研的实时互动和在线研讨。

体系之三:进一步完善教育质量评价体系

教育质量评价体系对学校教育和学生成长有着直接而重要的价值导向作用。为实现课程改革目标,促进学生全面发展和不同个性特长学生的自主发展,提高学生创新能力,我们建设了符合素质教育要求的有利于创新人才培养的中小学教育质量评价体系,改革考试内容和方法,强化对考生的知识面、思考判断、创新思维、分析综合等能力的考察;加强对中小学生的综合素质测评,将创新精神和实践能力列入学生奖励评优的重要指标,从根本上改变将考分作为衡量教育质量唯一依据的做法。

　　为推进教育质量的科学评价,上海在参加教育部学业质量测评项目试验的同时,还于 2009 年参加国际学生评估(PISA)测试,成为国内首个全面参与国际测试的城市。我们通过参加国内外重大评价项目,学习科学的评价方法,培养专业的评价队伍,构建有上海特点的教学质量评价标准,推动课程改革与教学实践有效开展,促进基础教育质量的提高。

　　体系之四:进一步完善学校、社区与家庭沟通的体系

　　课改是一个系统工程,需要社会、家庭的支持与参与。为此,我们完善学校、社区与家庭沟通的体系,建立和完善社区和家长有效参与课改的机制,让家长、社区参与学校管理和重大决策,开放课堂教学,把家长和社区作为开展教学改革的合作伙伴,引导家长和社区积极支持学校教育观念,了解学生的身心发展规律及相关学习要求,为学生养成良好的学习和生活习惯提供良好的家庭教育环境。

重新定位课程的建设、实施与评价①

　　促进内涵发展、提高教育质量,主要抓手是课程改革。当今的教育质量观,已经从单一的以学生学业成绩作为衡量教育的唯一标准,转变为从学校特色、教师发展和学生成才多维度来判断教育质量。这就必须深化课程改革的整体设计,从课程建设、课程实施和课程评价等维度,整体性推进课程改革。

▶ 课程建设:以"课程标准修订完善"为核心

　　首先是修订完善现有的课程标准。

　　2011 年 9 月,本市正式启动各学科课程标准的修订完善工作。此次课程标准修改的主要目标是提升课程标准的专业品质,凸显"育人为本,能力为重,丰富经历",具体表现为"三突出、两提高":

_____

　　①　深化教育内涵发展,全面提高教育质量[R].2012 - 12.根据向上海市教育体制改革领导小组的汇报稿整理。

——突出育人价值：凸显学科对发展学生某些核心素养的育人功能，提炼学科德育要求，并体现在学科各内容主题之中。

——突出核心能力：采用矩阵结构明晰学科的核心能力及其具体要求，并结合主题描述能力具体表现，加强学科对通用能力的呼应。

——突出学习经历：设计各学科学生必须经历的学生实验、社会实践、设计制作、项目研究等活动，丰富学生各种实践体验。

——提高结构化：重视学科课程标准各部分的一致性，不同年段要求的层次性，加强学科间尤其是同一学习领域的有机联系。

——提高操作性：通过模块主题整体设计、学习水平统一界定、实施案例、限制性描述等多种途径，提高描述精度，便于教师理解实施。

这里要强调提高课程标准对"基本要求"的描述精度。学科课程标准要真正发挥对教材编写、教学实施与评价的指导作用，就必须提高其描述精度，尤其要加强对基本要求的描述，现在上海各个学科的课程标准的描述精度还有待进一步完善和提高。例如，数据整理与统计概率，在"知识与技能"目标上，上海是这样描述的：会进行数据的搜集、整理和统计分析；会解决排列和组合的简单问题；初步掌握基本统计量的计算方法和通过样本估计总体的方法；理解概率的意义，掌握可能试验的计算方法。而英国则是分两类描述的：（1）水平 8①：学生能够利用类型间隔的上界解释并制作频数表和频数图；能够估计中数和四分位数距，并利用中数和四分位数距比较分布，并做出推测；理解如何计算联合事件的概率，并利用该概率解决问题；（2）优异水平：学生能够解释并制作直方图；理解抽样方法的差异和样本大小的差异可能会影响得出的结论的可靠性；能够选择研究总体的样本和方法，并判断其合理性等。我们要借鉴国际经验，探索和研究如何以学科核心能力作为内容标准进行描述，探索如何通过学习水平的界定提高描述精度，对一些重点和难点内容，可以采用"示例"（主要指活动示例、作业示例）和"限制性描述"，来补充说明"基本要求"的内涵，也可以进一步提高描述精度。

其次是统整专题教育，加强校外教育资源建设。

---

① 英国国家数学课程标准达成目标由 8 个难度渐增的水平描述组成，另外附加一个水平 8 之上的优异表现描述。每个水平所描述的是在这个水平学习的学生所表现出来的特征化行为的类型和范围。

当前,各级教育部门独立或联合颁发了 50 多份各类专题教育的文件,如健康、礼仪、安全、法制、诚信、民族团结、国防、廉洁、时事、毒品预防等。2010 年起,市教委启动中小学专题教育整合研究工作,将所有专题教育的内容分为两类:一类是基础型课程内容中涉及的内容要求,另一类是基础型课程以外需补充的内容。通过分类归并和整合,形成各学段的内容要求框架体系(含课时建议),同时提出实施建议。

今后对专题教育将做好如下基本工作:一是进一步探索教育教学内容要求与社会实践活动基地内容的有效衔接和对应;二是出台中小学专题教育实施指南;三是加强联系沟通,促进市级各有关单位达成共识,对专题教育的内容、形式、载体等通盘考虑;四是建设学生自主学习的在线专题教育微课程库。

▶ **课程实施:以课程领导力、数字化、作业研究等为核心**

主要有四个改革和行动研究项目。

▶▶ 提升中小学(幼儿园)课程领导力行动研究项目

该项目针对课改实施中的难点,通过行动研究,提高学校课程品质,进而提升校长及领导团队的课程领导意识和能力。该项目以 2010 年市教委颁布的《上海市提升中小学、幼儿园课程领导力三年行动计划(2010—2012 年)》文件为标志,高中、初中、小学、幼儿园四个学段 51 所学校和黄浦区(整体试验)为项目单位。这一项目已经完成阶段性成果总结,形成了一批凸显实践价值引领的物化研究成果,这些成果陆续结集出版为上海市提升中小学(幼儿园)课程领导力行动研究项目成果丛书,还培养了一批锐意改革、具有课程意识和课程领导能力的校长和教师。他们就像一粒粒种子,扎根并引领区域课改实践,对上海课改持续推进发挥长期效应。

▶▶ 加强和改进实验教学行动研究项目

该项目针对中小学实验教学的整体水平与本市的课程改革要求和教育现代化发展目标还存在差距的现状进行探索,具体内容包括:一是深入开展实验教学研究;二是切实加强学科教师和实验室管理人员队伍建设;三是全面推进实验室基本建设;四是着力改进和完善实验教学评价体系;五是开拓创新,通过征集、评选等措施,鼓励专业人员和教师结合课程实践,研发实验器材和实验方案等。

▶▶ **数字化课程环境建设与学习方式变革项目**

2010 年，市教委启动这一国家教育体制改革试点项目，主要实现五大目标：一是探索从教到学的转变，以适应信息的迅猛增长；二是实施开放教育行动，丰富学生学习的经历；三是形成弹性课程和高选择度的学习组织形式；四是让学生从消极被动的知识消费者，转变为构建知识的参与者；五是更好地把脑科学、新技术的最新成果充实到教与学的内容之中。虹口区、闵行区的一些学校先开始试点，全市各区陆续都有了试验学校。两年试点最大的成果体现在两个方面：一是学生学习方式有所转变，试点学生家长认同度高；二是社会响应度高，建议成立市场运作的课程公司，吸引 IT 企业与出版界共同投资、运行与管理一个开放的教育云平台，并开始研制部分学科电子课本。

▶▶ **提高中小学作业设计与实施品质研究项目**

作业是减轻学生课业负担的一个关键环节。现阶段作业问题主要集中在三方面：一是教师缺乏自主设计作业能力，内容选择随意；二是作业与教学目标的匹配度、一致性不够；三是作业类型单一，缺乏趣味性等。2010 年，启动了"提升中小学作业设计与实施品质"项目，主要为了实现作业的多样性，关注作业的分层性和增强作业的解释性。首批启动了 9 个学科段，完成了作业问题与现状的调研报告，研制了《上海市中小学作业设计与实施指南》，研制了 9 个学科段《作业设计与实施方案》，完成了上海市中小学作业设计与实施研究第一阶段报告。在后续的研究与实践中，将进一步对以下内容进行攻关突破：一是用信息化手段对保障作业设计与实施水平的"可视化路径"进行研究与实践；二是调研总结基层优秀的作业实施经验，形成有效的作业实施途径与策略；三是积累证据，对作业设计与实施效果进行实证研究。

▶ **课程评价：以"绿色指标"等为核心**

评价是一把双刃剑，做得好，它能成为课程改革和素质教育的新的生长点和推动力；做得不好，它就可能成为教育改革和发展的瓶颈，甚至是阻力。评价不应是外在于课程和教学的范畴，也不能简单地作为甄别选拔的手段，评价应作为课程改革自我诊断完善的重要手段。2011 年 11 月，上海试行义务教育质量综合评价办法，借鉴 PISA 测试和国家教育部学业质量监测的经验，制定综合评价标准和测试框架，把学生的责任感、幸福感、身心健康、学习负担、学习实践经历、学习兴趣、学业水平等作为育人质量的基本要素,率先在全国推出了中小学生学业质量综合评价办法——"绿色指标"评价体系,出台了《上海市教育委员会关于〈上海市中小学生学业质量绿色指标(试行)〉的实施意见》,进行全市抽样测试,并把"绿色指标"评价作为校长、教师全员培训的一项重点。下一步将逐步探索与完善基于课程标准的学业质量评价、基于信息化平台的课堂教学评价和基于过程的真实性评价等。

以项目为载体推进课程教学改革[①]

近年来,上海基础教育从整体上对课程教学改革中出现的问题进行了集中梳理与思考,在以"课程建设——课程实施——课程评价的一致性"为基本原则与策略、整体架构深化课改思路的基础上,确立了以项目为载体逐步推进和深化课程教学改革。

▶ 以项目方式推进课改优势明显

项目推进,作为一种研究方法和工作策略,即在 2—3 年的较短时间内,集聚全市各方力量、各种资源,针对当前课改在实施中遇到的困惑问题、难点问题,进行合力攻坚。通过这种方式,破解课改难题,总结提炼经验,发挥辐射示范作用,推动面上工作。项目制已成为当今世界各国和地区进行研究与开发活动的一种有效的和普遍采用的基本制度。在课改的深入推进过程中,采用项目制的方式优势明显。

一是整合资源。当前,许多改革都需要全市协同作战,因此项目制可以有效整合各方资源与力量。行政、教研、科研、高校等部门形成合力,发挥好各自优势。教育行政要提供保障,教科研部门要提供专业支持,学校与区县要提供鲜活的案例和有效的经验。

二是集聚人才。项目制有利于调动广大教育研究人员的积极性,凝聚人力资源,进行重点突破。项目的实施在一定程度上,强化了项目主持人和项目组

---

① 以"项目"为载体,深化课程教学改革[J].上海教育,2010(22).收录时有改动。

的主体地位,增强了项目主持人和项目组的自主权,形成了以项目合同(协议)为依据、责权利相统一的平等的规范的关系,有利于调动各方参与课题的积极性。

三是减少项目的推广与培训成本。项目研究的过程不是孤立的研究,而是边研究、边总结、边培训、边推广。研究的过程与培训、推广的过程整合到一起,既提高了时效性,又减少了后期培训的成本,更重要的是研究的过程可以直接呈现出来。

四是与财政体系的改革要求相适应。项目资助主体和受助对象多元化,扩大了经费投入,更加符合市场经济的要求,有利于科学研究的社会化和普及化。没有项目,就没有经费,项目也是表明区域教育水平的评价指标之一。

▶ 项目研究需要"五个关注"

项目研究是基于真实问题的解决,因此,我们要关注实践、关注过程、关注案例、关注成果辐射与应用、关注整合。

关注实践,就是要研究那些课改中亟待解决的普遍存在的问题、长期困扰的问题。这些问题来源于实践,解决这些问题也需要实践来攻坚。研究是为了更好地实践。

关注过程,就是通过项目的实施,将思想转化为学校的课程实践,体现在课程实施的过程中,体现在对过程的把握、掌控以及对问题的应对上,这个是最有价值的。项目研究的特点是在设计当中研究、在实践过程中研究,是决策、选择的过程,也是想法与做法结合的过程。

关注案例,就是在项目推进过程中,通过对涌现出来的越来越多的好的案例进行研究,从而汇聚更多的实践经验。好的案例一般具有这样一些功能:一是提供"描述",提供有关特定个案的生动描述;二是提供"解释",探寻特定个案现象、事件、行为产生的原因,了解某一现象与其他现象之间的联系;三是提供"评估",对涉及个案的项目计划、环境状况、行为方式等进行评估。

关注成果辐射与应用,就是希望立项单位,对所涉及项目的不同因素加以分析,寻找适合自己特点的突破口进行实践,边实践边总结,最终形成一批实践经验,并能在培训中派上用场,能在展示中起到示范作用。

关注整合,就是在项目推进过程中,市、区县、学校形成合力,协调和整合教育行政、教育研究人员和教育实践人员的力量,使各个主体都能发挥各自优势、弥补劣势,形成研究的共同体。既体现运用全市领导、专家力量,保证改革方向,又要发挥区县、学校在实践中的智慧、主动性和积极性。

上海开展的大规模行动研究,是以解决课改在学校推进中的难点问题为目的的。这是凝聚上海全市之力,展开新一轮课改的攻坚战;是以课程实践的方式,发动基层学校开展的创造性实践;是为全市提供鲜活案例和有效经验,进而带动面上学校推进课改的实证研究。

项目研究的价值和意义毋庸置疑,但这仅仅是开始。我们要引导各个层面,在研究中触及核心问题,寻找问题解决与管理上的关键点。项目具有可动用的资源有限,完成日期及经费有限制,牵涉层面广、协调难度高等特征,因此选择的研究项目一定是那些能触及课改瓶颈的核心问题,这样才有研究价值。同时,在研究中,还要尝试探索、突破项目管理上可能遇到的瓶颈,同步提升规划项目、设计项目和实施项目的能力。

▶ 以学生发展为本,着力实施课改重点项目

项目一:以"德育"为核心,加强"两纲"教育

从"一期课改"到"二期课改",我们始终把加强德育工作作为课改的重要工作,并一直思考德育工作的针对性和有效性问题。针对当前上海青少年学生不同程度地存在国家意识不强、民族优秀文化传统淡薄、民族自信心和自豪感减退等现象,根据《中共中央国务院关于进一步加强和改进未成年人思想道德建设的若干意见》精神的要求,上海对德育的内涵进行了拓展和深化,提出把"两纲"教育作为当前未成年人思想道德建设必须突破的关键点。在德育方式上,我们拓展了德育的载体,由以往德育主要在课外,转变为德育要落实到课堂、教师、学生和课程教材上,把课堂作为德育的主渠道和主阵地,坚持贯彻落实"两纲"教育和科学课程改革相融合、与新课程的三维目标相融合、与培养创新精神紧密联系在一起,使"两纲"教育与"二期课改"浑然一体。

经过努力,上海形成了基本的思路和做法,取得了一定的成效。上海提出"两个纳入":纳入国民教育体系,纳入教育教学全过程;"两个讲究":讲究潜移默化,讲究全方位教育;"两个突出":突出学科教育作用,突出学生的体

验;"两进两出":进课堂、进教材,出课堂、出校门。从课堂教学、学生管理、学生生活全过程渗透德育,从整体上构建学校、家庭、社会纵向衔接,大中小学横向沟通的德育工作体系,使德育工作真正落到实处、融入实际、体现实效。

近年来上海还致力于爱国主义教育基地建设,把它作为弘扬和培育民族精神的重要阵地,这对帮助中小学生了解革命传统、陶冶道德情操、提高思想修养、激发探知精神、培养实践能力,具有重要意义。目前,上海已形成国家、市、区县、街道(乡镇)为主体的四级教育基地网络,近千个爱国主义教育基地,成为开展爱国主义教育和未成年人思想道德教育的社会化平台,为未成年人的健康成长提供了广阔的天地。

项目二:以"培养学生创新精神和实践能力"为重点,加强科学教育

进入 21 世纪,上海城市高速发展。为增强上海城市综合竞争力,"二期课改"突出培养学生的创新精神、实践能力和可持续发展能力,加大科学教育的力度,整体设计中小学科学课程,以拓展型课程与研究型课程为切入点,在小学试验"做中学"项目,在初、高中推进"中国青少年科学素质行动"(即"2049"项目)。

在教育部领导下,上海小学的"做中学"项目,通过组织保障和资源聚集,成功开展各项工作,取得了一定的成效,管理机制日趋完善;教师培训卓有成效,培训教师总共达 500 人次,24 位科普实习教师全面开展助教活动;三度改版网站,提供 80 个教学案例下载,还开展各种交流活动,引进先进理念。

上海中学阶段的"2049"项目,在国家科协指导下于 2003 年正式立项,由科技界与教育界携手,整合资源,构筑青少年科技素质教育的社会化大平台。主要内容包括:以学校拓展型课程为切入点实施科技素质教育、建设青少年科技信息资源库、建设社会化科技活动基地、组建专家团队和志愿者队伍、建立青少年科技素养的监测体系,同时开展青少年科技素质教育的理论研究。近几年来,各项工作进展顺利,已有 500 多名科学家走进课堂,促进了中学科技教育与科学技术实践的结合,在资料包深度开发、教学软件和多媒体课件制作、项目网站建设以及教师教学研究等子项目上,取得了令人振奋的成绩。

项目三:以应用现代信息技术为标志,加强信息技术教育

加强信息科技教育既是当今世界课程改革的趋势,也是上海现代数字城

市定位对教育提出的新要求。为加快上海基础教育信息化建设,以教育信息化带动教育现代化,建设具有国际先进水平的信息化教育平台,上海"二期课改"做了初步的探索,设计了两个面向全体学生的加强信息技术教育的途径:一是加强信息科技的课程,上海率先于全国从小学到高中普及了信息科技课程,以提高学生的信息素养;二是实施信息技术与课程的全面整合,将信息技术和课程这两个系统中的各个部分和各个要素整体协调、相互渗透,形成一个新的统一体系,即将信息技术作为资料的来源、交流的平台、认知的工具和管理的手段,应用于课程的设计、实施、评价和管理的全过程,逐步形成信息技术支持下的新课程体系、新的教育管理、新的教学范式和教研方式,全面提高课程的信息化水平,使上海中小学课程真正体现与时俱进的时代特征。

项目四:以满足国际大都市对现代公民素质为要求,加强外语教育

经济全球化的不断推进,各国之间的交流日益频繁,我们深刻认识到外语对开阔学生视野,促进多元文化交流的重要性。为此,上海率先于全国普及外语教育,提出高中毕业生必须有一门外语在交际能力方面基本过关的要求。同时,为培养学生外语综合运用能力,上海试验"双语教学"和小语种教学,探索多语种教学,加强了外语教师、外语教材和外语学习氛围的"三项建设"。"双语教学"得到了全国同行的普遍认可,产生了积极的影响。

项目五:以完善学习方式为特征,建设科普教育基地和爱国主义教育基地

"二期课改"提出改变学生的学习方式,引导和培养学生拥有与时俱进的思维品质,重视体验式学习、合作学习、研究性学习等方式,形成多元的学习方法观和方法体系。为此,我们通过开发一定的课程资源和社会教育资源来促进学生学习方式的改变。

在社会教育资源建设上,上海充分利用各类博物馆、陈列馆、少年宫、少科站等现有资源,经过不断发掘、整合资源,将其建设成科普教育基地,为学生的社会实践活动开辟新的教育渠道,拓展新的实践空间。学生在这些教育基地中开展各种项目学习和探究活动,拓宽知识视野,丰富学习经历,体验知识应用,实践创新设想,综合素质得到明显提高。

校本课程的管理、实施与价值追求①

2012 年上海市小学阶段校本课程展示活动在上海市民族民俗民间文化博览馆举行，整个活动持续 9 天。从各方面反映来看，参展课程的品质较高，交流互动非常热烈，学生、教师对于互动体验非常痴迷。从活动中可以看出，校本课程的开发与实施，已开始成为上海基础教育发展中的一个特色。

▶ 校本课程的重要性

20 世纪 90 年代开始，中国的课程改革就提出整个课程结构要加以调整。当时，提出的几个维度中，有一个维度就是国家、地方、校本课程。要改变国家课程一统天下的局面，改变课程管理过于集中，增强课程对地方、对学校、对学生的适应性。这是 90 年代课改后推出的一个课程政策，课程结构的一次重大调整。国家课程主要体现国家对合格公民共性的基础要求，但不是教育的全部要求。它有很明显的自上而下的特征，这在所有国家都是如此，它具有一种强烈的通识性与强制性。但是不同的地区、不同的学校、不同的学生，有其差异性，差异性通过什么来体现呢？我们经常说，学校是课程实施的基本单位，课程是学生在学校的全部生活。那么学校课程，作为学生全部的生活里面，能不能关注到这些差异性呢？如果整个国家一个课程方案，全部强调统一性，肯定关注不了差异性。从这个角度讲，我们必须关注课程对人的适应性，当然就要关注地方。上海的孩子同西藏的孩子，生活的环境不同。学生在不同的生活环境中考虑问题的宽度、起点都不同，在基本的国家统一课程下，地方课程的差异性就显得很重要。即使在上海，黄浦区、嘉定区、崇明县肯定也是有差异的。一个地区长期的历史、文化积淀，就造成了这个地方的民风，尽管今天信息的传递已经全球化了，但是当人处于一个具体的生存环境时，这个环境中的自然状态，比如西北戈壁滩上的村庄与江南水乡的村庄，环境肯定有很大差别。今天上海城区与郊区、近郊与远郊都会有差别。因此，我们需要在区域中有一些体现区域

---

① 校本课程的价值追求和实践探索[J].上海教育，2013(1).收录时有改动。

特殊性的课程资源。当然,还有学生个人,因为每个孩子的兴趣不一样,在学校里要有很多不一样的课程让孩子去选择。从这个角度讲,以校为本的课程就显得非常重要,其价值就在课程统整。

今天作为一个学科的教师,应该在学科内容上能统整,不仅仅局限于驾驭一本教材,而且能驾驭整个学科,乃至驾驭整个课程。但是最重要的课程统整价值在哪里呢?教育对象是具体的一个一个的人。所有的教育内容和手段,最终是培养一个一个的孩子,最终的统整是育人价值的统整。因此,以校为本的课程,其价值是统整国家和地方的共性课程要求,体现学校办学的价值追求。这个统整,有两个层面:一个层面在学校。在学校里,国家课程、地方课程和学校课程,不是机械割裂的。学校的课程是个整体,需要校长对学校的课程有一个总体的规划。这次展会部分区提出区本课程,我不太主张提区本课程。区县为学校课程推送一种资源,需要不需要?需要的。我希望区县更多地对学校推荐、推送或者提供校本课程资源,这些资源应该是区里所有学校都能用。至于是不是都要用,由校长来选择。假如某所学校自创能力很强,那么也许就可用可不用;如果自创能力弱一些,那么可能更多地要依赖于区县推荐的课程资源,可能有些内容是区域所有孩子都应该学的,可以提出一些行政的规定,但不称为区本教材。以校为本的课程统整,市、区县都是为学校服务,为学校推送资源,供学校选择,减少摸索、开发的过程。另外一个层面,就在孩子身上。这个统整不是课程内容的统整,而是说所有的课程功能最后是培养一个一个的孩子。比如校本课程,要体现选择性,那是孩子个人的选择。要体现探究性,这是课程的一个功能,如果探究性作为一个素养要对孩子进行培育,那么这种课程应该怎样设计,教师要怎样来观察孩子?这种探究性的课程和学科的课程,对学生认知的评价恐怕会有不同角度。比如,探究型课程的评价角度,可能不只是从学科课程知识点掌握不掌握的角度去评价学生的认知水平,而是学生探究的过程,不仅要观察认知水平,而且要观察元认知。这种对学生的评价需要用其他信息来表达。学科教学可以发张考卷,让学生做题目,而探究型课程就要记研究日记,把真实的感受记录下来,然后对孩子进行元认知的分析、评价。比如剪纸,在一些小学不是用剪刀,而是用刀刻的,叫刻纸课。由于孩子注意力的分配与集中程度不同,有的孩子日记写得很"原始",我很喜欢这种记录。老师指出,我很喜欢刻纸,但往往刻了几条后就没有心思了,所以每个作品都是前面很好,后面的比如动物的尾巴就粗制滥造了。看来我要克服这个缺点。探究的过程、实践体验的过程,实际上是体现同学科教学中对知识点掌握不一样的课程价值。一个是注意力的集中,还有一个是注意力的分配。有的孩子讲:"当我们去研究一个问题的时候,一研究,问题很多,要做的事情很多,我简直不知道从哪里去做起。老师帮助我们把这些事情梳理清楚,然后在我们小组里把活分配给不同的同学做。最后,我把大家的东西集中起来。"看来这个孩子有点领导力——三年级的孩子,这就是一种能力。因此校本课程规范的过程中,非常值得关注的是课程具体的功能。校本课程育人功能、呈现方式、评价,都是同基础型课程中的学科课程不一样的。所以,课程的整合有两个层面,一个是学校的层面,一个是个人培养的层面。不同课程的育人功能,在对某个个人的培养过程中间得到一种整合。

▶ 校本课程怎样管理

凡是课程一定是有课程目标、有课程内容、有课程具体实施手段、有一定的实施过程,最后有个评价。假如说校本课程没有这么一个过程,就像一个俱乐部一样玩玩的话,那么就没办法达到课程的规范。从本次展会所展出的各区县的经验,以及现场互动和论坛,都可以看到有效的管理是校本课程健康发展的保障。希望教研室把在整个展览中间值得推广的经验,用一定的形式,或者是文本,或者是总结,或者是网上进行推介,如黄浦区提出的"建设学生喜欢的课程的六条策略",金山区的课程开发管理流程,普陀区实行的"小学快乐活动日、初中动手探究日、高中创新实践日",长宁区"小学快乐拓展日、初中阅读领航课程、高中主题轴课程",杨浦区的"我的创智天地"……都体现了一种综合性、探究性、学生的高度的参与和选择性,体现了课程管理水平。

当然讲管理,不是说一味地管死,而是通过合理的规范、有效的管理,来保障教与学过程的灵动。作为教师个人创建的校本课程,就应该能够讲清是怎么去发现这种课程资源的,学校为什么选择这样的课程资源提供给孩子,课程目标是怎么设立的,内容是怎么建构的,课程目标与内容建构以后如何实施的。我相信很多校本课程,即便内容相近,但在不同学校的实施方式是不一样的。还有一个很重要的方面,实施下来,这些孩子有什么表现,这需要用实证来表达,不是一句"我这个课程广受学生的欢迎"就行的。怎么受学生欢迎,是采用问卷来表达学生的欢迎还是学生课程日记里边记下了他的内心表达,然后还应该反思一下,校本课程大概哪些方面还需要改进。我希望对校本课程的讲述有这么一个过程,这样使得越来越多的教师,从创建课程教师的真实经验中间去学习校本课程开发的能力。校本课程有一个重点,就是发展学生的个性,这需要一个宽松的学习氛围,因此学校必须给教师个性发挥的空间,必须给学生提供个性成长的空间。区县教育学院、教研室应该为学校、老师、学生提供这样的空间。市级层面也要给区县提供空间。

本次展会上我们给出了校本课程资源的格式化要求,课程必须规范起来。要不然有人会说,我们在 30 年以前就搞课外活动了,现在校本课程也无非是这些东西,怎么从过去的兴趣小组、课外活动升华为今天整个学校课程方案中间不可或缺的组成部分需要规范。各区县所呈现的丰富多彩的成果,既体现了总体的要求,也在组织形式与技术支持上呈现了极大的个性化创意。宝山、松江、黄浦、浦东、徐汇、虹口、金山、青浦……都有效利用了信息化的平台,个性化地呈现出了校本课程的管理和成果。

区县的统筹管理是一大亮点。每个区县的展位上,都有校本课程统筹管理的介绍。可以看得出区县如何统筹、如何盘活本区县的优势教育资源。我在嘉定区中光中学,看了学校文化建设,确实是基于嘉定的文化氛围,内容都同嘉定有关,当然也和嘉定的教师追求生活品位有关,学校校本课程的开发是基于嘉定的独特文化环境。区县统筹在这方面有非常多的资源可以利用,可以吸取区域中优势的教育资源和独特的社会教育资源。其实这里面有个深刻的概念,所有人的生活,都有一个文化生活的生态,都有这个社会文化生态对个人精神的孕育,这是应该体现在有地域文化特色的课程里面的。

▶ **校本课程怎样建设**

校本课程要基于学生的发展需求。黄浦区储能中学的一位教师,就做了一件很有意义的事情,开发实施了旅游地理的校本课程。上海是一个旅游目的地城市,现在的地理教材,让孩子们感觉到离自己距离太远。当然不能因为太远,教材就不上,还是要让孩子知道整个世界。从这个角度讲,有时候开发一些同孩子的生活密切相关的、看得见摸得着的乡土地理、地域地理,能够改变地理课。学生对这位教师开发的这些内容感觉到更加有趣,更加贴近自己的生活世界。这种校本课程,与原来基础型课程中的地理课程之间就建立了一种联系。

同时要发挥团队的优势共建共享。本次展会上纸质教材很少,展出的都是经过很多轮反馈改进、实践锤炼的精品。而绝大部分课程资源,都在电脑里,呈现出数字化特征。校本课程的建设,要发挥团队的优势,走共建共享的道路;要摆脱"编书"的局限,走资源整合、动态生成、信息化之路。因此,一定要关注课程信息化的过程,一定要把很多资源放到网上去。

▶ 校本课程怎样实施

这个问题,在展会呈现的资料中不可能充分地呈现,但还是有一些体现。比如,在很多科目实施方案中都提到的实施建议或实施原则,但还看不到过程,"说课"的过程还难以看出。展会设计了论坛,还设计了互动体验活动,通过活动可以展现一部分过程。从论坛微报告看,黄浦区大同中学的教师、闵行区梅陇中学的教师、静安区七一中学的教师、杨浦区上理工附中的教师,都用自己生动的事例展现了校本课程的实施过程,都体现了课程实施中那种灵动的意义和价值,让孩子在充分的互动体验与积极参与中,有效地活动、思考、观察、质疑、反思、升华。从花絮短片中,已经可以感受到学生参与这种互动时的兴奋与投入,这正是我们所追求的效果。如果没有一个过程,只是编一本教材,没有学生享受的一个活动过程,然后去反馈,这是会有问题的。

▶ 校本课程成就了谁

校本课程成就了谁? 我个人认为,学生第一,教师第二。我说的学生第一,是指所有的教育工作者同我们的教育对象这对关系中谁第一,当然是学生第一! 如果在所有的教育工作者,包括行政、学校、教师这个圈内,那应该是教师第一。如果把这两对关系来排一排,那么就是学生第一,教师第二。李希贵写了一本书叫《学生第二》,主张先要建设好教师队伍,然后学生第二。这显然不在一对逻辑关系里。如果在一对逻辑关系里,那就是学生第一。

成就了谁? 成就了学生,最后是作用于学生。第二教师,第三当然也成就了我们的学校。我想一所学校最值得骄傲的应该是学校的课程。因此,学生、教师和学校都在校本课程开发与实施中得以成长。教师专业提升,在校本课程开发中间形成的课程开发能力,是教师专业能力中非常重要的一块,他不再是简单的课程实施者、执行者。这样的教师就有可能向复合型教师转变,就有可能在课程开发中不断地提升教育境界。假如他不仅仅关注学生的认知,而且关注学生的元认知,这样教师的境界就会不断提升,教师的工作方式和思维方式就会不断地转变,而且进入到这个境界,教师会感觉到越做越有劲。这是一个可以无限开发的矿藏,他个人的能力、教育境界会不断提升,课程意识和能力会不断提高,他会感觉到很幸福。

所以,校本课程可以成就学生,成就教师,当然也能成就学校。

2. 发挥课程的整体育人功能

学校的根本任务是育人,育人的根本途径是通过课程来实施的。而当前我们正在面临转型的内涵发展,最根本的是使课程及其实施更加适应育人的需要,体现现代社会育人的要求,进入内心世界的要求。

准确理解学科的整体育人功能①

学科育人,并非新话题,是学校教育在历经种种价值寻求的最终回归,是对长期以来某些学科教学功能异化的逐步反思和拨正。可以这么说,似乎所有的人都知道学校的学科有哪些,但并不是所有人都能说清楚学科育人到底是什么。虽然有很多教育工作者做出了种种努力,但面对越来越丰富的课程形态的同时,我们还需要深入地研究:什么是真正的教学目标? 作为课程承载形态的

① 准确理解学科育人是课程改革深化的必然要求[J].现代教学,2013(7、8).收录时有改动。

学科，其真正的作用是什么？而学科教学又是怎样的活动？它具有的内在价值到底有哪些？我们从以下三个方面作深入探讨。

▶ 学科知识固化形态与学习者的关系

这是指课程中呈现的学科知识体系、结构以及内容本身与人的发展存在的联系。在某种程度上，涉及学习者的学习动机问题。

学校的学科设置和分科教学，并不是从来就有的，在我国自近代才开始，从时间跨度上也不过百多年的历史。学校的学科设置在一定程度上代表了社会发展的进步，它比较快速地解决了教育为社会需要而培养人才的目标问题，让受教育者能够在一定时间内，最大限度地学习、了解甚至掌握不同领域的知识和信息。基础教育的学科教学，解决了学习者的阅读、书写、计算等基本技能的培养，为学习者进入后续更高阶段的学习和研究，提供了基本能力，学科教学逐步提高了全社会的科学文化素养。

但学校的学科教学同时存在值得研究的问题，单一的考试评价导向，让学科教学陷入纯知识点的追求，学科内容被碎片化、断点化，有些教学内容既不反映学科内容的逻辑完整性，也不反映知识体系要素的关联性。学习者仅仅关心知识点的局部结论和考试的要求，忽略了很多属于学科知识意义的内容。比如，人类在该领域知识体系的认知形成过程中的思考与方法；该知识体系如何解释人类自然和社会的过去、现在以及将来的相关发展问题，以及其拥有的解释世界的方法和工具是什么；这些知识体系如何揭示和挑战人的认知极限，体现人类在知识领域中所作的诸多探索的过程，为真理而孜孜不倦的追求甚至牺牲生命的可贵品质等。

不同知识对人类发展的结果和意义是不同的。就学科教学而言，不仅是向学习者解释知识是什么，而且要让学生了解所有的学科对他成长的意义，以及如何成为他和社会相联系的重要纽带。因此，学科本身自有的内在要素，诸如人类解释世界的逻辑和结构、人类对此领域知识形成的情感和方法等，都是重要的学科内容，这些内容作用于知识体系中，是需要学生用自身的实践过程逐步体验和感悟的。只有理解这些，才能让学生知道学习内容的意义所在，才能够影响和改变他们的世界观和价值观，引领他们去思考未来对于社会应有的责任方向。

▶ **知识学习过程与学习者的关系**

学科学习的过程,是学习者主体意识和能力养成的过程,其中包括了大量的认知、行为和情感的矫正与强化的交互表现,是学习者人格与品性形成的重要渠道。

纯学科知识点的关注、对试题标准答案的追求,让今天的很多学科教学陷入"去学习者主体性"的状况,主要表现在学习者只关注考试结果的动机,主动学习动力不足,思维能力不够,学习方法缺失,由于认知的局部性和局限性而影响更多的良好行为品质和情感态度的形成。比如,当学习者习惯长期被动地接受知识的结论,从认知角度,其自身内在的逻辑思维和结构化能力就会削弱,从而影响他的判断和分析,继而会影响他的学习兴趣和动机,最终带来的是学习者对学科知识理解的偏差和误判。

课程的三维目标,并不是独立并行的三种平行目标,而是相互统整、同时作用于学习者学习过程的综合性要求。知识与技能是在有效的过程与方法中获得的,而其中的学习主体性思维品质和能力的建立与形成过程,就是态度、情感的养成过程,态度、情感最终影响价值观的建立,而情感、态度的深度强化又会加速知识的学习和能力的提高,这是围绕人的成长过程的课程要求。所有的学科虽内容领域不同,但都应该设计符合人的成长与发展的课程目标,从而实现人格完整、人性完善的教育目标。凡是一切围绕知识点的训练和强化,不关注学习者的过程感受,不关心学习主体的情感、态度乃至价值观的收获与取向,都是对今天学科教学的异化。

学习者的知识学习过程,伴随着思维方式和行为态度的变化,其实是一种知识人格化的形成与显现过程,包括学习者需要逐步学会对他人的态度,能够建立起个人的学习兴趣与周边环境的关系。这种关联,小到与家庭,大到与社会、国家,能形成一种良性的、理性的、符合自身发展规律的判断和选择,能对学习和生活抱着主动探索的精神,有良好的学习能力和积极的生活态度。

由此,对于研究者和指导者而言,需要更进一步地界定学科教学的真正教育内涵,给学习者以清晰的解释和引领。以语言文字类课程为例,学习语言文字的目的不是仅仅掌握语言和文字的表达技巧,而是要发展有效的沟通。能够清晰地有逻辑地表达和交流,这是语言文字课程的重要基础技能。在此基础上,是进一步的要求,包括表达内容的价值倾向、所反映出的内心真实情感,以及对审美的理解等。这是由低到高的课程要求,需要通过学科的系统知识载体的选择和设计,才能帮助学生进入其中,逐步实现从对文本的理解转向对文化的理解,进而达到自身文化修养的提升。当学习者能够用该学科的基础技能而造就良好的人文素养时,不仅实现了语言文字课程的工具性与人文性统一的要求,而且也达到了该学科的育人目标。

▶ 有效教学与学习者的关系

学校的学科教学因其组织性和标准性而有别于其他的学习形式。在班级授课制形态下,如何面对学生的差异,如何在某些标准化的要求下,实现学科的全面育人功能,是一个极具现实的研究命题。学科的有效教学是关注教学关系、建立学科与学习者的个体化联系、基于学科价值统整的目标追求的三者统一。

教学和其他社会活动功能不同。在学科教学中,教学关系是一种影响教学成效的重要参数,在一定程度上,有什么样的教学关系就有什么样的课堂生态和学校文化。长期以来,我们的教学权力始终由教师全面掌控,学习者习惯被动接受,主体性的交互比较少,这直接影响学习者在学科中的整体学习品质和思维能力。不过,特别需要指出的是,当前教学关系中一些形式上的讨论和合作,如果没有作深入实质的思考和设计,只追求停留于表面的、不解决真实问题的互动,将会给学习者带来更坏的后果,长此以往,会对学习者群体性的交往文化带来严重伤害,这是需要当前广大教育工作者加以重视的问题。教师在学科教学中,应该建立公正公平、恪守规律、温和宽容、团结合作、善于探究、勇于克服困难、秉持信念的学习文化,并把这样的文化所需的品质通过教学过程传递给学习者,让良好的教学关系成为未来人际关系和交往文化的基础。

学科教学的另一个重要价值是要让学习者知道个人在学科中的主体责任和意义,这是当前学科教学相对缺少关注的问题。学科教学的意义不在于考查学习者能用多少解题技巧来表现其学习成效,单一的知识点导向和考试驱动,会让学习者容易失去学习的真正动力和目标。学科教学要能持续激发学生对学科领域的兴趣,这是学习的动力,也是学科教学的价值。学生在学科学习中,需要了解学科的知识领域和社会发展的关系,以及和个人的关系。这个关系不是一种简单的职业对应,而是自己是否能在这样的知识领域里找到某种联系,这既是一种思维联系,也是一种价值联系。而这样的逻辑关联,是建立在理性、科学、顺应规律的思维基础之上,能改变学生的认知能力和方法,以及对世界的真实看法的。学习者在学习过程中,需要建立知识与人的关系、人与人的关系,重新获得知识的社会意义,获得判断的方法以及社会性要素的基本概念和路径,这是德性培育的重要的基础。在这个过程中,教师的责任是帮助学习者正视在学科学习中的实际状态,面对不论何种起点的学习者,给予他们充分的信任和鼓励,提供给他们良好的生态氛围和人际环境,这些因素在某种程度上决定了学习者是否能胜任学习任务。

学科学习虽然以分科形式存在,但学习的最终意义是对知识的融通和应用,学科教学在良好的教学关系和个性化关注的基础上,应该收获的是影响学习者自身的道德判断和价值认同。而这种判断和认同,是通过实践表现的,就像著名的教育家赫尔巴特所认为的"人的真正本性是在实际从事的活动中显露出来的"。这里的本性,应该是指人的所有的行为特征和价值取向,而学校的学科教学则要提供针对这些本性特征的实践场景和学习要求,让学习者逐步知道、学习并强化某些实践能力,包括基础分析力、判断力、理解力和意志品质。这不仅是所有学科都必须承担的责任,也是所有的教育者都应该承担的责任。早在近一个世纪前,蔡元培先生的"教育者,养成人格之事业也。使仅仅为灌注知识、练习技能之作用,而不贯之以理想,则是机械之教育,非所以施于人类也"的论述,是对人类教育规律的深刻揭示,无论人类面对怎样的不同时代,育人的核心是不变的。

和过去相比,今天的学科学习更多是指导并增加学习者对人类文明进步和文化发展的解释性和价值评价,是建立人的认识和人类未来进程的关系。今天的学校教育,更要让学习者能够面对比过去任何时代都复杂和多元的世界多样性,从中更全面地了解自己国家和民族的发展基础和目标定位,以及我们该坚持的文化坚守与价值取向。对学校而言,学科教学要承担非纯粹理性的标准建立,更重要的是要提供丰富的学习过程与合乎人的发展规律的实践体验。学习的目标是达到价值目标的自我核查,当我们的学习者能在学科学习中自觉地形成尊严、平等、负责任的价值观,能主动捍卫自己的道德选择时,学科育人的目标也就真正实现了。

学校德育的任务:建设师生的精神家园[①]

德育是育心、育德的文化——心理活动,它通过促进人的德性健康成长,为人的全面发展和幸福生活服务。今天学校德育离开这个要求还有一些距离,需要进行一些变革,我们要通过对青少年德育现状的分析和研究,予以准确把握。

有一位学者曾经说过,青少年面对着三个世界的教育:知识世界、社会生活世界和心灵世界。我认为是很有道理的,我也试图从这个角度作一些分析。

一是知识世界的教育,主要通过学校教育来完成。它是通过从无到有、从少到多的知识积累过程,使人的知识结构趋于完善,知识储量趋于丰富。对于知识世界的教育,我们的基础教育还是有它自身的优势和特点的。问题是我们如何通过改革,使得知识教学的过程,同时成为学生体验知识创造的过程、了解知识的科学和人文价值的过程、学会学习和探究的方法的过程、生成和发展持续学习愿望的过程,从而使青少年的学习更加体现当今时代的要求和特点,更加符合青少年学生身心发展的规律。

二是社会生活世界的教育,需要通过教育回归生活、学校融合社会的途径予以有效实施。青少年的德育,关系到如何把青少年培养成为一名理想的社会成员。对此,学校乃至全社会都是很重视的,问题是德育本身是否符合自身的规律。当前德育的一个突出问题是,德育常常孤立于社会生活之外。我们为青少年学生设计了德育"主渠道",客观上却使得德育被挤到了一个狭小而有限的时空。在德育的实施中,常常只重视德育知识的传授,忽略在社会生活的真实背景下道德行为的养成和道德情感的培育,道德认知的教育与道德情感的培育、道德行为的养成处于分离状态。如果道德知识的传授,与真实的社会生活世界相脱离,学生必然缺乏实际的感性生活,只能是死背教条。所造成的结果必然是:学生接受的是德育课程知识的因素(目的是为了对付考试),而真实的、丰富的社会生活的真谛被遮蔽了。这恐怕是所谓德育

---

① 德育的任务:建设师生的精神家园[J].上海教育科研,2003(2).收录时有改动。

实效性问题的主要成因。

今天的德育必须开放才能吸纳时代精神,才能应对当今教育对象道德生命成长中的种种矛盾和冲突。因此必须置德育于社会生活之中,让青少年在生动和丰富的真实环境中感知生活、感悟人生,从中学习与锻炼思想批评力、道德选择力和创新的心理取向和能力。德育是生活的德育,应当以生活为基础,在生活中实施,又引领青少年学生未来的生活,从而帮助他们在适应社会、实现自我的过程中获得更加美好的生活。

三是心灵世界的教育。它最复杂、最奥妙,是触及心灵影响、培育人的精神的教育。心灵世界的教育不能靠"灌输",也不能靠"塑造",只能在师生共同参与、教学相长的过程中,由教师引领学生自主认知、自己体验、自己感悟、自己抉择、自己践行,才能寻找到自身的精神家园。

心灵世界的教育可以通过多种途径实施,如艺术教育。艺术活动与审美活动紧密联系,最具吸引人的趣味性,也最具贴近心灵深处的感性,如阅读,通过阅读文学作品可以用心品味生活、洞世明事,去体会和认识人的心灵世界;通过内容广泛的书本阅读可以寻找和获取广阔的生活世界中益人心智、怡人情性的知识和信息。再如,人生实践。人生实践中人们所受到的理智的挑战和内心的震动,所获得的感动和鼓舞,人生态度、价值观的丰富和提升,精神的陶冶和心灵的净化恐怕是其他形式无可比拟的。

然而,这里特别需要讨论的是学校生活,尤其是在学校生活中占比很大的学科教学如何在学生心灵世界的教育中发挥作用的问题。我们说,教育的文明功能和对心灵的铸造功能应当统一,因此学生的文化学习过程也应当是智力发展和道德成长统一的过程。从整体融合的教育观出发,全部教学和学生生活中都包含着德育的实施。可以说,以正确方式传授知识和技能,其本身就是对整个人的精神教育。问题是我们如何具有主动意识,着力改革现有的学科教学,使得学科知识的学习不仅仅是知识传授,而是真正成为学生的精神生活,成为学生的生命活动。

总之,为了促进人的全面发展,我们热切地呼唤学校德育能够更多地关怀学生的精神生活,关怀学生的精神发展,关怀学生道德生命的健康成长,使得学校和课堂真正成为学生生命活动的精神家园。

在课程教学中落实"两纲"教育①

英国哲学家培根说："读史使人明智，读诗使人聪慧，数学使人精密，哲学使人深刻，伦理学使人有修养，逻辑学使人善辩。"所有学科本身都有育人的功能。任何一门学科教学，都要以这门学科包含的丰富内涵育人，这种育人作用不是贴标签，不是强加给学生。

▶ 高度重视"两纲"教育在课程中的落实

"两纲"教育要聚焦到课程实施，聚焦到学科教育中。"两纲"教育不是筐，不需把所有东西往里面装。"两纲"教育纲目要分门别类，纵向从幼儿园到高中，横向是不同的学科，整个学段、整个学科中都要把"两纲"落实进去。要通过课程标准的修订、教材的修订、教学实施的设计、教学评价的体现，把"两纲"教育所有内容落实到整个过程中间。当然，实施过程中间学校可以创新。敬业中学把"两纲"教育和学校自身的文化积淀结合起来就很好。要深入挖掘课程内涵中的德育功能，德育功能核心就是落实"两纲"，学校、教师、教研员要一起按教育规律深入研究。

▶ 切实落实人人都是德育工作者

古代教育导善、劝善的功能是教育的本原，今天我们在某种程度上一定要使教育回归到本原上来。教育的教化与育人的双重功能，就是今天的教育功能。当然，今天的教育，还不能完全摆脱功利性。但是，从育人的角度来讲，教师在教学的过程中，需要提高学生的认知，同时要提高他们的情感，增强他们的意志力，完善他们的人格。虽然我们今天的教育面临摆脱不少困境，但是我们一定不要忘记教育的本原、本质，这个育人功能与所有的学科教师都有密切的联系。这是因为，教学内容中的学科知识都是学生精神与德性发展与升华的智

---

① 育人为本 以德为先：发挥学校整体育人功能［R］.2011-5-29.根据在上海市敬业中学贯彻"'两纲'现场会"上的报告整理。

力基础;教学的组织形式对学生形成合作与互助的品质能起到潜移默化的作用;教学过程所营造的自由民主平等的氛围,对学生形成创新精神和对真理正义不懈追求的品性具有重要作用;教师在教学中严谨的治学态度和敬业精神,以及教师在学校生活中体现的人生准则和处世规范,可以成为学生的示范和榜样。所谓人人是德育工作者的含义,就在这四句话中。

▶ 各尽其责,形成合力,落实"两纲"

校长、教师、教研员需要在进一步贯彻"两纲"、在发挥学校整体育人功能中各司其职。

▶▶ 校长的职责

课程实施是以学校为基本单位的。作为一所学校的校长,要始终把育人放在学校最重要的位置,在课程实施中始终贯彻落实"两纲"教育。我们必须客观地、理性地认识今天的教育,处理好德育与智育的关系,真正把智力发展与道德成长的过程统一起来。校长是课程领导的核心,怎样使课程适合于学校的育人目标,是需要校长把握与思考的深层次问题。

▶▶ 教师的职责

教师要从单纯的结构性的知识传授转向以全面育人为目标的教学过程实施,这是现代教育对教师的要求,在改革的任务面前,教师要不断学习、实践,改变自己的工作状态、工作能力,做素质教育的实践者、课程改革的探索者。教师要把育人的责任放在更加重要的位置上,把育人和育德实实在在地落实到教学设计、课堂教学、作业批改、行为规范、教研活动、备课活动之中。

▶▶ 教研员的职责

教研室对学科的育人价值,对所有学科教学中落实"两纲"教育的要求要有更加清醒的认识,有更加紧迫的自我要求。我们的目标是把它做好、落实好。当然,这是一个探索的过程,也是一个行动的过程,需要长期不懈努力。特别是所有的教研员,一定要在日常的教研过程中更加重视对本学科德育功能的理解认识,充分挖掘学科的德育功能。只有唤醒每一个教师自觉育人的责任心,认清并且承担起任教学科教学中的三维目标的实践,才能更好地落实"两纲"教育。

尊重儿童天性,积极发挥少先队育人功效[①]

维护儿童的正当权益,激励儿童努力学习,将来成为对社会有用的人才是少先队的使命所在。为配合基础教育从应试教育向素质教育的战略转变,少先队在培养少年儿童健康向上的人格意识和初步的生存、发展技能方面的功能逐步凸显。

▶ 依据儿童的"天性"寻找教育的节奏

"天性"是儿童教育的起点。每一个儿童都是一个有"天性"的个体,儿童教育要从儿童的"天性"出发,尊重和发展它。著名儿童教育家卢梭曾经说过,人的教育要同人的"内在自然"或"天性"一致。儿童是自然的人、社会的人、有意识的人,同时也是不成熟的人。作为自然的人,儿童有其身心发展的特点和独特需要,他们好动、好奇、好玩,兴趣多样但不稳定,自主性和独立性逐渐增强,这些都是儿童作为自然人的本能反应,是成长规律的反映。作为社会的人,儿童自生来之日便处于一定的社会关系中,他们是家庭的一员、社会的一员、同龄人的重要伙伴。他们既是客体,也是主体。作为有意识的人,儿童有解读外界环境和自觉主动行为的能力。作为不成熟的人,他们在生理和心理上的需求、在认知和行为方式上与成人尚有很大区别。认清这些,儿童教育就能找到自己的节奏,就不会盲目超前或者消极滞后。因为对儿童天性的误读而打乱了这个节奏,是十分危险和有害的。卢梭提醒我们,大自然希望儿童在成人以前,就像个儿童的样子。这启发我们暂时忘却成人的思考方式和行事规则,从其"天性"出发,精心编制科学合理的辅导和教育体系,少先队组织就是这个体系中的重要的构成。

▶ 少先队组织是新时期学校教育工作的重要力量

少先队是少年儿童的群众组织,是少年儿童学习中国特色社会主义和共产主义的学校,具有政治性、教育性、儿童性、群众性和自主性等特点。

---

① 在段镇先生少先队学术思想研讨会上的讲话[R].2008-9-12.根据讲话稿整理。

第一,少先队的性质和任务决定了少先队的作用。少先队工作的主阵地在学校,是学校教育工作中不可替代的重要力量。当代教育以学生为本,通过掌握知识、养成态度、锻炼能力和培养习惯等环节,实现学生知识、技能、态度情感和价值观等多方面的发展。少先队员自我管理,自我教育,通过参与各种有意义的活动,在实践中培养能力、增长才干。少先队是学校教育的得力助手,配合学校引导少年儿童树立远大的人生理想,培养他们的积极性、主动性和创造性,养成诚实、勇敢、活泼和团结的作风,促进广大少年儿童全面而有个性地发展。

第二,时代对儿童的召唤更加凸显少先队组织的重要作用。当代少年儿童生逢社会主义祖国蓬勃发展的伟大时代,承担着承上启下、继往开来的重要使命。从现在起到 2020 年,他们的青春岁月将伴随全面小康社会的伟大历史进程,将从天真烂漫的红领巾成长为风华正茂的青年。那时,历史的接力棒就将逐步转移到这一代少先队员手中。他们的思想道德、科学文化知识和心理生理素质,将直接关系国家的前途和民族的命运。少先队具有特有的政治优势、组织优势、活动优势以及资源整合优势,通过它,配合学校做好少年儿童工作,有助于把少年儿童培养成为推动国家发展和民族进步的一代新人。

▶ 以科学理论为指导,积极发挥少先队的育人功效

今天儿童所处的成长环境发生了很大变化,一方面,社会发展对未来人才提出了更高的要求,这些要求必将作用在当代儿童身上;另一方面,新的社会环境又给儿童成长带来新的压力。2008 年开学初的几天内,本市接连有 4 个初中学生跳楼,结果 1 人死亡,2 人重伤,1 人被警方劝回。少年儿童,或殒命在蓓蕾年代,或出现结束此生的念头,严酷的现实把素质教育再次摆在更加突出的位置。2008 年暑期,国家领导人召集全国各地的有关专家,在北京召开会议,讨论制订国家 2011—2020 年中长期教育规划事宜。在这次会议上,素质教育再次成为新形势下国家教育事业规划的主题之一。少先队工作在目标、对象、领域和主阵地上,都同素质教育有着共同的背景和追求,因此它是素质教育不可缺少的重要组成部分。服务素质教育,既是党和国家赋予少先队工作的光荣任务,又是当前教育工作的内在要求。少先队工作要进一步以科学理论为指导,充分发挥育人育才功效,把竭诚服务少年儿童健康成长作为全部工作的出发点和落脚点。尊重少年儿童的主体地位,倾听少年儿童的心声,研究少年儿童的

需求,深入分析当代少年儿童的心理发展特征和思想特点,全面分析学校、家庭、社会对少年儿童的影响和作用。进一步充分发挥少先队组织在素质教育中的思想政治的启蒙作用、自主自动的主体作用、团队组织的群体作用、实践活动的锻炼作用,更好地服务于少年儿童的全面发展和健康成长。

在基础教育工作中,少先队的作用应该得到充分发挥。大家都比较关心的是推进素质教育,减轻孩子过重的课业负担。对孩子的教育,从科学发展观的角度来讲要以人为本,重要的是为孩子的终身发展奠定基础。我们要推进素质教育,方向和动机都是好的,但是教育的问题比较复杂。举例来说,20 年前大家感到教育发展缺少经费,即便在 10 年前,上海郊区小学和初中生均公用经费分别仅有 60 元和 80 元。就全国而言,许多农村小学和初中根本就没有生均公用经费。而今天政府投入教育的资金总量是前所未有的,国家规定,要保证在未来三年内全国农村小学和初中每个孩子每年分别要有 300 元、500 元的生均公用经费。当下教育经费已经不是主要问题,要真正提高教育质量,除了经费和装备之外,最核心的是内涵发展,其中一条是靠良好的师生关系。师生关系的核心部分是学校生活中的师生沟通,教育质量不仅包括各科教学的分数,更重要的是教学实施中人与人心灵交往的质量。

班主任要通过建立良好的师生关系在学校与班级生活中潜移默化地影响学生的情感、态度及价值观,这是教学的根本任务。我们可以充分利用少先队组织,来增进师生之间的交往,取得学生的自主发展。对于孩子来讲,他们必须有所敬畏。一个民族要有所敬畏,敬畏人类的文化精神,这才是文明的人,践踏文化则是野蛮的人。孩子应该敬畏人类的文化精神,但他们还小,文化精神对他们而言显得既遥远又难以理解,所以,首先应该教他们学会敬畏组织,少先队要通过辅导员的主导营造一种组织的氛围。孩子的价值观念需要自己建立,在建立的过程中,我们要给予帮助。少先队组织的活动,对孩子价值观念的建立可以起很重要的作用,可以让他从小理解人类文明、组织制度等。从这个角度讲少先队工作在教育孩子的育人过程中是可以起很大作用的,班主任可以通过中队辅导员这个角色来推动。因此,班主任的培训一定要有“怎么做好中队辅导员”这一课,希望一些能够做好中队辅导员的教师用实例帮助大家做好中队辅导员工作。

在教育改革中,少先队的活动有很宽广的天地。今天很多教育改革措施推出的时候,教育部门的同志可以进一步考虑如何发挥少先队组织的作用,来推动孩子的培养工作。

我想对教育系统的同志提几点要求:

第一,在教育工作中始终要把少先队工作纳入教育工作的总体规划和工作中。我们提出过"三纳入":一是规划纳入,把少先队工作纳入教育发展的规划;二是督导纳入,把少先队工作纳入对学校工作指导检查考核;三是培训纳入,把少先队辅导员的培训工作纳入师资培训系统内。

第二,要进一步加强检查督导。综合督导要有少先队的内容,对有关少先队工作意见的贯彻情况进行督导,希望各区县加强这方面的工作。

第三,要加强辅导员队伍的建设和培训,重视在新时期、新条件下对少先队工作的规律和少年儿童成长规律的研究。我们一直希望以不低于学校中层干部的标准配备大队辅导员,我们希望能延续这一惯例。我们在推出新的改革举措时,一定要考虑到辅导员群体的工作特点,考虑到这支队伍的专业发展需求、稳定性、知识结构、对孩子心灵的洞察力等。

第四,要提高班主任的中队辅导员意识,用"组织"去做孩子的工作。班主任上岗、在岗、骨干培训都要安排相应中队辅导员"应知、应会"的内容和少先队工作的基础性内容。

给中职德育注入丰富的精神内涵①

中等职业学校毕业生是我国新增劳动力的重要来源,其道德素质在很大程度上影响了从业人员队伍的整体水平,能否把这些学生培养成适应现代社会发展需要、德才兼备、知行统一的高素质劳动者,成为上海中职德育工作推进的关键。

中职生是一个非常特殊的群体。经过九年义务教育之后,他们通过中考,以相对偏低的文化课成绩进入中职学校,接受以就业为导向、以专业技能训练为基础的职业技术教育。在传统观念中,大多数中职生在应试教育藩篱下被认

---

① 给中职德育注入丰富精神内涵[N].中国教育报,2009-6-27.收录时有改动。

定为"中考失利者",因此,他们往往在走进中职学校的第一天起就普遍产生了自卑心理,导致自信心不足。要把原本不具备职业特征的学生培养成能胜任未来职业的高素质技能型人才,就必须探索如何将中职德育有效融入职业教育全过程。为此,近年来,上海结合地域特点和中职内涵发展阶段特征,通过一系列行之有效的德育载体,帮助学生在职场与终身发展中成人成才,进而走向成功。

▶ 注重研究学生,帮助学生认识自身价值

以"失利者"心态走进中职校的学生很容易自暴自弃,同时这一年龄阶段又是世界观、人生观、价值观逐步形成的关键时期,对这样的学生开展德育工作需要教师的教育艺术。许多学校鼓励教师将单一的说教转变为多样化、开放式的疏导教育。教师们从不埋怨学生的学业基础,而是尽可能地利用好各种社会资源,更多地通过对学生进行赏识教育和激励教育,做到"一把钥匙开一把锁",同时用"面对面、心贴心"的方法,让学生明白自信心是一个人事业成功的动力源泉。此外,针对中职生动手能力强的特征,教师们不断创设条件,注重实训和技能的培养,并在实训的过程中,发现学生身上的闪光点,帮助其认识自身的价值,从而恢复自信。

▶ 用上海开埠以来历史文化的积淀,激励学生正确认识职业价值

上海是中国近现代工业的发祥地,也是中国职业教育的发源地,上海职业教育的发展曾引领全国的"实业救国"。无论是"中国近代民族工业发源地"的江南造船厂,还是黄炎培积极创建的中华职业教育社,都为我国的工业文明注入了人力资源的新鲜血液,也为中国职业教育史留下了精彩华章。这是上海职业教育的"精气神",这笔宝贵的历史财富向当代中职生无声地传递出一股力量:"用自己勤劳的双手、精湛的技术和创新的智慧撑起民族振兴的精神是职业教育神圣的使命。"近10年来,上海大力推进产业结构调整,产业构成与布局逐步趋向合理,无论是结构优化还是产业升级,都需要大批高素质复合型的技术人才。在职业教育面临着前所未有的机遇之时,许多中职校充分挖掘职业教育自身的文化内涵,通过对引领行业发展的劳动模范、新长征突击手和岗位能手等榜样的学习,进一步强化中职生对职业教育和所从事行业精神的认同度,从而将自己的职业情感、文化认同和精神追求融化在做人、做事的每一个细节之中。

▶ 将德育融化于学校整个教育教学环节之中，创造润物无声的教育氛围

上海中职教师清楚地认识到，德育不是游离于教育教学活动之外的"叠加"，也不是与知识、技能对立的"抽离"。对于每一个学生个体而言，教师必须关注其知识的世界、社会生活的世界和心灵的世界，应该认识到知识是文明的基础，技术也不是简单意义上的"干活儿"。学科知识和技术技能是中职学生德性成长与发展过程中的重要基础；学科知识和技术技能是被赋予了丰富的社会价值之后的呈现，其中蕴含着深厚的人文价值。因此，融化于学校教育教学整体之中的德育，被教师通过和谐的师生交往传递出去，并以教师正确的道德选择在师生关系中不断呈现。从这个意义上说，教师自身的道德水平、一招一式、处事为人，都对学生起着润物无声的作用。

引导学生科学理性地规划职业生涯，将个人的兴趣爱好与社会发展的需求紧密结合，在担当社会责任的过程中正确认识自身价值，这是上海中职德育有效推进的一大特色。规划自己的职业生涯，实质上就是对社会、对自身的准确定位和价值认同的过程。传统教育关注的重点是人在社会化早期所应掌握的基础知识和基本技能，对学校教育与社会的连接较为忽视。而职业生涯规划教育恰恰跨越学校教育与社会之间的"鸿沟"，在注重社会化过程中的一般知识和技能的传授与培养的同时，更加关注每个社会化个体间的差异性，注重个性特征的发展，依据每个人的兴趣爱好、心理特质、身体条件而进行特殊知识与特殊能力的传授，同时强调人的自我成长，强调人与环境的协调与互动，这与时代和社会发展的要求十分吻合。

丰富和充实中职生的精神世界，为他们的终身发展服务，这是上海中职德育继续深入推进的未来方向。今天我们培养的中职生不是单一的"操作工"，而是一个能够适应未来社会飞速发展的高素质复合型人才，他将在一线工作岗位上通过自己的劳动和智慧发挥技术革新和再创造的作用，同时也应当在社会闲暇生活中充分享受高尚精神生活的愉悦和乐趣，因此丰富他们的精神世界，为他们的终身学习和发展奠定基础应该是职业教育的重要使命。近年来，上海已经开展了一系列探索，如通过"高雅艺术进中职"活动、丰富多彩的学生社团活动和其他艺术体育活动，营造优良的德育环境，体现更广泛的人文关怀，意蕴丰富而深刻，让学生感悟人生的价值和责任，懂得做人的道理和方法，提升精神生活的品位和质量。

上海每两年一次的职业学校星光计划技能大赛,既是促进技能训练的手段,还是在切磋技能、展示风采中磨炼意志、提高敬业精神和团队精神、提高职业道德的平台,更是把尊重劳动、尊重技能、重视职业教育的人才观植根到广大中职学生的世界观中,使"劳动光荣、劳动幸福"的精神境界得以升华的契机。

城市的发展是人类文明发展的重要标志,城市的发展依赖于职业技术的发展。成千上万个职业构成了城市的经济体系和社会组织,几百万、上千万个劳动者世代更替、一脉相承,以他们的勤劳和智慧,在各个不可或缺的职业岗位上,创造着财富,刷新着文明,而我们的职业教育肩负着向富有生机的城市生命延续输送新鲜血液的任务。

职教德育任重而道远!

3. 重视课程实施,改善教与学

教学是学校教育活动的基本构成部分,是实施学校教育的基本途径,是学校全面育人的主渠道。把教学工作放在学校工作的中心地位是教育规律决定的。当前,我们正在进行的教学改革,就是要改变陈旧的、低效的、已经习以为常的教学方式,来加强对学生学习活动的引导,加强师生互动、生生互动,使教学过程成为学生主动学习的过程。

全面提高教学的有效性[①]

新课程实施以来,学校聚焦课堂教学改革,落实"两纲"教育,加强信息技术与学科教学的整合,课堂教学发生了明显的变化。但是,仍存在不少的问题,主

---

① 深化课程与教学改革 全面提高教育质量[J].上海教育科研,2007(9).收录时有改动。

要表现在整体认识和把握教学全过程不够,没有处理好展示课与常态课的关系,常态课的问题仍然较多,学校之间、城区与郊区之间存在差异,对作业、个别辅导等环节重视不够等。针对上述问题,当前的教学必须突出以学生发展为本的质量观,确立"师生互动、平等对话、关注过程"的教学观。聚焦教学、规范基本教学环节、提高教学的有效性,主要落实在以下三个环节。

▶ 正确把握教学目标,注重教学目标、过程与结果的一致性

知识与技能、过程与方法、情感态度与价值观三维目标作为教学目标,大家都已清楚。但是在实际教学中如何落实三维目标,仍缺乏有效的措施或载体,同时教学的目标、过程和结果之间也没有很好地衔接。在当前课程改革过程中,有的教师只注意教学过程中的形式,而没有很好地把握活动的目的和目标,教学过程与教学目标相脱离。比如,新课程十分注重发挥现代信息技术在教学中的作用,十分注重小组讨论,目前教师已普遍注意运用,从而使得教学过程显得很热闹、很灵活。但有的课堂教学中"媒体运用"的实效性、小组讨论的实效性并不很理想,并没有有效地服务于教学目标,因此这方面还需要我们继续深入研究。

对三维目标的整体把握,首先需要我们认真学习和研究课程标准,把握学科核心教育价值,把握教学内容的核心教育价值,由此准确定位每节课的教学目标。其次,教学目标要强调以德育为核心、以创新精神和实践能力为重点,促进学生的全面发展。再次,教学过程和教学结果要回应教学目标,"师生互动、平等对话、关注过程"的师生关系和课堂"生成性"现象是课堂教学中比较关键的一个问题。教师确立了正确的学生观,才会有真正意义上的师生平等,才会很好地利用学生"生成性"资源。从某种程度上说,教学过程和结果的有效性取决于和谐的师生关系。

▶ 切实加强教学常规管理的有效落实,提高教学质量

当前,很多学校比较关注上课,但是对备课、对作业练习、对个别辅导等环节重视不够,从而导致紧密连接的教学环节有些脱节。

我们经常关注人民群众对教育的反应,去年上海市教委转发了一封家长写给市委领导的信。信中说,有的语文教师忽视语文教学的特点,为了提高考试

成绩,反复让学生抄写大量的字、词、句,而忽略了字、词、句相互关系的教学与练习。有的老师让小学低年级的学生每天滚动抄写语文课文后的字词,今天抄写第 1—10 课,明天抄写第 5—15 课,以此类推。最多时,学生一天居然要抄写 20 课的字词。要求家长念、学生写,浪费家长大量时间,学生也产生了不满情绪,还影响了其他学科的作业完成情况。来信人列举了教师不加选择、盲目布置作业的例子:有一次长假期间,仅语文一项,每天要抄写古诗一首、课文 2 篇、外加课文后字词,还有小作文 6 篇。老师的盲目使天真的孩子一个暑假都只能趴在桌前写啊写,整个假期没见孩子好好玩过,真是又可怜又可悲。

今年又有一封写给市领导的信。家长写道:孩子的作业量大得惊人,语文默写生字 20 个,每个字写 5 遍,组词 40 个,还有《语文课课练》;数学,口算 120 道题,听算 3 组 80 道题,还有《数学课课练》;英语写字母、写单词,还有《英语课课练》。信中反映的问题是教学的有效性问题。我们要进一步加强教学常规管理,加强教学常规管理的系统性,关注教学工作的全程性,要规范备课、上课、作业、辅导和测试等常规环节,实现教学基本环节的连贯和畅通,切实提高课堂教学的有效性。

当前,教师在教学实施过程中对作业效度的轻视几乎是"致命伤"。从根据学生学习的实际状况精选有针对性的作业,到认真逐一批改作业,再到发现学生的认知差异实施个别辅导,这个过程实际上是对课堂教学效果进行反馈——矫正——改进的循环过程。这个循环既能让教师清晰地了解学生现有的学习程度,又能为下一轮的教学找到扎实的新起点。20 世纪 80 年代的青浦教改实验,就是强调抓反馈。但是在当前的教学过程中,常常出现一种现象:教师缺乏对学生学习状况的分析,又不加选择地压给学生过量的作业,前面的例子都可以说明这个问题,以为只要多做练习就能提高质量,作业之后既不批又不改,只让学生自己对答案。耐心的"面批"不见了,有效的"订正"没有了,取而代之的是无穷无尽的、千人一面的"一课一练",这样的教学能有效吗? 高效率作业环节的缺失把教学的连贯过程"拦腰斩断",反馈失去效用,辅导又不跟进,学生学习成了"夹生饭",而考试和下一轮教学又按部就班地叠加上去,这样,学生的负担能不重吗?

面对社会对小学生无效作业过重的反映,我们需要认真地想一想。我们是缺乏面对问题的勇气,还是缺乏解决问题的激情? 为什么这样的低级错误长期存在、反复出现？对这样的问题，我们怎能熟视无睹、麻木不仁。难道我们就听任一代一代家长、一代一代的爷爷奶奶，在对教育的抱怨中积淀起对教育的不满，从而转化为对党、对政府、对社会的信任危机吗？学生课业负担问题，原因很复杂，但是能不能从提高教学的有效性做起，从小学做起，尤其从一、二年级做起？这是第一个问题。

第二个问题，谁来对这些行为负责？教师个体的教学行为差异是很大的。对有偏差的教学行为，如果校长不抓教学，教研组不抓教学，就没有人干预，也没有人通过业务学习和研究给予帮助提高。家长把孩子送到学校，小孩子往往就耽误在这个过程里面了。因此，谁来承担改变教师教学行为的责任，如何改变教师的教学行为？

假如说减负可以先从小学做起的话，那么全市 626 所小学（含九年一贯制学校的小学部），一、二年级共 6255 个班级，按照每个班级 2 名教师计算，共有 12500 位教师；626 位校长，每人平均带 20 位教师。通过加强校长的课程领导力，去带领 12500 位教师。如果有上述类似的低级错误的话，就要予以纠正。端正教学行为，这是校长课程领导力的题中应有之义，也是日常的基础管理工作，更是教研工作的内容。因此，如果说整个基础教育课业负担的减轻条件还不是很具备的话，我们就先从脚下做起，从小事做起，从可以做的事情做起。因此，我有三个想法：第一个，626 位校长行动起来，加强领导，承担责任；第二个，区县教育行政部门和教研部门行动起来，给予学校以专业支持和指导；第三个，市教委教研室、督导室要组织教学调研，就提高教学有效性问题开展调研。只要行动起来，凭借上海基础教育的优势，我们是能够解决小学特别是小学低年级教学中的此类低级错误的。

上述例子讲的都是作业环节的行为，当然还有个别辅导。个别辅导和指导的重点是学习困难学生，目的是促进全体学生的进步和提高。现实生活中学生之间的差异是客观存在的，我们需要特别多地为学习困难学生创造参与学习的机会，而且在作业布置和批改方面也给予特别关注，如进行面批，给予激励性评价等，帮助学习困难学生树立信心、找准原因，解决学习中的困难与问题。同时，更重要的是引导和指导学生养成良好的学习习惯和学习方法，传授、介绍和总结各种成功、有效的学习习惯和学习方法，包括组织学习优秀学生的经验介绍，从而提高学生的学习成效。

▶ 重视评价与考试的有效性

目前,考试中层层拔高的现象普遍存在,区县统考难于市级统考,学校考试难于区县统考。在同一课程标准要求下,各级的考题难度相差很大,这是一种误导。学校和教师必须根据课程标准制订科学的学习评价标准,不能随意拔高考核和考试要求。同时要尊重学生的差异,注意不同学生的个性特长,注重纵向发展,淡化横向比较,使评价真正为改善教学工作、提高学生学习信心、引导学生有效学习、促进学生全面发展服务。

实施基于课程标准的教学和评价①

教育教学是一个完整的过程,必须围绕四个核心问题来展开,即"为什么教""教什么""怎么教""教到什么程度",只有这四个问题具有逻辑上和行动上的一致性,才能说该教育教学活动是完整的、专业的。如果只有"教什么"和"怎么教",而没有"为什么教"以及"教到什么程度",那么,"教什么"和"怎么教"是没有方向的,就像一个旅行者行走在没有目的地的路上。因为,"为什么教""教到什么程度"是"教什么""怎么教"的正当理由,也是教学质量唯一可参照的内在证据。教师只有明白了"为什么教""教到什么程度",才能明白"教什么"和"怎么教",这是课程领域的一条因果定律。

▶ 什么是基于课程标准的教学

新课程到底需要什么样的"新"教学? 教师应该根据什么来组织和开展教学? 这些问题伴随着"教学有效性"实践的深入探索而逐步明朗起来。许多学校的校长和教师开始反思:是根据上级或专家规定的"好课"标准上课,还是按照课程标准所倡导的理念与目标来开展教学;是根据教材按部就班(即"教教材")上课,还是基于课程标准自主处理教材(即"用教材教")来开展教学;是模仿别人的"优质课",还是基于课程标准创造自己的优质课。

---

① 在小学校长培训上的讲话[R].2013.根据讲话稿整理。

关于小学入学起点和教学起点问题，这是一个极其专业的问题，需要站在教育科学的角度和人的认知成长规律的角度去分析研究，而无法仅凭个体已有的经验，或者用大众标准作为判断和决策的依据。

小学"零起点"教学与"等第制"评价，这说法比较直白，指向也十分明确，就是按照教育规律与人的发展规律办事，抵制社会上愈演愈烈的学前学科化现象，引导教师和家长从单纯地关注考试分数，转向关注孩子的综合表现。后来为了避免有些人对"零起点"教学的误解，我们把这项实验项目名称改为"基于课程标准的教学与评价"。

为此，必须研究孩子，研究6岁的孩子究竟有哪些行为特征。只有精准地了解孩子、了解他的起点、了解孩子的差异，你才能有针对性地实施"基于课程标准的教学与评价"。幼儿园期间，家长没有对孩子做过任何专门的认字训练，直到幼儿园大班下学期的初期，孩子能够认出的字还非常稀少。但是，幼儿园大班下学期到小学开学这段时间，家长反映，孩子识字量暴涨。家长回忆，这可能主要得益于他们在日常生活中通过指认路牌、看动画片、读绘本等，不经意间为孩子认字打下了基础。孩子的认字有一个潜伏学习期，在潜伏期内，只要做一定的铺垫就可以了，不必刻意进行认字学习。当孩子对汉字敏感期来临之时，那些在头脑中存留的关于字体模糊的印象很快变得清晰了。要了解与掌握课程标准，不仅需要在教育内部的教学与评价上探索实践，更需要教育工作者引领家长站在专业的角度了解这些问题，我们需要和家长共同学习，如何从符合教育规律与学生成长规律的角度，给学生提供真正的学习准备的环境。

首先，"基于课程标准的教学"，并不是有的教师和家长所认为的，把儿童定义为一张白纸。他们进入学校学习世界前，都有丰富多彩的生活体验，都有不同程度的实践收获，而这些经验的获得，有的以认知水平体现，有的以情感能力体现，这些都是构成日后小学学习的重要基础，但是，这个过程不是学校课程的学习要求。一位学生每次上课都钻到课桌底下不肯出来，每个任课教师都很头疼。问原因，他大声说："我都学过了，不要听，不要听。"后来学校采取办法，让这个学生做教师的小助教。但是我们不能总是通过让部分孩子当助教来解决问题。对学校课程而言，因对知识和能力有更具体和分级的要求，因此，其学习过程还不仅仅是这样的简单和生活化，学校课程会在学生的生活经验起点上，把学科的基本要求融合在内，通过课程有序的学习设计，提高孩子在各门学科学习中所要求的各种技能,并且达到实现课程所要求的各种综合能力和素养的要求。

其次,"基于课程标准的教学",是基于学生现实经验且符合课程标准的教学设计和实施。课程标准是教师教学的依据,不仅对每一年龄段的学生有具体的学习内容要求,而且对如何评价有明确的要求。学生有一定的实践差异,就生活体验而言,有的收获多,有的相对比较少,但对他们在课程学习中的要求是一样的,这就要求教师能结合学生的实际情况,根据不同学生的态度倾向和能力,帮助他们达到课程学习的要求。

再次,我们的校长与教师需要明白,对孩子而言,同样是学习与成长,他们在学校和在家庭中的要求和意义是完全不同的,绝对不能互相替代。学校课程的责任不在于赶知识点的进度,而是通过各类课程的协调、有序设计教学过程,帮助学生建立更丰富、更系统的实践体验,帮助他们按照人的成长规律实现有目的、有阶段的发展。对学生而言,其成长最重要的指标并非分数成绩,而是良好的人格与品行素养。而这些的建立,更多的责任在家庭,家庭中的各种生活方式和内容,对学生情感、个性、态度有太重要的影响,学校和家庭的作用是互补的。

▶ 什么是基于课程标准的评价

从评价的角度,在小学低年级段实行等第制评价,可以相对淡化对纯知识点的极端关注,更多指向学生的总体认知能力的表现。由于不是对知识点掌握的绝对值测量,可以激发学生的学习兴趣,发挥孩子的内在潜力,让他们的实际学习能力和创造力得以释放,教师和家长可以有更大的空间引导学生关注课程学习与生活实践的关联,实现真正的学生发展。

▶ 怎样做好小学"基于课程标准的教学与评价"工作

区县教育行政部门,要按照市里的总体部署与工作要求,结合区县实际做好区域推进整体方案,要加强组织领导与专业思想引领,激活学校改革活力,动员学校积极投入,充分发挥试点学校的作用,推进面上工作。

教学研究机构要进一步细化课程标准与教学要求,深入基层学校,做好专业培训与指导工作;发现与挖掘试点区县与学校典型经验,以点带面,做好经验推广工作。特别是一、二年级,积极尝试推行各种形式等第制,寻找有效激发学生学习兴趣的评价办法。

试点区县与学校,要先行一步,做好学生起点和教学现状调研与分析工作,找准切入点与突破口,以研究推进项目,以项目带动研究,做好实证数据与案例积累,做好示范辐射与经验推广工作。

各小学是"基于课程标准的教学与评价"实施的主体。"一切变革来自于学校",校长要进一步提升课程领导力,做好校本培训工作,将学校的工作实施方案化为每个教师具体的教学行为,以项目研究带动学校转型发展,要让每个孩子都能在适合自己能力的基础上,得到最大的发展。同时,要做好宣传工作,争取家长的理解与支持,营造改革的良好舆论氛围,形成改革的合力。

三维目标在教学中的创生与落实[①]

自 2007 年市教委召开课程改革与教学工作会议以来,上海市各区县中小学对提高教学有效性给予了充分的关注与重视,并把它作为当前促进教育内涵发展的重要环节。为此,普陀区已经连续 4 年举办"有效教学理论与实践"研讨会,借以推动对教学有效性的研究和实践,这是很有意义的。今年会议将主题聚焦在"三维目标在新课程中的有效实施与评价",表明了对教学有效性的研究在新课改的背景下正在走向深入,我就这一主题谈点想法。

▶ 三维目标应该在整个课程资源中挖掘

众所周知,我们必须先确定一个价值或意义,在这一前提下才能讨论教学是有效还是无效,是高效还是低效。我先举个关于探究课程的例子,也同三维目标有关。有教师告诉我,探究课程效率最低,一个班级有的学生聪明、有的学生迟钝,让学生自行去探究,探究半天,还不如直接把结论告诉他更节省时间。到底怎么判断探究课程是否有效呢? 这就要求我们首先要弄明白探究型课程的价值。探究型课程是让孩子在社会生活中、在大自然中去发现问题,去探究

---

① 论三维目标的三个特征[J].上海师范大学学报:基础教育版,2010(1).收录时有改动。

问题的解决办法的过程。在探究学习过程中,既有知识的运用、技能的培养、合作精神与能力的形成,还有对兴趣的激发、对探究过程的体验,是非常综合的一个课程实施过程。在这一过程中,既体现知识和能力,又讲究过程和方法,而且还在培养孩子对事物的兴趣,形成探究中的合作精神,这又是情感态度和价值观的表现。如果用一棵树来比喻的话,知识和技能是在地面上看得见的部分,过程和方法本身既是在地面上可以看见的又有看不见的部分,因为过程本身对人的情感态度和价值观的培养具有很大的意义。当然情感态度和价值观就像树根,看不见,但它是大树不可或缺的组成部分。假如我们的学生面对一个进行探究学习的问题,由教师直接地把问题的现成结论告诉孩子,可能 15 分钟就讲完了,而学生自己探究也许花半天时间还说不清所以然来,但是他毕竟经历了自主研究和综合学习的过程,学习了主动探究的方法,尝到了探究的甘苦,体验了知识运用和探求新知、成功和失败的心理过程,或许还激发了兴趣。如果只从现成知识记诵的角度来评价,这一过程是"很浪费时间"的,但是相对探究性课程本身的目标来看却是必需的。因此,今天探究有效教学的时候,一定要解决一个问题,就是教育的价值和意义。在正确的价值观下,实现有意义目标的教学才是有效的。在有意义的教育教学中来探究其效能,这个问题我感觉是要强调的。

那么在具体教学中三维目标该怎么来确定呢? 三维目标是国家课程改革方案中提出的要求,每一位教师在具体的教学中为了确定三维目标都在钻研教材,试图从教材内容中去发掘目标。有的教师告诉我,感觉很困惑。其实三维目标应该在整个课程资源中发掘,而不仅仅从书面的教材文本中发掘。比如说,语文教师上课,教师本身是不是资源? 除了教科书以外,教师上课过程中旁征博引的信息、设计的情境是不是资源? 不同的教师设置的情境是不一样的。这位教师为什么会设置这个情境? 是他自身的生活背景、经验背景,或者是他的个人风格、禀赋,以及他对学生的理解使然。因为这位教师观察到的孩子的学习和生活状况和另一位教师所面对的孩子的学习和生活状况不一样。一名教师的人格、意志和人生态度,也体现在对学生的教学过程中,这些都是课程资源。因此,不能简单地像用"放大镜照蚂蚁"般地只在教学文本内容中寻找所谓的三维目标,也不能把三维目标在具体的一堂课或一篇课文中机械地割裂开来去贴标签:这个是知识目标,那个是过程方法,那个是情感目标等。有时候,情感目标既可能在教学内容中得到实现，又可能在教学过程中、师生关系的具体处理中得以实现。

▶ 三维目标常常在课程实施中创生

三维目标在每个年级、每个班级、每堂课中、每个学生都是具体的，但是，它有共性和个性的区别。比如，上《开国大典》这堂课，由此而产生的对新中国的情感是共同的，但是每个人的具体情感是有差别的。在很多时候，具体的三维目标需要在课程实施中、在师生互动中创生。因此，在课程实施中三维目标不能只靠预设。需要教师在教学过程中、在班级集体生活过程中，始终用专业的慧眼洞察孩子的表现，在流变的教学过程中从学生的实际情况出发，不断地寻找教育目标和教育机会，不断地确立并实施目标。

也就是说，即便教育教学的三维目标是可以预设的，也需要在教学过程中进行调整，特别是情感态度和价值观目标，这种调整是在师生真挚交往过程中即时进行的。所以，教学的三维目标不应该是凝固的、统一的目标。

其实当教育结果产生的时候，我们一定会发现，教育最后达到的结果同预设的教学目标常常是不一样的。为什么不一样？因为学生不一样，因为我们对学生的了解有一个逐步深入的过程，对学生的洞察视角也会有变化，因此我们在教学之前的预想与教学过程中的认识会有变化。我们必须根据教师在教学过程中对学生的洞察和判断，调整预设的目标，可以说：有效的教学，它的三维目标是在课程实施中创生的。

▶ 三维目标的实施要寻找恰当的教育时机和方式

我们今天讲究的是以学生为本、以人为本。以学生为本要落实到今天的教学中，教学就不应该以教材为本，而应该是"以生为本"，教材以及其他教学资源应该成为学生发展的载体。

今天的学生面对着构建三个世界的任务，第一是形成知识世界，第二是社会生活世界，第三是心灵世界。心灵世界的形成要强调：震撼心灵才会触动灵魂，拨动心弦才会改变心灵。那么，我们怎样才能拨动学生的心弦？什么时候、什么机会才能震撼学生的心灵呢？对学生的教育就是要设置宽广的教育资源环境、寻找恰当的教育时机。三维目标尤其是情感态度价值观目标的实现，需要我们教师在宽广的环境中用一双专业慧眼,在与学生的互动过程中,去寻找点点滴滴的可能拨动学生心灵的机会、震撼学生心灵的机会。这种机会有时候可以针对一群孩子,有时候只属于一个孩子。有时候机会是一把万能钥匙,能打开众多孩子的心灵;有时候一把钥匙只能开一把锁,因为有的孩子有其独特的人生经历,需要用独特的办法使他震撼。

总而言之,三维目标不是机械的目标,不是贴标签的目标,不是用放大镜在教材中苦苦找寻的目标。三维目标引导下的教学不应该是对孩子进行灌输式的教,而是在充分关注学生的教学过程中、在师生互动过程中洞察孩子的内心世界,寻找恰当的机会,用恰当的方法进行教育引导的过程。

抓好五环节,提高课程执行力①

教师处在教学工作的第一线,是教学的直接实施者。教师的劳动具有个体劳动的性质,劳动的效果取决于教师个人的禀赋、素养、专业能力。教师的禀赋很难改变,但专业能力、专业素养是可以培养提高的。有人认为,区县抓教学质量主要是抓教研室,我不这么认为。教研室的功能在于帮助校长、教师提升其专业素养,教研室不能替代教师。实践证明,过去那种通过统测去衡量一所学校办学质量,进而考校长、教师,考完以后排名的做法并不能真正提高学校教育的质量。

▶ 抓好五个环节是提高直接教学有效性的根本措施

当前教师使用的教学方法,归纳起来主要为四种:直接教学、合作教学、探究教学和个别教学。把五个环节放在突出地位,主要是基于两个方面的原因考虑:

一方面,目前大部分学校 80％ 以上的课是通过直接教学完成的。尽管合作教学、探究教学可以通过启发、讨论来更好地激发学生的主体性,但是直接教学依然有独特的优势,相对于其他教学方式,在开展集体教学上、在时间效益上、

---

① 提高教学有效性要抓好校长、教师两个关键[J].现代教学,2008(7).收录时有改动。

在知识传授的系统性上，直接教学优势明显。同时，就目前的整体条件来看，探究教学、合作教学仍无法取代直接教学。因此，我们要探索直接教学的规律，重视抓好教学的五个环节。五个环节是直接教学的基本环节，抓好五个环节是提高直接教学有效性的根本措施。

另一方面，我们注意到，一个成熟的教师，其教学五环节是一气呵成的，上一轮和下一轮的教学是一个循环的过程。目前教师队伍的整体学历比较高，知识的基础性和系统性较好，但问题是，有的教师认识不到教学几个环节之间的有机联系，重视"上课"这一环节，轻视其他几个环节，使得教学过程变得支离破碎，问题不断叠加，最终教学成了"夹生饭"。

▶ 加强教学规范建设，落实教学基本环节

教学常规是对学校和教师教育教学行为的基本规范，是教学工作顺利进行的基本保障。加强教学常规建设和管理，能够保证基本的教育目标的达成，保证教育教学质量达到基本的要求。

第一，提高教师备课的针对性。从课程目标、单元目标、课时目标等层面整体把握学科教学目标，从学生的学习基础出发，注重接受式学习和体验（探究）式学习的有机结合，从学科框架体系的纵向衔接以及学科间的横向衔接两个角度整体把握教学内容，并有效挖掘教学内容的育人功能。

第二，确定课堂教学中学生的主体地位，从注重教学活动的形式转向注重教学活动的实效，积极创设促进师生平等、民主、开放式思维对话的课堂氛围，增强教学内容呈现的逻辑性、教学环节过渡的衔接性、教学语言表达的流畅性。

第三，精心设计和选择作业。将提高作业设计能力、加强作业批改与分析作为当前改进作业环节的两个重要抓手。严格控制作业量，以精选提高实效，减轻学生负担。在基础性作业的基础上，倡导实行分层选择性作业。

第四，重视作业批改与学习辅导。引导教师注重作业的反馈功能，及时批改作业，从中获得教学信息，诊断学生的学习问题及教师的教学问题，并及时向学生反馈。鼓励教师对学有困难的学生实施作业面批，加强师生情感交流和个别学习辅导。

第五，改革评价方法。以发展性评价理念为指导，严格按照课程标准要求，同时适当兼顾学生差异，对学生进行学业评价。按照课程标准严格把握试题要

求,提高命题能力,并加强对评价结果的分析。

▶ 加强教学常规管理,提高课程执行力

要加强国家课程计划管理,严格执行课程计划和课程标准。加强教科书和教辅材料管理,对同一课程不得组织学生订购或使用两本以上(含两本)的教科书,不得组织、推荐学生购买未经审查通过的教学用书和教辅材料,严禁擅自使用未经审查通过的境外原版(或改版)教材。加强课时管理,保证各个教学科目计划的落实。建立中小学校课程实施状况公报制度,对利用双休日大面积补课、严重超课时、任意加重学生负担的学校,给予通报批评。加强学校作息管理,加强对学校遵守中小学作息制度情况的督导。

改进备课要做到五个"关注"①

自 2007 年 8 月召开的上海市教学工作会议以来,上海市各区县中小学对提供教学有效性给予充分的重视,并感到这是当前促进教育内涵发展的重要工作。一年来,本市中小学在提高教学有效性方面做了大量的探索与实践,取得了一定的成效。现就新课程背景下如何改进备课、提高教学有效性提点看法。

▶ 改进备课要关注整体课程观

关注整体课程观,是指教师备课时首先要树立对课程的整体认知,把握课程的目标、功能、内容和实施手段,然后从课程深入到学科,进而深入到每一次教学活动。

在新课程的背景下,改进备课要特别注意备课不能只关注学科,只关注各个教学单元,只关注教学实施环节。教师首先要有一个整体的课程观,要了解课程的整体架构是什么,对课程的目标、功能、内容和实施手段有了整体把握后再从课程深入到所任教学科,落实到学科教学各个单元、各个环节的设计中,在

---

① 改进备课要做到五个"关注"——访上海市教育委员会副主任尹后庆[J].现代教学,2008(7).收录时有改动。

对每个阶段的教学内容、具体目标、要点、难点和重点的把握中体现整体的课程理念和功能要求。教师对课程的整体性的理解,也体现了对人的整体性把握和对教育的本质性把握。因此,所有学科的具体实施者都要明确课程的整体目标与价值,把备课放在整体课程观下构思。

▶ 改进备课要关注学生实际

学生的学习心理、学习基础以及对学习环节的偏好、学习方法与能力的差异等方面,是我们比较容易忽略的地方。所以,教师在备课时应对这些方面予以关注。当前,在相当部分学校实施小班化教学背景下,我们更应当强调关注学生的学习心理、学习方法与能力的差异。

今天备课中注重的是对学生学习的设计,要注意到学生思维方式的特点和学习方法的特点,因为备课很重要的是"备学生",教师要根据学生来确定单元时间里的教学目标。在小班化教学背景下,我们更有条件强调关注学生的学习情绪、学习心理以及学习基础。因此一份教案(教学设计)应该静态与动态相结合,因为整体的课程观一定要从学生发展的需求出发。

▶ 改进备课要关注生成性

课堂上生成性的东西虽不可预设,但每一个教师在备课时应予以足够的关注。这不仅需要教师在备课时具有开阔的视野,更需要教师积累丰富的经验和智慧。

备课是一种"预设",但是如果我们"预设"了一个开放的课堂,其中自然包含着生成的空间。备课作为一个教学过程的预案,除了要有预设的内容以外,也要关注不能预设的问题。比如教师在教授一个知识点时,预设七八成学生能理解,但是在实际教学中,教师可能会发现大部分学生都面露难色,没能跟上教师的思路。那么这个时候,教师可能需要临时调整预设的教学计划,这是开放的课堂应具备的一种特征。此外,当学生课堂参与度较高时,他们会在教学过程中迸发出许多奇思异想,这是我们备课中不能完全预想到的。因此,这需要教师具有一定的视野,具有智慧的经验来处理,同时也需要教师课后进行及时的反思。

教师的真正功力不仅仅体现在一次备课、一堂课上。教师在教学过程中应对的功力,不仅体现在所任教学科的扎实功底、教学方法灵活得当,还在于本学科知识以外的东西。比如,教师宽广的视野和不断汲取新知识的品质。以前我们说教师要有一桶水,才能给学生一杯水,其实现在教师与学生的关系不仅仅是一桶水和一杯水的关系,教师应该拥有长流不息的活水。教师只有拥有活水才能去面对今天的学生,也才能使得教育过程成为一个充满师生生命互动的过程。

所以,备课不能仅仅局限于某册教材的段落、章节上,当然,这并不是排斥教师备课时对具体知识的精确把握,相反,后者应该是前者的基础。教师只有通过在长期教学过程中的不断积累,对生成性问题才能当场迸出教学火花、闪现教学的智慧。教师不仅在备课需要思考和预见,同时在课后要善于反思和总结,使之成为教学的习惯性行为,从而今后对课程能更自如地把握,对未预设到的情况作出更加从容而艺术的应对。为此,教师备课时还要拓展视野,做到触类旁通。

▶ 改进备课要关注教学实效

关注教学实效是改进备课的出发点和归宿,其关键是要正确处理好规范与创新的关系。规范备课是基本要求,规范与创新应当有机统一。处在不同发展阶段的教师,学校应对他们提出不同的规范与创新的要求。

什么叫"规范",是不是有了备课文本就是规范了呢? 我认为主要还是要看教师是不是有充分的课前准备。形式上的规范当然是需要的,如准备文本化的教案,但是只看文本肯定是不行的,写出的东西和实际课堂教学行为不一定一致。因此,规范的关键在于备课的实质,即教师是不是真正从课程的整体认知和学生的实际情况出发备课,包括对内容以及重点难点的把握、对课堂呈现方式和环境气氛的设计、对学生练习的安排等。在考察教师备课是否做到认真和充分时,学校行政领导应该从实质上去洞察和把握,不能仅仅从形式上提要求。

创新不能脱离具体的教学实际,也不能脱离具体的教学任务。今天的备课创新,要体现新课程的功能,能够关注整个教学过程,也就是关注教学单元的目标与内容,关注教师教学的方式和方法,关注学生的学习。这三个要素的有机组合,就是有效教学的基础。教学的创新、备课的创新,应该在这个基础上进行。它包括教师如何适时、适当、有效地面对学生,使他们的学习真正有效,这就是创新。创新就是教师对今天所面对的富有个性的学生,适时、适当、有效地调节教学方法和节奏,激发他们内在的需求,使得教学成为学生精神发展、知识积累、智慧生成的过程。

有的学校把备课必须使用电脑作为"创新"的标志。恰当地运用现代技术是应该的,可以提高单位时间内的工作效率。我们不是把手提电脑叫做笔记本吗? 如果教师以手提电脑为笔记本直接备课,我想效率肯定是高的。现在也有一些学校不提倡用电脑备课,怕教师在网上或者其他地方拷贝教案,而要求教师手写教案。这个规定初衷我们是理解的,但是这个规定的必要性恐怕有待商榷。我们运用现代技术主要是为了提高工作和教学的效率,不能机械地把备课的具体形式作为判断是否"创新"的标志。

规范备课是基本的要求,规范备课不是按照统一、固定的模式生搬硬套。规范与创新应当有机统一,只是在不同场合,针对不同的教师,两者的侧重不同而已。每个教师的专业发展总是有阶段性的。对年轻教师来说,首先多强调备课的规范性要求;对于经验丰富的教师,可能更应强调规范基础上的创新。学校应根据教师的实情,对他们提出不同的规范与创新的要求,让不同阶段的教师都努力通过改进备课实现有效的教学。

▶ 改进备课要关注教师专业发展

我们为教师提供充分的教学资源,可以让教师节约一定时间,在有限的时间内拓展视野,为教师充分把握教学给予支持,其根本目的在于让教师学会选择,形成对各个教学要素的组合能力。

年轻教师备课往往要花很长时间,而有的老教师就只在书上画了几下就去上课了,课却上得比年轻教师好,这是因为老教师拥有充分的经验积累。应该说,有充分准备和厚实积累的教学才是有效的教学。所以,评价备课好不好,不是光看备课本写了多少字,而是应该看教师对教学内容的把握、对学生实际的把握、对教学的各个相关要素的把握以及对教学各环节安排的把握等。因此从这个意义上说,我们为教师提供教学资源,主要是为教师充分把握教学给予支持,如某个方面的教学资源,教师寻找需要花一定的时间,有了可以借用的教学资源,教师就节省了这方面的时间,可以更多地考虑教学其他方面的事情。

教案集也是一种教学资源,有的学校可能会要求教师采用较为统一的既成教案上课。既成教案是经过多轮教学后积累下来的,其质量应该不会低。因此这种教学资源,对年轻教师快速、较好地做到规范教学可能是有利的,但它担当的只是拐杖的角色,最终应该被扔掉。假如这种教学资源的提供毫不影响教师在教学中与学生的互动与创新,那是非常好的。

如果采用一个统一的模式,从长远看,对提高教学的有效性将是不利的。因为每个学生的情况不一样,每次教学的环境不一样,每位教师的实情不一样,如有的教师特别善于表达,有的则善于营造气氛等,所以用统一的教学模式很难激发教师和学生在教学互动中的生成性,因而也很难真正实现高质量的教学。因此,为教师提供充分的教学资源,只是为了让教师学会选择、学会创造,真正形成对各个教学要素的组合能力,做到为我所用。

要提高教学的有效性,我们就要把校长和教师的积极性充分调动起来,让他们在教学中充分施展聪明才智。教育不需要每年提供新口号,认准方向以后,只要扎扎实实肯花工夫,就一定会产生效益。

改进作业设计,提高教学有效性[①]

今天,全世界都非常关注作业环节的重要作用,作业成为"熟悉的陌生人"再次引发教育工作者的深度思考。世界上比较有影响力的基础教育杂志《课程领导》推出了年度全球教师关注点排行榜,其中作业的功能排在第一位。有效教学环节中的作业越来越显示出它的教学诊断功能、了解学情功能和进一步改进下一轮教学的功能;相反,低效的机械重复的作业,或者根本不能体现这些功能和目的的作业,则是学生过重的课业负担的源头之一。因此,改进"作业"设计,是提高教学有效性的一个突破口。

▶ 作业设计是教学的一个关键环节

作业是教学五个环节中的重要环节,紧随"上课"之后,与上课有很强的逻

---

① 提高教学有效性要抓住校长和教师这两个关键——访上海市教委副主任尹后庆[J].现代教学,2008(7).收录时有改动。

辑联系。一个教师,如果可以通过自己命题的考卷把握每个学生的学习结果,那么就意味着他对每个学生学习的了解程度达到了很高的水准,布置作业时就能根据学生水准的高低有不同的安排。但现在有的教师不清楚讲课内容与作业布置的逻辑关系,在不知道出题者意图的情况下,每天借用"一课一练"的简单方式对学生进行作业轰炸,既削弱了教师的命题和教学诊断能力,又不利于学生学业成绩提高。

紧随作业布置的环节是作业批改。现在有一种现象,教师布置的作业太多,来不及批改,于是让学生自己对答案,学生发现题目做错了,但不清楚错在何处。教师知道学生的得分,但不知道存在什么问题。教学就在这样的循环中一轮一轮地推进,其实作业批改最重要的功能就在于让教师及时了解学生对教学的反馈。如果不认识到这一点,只会导致恶性循环。

最后,教学的补救也是依托作业完成的。教学补救是通过以下几个环节展开的,一节课教师在课讲完前 10 分钟,让学生做练习,教师在学生中间巡视,发现学生中存在的共性问题,便拿出来讲解,这是教学补救的第一道环节。教师布置回家作业,然后进行批改,第二天对作业中产生的错误再进行分析,这是教学补救的第二道环节。在讲解新内容前,对旧内容中容易导致错误的方面进行讲解,或者穿插在新知识讲解过程中,这是教学补救的第三道环节。第四道补救环节就是课后把学生留下来专门讲解,现在这一环节很多学生通过家教来解决,但家教并不是教学的环节,它脱离了整个教学链。第五道补救环节一般在考试以后,经过四道补救措施仍落后的学生,教师就有必要请家长来一起对学生进行有针对性的教学。一般经过这五道补救措施,绝大多数的学生都能"救"回来。

▶ 从作业设计入手,提高教学有效性

作业多、作业难是学生课业负担重的重要表现,究其原因是教师缺乏对作业设计的研究,布置的作业有针对性不强(与当天的教学要求不够匹配)、作业量失控(重复操练过多)、类型单一(大多是书面作业)等问题。市教委多次收到家长来信,抱怨各科教师在期中考试前的 1—2 周内加强复习迎考,布置了很多复习题,有一位七年级的家长发现孩子一个周末竟然要完成 17 张复习卷。我们要求学校规范课程教学行为,其中重要的一条是要求学校控制作业总量,改

进作业设计。

我们把改进作业作为深化素质教育的一个要点来推进,市级层面启动"提升上海市中小学作业品质"研究项目,2012 年这一项目在中小学三个学段的有关学科全面铺开,通过对学校作业的品质作深入细致调查和研究,在专家和优秀教师的共同努力下,编制了《上海市中小学作业设计与实施指南》,引领教师根据教学目标、教学内容和学生学习实际,编制符合教学目标和要求、类型丰富、科学合理的作业,提高作业的有效性。有效的作业设计和管理,不但能检测教与学的结果,更能帮助学生提高学习效率,减轻课业负担。同时,我们推广作业备案制,教师布置的作业要在学校教导处备案和校园网公示,这是为了通过群体的帮助和监督,促进教师去研究作业的有效性,精心布置作业,约束不合理的教学行为。作业备案制在有的区试行时,效果是明显的。很多人认为这是一项有重要意义的改革尝试,以后时机成熟,再逐步推进作业网上公开制度,接受家长和社会的监督。

丰富学生学习经历的快乐日活动①

孔子云:"知之者不如好之者,好之者不如乐之者。"这与英国哲学家、社会学家赫伯特·斯宾塞通过教育实践和大量心理学研究所得出的结论如出一辙——孩子在快乐的状态下学习是最有效的,此时孩子的学习也是快乐的。快乐是教育本质的重要特征,也是教育的最高境界。学习是快乐的,不仅意味着学有所获带给学习者愉悦的成就感,还意味着学习过程本身是令人快乐的。在快乐学习中,逐步学会求知、学会健体、学会做事、学会做人,这是素质教育所追求的理想境界。

自 2004 学年起,本市"二期课改"逐步从小学开始推广实施,设置基础型、拓展型和研究型三类课程,旨在为学生提供多种学习经历,丰富学习经验。拓展型课程和研究型课程突破了以往"学科课程"独霸课堂的局面,主要以活动的

---

① 促进每个孩子的健康快乐成长[A].快乐活动——上海市小学"快乐活动日"优秀整体活动方案汇编[C].上海:上海教育出版社,2012.

形式展开,关注学生已有的经验、兴趣和特长,倡导自主探究、实践体验、合作交流的学习方式,进一步凸显"为了每一个学生的终身发展"的教育理念。然而,美好的课改蓝图要变成现实,绝非一朝一夕之易事。受考试评价的影响,学科课程在学校课程实施中被不断放大,本应适应学生不同学习兴趣而设的拓展型和研究型课程被不断挤占,学生的快乐童年因"沉重的学习"而黯然失色。这一问题引起了教育部门和社会的广泛关注。

2011 年 3 月,市教委召开上海市基础教育工作会议,号召全市基础教育工作者"让每个孩子健康快乐地成长",并从小学的课程实施改革入手,提出在小学推行"快乐活动日"制度。"快乐活动日"是小学结合本校和学生实际,整合部分拓展型和探究型课程内容,每周集中半天时间,以学生活动为主要形式完成相关教学任务的一种课程实施方式。"快乐活动日"每学年总量为 120 课时,在两个学期中分 30 次实施。学校可集中安排,也可分年段、分年级、分主题根据资源情况统筹安排,其组织形式灵活多样。因此,各校"快乐活动日"的整体设计体现了学校课程统整、统筹教育资源、创新课程实施模式等能力。

孩子的天性是爱"玩"。"快乐活动日"的实施,从制度上保障了他们在各种精心安排的"玩耍"活动中,快乐地体验着学习、快乐地体验着成长。通过对区县和学校的调研,我们欣喜地发现:各区县和小学精心制定实施"快乐活动日"方案,有效实施活动,从而促使上海的小学课程实施呈现出"百花齐放,百鸟争鸣"的格局,"快乐活动日"正逐步成为小学课程校本化实施的重要抓手。

"快乐活动日"的实施,有利于提高学生的快乐指数,减轻学生的课业负担。由于"快乐活动日"当天不布置书面回家作业,同时学生可以根据自己的兴趣自主选择活动,实现了"我的兴趣我作主"的自主学习活动。因此"我们最想过快乐活动日"成为不同区县、不同小学的学生们共同的心声。长宁区进行的一项调查显示,实施"快乐活动日"以后,学生完成家庭作业的时间缩短了,做作业的态度也更为积极。此外,上海市少年儿童研究中心的跟踪调研显示,2009 年孩子的平均闲暇时间为 1.09 小时,2011 年起全市小学推行每周半天"快乐活动日"后,闲暇时间提高到 1.35 小时。

"快乐活动日"的实施,有利于增强教师的课程意识,促进教师的专业成长。作为"快乐活动日"设计与实施涉及课程的设计与开发、活动的组织与实施等,这些都对教师提出了更高的要求。许多学校都加大对"专长教师、才艺教师"的培养与激励,积极地为教师搭建多元化的发展平台,发挥教师"一专多能"的特长,鼓励其开发校本课程,更好地调动教师开展"快乐活动日"的积极性、主动性与创造性。在这个过程中,教师的课程意识不断提高,专业发展路径不断拓宽。在教师提升学生幸福指数的同时,更成就了自身的快速专业成长。

课程是学校教育活动有序开展的基础。"快乐活动日"的推行促使各小学整合各项活动,挖掘各项资源,从课程层面整体规划和系统设计活动方案,并纳入学校课程计划,这使得学校不断提高整体课程设计能力与再调整能力,并最终从行政领导走向课程专业领导。精彩纷呈的校本课程开发,也使得各校的课程建设迈上一个新的台阶。同时,"快乐活动日"与学校的优势项目相整合,更好地落实了办学理念,促进了学校特色建设。

关于"研究性学习"的思考与实践①

要培养学生的创新精神和实践能力,必须有效地改变以往以知识接受为主的学习方式。这一点,已经为越来越多的人所认识和重视。上海有关"研究性学习"的探索,在理论研究和实践操作上都取得了一定的突破,为落实、推进中小学的素质教育提供了新的思路和生长点。1999 年 10 月下旬,教育部在无锡召开了全国普通高中课程教学改革研讨会,会上上海介绍了开展研究性学习的基本构想和做法。受教育部委托,上海市教委组织编写实施研究性学习的指导方案和教学材料,并于 2000 年秋季开始在有条件的普通高中试行。

对于研究性学习的含义,可以有广义和狭义两种理解。从广义理解,它泛指学生探究问题的学习,可以贯穿在各科、各类学习活动中。从狭义解释,它是指学生在教师指导下,从自然现象、社会现象和自我生活中选择和确定研究专题,并在研究过程中主动地获取知识、应用知识、解决问题的学习活动。本文中的"研究性学习"主要取的是后一种含义。

---

① 改编自上海开展"研究性学习"的实践与认识[J].上海教育科研,2000(1).着眼于学生学习方式的转变——关于研究性学习的若干问题[J].全球教育展望,2001(2).关于"研究性学习"若干问题的思考[J].上海教育,2001(17).

▶ 为什么要提出研究性学习

▶▶ 当前教育改革的一个着眼点是改变学生的学习方式

学生知识的获得、能力的提高、行为习惯的养成，归根到底是学生学习的结果。所以，学校教育需要关注的重要问题是要让学生形成什么样的学习方式。

在原有的教育、教学条件下，学生的学习偏重于机械记忆、浅层理解和简单应用，仅仅立足于被动地接受教师的知识传输。这种学习方式不利于学生创新精神和实践能力的培养。针对这一状况，当前教学改革的一个重点是通过教学目标、内容和途径方法调整和帮助学生改变原有的单纯接受式的学习方式，在开展有效的接受学习的同时，形成一种对知识进行主动探求并重视实际问题解决的主动积极的学习方式。研究性学习是为学生构建一种开放的学习环境，提供一个多渠道获取知识并将学到的知识加以综合和应用于实践的机会。这样的教学活动对于调动学生的积极性、主动性，培养学生创新精神和实践能力，充分开发学生的潜力，具有重要意义。

在研究性学习的过程中，要求学生改变学习方式，必然要求教师改变教学观念和教学行为。而改变学生的学习方式和教师的教学方式，正是开设研究性学习的双重目的。事实上，这也是我国教育面对未来社会和知识经济时代，在确定发展战略时的必然选择。因此，研究性学习在普通高中的开设，其意义绝不仅仅是增设了一门新课程，而首先是教育观念、教学模式的一场深刻变革。

▶▶ 一种新的学习方式的掌握和运用，需要依托相应的课程载体

只要教学处理得当，原有的课程内容也能在一定程度上支持学生研究性学习的展开。许多优秀教师，正是在原先的学科课程教学中，既有效地指导学生掌握了基础知识和基本技能，又培养了学生主动学习、积极探究的意识和能力。学生学习方式的改变，最终也应当在各类课程实施的过程中得以体现。因此，在各科教学中重视学生探究精神和能力的培养是可能的，也是必要的。而且，如果能在各科教学中都做到既打好基础又培养创新精神，那是教学上的很高境界。但是，从目前情况看，在学科教学中普遍实施研究性学习还有困难。

第一，相当一部分教师的传统教学观念和教学行为形成定势，在教学内容和教学条件变化不大的情况下，要实现教学行为方式的重大转变从而指导学生改变学习方式，需要有一个较长过程。

第二,基础性课程的教学中,如何处理好"打基础"(进行基础知识教学和基本技能训练)与培养探究能力、创新精神的关系,对于大多数教师来说,都是一个有待解决的新课题。因此,如果能开发出一种独立设置的新的课程类型,它的实施主要采取研究性学习方式,那么学生学习方式的改变、教师教学观念和教学方式的改变,就会比较容易实现。将研究性学习列入课程计划,使之有目标、有实施要求、有实施渠道和评价标准,其目的就在于此。

▶▶ 原有的活动课实践的发展需要新的生长点

近年来,活动课作为一种与学科课程相区别又相补充的课程类型,在学校教育中广泛实施,为素质教育的全面推进拓展了极其重要的阵地。活动课的内容和形式丰富多样,很受学生欢迎。但是在实践中,已有的活动课较多的还是着眼于学科教学内容的深化与拓展的知识类活动课,着眼于培养生活、职业技能和动手能力的技艺类活动课,着眼于陶冶性情、健体强身的文体类活动课等。如何实现活动课在创新精神和实践能力培养上的独特的作用? 这是有待解决的问题。综合实践活动板块中研究性学习的设置,为高中阶段活动课实践的发展和水平的提升,找到了一个新的生长点。

▶▶ 每一个高中生都具有发展创新精神、实践能力的巨大潜能

以前也有不少科技兴趣小组,学生们在指导教师带领下,开展研究探索活动,取得了很好的成果,但这些小组往往只有少数成绩优秀的学生能够参加。我们能否为全体学生提供这种开放性研究活动的机会? 已有的实践经验表明,每个高中生都具有充分的发展潜能,学科学习成绩薄弱的同学探索欲望和解决实际问题的能力不见得就比别人差。

一所中学的"城市大楼玻璃幕墙光污染及其预防的研究"课题组的几个同学,平时学习成绩不太理想。对于这个课题组,教师也曾有过不放心的念头。但在研究活动中,同学们积极开动脑筋,分工合作,广泛收集资料,走访专家,外出实地考察,最后取得了很好的研究成果。以至于有的专家忍不住夸奖他们:"你们比我更专家了!"课题组所聘请的导师在仔细阅读了他们的材料以后,在评价一栏中写道:"我们的学生不只专注于课堂学习,还关注人类生存的环境……同学们调查范围广泛,调查手段多种多样。他们几乎走遍了上海的陆家嘴、徐家汇、新虹桥开发区等地方,开展实地调查并采用问卷的形式对社会不同职业和身份的人进行民意调查,同时又结合搜集资料,访问

专家,上网查询,录音采访等多种方式丰富和加深自己的研究……"

▶ 各地学校都有开展研究性学习活动的可能性

　　研究性学习强调要结合学生生活和社会生活实际选择研究专题,同时要充分利用本校、本地的各种教育资源。各地学校的内外部条件虽然有较大的差异,但都具有可供开发、利用的教育资源,学生也都能从本地实际出发,寻找到他们感兴趣和有探究价值的问题。从某种意义上说,越是困难的地区,对培养学生应用所学知识研究解决实际问题的意识和能力的需求越是迫切。

　　上海郊区一所农村中学的学生在生物老师指导下,针对当地经常受到黏虫危害、造成麦子大量减产的情况,成立了"黏虫诱测与防治预报"课题组。他们自制诱捕器,定点安放,每天早上统计诱捕到的成虫,再根据成虫高峰日和产卵高峰日,推测幼虫孵化高峰日,形成调查结果。课题组发现,黏虫在当地活动时间比原有资料所说的时间提早了两至三周。调查结果被镇植保站采纳,全镇在黏虫防治时间上作了大的调整,虫害发生率大大减少。课题组深受鼓舞,感到自己为当地的农业生产作出了重要贡献。

　　上海的崇明县是个农业大县,大部分中学生毕业以后要回乡务农。培养一大批具有建设家乡的责任心和使命感、具有应用所学知识解决家乡农副业生产中实际问题能力的农业科技素质较高的新一代农民,是当地社会经济发展对学校教育提出的基本要求。县里几位教师从 20 世纪 90 年代初开始探索推广应用农业科研新成果的"三园"(校园、家园、田园)实习教育模式,充分利用学校和当地农科技部门的教育资源,利用校园、家庭自留田和大田的实践条件,把生物学及各门理科的学习、农科技学习与研究生产实践紧密结合起来,为农村学校因地制宜开展研究性学习提供了很好的试验范本。现在"三园"实习模式在崇明县各学校全面推广,一位副县长说:"学生在中学阶段参与推广应用新技术的活动项目是有限的,但从中培养起来的科学种田意识与能力,尤其是消化、吸收新技术的能力及农业科学的实验能力,对未来应用其他新技术具有普遍的迁移功能。"

▶ **研究性学习的目标定位**

　　研究性学习特别注重学生对所学知识的实际运用,特别注重学习的过程及学生的实践和体验。它的目标定位与一般的学科教学目标既有一定联系,又有

较大的差异。具体地说,以下目标是我们所强调的:

▶▶ **获得亲自参与研究探索的积极体验**

研究性学习的过程,是情感活动的过程。一般而言,学生通过研究性学习所获得的成果,绝大多数只能是在自己或周围同学现有基础上的创新,还不大可能达到科学发现水平。研究性学习强调通过让学生自主参与类似于科学家研究的学习活动,获得亲身体验,逐步形成一种在日常学习与生活中喜爱质疑、乐于探究、努力求知的心理倾向,激发探索和创新的积极欲望。

有几位同学想要研究"环境对遗传病的影响",老师认为这个课题难度太大,非同学们力所能及,劝他们换一个题目。在学生们的坚持下,这个课题被确立了。课题组经过广泛收集资料,走访大学和医院的专家,结果表明,这个问题在科学界尚未攻破,他们的研究目标未能完全达到。按以前的评价标准,他们的成绩应被打"不及格",但研究性学习重参与、重过程、重体验,他们的学习表现应该是达到了基本要求。

一位高一的学生,在与同学合作完成了"塑料包装袋及其处理方法改革的研究"课题以后,深有感触地写下了自己的体会:"第一次对自己所感兴趣的问题进行像模像样的研究;第一次为了工作而认真地拿着相机拍有关资料;第一次和同学一起自发地乘车外出却不是为了玩;第一次走进某单位去采访比我们年长得多,而且知识丰富的叔叔阿姨们;更是第一次和任课老师一起讨论问题,却不是课本上的,更不是关于考试的……那么多的第一次,那么多的亲身经历,更有那么多的深切体会。这一切,只因为开放性主题活动课程的开展。"

▶▶ **提高发现问题和解决问题的能力**

研究性学习的过程通常围绕一个需要研究解决的实际问题展开,以解决问题和表达、交流为结束。就研究性学习的过程而言,需要培养学生发现和提出问题的能力,提出解决问题的设想的能力,收集资料的能力,分析资料和得出结论的能力,以及表述思想和交流成果的能力,并要掌握基本的科学方法,学会利用多种有效手段,通过多种途径获取信息。其中,在一个开放性环境中学生自主、主动收集和加工处理信息能力的培养是很重要的。当然,主动收集和加工处理信息的过程,也是学生激活已有的知识储存、学习和运用一些研究方法、发现和解决问题的过程。

几位来自一所一般完中高一年级的学生,在完成了他们的研究课题后写道:"实施阶段的首要一步就是资料的收集。我们虽已是高一的学生了,但对于查阅资料的经验还是很缺乏的。一天,我们几个冒着高温来到上海图书馆。走进大门我们的第一感觉是'大',这么大一座图书馆里面储藏着浩瀚的书籍,我们一下子就觉得没了方向。我们先来到底楼检索大厅,大家分头在几十个装满检索卡片的大柜子里找了半个多小时,可是毫无收获。我们只得求助于图书馆的工作人员。他热情地接待了我们,建议我们使用电脑检索,并告诉我们如何正确使用关键字。终于我们查找到《徐汇文化志》等书籍。我们将书的编号给工作人员输入电脑索书系统,没一会儿自动送书系统就把书送到了我们眼前。回家路上,我们觉得高科技在我们日常生活中真是太重要了。又想到家中那台联网电脑,我试着通过互联网查找有关资料,没想到也成功了。通过这次活动,我体会到,学会正确、合理利用身边的各种工具是十分重要的,不仅现在,将来我们踏上社会后也是如此。"

▶▶ 学会分享与合作

合作的意识和能力,是现代人所应具备的基本素质。现代科学技术的发展都是人们合作探索的结果,但是在以往的课堂教学中,培养学生合作精神的机会并不多,且较多停留在口头引导鼓励的层面。

研究性学习提供了一个有利于人际沟通与合作的良好空间。研究任务的完成,一般都离不开课题组内的合作以及与课题组外人士(如指导教师、社会力量、研究对象)的沟通合作。学生在这个过程中要发展乐于合作的团队精神,学会交流和分享研究的信息、创意和成果。因此,研究性学习也把学会合作作为重要的目标。

一所中学高一年级几个对历史、地理、政治有兴趣的同学成立了"科索沃问题研究课题组"。他们感到,这个问题涉及历史与当代社会方方面面的问题,课题组研究时要做到有分有合、先分后合,形成合力、协作攻关。于是一位同学侧重于研究古代的巴尔干,从地理环境到民族、宗教、政治、文化等多角度去认识、分析巴尔干的过去;一位同学主要研究"一战"到"二战"期间巴尔干所发生战争的原因;一位同学主要收集现今科索沃战争的时事新闻,负责剖析北约轰炸事件;还有两位同学在上述三位分析的基础上,多角度、多侧面地对科索沃问题的前途进行展望。课题研究进行了一个学期,暑假以后向学校递交了一份质量较高的研究报告,还举行了一场科研成果专题报告会。

▶▶ 培养科学态度和科学道德

已有的实践告诉我们,同学们参与课题研究是饶有兴趣的,但是在实施过程中几乎都会碰到各种问题和困难。学生要在研究性学习的过程中,学会从实际出发,通过认真踏实地探究、实事求是地获得结论,并且养成尊重他人的想法和成果的正确态度。同时,不断追求的进取精神、严谨的科学态度、克服困难的意志品质等,也都需要在研究性学习中获得锻炼和发展。

下面是一位课题组长的体会:在课堂上老师告诉我们,课题往往来源于现实生活中。我注意到甘泉苑内的绿化面积大,树种多样,而且苑内空调数量明显比同类生活小区少,因此引发了我们研究生活小区绿化质量的兴趣。为此,我们向指导老师提出了研究甘泉苑绿化生态效应的课题。经过反复讨论,确定了"甘泉苑植物生态效应的初步调查"这一课题。课题确定后,对城市绿化会产生哪些生态效应有进一步的了解。于是,我们到图书馆查阅了大量相关书籍,了解城市绿化的功能。在老师的建议下,我们选择了测试温度、湿度、地温、光照强度等项目,并开展准备工作。在测试过程中,我们遇到了许多问题。其中给我印象最深的是细菌指数的测试。测试前,我们做了大量准备工作:培养基配制、仪器的洗涤和灭菌等。根据有关书籍介绍,我们选择了测试方法:空气沉降法。但第一次实验结果不尽如人意,细菌过密,无法计数。于是,我们一方面继续到图书馆查阅有关资料,另一方面积极和指导老师讨论,寻找实验中存在的问题和原因。问题找到后,重新开始实验,并获得了圆满的成功。通过实验,我体会到什么是科学精神。正是这种追求真理的信念,让我们面对挫折不言败,反而激流勇进、坚定不移地去探求未知领域,找出自己未知的答案。

在课题研究的进程中,困难并不是只有这一个。在准备阶段,对于如何选择典型的测试点,我们一次次实地查看、请教专家,进行讨论比较。在烈日下,我们冒着36℃—37℃的高温进行长达4—5个小时的实地测试;面对一大堆测出的原始记录进行数据分析与整理,最后利用这些数据来撰写科学论文,用科学数据唤起人们对绿化小区的重视。这其中点点滴滴的收获,是平时课堂里无法学到的。通过这门研究性活动课,不仅提高了我的学习兴趣,更重要的是锻炼了我的观察、动手、解决、分析问题的能力,扩大了知识面,将生物课上学到的生物和环境知识与现实问题结合起来,同时也让我体会到了科学成果来之不易。

▶ 培养对社会的责任心和使命感

联系社会实际开展研究活动,为学生的社会责任心和使命感的发展创造了有利条件。在研究性学习的过程中,学生不但要努力提高自己的创造能力和实践能力,而且要通过社会实践了解科学对于自然、社会与人的意义和价值,学会关心国家和社会的进步,学会思考人类与世界的和谐发展,形成积极的人生态度。

来自市区一所中学的几位同学在体会中写道:我们的研究课题是关于苏州河水质的现状及治理。首先必须做的,便是实地了解苏州河的状况。于是我们骑车访查苏州河沿岸,看到的是一幕幕不堪入目的景象:河水发黄混浊,河面上漂浮着各式垃圾,不时地有粗大的排水管向河内倾吐着"五颜六色"的脏水等。这一切不禁使人十分心寒:难道上海的母亲河就被这样蹂躏吗? 每一个有责任感的人都会为此而不平,我们年轻一代更有责任从点点滴滴做起,为母亲河的变清而努力。虽说我们现在人小力薄,不可能真正为治理苏州河做实质性的工作,但是我们一定要完成任务,以表示我们的决心。

徐行中学是一所农村中学,学校所在地周围的农民有种黄草、编草包的传统。一位土生土长的农村学生选择了研究"徐行草编发展之路"的课题。他带领研究小组的成员走访农户、草编社、镇政府,向老师借阅有关资料。通过一个阶段辛辛苦苦的研究活动,写出了有自己见解的研究小论文。交论文那天,老师对他说,课题组活动结束了,你也不用再东奔西走了。他却说:"不,我对草编已产生了浓厚兴趣。我已经关注了它,并将一直关心它的发展命运。不是为课题,而是为了我的村民、我的家乡。因为它是专属于我们家乡的,我对它已经有感情了。我更希望将来大学毕业以后致力于这方面的研究,去发展家乡的这一特产。"

▶ 激活各科学习中的知识储存,尝试相关知识的综合运用

高中学生已经具备了多门学科的知识积累,为他们今后的发展打下了有利的基础。但是,如果让这些知识长期处在相互分割和备用的状况之中,它们就会被遗忘,就会逐渐失去可能发挥的效用。研究性学习的重要目标是在综合运用中提高各科知识的价值。

一所中学高二年级五位同学组成的"施肥对学校草坪影响的研究"课题组,针对学校草坪枯黄、斑秃的现象,想要研究出现这种情况的原因,进一步找到养

护草坪的办法。研究的重点是施肥问题，方法主要采用对比实验，但实施起来涉及的面很广，要买草籽，落实各种肥料、生长素，准备栽草的土壤等。由此涉及许多方面的工作，如土壤酸碱度测试、播种、肥料的分类、浇水等。为此，他们参考了高二《生物》第一、二学期课本，高一、高二《化学》课本，高二《地理》第一学期课本，《十万个为什么》中的植物、化学分册及其他资料。以前学到的许多学科知识，在这个课题研究中得到了综合应用的机会。

▶ 研究性学习课程内容的建构

　　研究性学习的课程内容构建与通常的学科课程有着显著的差异，它不再是由专家预先规划设置的特定知识体系的载体，而是一个师生共同探索未知的发展过程，是一个师生共同完成学习内容的选择、组织和发展的过程。

▶▶ 开放性是研究性学习内容选择上的主要特点

　　第一，研究性学习的内容所涉及的面可以相当广泛，既可以是属于传统学科的，也可以是属于新兴学科的；既可以是科学方面的，也可以是人文方面的；既可以是单科性的，也可以是多学科综合、交叉的；既可以是偏重于社会实践的，也可以是偏重于文献研究或思辨的。

　　第二，在同一主题下，研究视角的定位、研究目标的确定、切入口的选择、过程的设计、方法手段的运用以及结果的表达等，均有相当大的灵活度，留有展示学习者、指导者个性特长和发挥才能的足够空间。

▶▶ 问题性是研究性学习内容呈现的主要方式

　　研究性学习的内容是通过需要探究的问题来呈现的，大量的学习内容是学生在主动探究中或在指导者的启发、帮助下通过自主选择获得的。在研究性学习活动中，指导者通常不是提供一篇教材让学生理解、记忆，而是呈现一个需要学习、探究的问题（专题或课题）。这个问题可以由展示一个案例、介绍某些背景或创设一种情境引出，也可以直接提出；可以由教师提出，也可以引导学生自己发现和提出。

▶▶ 综合性、社会性和实践性是研究性学习内容选择和组织时应该重视的几个方面

　　为了较好地实现研究性学习目标，针对我国现有中学课程内容的不足，研究性学习的内容选择和组织需要重视以下几个方面：

　　——综合性，即围绕某个专题组织多方面或跨学科的知识内容，以利于知

识的融会贯通和多角度、多层面地思考问题；

——社会性，即加强理论知识与社会生活实际的联系，特别关注与人类生存、社会发展密切相关的重大问题，注意开发社区资源；

——实践性，即在学习间接经验的同时，提供学习直接经验并在探究实践中获得积极情感体验的途径与机会。

▶▶ 研究性学习的层次差异性

学生参与研究性学习是有层次差异和类型区别的，因而在目标定位上可以各有侧重，在内容选择上、所体现的特点上也可以有所不同。有的专题所涉及的内容综合程度高、与社会生活实际联系紧，有的则可能偏向于单科性、学术性。另外，教师在日常的各科教学中注重引导学生通过主动探究，解决一些开放性的问题，这也在一定程度上体现了研究性学习的性质，对于提高课堂教学的水平具有重要的意义。

▶ 研究性学习的组织实施

与其他类型的学习方式相比，研究性学习重在学习过程而非研究的结果；重在知识技能的应用，而非掌握知识的数量；重在亲身参与探索性实践活动，获得感悟和体验，而非被动地接受别人传授的经验；重在全员参与，而非只关注少数尖子学生竞赛得奖。

▶▶ 研究性学习的组织形式

在综合实践活动板块进行的研究性学习，采取组成课题组，以小组合作形式展开学习探究活动的较多。课题组，一般由3—6人组成，学生自己推选研究和组织能力较强的同学为组长，聘请有一定专长的成人（如本校教师、校外人士等）为指导教师。研究过程中，课题组成员有分有合，各展所长，协作互补，也可以采取个人研究与全班集体研讨相结合的办法。

▶▶ 指导学生开展研究性学习的一般程序

研究性学习的实施一般可分为三个阶段：进入问题情境阶段、完成体验阶段和表达交流阶段。在学习过程中，这三个阶段并不是截然分开的，而是相互交叉和交互推进的。就学校组织、指导学生开展研究性学习的具体过程而言，一般程序是：

——开设科普讲座、参观访问。目的是作好背景知识的铺垫，激活学生原有的知识储存,提供选题范围,诱发探究动机。

——指导选题。研究课题可以由教师提出,也可以由学生提出,较多的是通过师生合作最后确定题目。与学生生活直接关联、切入口小的课题较受欢迎且易实施。

——组织课题组,制订研究计划。课题组多采用学生自由组合、教师适当调节的做法。研究计划中要有对目标的清晰表述、研究的具体方法和工作程序的设计。可以组织由教师参加或师生共同参加的评审组对学生设计的研究方案进行论证。课题组聘请本校教师或校外专业人员担任课题指导者,对于课题研究的顺利展开会起到有益的作用。

——实施研究。学校要给予一定的时间保证,创造必要的物质条件,并对学生进行操作方法的指导和如何利用社会资源的指导。学生要做好比较详细的工作记录,并随时记下自己的感受、体会。课题组应积极主动地争取校外力量的帮助。

——处理结果,撰写报告。研究结果的表达必须坚持实事求是原则。同时,教师要引导学生学会整理资料、加工处理信息,学会以恰当的方式表达研究结果。

——组织研究成果的交流研讨。这是整个研究性学习活动的必要组成部分。通过交流研讨分享成果,进行思维的碰撞。在交流、研讨中,学生要学会理解和宽容,学会客观地分析和辩证地思考,也要敢于和善于申辩。

依据不同的目标定位和主客观条件,主题研究学习的实施也可以有不同的切入口和操作特点。在实践中,有的项目过程完整、操作规范;有的则可以截取过程中的某一环节,或根据解决问题的需要,着重做资料收集工作,或设计解决问题的方案,或根据教师所提供的材料,筛选、整理,形成结论等。

▶ 研究性学习实施中的教师指导

研究性学习强调学生的主体作用,也重视教师的指导作用,只是指导的内容和形式与以往的学习指导相比有了很大的变化。

在研究性学习实施过程中,教师要及时了解学生开展研究活动的情况,有针对地进行指导、点拨与督促;要组织灵活多样的交流、研讨活动,促进学生自我教育,帮助他们保持和进一步提高学习积极性。指导的内容不是将学生的研究引向一个已有的结论,而是提供信息、启发思路、补充知识、介绍方法和线索。

实施研究性学习时,教师的重要工作是争取家长和社会有关方面的关心、理解和参与,与学生一起开发对实施研究性学习有价值的校内外教育资源,为学生开展研究性学习提供良好的条件。

在研究性学习实施过程中,要采取有效手段对学生的学习活动进行监控。要指导学生写好研究日记,及时记录研究情况,真实记录个人体验,为以后进行总结和评价提供依据。

在研究性学习中,教师将从单纯的知识传授者变为学生学习的促进者、组织者和指导者,在参与指导的过程中吸纳新知识、更新自身的知识结构、开展教育研究、提高合作能力、建立新型的师生关系。这对于提高教师个人的综合素质,对于建立一支能适应新世纪需要的师资队伍,是十分必要的。

▶ 研究性学习的评价

研究性学习的评价是整个研究性学习过程中的重要环节,必须充分体现研究性学习的价值取向,从有利于达成研究性学习的目标出发,来考虑评价的内容与形式。

▶▶ 研究性学习评价的一般原则

研究性学习的评价应重在学习过程,重在知识技能的应用,重在亲身参与探索性实践活动获得感悟和体验,重在学生的全员参与。研究性学习的评价要体现形成性评价的特点,强调对过程的评价和在过程中的评价,评价要和指导密切结合;必须重视学生在学习过程中的自我评价和自我改进,使评价成为学生学会实践—反思、发现自我、欣赏别人的过程;要强调评价的激励性,鼓励学生发挥自己的个性特长,施展自己的才能,努力形成有助于广大学生积极进取、勇于创新的气氛。

▶▶ 研究性学习评价的特点

与其他类型学习评价相比,研究性学习评价的特点是:

——评价主体的多元化。在研究性学习的评价中,评价者可以是一位教师,也可以是由一群教师组成的一个小组;可以是学生个人,也可以是学生小组;可以是家长,也可以是与研究性学习开展内容相关的企业、社区或有关部门等。至于有的成果参加评奖或在报刊上公开发表,则意味着专业工作者和媒体也扮演了评价的角色。

——评价内容的丰富性和灵活性。研究性学习评价的内容通常要涉及以下几个方面：一是参与研究性学习活动的态度。它可以通过学生在活动过程中的许多外显行为表现出来，如是否认真参加每一次课题组活动，努力完成自己所承担的任务，做好资料积累和分析处理工作，主动提出研究和工作设想、建议，能否与他人合作，采纳他人的意见等。二是在研究性学习活动中所获得的体验情况。这主要通过学生的自我陈述加以反映，也在一定程度上通过他的行为表现和学习的结果反映出来。三是学习和研究的方法、技能掌握情况。要对学生在研究性学习活动各个环节中掌握和运用有关方法、技能的水平进行评价，如查阅和筛选资料、对资料归类和统计分析、使用新技术、对研究结果的表达与交流等。四是学生创新精神和实践能力的发展情况。要考察学生在一项研究活动中从发现和提出问题、分析问题到解决问题的全过程所显示出的探究精神和能力，也要通过活动前后的比较和几次活动的比较来评价其发展状态。

——评价手段、方法的多样性。研究性学习的评价可以采取教师评价与学生的自评、互评相结合，对小组的评价与对组内个人的评价相结合，对书面材料的评价与对学生口头报告、活动、展示的评价相结合，定性评价与定量评价相结合、以定性评价为主等做法。在具体操作中，可以采用档案评价、操作评价、答辩会评价等方式。

▶▶ 研究性学习评价的实施

——评价要贯穿于研究性学习的全过程。操作时可以重点从三个环节，即开题时的评价、中期评价和结题时的评价着手。

——研究性学习评价也关心学生学习的结果。研究性学习结果的形式多样，它可以是一篇研究论文、一份调查报告、一件模型、一块展板、一场主题演讲、一次口头报告、一本研究笔记，也可以是一项活动设计的方案，教师需要灵活掌握评价标准。

——研究性学习评价既要考虑学生参与活动、达成研究性学习目标的情况，又要关注学生在某一些方面的特别收获，顾及学生的个别差异。要使认真参加研究性学习活动的学生普遍获得成功的体验，也要让研究上卓有成效的少数优秀学生脱颖而出。研究性学习的评价既要着眼于对整个小组的评价，又要注意到个人在课题研究中所承担的角色、发挥的具体作用及进步的幅度。

——评价的具体方案可以由指导教师提出，也可以在师生协商的基础上提出。如果能由学生个人或学生小组自己设计评价方案，再按照方案，对自己的研究性学习情况加以评价，则评价的教育功能将有可能得到更充分的发挥。

法国"做中学"活动给我们的启示①

2001年11月间，我随教育部组织的中国赴法国"做中学"科学教育考察团，在法国进行了较为深入的考察。其间，听取了"做中学"项目的介绍，观摩了"做中学"科学教育活动的一些实例，并与中小学教师、培训人员、科学家、志愿者进行了交流，使我对法国"做中学"的理念和实施有了深入的了解。

▶ **法国"做中学"活动的主要做法**

"做中学"活动最初是由1992年诺贝尔奖奖金获得者、法国学者乔治·夏帕克倡导的，1996年由法国科学院付诸实施，得到了教育界和科技界的广泛响应和支持。"做中学"作为法国小学、幼儿园教育中的实验活动，是旨在加强科学教育的一项改革措施。该活动通过教师引导学生对生活中的科学现象进行观察、发问、实验和讨论，从而使学生从中学习科学知识，学习独立做事，学习记录与表达，养成遵守规则和尊重他人的习惯。"做中学"活动的核心在于让学生亲身体验科学探究、科学发现的整个过程，进而培养学生探究问题和解决问题的能力。

▶▶ **"做中学"活动的一个实例**

我们在法国南部的马孔市贝尔兹幼儿园观摩了"豚鼠喜欢吃什么食物"的教学活动过程。老师让一组4—5岁的孩子们围在放着豚鼠的网篮边，让孩子们猜想豚鼠喜欢吃什么食物。孩子们提到喜欢吃生菜、苹果、面包、胡萝卜等，不吃糖果、巧克力、奶酪等，老师拿出制作好的彩图表格，上面食物名称与食物图片一一对应，老师让孩子们分别说出食物名称。接着老师发给孩子生菜、苹果、面包和胡萝卜，让孩子实验。生菜豚鼠吃了，面包和胡萝卜豚鼠不吃；豚鼠

① 我所看到的法国"做中学"科学教育活动［J］.上海教育科研，2002(3).收录时有改动。

起先也不吃苹果,老师把苹果搞碎,豚鼠吃了。然后孩子们用画画来记录刚才的实验,4 岁的孩子在老师准备的食物卡片中,选择豚鼠喜欢吃的贴在记录纸上,5 岁的孩子用蜡笔画出豚鼠喜欢吃的食物。老师逐一审阅孩子的记录,在为食物注上法语单词的同时,让孩子说出每一件食物的名称。

另一组 5—6 岁的孩子讨论"豚鼠怎样寻找食物"。孩子们知道豚鼠喜欢吃生菜,但是如何寻觅生菜? 有的孩子说,它听见放生菜的声音;有的说,它听见了别的豚鼠吃生菜的声音;也有的说,它看见了生菜。老师让大家共同来做实验,她拿来一张绿色的纸,揉皱之后,极像生菜。她把生菜和纸同时放进网篮,豚鼠闻了一下绿纸没有吃,然后调过头来去吃生菜了。老师又把生菜拿走,重新放入揉皱的绿纸,豚鼠在绿纸面前东闻西嗅,还是没有吃。老师把纸拿走,重新放入生菜,豚鼠等了一会儿,走过去吃了。老师还让孩子把头凑近网篮,用嘴发出嚼生菜的声音,看豚鼠会不会寻声过来觅食。孩子们边做实验边讨论,课堂气氛非常活跃。做完实验,老师并不总结,而是提出甚为关键的问题,比如,豚鼠不吃绿纸只吃生菜是它闻到了生菜的味道了吗? 你怎么知道它是闻到或是听到? 然后,孩子们也用蜡笔画出刚才实验的情形。老师认真地与孩子逐个交谈,并在孩子的记录纸上记下孩子的原始想法和问题。

这就是"做中学"活动从"呈现问题—提出假设—动手实验—交流讨论—记录所得"的全过程。我们所观摩的"做中学"活动和剖析的案例,尽管内容各异、形式多样,但都遵循这一过程。

▶▶ "做中学"活动的 10 项准则

法国科学家曾经为"做中学"的操作过程制定了 10 项准则,基本概括了"做中学"的教学程序及其所蕴含的教学理念。根据考察时的记录和查阅到的资料,现将 10 项准则的主要精神介绍如下:

——十分珍惜儿童的好奇心,引导他们观察周围的某一自然现象、某一物品,或者考察现实世界中发生的某一件事,鼓励孩子提出问题。

——对于提出的问题,老师并不是直接给出答案甚至设计好实验,只是让孩子去操作、去验证老师给的结论,而是一定要让孩子自己去探究。在探究过程中,孩子们自己提出假设,设计实验,进行说理和辩论,以培养孩子互相讨论的习惯。老师不轻易否定孩子的想法,而是鼓励他们探究和尝试。

——让孩子自己动手做实验。实验过程中,也要求孩子注意观察、提问、假设、验证。实验之后,要对实验的结果进行讨论,以得到正确的结论。整个过程按教学要求和科学实验的规律分成阶段,循序渐进。

——孩子们每人准备一本实验记录本,让他们用自己的语言记录活动以及过程中的想法。最后把正确的答案记录下来,可以在与原来的对比中得到启发。幼儿园的孩子可以用图画代替。

——在对某一个主题进行教学时,一般应安排若干个星期,每星期至少 2 小时。整个"做中学"活动的内容与教学方法要有连贯性和整体安排。

——实验活动的主要目标是让学生逐步掌握科学知识与操作技术,同时学会运用书面和口头语言进行表述,对所学的知识加以巩固。

——学生家长和学校所在的社区应该参与"做中学"实验活动。

——大学和研究机构中的科学工作者、教授要运用各自的知识和条件,帮助学校开展活动。

——教师培训机构要向从事"做中学"活动的老师提供教学理论和教学经验。

——教师可以从互联网上下载可直接使用的教学模块、活动思路以及问题答案,也可以和其他教师、科学家进行合作和对话,共同探讨教学方法。

▶▶ 大学生参加"做中学"实验活动

"做中学"活动得到了社会各方的积极支持,在法国已经形成了一个全国性的实验工作网络。许多科学家、研究员、工程师、大学教授、理工科大学生和学生家长纷纷参与"做中学"活动,建立协作关系,给予不同方式的支持。

我们在马孔市一所小学观摩课堂教学时,曾经遇见几位国家工艺技术学院的大学生正在参与教学。在小学一年级(6 岁)的教室里,女教师出示一张图片:一头大象和一只猴子分别站在跷跷板的两头,让学生讨论"如何才能使跷跷板的两边平衡"。利用大学生制作的木制小跷跷板,教师和大学生分头与各小组学生探讨平衡问题。他们不断地移动圆木这一支点的位置,观察和讨论由此带来的影响,还让学生去感知不同的作用点在门开关时用力的大小。随后让学生用图画记录实验的结果,之后又让学生根据动手实验的结果,去对照记录单上 3 幅跷跷板图,作出对与错判断。在另一个教室,大学生正在指导 7 岁的小学生,用大学生预备的木头、圆铁筒、螺丝钉制作一个狂欢节小人的架子。

学校的老师告诉我们,国家工艺技术学院与小学合作已经 3 年,合作形式主要是大学生参与论证和研究小学教师提供的教案,使教案在科学性上更趋完善。据了解,两校合作每年能形成10—15个教案,有的教案已作为典型案例向广大教师推荐。同时,大学生还帮助制作教具,如风车、水轮等。老师反映,他们提供的教具十分有用,孩子们也很喜欢,会带回家经常摆弄。大学生虽然也会在课堂辅助教学,但并不代替教师讲课,因为"老师更知道如何用孩子的语言与孩子交流"。对小学教师来说,大学生的参与使得他们"不再害怕科学知识的欠缺,不再害怕孩子们提出问题"。对小学生来说,大学生作为大朋友出现,令他们非常兴奋,学习变得更有吸引力了。

大学生参与科学教育完全出于自愿。他们平时根据小学的需要,通常每周都安排与教师、儿童共同活动,每学期约有30小时用于活动。他们非常了解自己的角色:帮助教师备课,提供科学知识方面的支持;倾听儿童的问题,使教师有更多的"耳朵";辅导儿童的实验,鼓励他们动手动脑找到问题的答案。当我们问及参与活动有什么收获时,大学生们有的说通过与孩子的交往,可以锻炼表达能力,学习用浅显的语言解释科学问题;有的说可以据此了解周边的生活和不同的心理状态与思维方式;有的说可以激发自身对科学的兴趣,对科学研究的追求,因为任何人都不是万能的,当你不知道答案时就得不断进行研究。

▶ "做中学"网站的独特作用

为了及时传输和充分利用有关"做中学"的信息资源,法国于1997年建立了"做中学"网站。这个网站是由法国教育部和科学院国家科研中心共同拨款建立的,网站纯粹是为教师更好地开展"做中学"的教学实践提供有效的帮助,不带有任何商业营利性质,所有在线的科学家都是自愿义务工作的。

网站的信息主要分为四大块:一是信息部分,主要介绍与"做中学"相关的动态性信息;二是交流平台,主要为中小学教师、科学家以及对此感兴趣的人们提供信息交流和自由讨论的机会,大家可以在网上提出问题或解答问题;三是资源部分,主要向大家提供科学的背景知识和资料;四是应用部分,主要介绍有关项目或主题的实施计划以及教师的教学实例、教学经验,以供教师参考。

网站沟通了中小学教师之间、教师与科学家之间、科学家与科学家之间的联系。大家平时见面不多,但却可以在网上交流、切磋。目前在网上已经有40多位科学家在至少12个领域建立了与中小学教师的联系。中小学教师在科学教育中遇到解决不了的问题时,可以根据物理、生物、化学等不同的领域,向科学家提出有关能源、电力、环境、动物、人体等许许多多的问题,寻找有力的背景支持。据说网上的反馈速度是很快的,有时一个问题两三天内就可以得到别人的解答。网站对于学生的问题也会给予帮助,只不过由于儿童知识面窄,提出的问题比较浅,难以直接与科学家对话,需要通过老师的中介转述,科学家再给予回答,一般科学家会给出 2 个答案,一个给儿童,一个给教师。我们参观网站的当天,该网站就有 5 万多人次的访问量,这足以说明网站的受欢迎程度,也可以从侧面反映网站在"做中学"活动推进中的独特作用。

▶ 考察法国"做中学"活动的几点启示

学习法国的经验,不能简单移植或照搬法国活动实施的一套做法,而是要领悟其原则和理念,借鉴其思路和方法,结合我国的实际情况,进行创造性的工作。因此,我们要从法国"做中学"活动和科学教育的经验中获得多方面的启示,并从中寻找我们工作的着眼点和着手点。

▶▶ 要着眼于学生学习方式的转变

考察法国"做中学"活动的实施过程,我们非常强烈地感受到,"做中学"项目实施过程中所体现的价值追求,首要的并不在于科学教育的内容本身,而在于培养学生科学思维和探究精神。"做中学"活动的教学中,通常先呈现一个源于学生生活的问题,老师通过问许多个"为什么",通过让学生"摸、尝、看、闻、听",调动学生的全部感官,引领学生去主动地探究问题的答案,而不是被动地承受现成的结论,让学生在探究中逐步构架起属于他们自己的知识结构。从中我们似乎感受到这种学习过程某种程度上体现着学生作为主体的生命历程,而这正是我们所要追求的教学方式。我们已经认识到学生学习方式转变的重要意义,但常常缺乏务实性的操作,法国"做中学"活动的实施为我们提供了可资借鉴的教学实例。

▶▶ 重新认识实验在教学中的作用

法国"做中学"活动的实施通常有以下环节:呈现问题、提出假设、动手实验、分析讨论、记录结论和心得。其中,动手实验是非常重要的环节。之所以强调这一环节,不但是因为动手能够调动学生的多种感官,能引起学生的兴趣,而且因为"让事实来说话,让结果的真实性来证明",能让孩子从亲历的事实中得到教育,能培养孩子的科学思维能力和实际动手能力。尤其值得关注的是,"做中学"活动的内容大都来自学生的生活,因而动手实验又能使学生体验和感受到真实的生活,从而为学生在生活实践中感悟智慧创造了机会。反观我国中小学的科学教育,总体上较为忽视实验教学,设置的实验又偏重于对书本知识的验证,即使设置了实验也往往因为教学条件不具备或者教育思想不端正而被取消,因此,重新认识实验在科学教育中的作用,加强教学实验问题,应当在科学教育改革中引起重视。

从"二期课改"教师的调查中发现,教师普遍认为新课改在实验教学与实验装备配置方面存在问题,实验教学有弱化的危险。实验是再现知识规律的直观体验过程,这种直接经验作用在学生个体上所产生的效果,也许是我们无法预料的。

我曾经看过一篇来自中美教育比较思考的文章,里面提及这样一个区别:美国小学四年级课本上涉及热空气上升原理的课程教法是,指导学生动手制作一个热空气气球,学生要自己准备各种材料、自己动手制作,失败了再重新做。这样,整整一个星期的教学时间都花在制作一个热气球上。而中国的教法是教师照课本讲原理,学生学会后背熟这个间接经验,10多分钟就完成了学习。

现今社会中知识更新速度非常快,因此追求一定知识量的教育导向已不能适应社会的需求,我们要帮助学生学会学习,而不是记诵知识。实验是学生自主学习的重要途径,也是我们在学生培养过程中由于种种原因一直被忽视的环节,只有动手,才能培养动手能力,只有实践,才能培养实践能力。因此,我们将积极加强和改进中小学实验教学,加强实验室建设和改造,重构适应时代需要的实验教学管理机制,改变原来以验证性实验为主的现状;建设创新实验室,为学生开展探究性实验研究创设条件,让学生在"做"中学,培养其动手实践能力和处理真实问题的能力。

▶▶ 重视开发体现先进教育理念的教学案例

在法国期间,我们观摩了幼儿园、小学"做中学"的课堂教学,研究分析了法方提供的一批教学案例。我们深深感到,这些案例既是教学设计者教育理念生动形象的反映,更是实际操作的具体范例。无须赘言,学生在学习活动中的主体地位,教师在应对一个个具有独特个性和表现的学生中的教学智慧和业务功底,已经在展示的案例中让观摩者一一感悟。从对法国的考察中,我们感到,我们开展"做中学"项目以及在科学教学领域中推进素质教育一定要以深入教学领域、以具体务实的操作为鲜明特征,一定要在实践中迅速开发和创造出既蕴含先进的理念又能脚踏实地实施范例,成为改革的切入口和操作点。不论是"做中学"活动以及科学教育的改革,还是研究性学习以及整个教学改革,都需要有自己的案例,才能积累经验、培训队伍、扩大改革、滚动发展。

▶▶ 研究设计不同学段、不同年龄儿童的科学教育内容体系

法国中小学的科学教育,国家没有编制大纲和教材,国家规定的方案中规定原则和学习的主题或领域、开课时间,各有关部门则向教师提供教学案例,提供科学知识的背景材料,提供给教师的教学建议,推荐教师用书和学生读本,供教师在教学实施中参考。因此,具体的教学实施中教师具有很大的发挥空间和创造余地,具体的教学中同一个主题可能在不同年龄的学生中出现,只不过呈现问题的情景、实验的设计、教学的目标会有所不同。总体上我们感到:法国学校科学教育的内容安排比较大胆,有些内容,比如物体在水中的沉浮、电池连接点亮灯泡等,背后涉及物体和水的比重、物体的密度、排水量以及电的原理,竟然在幼儿园就已经出现了。我们发现,法国学校考虑科学教育的内容安排似乎有两条线:一条是科学知识体系,另一条是学生的生活经验,两者之间有联系,但更加侧重后者,尤其是在小学、幼儿园。他们认为,当儿童在生活中可能碰到或已经碰到的现象,就可以引入课堂,让孩子去探究,只是结论可以浅显一些(只要不是错误的就可以了),有些道理可以随着年龄和阅历的增长而不断地深入学习。这一想法也反映了法方多名科学家和教师一直强调的要让孩子从小、从生活中的问题开始接触科学、培养兴趣,他们强调"科学并不遥远而陌生,科学近在咫尺、生动而有趣"。

▶▶ 开发"做中学"项目的教学资源

在分析法国和其他一些国家科学教育改革经验的基础上,应该引进并抓紧开发"做中学"活动及科学教育的资源,包括引进和开发内容领域和主题、教学案例、器材设备等,推动我国相关领域改革项目的尽快启动、深入和发展。首先教育行政部门要重视并落实相关单位或部门负责开发工作。对于器材设备,法国的经验是需要花一些钱的,但也有不少器材都是生活中的材料,有的甚至是利用生活中的废料制作的,关键是要有设计和开发的思路和点子,同时也要坚

持因地制宜、因陋就简的原则。这一方面,我国是有传统的,我们要把教师长期以来自制教具的智慧和积极性调动起来,发扬和引导到今天的课程与教学改革中去。

▶▶ **逐步建设学校开展"做中学"活动及科学教育的服务体系**

我们在对马孔市教师培训中心以及"做中学"项目网站情况的考察中感受到,法国对学校开展"做中学"活动和科学教育的服务体系及其功能是比较完善的。教师培训中心的人员既参与和指导第一线教改项目试点班级的教学工作,有的还亲自执教,为面上的教师进行教学咨询,提供教学器材、教学建议,推荐教学资料的任务,辐射面覆盖整个市。我们在考察中还感到,法国科学教育的服务体系最关键的是有一支"聚焦教学、研训一体、服务一线"的专家队伍。这支队伍既理解宏观教育改革的方向和思路,又有对微观领域具体教学操作行为的洞察和判断能力,与第一线的教学实践浑然一体。因此,我们感到,逐步建设服务体系,对于培养"做中学"项目及科学教育的教师,尤其是培养具有研究能力和创造能力的教师,提升他们的智慧,显得十分重要。从我们的实际出发,应该以课程与教学改革的具体项目的实施为龙头,集聚高校和研究机构的专家、教研人员及教师,在运作方式上学习法国的经验,努力使理论与实践、研究与教学紧密结合,真正深入教育的核心领域,打好攻坚战。

▶▶ **积极争取科学工作者的参与和社会资源的支持**

在"做中学"活动和整个科学教育中我们要学习法国的经验,积极争取科学工作者的支持,努力建立起热心于青少年科技教育的科学工作者网络,组织和动员科学工作者通过各种形式向中小学科学教育课程标准制订人员、科学教师和学生提供科学知识方面的咨询与帮助,也可以请科学工作者在"做中学"教案设计和实施中提供帮助和指导。要通过社会上有声望的科学家向全社会宣传"做中学"项目,以引起全社会对青少年科学教育的重视。

对现有的科学博物馆、科技馆和青少年科技活动中心等资源,要转变以简单参观为主、忽视参与的做法,设计各种能体现科学原理又能引起学生兴趣、引导学生动手参与的活动,增强教育的目的性和效果。

在"做中学"活动的试点单位和科学教育中可以试行吸纳一些在校的理工科大学生,以社会实践的方式参与活动,以补充小学、幼儿园教师科学知识方面的某些不足。

为学生的多样化学习服务①

上海"二期课改"中提出"拓展学习时空、完善学习方式",充分发挥社会教育资源的育人功能。社会教育资源,主要是指人文类、科普类社会资源,人文类、科普类社会资源与学生的发展有着非常密切的关系。

▶ 人文、科普类场馆资源与学生的发展需要

青少年时期是培养人文科技素养和兴趣的关键期。研究表明,8—14 岁是儿童对知识取向定位的关键年龄。1985 年诺贝尔化学奖获得者、美国物理学家、化学家杰罗姆·卡尔在 1999 年应中国科技馆的邀请写给中国青少年学生的信中说:我对科学的迷恋可能开始于一次科学博物馆的参观,那时我大约七八岁,是妈妈领我去的。我记得,许多展品都是可以操作的,而且还可以观察其机械、电气特性。如果我们想要让青少年学生对各种形式的科学有所认知,那么就应该从这样的活动开始。当然我们的目的并不是要把每个孩子都培养成科学家,而是给他们一些最基本的知识、一些客观的概念,同时引导他们学习形成科学的思维方式。在此基础上,让他们在没有任何心理压力下,自由地选择自己的方向,发展自己的志趣。

人文、科普类场馆是学生人文科技素养发展的重要场所。人文、科普类场馆是传播人文科学知识的场所,它为参观者提供了接触、学习和理解文、史、哲学以及科学、艺术的一种特殊环境,它特别注重参与者学习和实践的过程,使参与者能够在这一过程中更多地发挥积极性和主动性,体验其中的乐趣,开阔视野,激发探索的欲望,培育创造性的思维。这种以"发现与探索"为核心的教育方式,使人文、科普类场馆成为现代教育中不可替代的重要组成部分,日益受到世界各国的重视。

改善学生学习过程与方法需要加强利用人文、科普类场馆资源。学生学习

---

① 充分发挥社会资源在教育中的作用——上海市教委副主任尹后庆谈如何利用社会资源推进课程改革[J].上海教育,2009(3).收录时有改动。

的过程与方法应该是多样的、自主的。当我们深入现场、身临场馆时,往往能感受到书本上提供不了的东西。我曾参观过位于南京的太平天国历史博物馆,对于太平天国运动的过程、主要人物之间的关系有了更加深刻的认识。江南制造局在中国近现代工业史上有 100 多项第一,我们没有亲临江南造船厂博物馆的现场感受,可能难以体会每一项"第一"的伟大意义。如果我们能把书本知识与实地参观收获的知识和感受联系起来,则会加大学习的广度与深度,促进三维目标的结合。

▶ 对人文、科普类场馆功能的期望

人文类场馆一般为以保护、研究、展示和传播人类生存及其环境物证为使命的场馆,是人类文明记忆与传承的重要阵地,聚集民族传统文化的精髓,更是一个国家民族之魂所在地,是社会大众特别是青少年接受优秀文化、增长历史知识、感受艺术熏陶、感知历史、接受爱国主义教育的重要课堂。利用人文类场馆进行教育活动,一是进行国情、市情、区情教育,比如作为一个居住在上海的青少年公民,通过参观这些场馆了解历史,可以建立自己与这块赖以生息的土地的联系,建立自己与一个国家、一个城市、一个区域的过去、现在、将来的联系;二是寓教育于社会环境中,在不知不觉中,影响学生的价值观念,学生在参观活动中不断地将道德原则内化为自己的道德信念,进而转变为行为。

科普类场馆功能不断演进,从"展示科学技术的作用、启发公众对科学技术兴趣"演进到"做中学和动手动脑结合",再演进到"发现与探索"。当前我们希望科普类场馆起到如下功能:一是让学生熟知科学技术的进步和运用,更加熟悉,学会使用。使观者明白,他们既是科学的主宰者又是使用者,对科学技术的进一步了解可以帮助人们将其更好地运用到日常生活中去,更好地处理自己的生活。二是鼓励学生把学习与创新结合,培养创造性和发明精神,普及科学的方法,启发批判精神。三是改善学生对科普发展的印象,展示科学技术在文化中的位置。四是激发青少年学生对科技发展的使命感,使他们熟悉、了解手工劳动中最有趣的方面。五是帮助更新课堂中科学技术类课程的教学方法,鼓励研究新的方法。六是证明科学文化发展是集体智慧的产物,它不仅是民族的也是世界的。

▶ 发挥人文、科普类场馆资源的教育功效

利用人文、科普类场馆开发人文、科技教育课程资源是一个系统工程，涉及各个层面的教育、科技等行政和事业单位。上海开展人文、科普类场馆课程化工作，参与的单位有市教委、市科委、市教委教研室、人文科普类场馆、区县教育行政部门和学校等。这项涉及众多机构的工作要顺利进行，必须加强协调、明确职责、积极沟通。

在宏观层面上，人文、科普类场馆根据中小学的要求和需求，负责相应的协调与配套服务工作。市教委负责将中小学生到人文、科普类场馆开展教学活动列入课程计划，使之成为学校教育教学活动的组成部分。市教研部门则结合"二期课改"和人文、科普类场馆的资源，从知识与技能、过程与方法、情感态度与价值观三个维度出发，制订相应的活动目标，设计相应学段的活动项目。市、区县教育部门联合起来，从不同层面统筹资源，促进人文、科普类场馆资源合理有效地利用。

在具体实施层面上，学校与人文、科普类场馆应建立联动合作机制，帮助学生把从书本上学习的间接经验与从基地学习到的直接经验结合起来，让孩子不但掌握科技知识，还有兴趣了解人文、科普知识的来源及产生过程，充分挖掘人文、科普类场馆的潜力，使人文、科普类场馆拥有的教育资源真正转化为学校人文科技教育的生动教材。学校和人文、科普类场馆联合建立学生学习的信息登记系统，如构建学生学籍卡与人文、科普类场馆信息联网系统，学生可以通过刷卡登记，学期结束时人文、科普类场馆提供学生来基地学习的情况统计，作为教育部门和学校评价学生的参考依据。建立学生人文、科普类场馆学习过程联合评价机制，人文、科普类场馆项目负责人和学校辅导老师，应结合人文、科普活动的内容和方式，设计学生"任务单"或"作业单"，共同完成对学生活动情况的评价，保证评价的过程性、发展性、激励性。同时，学校、人文科普类场馆加强与家长的沟通与互动，促使家长明确孩子在义务教育阶段应该去多少个人文、科普类场馆，取得家长更多的支持。

国外大部分博物馆统计显示，60％的参观者是青少年学生，而其中一半是通过学校组织的课外活动实现的。上海科普类场馆估计还要高于这一比例。这种现象启发我们要根据青少年学生认知的特点，更加重视人文、科普类场馆

内容的选择、场馆的设计、设备与展品的布置以及学生在场馆内学习的方式等。

教育界要积极参与人文、科普场馆资源开发工作,对人文、科普类场馆的学习内容、形式、方式等提出合理建议。

第一,参与学习内容的开发和拓展。法国拉维莱特科学中心强调,教授的内容既要实在,又要能激发人们的感性与理性认识。学校,特别是教师,要充分关注人文、科普类场馆的学习内容,积极把学生感兴趣而教材中尚未涉及的内容反馈给人文、科普类场馆,通过人文、科普类场馆拓展和深化学校教材的内容,避免人文、科普类场馆的内容与学校教育内容的简单重复,从而扩大学生的认知领域。

第二,共同构建参与式的学习方式。国外几乎所有的人文、科普类场馆都特别强调参与和互动对培养兴趣的重要性。比利时佛兰德省科学中心办馆理念是"听,会忘记;看,会记住;做,会理解"。法国拉维莱特科学中心的"发现教室",允许孩子们在老师的监督下,在任意一间教室中自由地参与所选择的活动内容。美国教育家杜威说,如果能使儿童从做中学,即从真正有教育意义和感兴趣的活动中学习,那也许标志着对儿童一生有益的一个转折。参与式的学习,对学生熟悉外部世界,开发想象力和创造力是非常有用的。

第三,参与讲解词的设计。当前,讲解依然是人文、科普类场馆的一种基本普及方式。讲解词的质量,直接决定人文、科普内容的传递和学生兴趣的培养。美国科学家米勒指出,博物馆旨在教育公众的展览,所有展品都必须设计得简明,让一般水平、不太懂科学的观众能自行或在他人协助下观看或体验。同样的道理,根据不同年龄青少年学生的认知特点,人文、科普类场馆的讲解词也应该简明、易懂、生动、有趣。学校要参与人文、科普类场馆的工作,共同把讲解词设计好。

要充分发挥社会资源在教育中的作用,关键在学校,主要靠课程实施,其中校长的教育理念和驾驭课程实施的能力是关键中的关键。为什么这么说呢?学校是课程实施的基本单位,而校长是学校第一责任人,执行国家的课程计划以及在此基础上创造性地实施学校的课程计划,都要靠校长推动。要发挥社会资源的教育作用,就需要校长站在以学生发展为本的高度,在课程实施的环节上加以落实。但是,由于目前尚未把参观人文、科普类场馆列为学校必须完成的课程计划之内,加之参观活动需要消耗更多的人力和财力资源,效率可能低于教师直接讲授,因此学校总体上对此热情不高。在人文、科普类场馆工作的同志反映,青少年学生参观人群中占的比例并不高,有的还是家长带去的。要改变这种局面,关键是校长要转变教育教学理念,真正理解教育的本质和人的内在需要。如果校长不重视人文、科普类场馆资源的教育功能,看不到对学生成长的价值,那么,无论教育行政部门如何重视,如何花钱去开发这些资源,都难以达到预期的目的。如果校长能够真正理解利用社会资源对学生的积极作用,就会把利用社会资源纳入学校的课程实施计划内,把它作为课程活动和学生在校生活不可或缺的部分。

4. 提升课程领导力的重要意义

从 2007 年以来,我们一直在抓提升校长课程领导力的问题。2010 年初举行的教学工作会议,更是直接把"提升课程领导力"作为主题,显示了我们对这个问题的高度重视和强调。近两年来,全市各区县和学校围绕提升课程领导力,不断改革和探索,产生了一批鲜活的实践经验,逐步形成了聚焦课程领导、深化教育改革、促进内涵发展的良好势头。

加强课程领导:现实的挑战与应对的策略[①]

在过去的两年中,国家层面围绕课程改革开展了一系列大规模的监测。上海有多个区县参与,从数据反映的监测结果来看,喜忧参半。喜的是学科测试结果在全国处于较高水平,忧的是在相对令人满意的学科测试成绩背后,还存在一些问题。比如,关于学生的问卷表明,家庭作业时间过长,学生

①　加强课程领导:现实的挑战与应对的策略[J].上海教育科研,2010(3).收录时有改动。

睡眠时间不足，没有按规定的时间参加体育锻炼，体育课、艺术课以及综合实践课课时被挤占，师生关系紧张，学生学习压力大、学习内部动机不强、自信心不足等。教育质量监测只是从一个角度反映了上海基础教育中存在的问题，结合日常各种调研结果，分析当前上海课程与教学改革中比较突出的深层次问题，这些问题给我们进一步深化课程改革带来了挑战，我们必须采取有力举措，积极应对。

▶ 积极应对教学改革面临的挑战

▶▶ 课程实施过程中难度拔高现象严重

与国家课程标准和主要发达国家课程标准相比较，上海的课程标准并不高，有些还显得偏低。由于现行课程标准描述精度不够，导致基层学校在课程实施和考试评价中，难度难以把握，以致在课程实施过程中教学要求被明显拔高。而学生和家长所直接感受到的，并不都是课程标准和教材的难度要求，而是通过教师的上课、作业布置和考试要求等所反映出来的教学要求的难度。

以一年级第一学期"识字和写字"教学内容和要求为例，上海市中小学语文课程标准要求"到二年级结束能在语言环境中正确认读 1800 个左右的常用汉字"，"能在生活环境中巩固认识的字，能自觉扩大识字量，有主动识字的愿望"，"到二年级结束能写 1000 个汉字"。其识字要求与"一期课改"相比较，从原来的"四会"（会读、会写、会默、会用）向以"一会"（会在语言环境中认读）为主转变，由大量的"一会"带动"三会"，采用了"识写分流"的策略，即识字和写字在时间上分流，先识字后写字，多识字少写字。意在不加重学生负担的前提下让他们尽早进入阅读的天地，使之能广泛阅读，进而有效阅读。

一年级语文实验教材中的生字共计 934 个，由于古诗中涉及的生字未计入，所以当时总称 1000 个生字。到"二期课改"第一版教材，已经减少到 712 个。然而，当新教材全面推开之后，学生负担重似乎成了主旋律。为此，市教研室曾于 2003—2004 年从家长、学生、教师、教材和学校管理等方面入手，两次对教材的实施作了深入全面的调查。基于第一次的调查情况，教材的识字量由原来的 712 个减少到 460 个；根据第二次的调整，教材再作调整，识字量由 460 个调整到 400 个；后又经过两轮调整，直至今天的 358 个。可是，各方面的反映依旧是学生负担不轻，而所提及的负担问题与第一次调查的情况基本相符。由此，可以得出这样的结论：学生学业负担过重的重要原因是在教学过程中没有切实贯彻课程标准的要求，不断拔高教学要求，并且考试要求也"水涨船高"；考试的高要求又反过来拔高教学要求，从而形成恶性循环。

以小学一年级《采蘑菇》这篇课文为例：

小兔跑步，绕过大树，穿过草地，去采蘑菇。

教材要求学生在语言环境中认识三个生字"采、草、地"，描写"地、采、去"。然而，教师在教学中不仅要求学生识记教材所要求的三个生字，而且要求学生识记"过、跑、步、兔"，甚至是儿歌所涉及的所有汉字；识记的要求由在语言环境中认读，提高到能"孤立"地认读，甚至要求学生能默写生字，能给生字组词等；相关汉字的描写变成了抄写。有些学校、有些老师甚至要求学生对将要学习的课文进行预习，预习的要求是："自学生字新词，能将字形记住，能默写生字，能将课文读通"等。教材要求落实到教学要求过程中，被不断拔高了。

▶ 国家课程校本化实施亟待加强

学校是课程实施的基本单位，学校各项工作均围绕课程实施展开。当前推进课程改革的一个重要命题是，学校根据学生基础与需求的差异，创造性地、校本化地实施国家课程。

但在实践中，校长课程领导还存在一些突出问题：一是引领课程改革的主体性和主动性不强，一些学校不同程度地忽视对学校课程建设和教学实施过程的直接领导，缺少以课程为抓手推动学校改革与发展的内在动力；二是对国家课程方案和课程计划的理解不到位，在执行国家课程的过程中出现"折扣"或"扭曲"做法，遮蔽了课程的丰富内涵；三是缺乏把办学理念、培养目标、课程计划等进行整体设计的能力，也缺乏通过研究、编制、实施、评价等过程持续完善课程的能力；四是对学校教学质量的评价方式单一、方法陈旧，对评价过程的控制和对评价结果的利用不尽科学。校长课程领导的不足，直接导致国家课程的校本化实施的"变形"。

▶ 高利害测试代替科学的教育评价

评价对教育教学改革的意义重大，评价改革是课程改革的重要内容和新的生长点，是深化素质教育的必然要求，是教育行政部门专业能力建设的重要内容，是学校提高教学成效的内在要求。

但是当前基础教育质量评价的方式单一,评价结果被过度加以高利害处理。考试对学习和教学确实能够起到促进作用,但是这种方式也有它的不足。市教研室曾进行了一次低年级语文学业评价的情况调查,选取了来自本市 10 个区县的 92 份小学语文一、二年级试卷作抽样分析,得到的信息主要有:基层学校测试频度高,统考统测次数多,测试形式单一,试卷内容多、难度大,考试排名盛行,使平时正常的教育质量监测变成了一种高利害的评价方式,高利害的测试使评价的课程内容限制在所教授的学科知识和认知技巧之内。很明显,高利害测试对于课程的腐蚀剥夺了许多学生应该学习的重要东西,抹杀学生真正的学习兴趣。

▶▶ 课程的整体育人功能仍待加强

课程是学生学校全部学习生活的总和,课程的育人功能体现在学生德、智、体、美等多个方面,对学生的成长起到整体作用。我们应该认识到,学生的文化学习过程是智力发展和道德成长相统一的过程。但在实际工作中,课程的整体育人功能状况仍然不尽如人意。

▶ **把握校长课程领导力的基本内涵**

课程领导,关键在于把握教学本质、引领教学理念、建设共同研究的团队,善于在实践中发现问题、研究问题和解决问题,不断实现教学质量的提高和团队专业能力的提升。

课程领导力是校长领导能力的一个重要组成部分,这种能力贯穿于学校课程设计、实施、评价的全过程。

一是建立校长的专业权威。目前校长的专业权威不够理想。有人做过调查,问教师"哪些人评课对自己帮助最大",教师回答帮助最大的是"有经验的同事",其次是"学科教研专家","校长"则居于末位。

二是加强对学校课程与教学计划的领导。学校的基本任务是教书育人,课程与教学是完成教书育人任务的主要载体,校长必须关注课程与教学,提高课程与教学领导力。校长一方面要执行好国家课程,满足国家课程实施的要求;另一方面要在现有国家课程体制下,围绕学生需要和学校特点,渗透自己的办学理想和教育理念,创造性地执行国家课程、开发本校课程,形成学校的课程体系。

三是加强对课程实施过程的领导。课程实施不是学校和教师简单执行课改方案的过程,而是一个统一理念、理解标准、互动调适、主动创新的过程。校长提高课程领导力,关键是在教育规律、学生发展和教育理想之间寻求平衡点,提高课程的执行力和开发力。

▶ 实施"提升课程领导力三年行动计划"

提升校长课程领导力,是促进课程与教学改革的重要基础,为此拟制订和实施三年行动的专项计划,其要点是:

第一,开展学校课程领导力实践探索,组织课程改革研究基地学校等单位,围绕学校课程计划的编制、学科建设、评价实施、管理制度优化等项目,进行旨在提升学校课程领导力的实践研究,实现学校课程领导力从"应知""应为"到"能为"的提升。

第二,加强校长课程领导力诊断和评价,建立校长课程领导力的诊断指标和评价量表,提高校长对课程领导内涵的理解,引导校长课程领导行为,并建立校长课程领导力的基本常模。

第三,着力提升校长在课程实施中的资源开发利用能力。引导校长从人的发展需要出发,结合学校课程的实施,加强课程资源的开发利用,特别是加强对校外教育资源的利用,帮助学生把从书本上学到的间接经验和从课外与校外活动积累到的直接经验结合起来,使校外教育资源真正转化为学校课程实施的生动素材。

▶ 完善校长课程领导的体制机制

2007 年底,市教委启动了"上海市中小学学校课程计划"研制项目,该项目一共涉及小学、初中和高中三个学段的 39 所学校,通过制订学校课程计划,校长们达成共识,学校课程计划的研制、总结、评价、反思与改进是学校内涵发展的核心内容。2008 年,市教委批转了市教研室《关于加强中小学课程管理的若干意见(试行)》等 6 项教学工作意见,以加强中小学课程管理、教学常规管理、校本教研工作、课程建设与实施和改进课堂教学为抓手,全面提升校长的课程领导力。市教育督导部门着手研究和建立中小学校课程计划实施状况公报制度,并于 2008 年对徐汇区、闵行区和松江区进行了校长课程领导力专项督导,形成提升校长课程领导力的区域性经验。从区县教育行政部门角度看,需要把提升校长课程领导力作为一项重要工作予以推进。

▶ 注重对校长课程领导的专业引领

2010 年 4 月,我们通过三个专场会对全市 18 个区县落实教学工作会议精神的情况进行了全面了解。在此前后,我们通过每学期 4 个区县进行素质教育推进情况介绍的方式面向社会媒体进行滚动发布,以促进各区县和学校更好地深化改革。这一过程中,形成了一批区域课程领导的新鲜经验,对激活学校和教师微观主体的活力起到了良好的效果。

比如,长宁区在提升校长课程领导力的过程中,为每个学段设计了重点突破口,幼儿园以运动和游戏课程为抓手指向启蒙学习,小学以快乐拓展日为抓手指向快乐学习,初中以阅读导航计划为抓手指向有效学习,高中则以主题轴课程群建设为抓手指向综合学习,让每所学校既有明确的改革目标,又有以校为本创造性实施的改革空间。

比如,静安区推出"课堂增值行动"和"N 项体验活动",引导全体教师投身课堂改进实践,梳理分析学生的起点,设计实施符合"最近发展区"的课堂增值点;同时促进每一个学生参与 N 项体验活动,丰富学习经历,并通过《"玩"全手册》向家长发放,充分利用家长资源,形成学校与家庭教育的合力。

比如,徐汇区以"学科基地"建设为导向,发挥不同学校的优势学科教研组力量,通过团队申报"学科基地"的方式,既促进其在全区范围的研究、实践与辐射,又使得每个在团队中的教师都能获得不同程度的专业成长。

还有,黄浦区提出"办学生喜欢的学校",把关注学生的感受作为教育出发点,引导中小学校研究学生;杨浦区推进中小学与高校紧密合作开展创新实践;卢湾区以两所高中为龙头集聚区域内各种资源整体提升教育质量;普陀区形成东西南北中的教育形态格局,促进辖区内的学校分享经验和柔性交流,以提高学生的学习生活品质。

这些做法都富有创意,取得了一些初步成效,值得推广。不难看出,这些区域都是有比较专业的教育改革整体设计和规划的。2010 年市教委下发的《上海市提升中小学(幼儿园)课程领导力三年行动计划》,主要任务为 3 条,即准确理解课程方案,提升学校课程规划的能力;统筹利用课程资源,提升创造性落实课程方案的能力;有效进行课程评价,提升课程更新与评价的能力,基点都在学校。市教委在提升校长课程领导力的工作中,也改变了行政管理模式,强调课题引领、项目推动。因此,区县教育局要与市教委一起,转变领导方式,加强业务引领,以点带面,抓几所学校,以引领全局。出台的政策和措施,要直接作用于学校和校长,以课程领导力为抓手,深入推进课程改革,促进学校内涵建设。

▶▶ 建立和完善科学有效的区域和学校教育评价体系

当前,教育行政部门对学校的管理,依然过于倚重几门学科测试成绩为依据的单一评价方式,以此来评判学校和教师的工作绩效。学校和校长片面追求学科学业质量,与此关系巨大。这种评价不能对学校的教育教学作出有针对性的诊断,也无法为行政部门调整教育政策、完善教育管理提供足够的依据。

我们必须看到,教育评价改革是课程改革的重要内容和新的生长点,是教育行政部门专业能力建设的重要内容,是学校提高教学成效的内在要求。区县教育行政部门和学校要树立全面、正确的教育质量观,在学业质量评价的同时,更要注重学生的内在需求、学习兴趣、身心健康状况、社会责任感以及师生关系和社会满意度等方面的评价。区县、学校、教师要研究和掌握科学的评价手段,从日常教学过程中的评价上进行改革,使教育评价回归到教育教学过程之中,利用评价结果改进课程设计、建设和实施,提高课程的针对性和实效性,促进学生综合素质的发展。

▶▶ 建立健全提升校长课程领导力的专业支持体系

建立健全校长课程领导力的专业支持体系是《上海市提升中小学(幼儿园)课程领导力三年行动计划》中明确提出的要求。课程改革的核心目标是改变教师教与学生学的内容和方式,而对于大多数学校和校长来说,要实现这个目标,单靠自身力量是不太容易较快实现的,是需要专业指导和支持的。

因此,区县教育行政部门要统合教育系统内外各方面的资源和理论,给予校长提升课程领导力丰富的、强有力的专业支持。当前,要建立健全以科研为引领、以教研为主力、以督导为保障的提升中小学(幼儿园)课程领导力的专业支持体系,特别要加强教研室建设,充分发挥教研在提升学校课程领导力的作用,要将教研室建设成为探索课程与教学理论与实践的研究机构,提供课程与教学专业指导的服务机构,评价和改进基础教育质量的指导机构。

课程领导力是校长的核心领导能力①

课程是学生全部学习生活的总和,加强课程领导就是要从育人目标、学生学习、成长需求的结合上,建构适合的课程体系,让学生浸润在课程内容和课程实施的全部过程中,充分发挥课程的整体育人功能。

▶ 国家课程的校本化实施,是校长课程领导的基本任务

国家课程着眼于满足所有学生成长和发展的基本需要,开齐开足国家课程,不仅是要按照政策要求把课程计划执行到位,更是避免为学生提供残缺的、破碎的学习内容和生活经验。国家课程的校本化实施,或者说在国家课程框架下构建和实施以校为本的课程体系,就是在深刻分析本校学生学习和生活的基础、现状及其发展需求,充分把握学校、教师和社区实际情况的基础上,把反映学校理念、师生特征和地区特点的内容和要求创造性地渗透在学校课程体系内,通过校本化的实施,满足本校学生个性化的学习和生活需求。

国家课程的校本化实施,是校长课程领导的基本任务,而对学生、教师和学校实际分析,是基础和起点。特别需要强调的是,校本化实施不是简单地忠实执行国家课程方案的过程,而是一个再创造的过程,是一个统一理念、理解标准、互动调适、主动创新的过程。统一的国家课程标准和内容体系,是共性化的基础性要求,难以解决学校的个性化理念和学生的个别化需求满足问题,难以预料到课程实施过程中的具体问题。因此,课程实施特别要求加强研究学生、研究教师、研究教材、研究教育环境的工作,在这个基础上提出学校课程实施的针对性、创造性的方案,真正做到有效落实国家课程方案。

学校是课程实施的基本单位,课程包含的三维目标,都是要通过学校的教学、管理、师生交往活动等落实在学生身上的。家庭和社会是学校课程实施的辅助单位,家庭和社会教育是学校教育的外在延伸和补充,家庭和社会教育功能的发挥,最终依托学校的课程实施而实现。

---

① 深化课程与教学改革 全面提高教育质量[J].上海教育科研,2007(9).收录时有改动。

校长是学校课程实施和质量管理的第一责任人,是国家课程校本实施的关键因素。校长是学校课程实施方案的制订者、是学校教育教学资源的支配者、是学校课程实施团队的引领者、是学校课程质量监控的把关者,因而,校长是决定国家课程校本实施成效的关键因素。校长的特殊地位和关键作用,必然推动校长走在提高课程领导力的前沿。校长提高课程领导力,关键是在教育规律、学生发展和教育理想之间寻求平衡点,提高课程实施的执行力和创造力。校长要用正确的教育思想引领教师实施新课程,要深入课堂教学第一线,分析教学动态,抓住教学环节中的主要问题和主要矛盾,关注课堂中的疑难问题,带领教师研究如何优化教学过程和教学方法,充分引导和指导教师改进和完善教学策略技能。要能把握教师专业发展的需求,明确学校核心价值,倡导上下平等的合作精神,营造学术氛围,建立伙伴式的团队文化,培养新课程领军人物,建设一支强有力的学校课程实施团队。

▶ 增强提升校长课程领导力的紧迫感

同样的课程方案,在同样的教育行政部门领导下,为什么在实施过程中这个学校同那个学校很不一样呢? 如同刚才说到的课程实施是以学校作为基本单位的,而学校这个基本单位的核心领导就是校长。因此校长对课程的理解、认识以及对课程实施的掌控,或者在课程实施中对教师团队有效的建设,直接决定了这个学校能不能把课改的要求落实到位。从这个意义上看,当前我们必须增强提升校长课程领导力的紧迫感。

▶▶ 日常教育教学中课程领导力不足的现象

一是教学基本环节落实不到位。

【案例】"抄写生字 5 个,每个 4 遍,花 10 分钟;抄写词语 23 个,每个 4 遍,花 50 分钟;词语理解与运用,抄题加做题 40 分钟;《金牌课课练》50 分钟",某中心城区小学三年级的一位家长"晒出"开学第一天的作业清单,称他全程陪孩子做完这些语文作业,居然要花整整 140 分钟。清单中的作业达 20 余项,有些作业重复率非常高,其中仅仅关于"冈"字的抄写和组词就出现了 12 次。最令家长想不通的是,有些练习明明直接做在教辅书上就行了,可老师偏偏要求学生必须连题目一起先抄写在作业本上,然后再做。家长质疑:"一天才上 80 分钟的语文课,却要花 140 分钟的作业时间来消化,这课堂效率何在!"

这个例子让我们从落实教学的基本环节上发现校长的课程领导力如何体现问题。教学的基本环节包括备课、上课、作业、个别辅导和评价,落实教学基本环节是确保教学目标达成的主要途径。当前,一些学校比较关注上课,而对作业练习、个别辅导等环节重视不够,从而导致紧密连接的教学环节脱节。减负能否见效,在小学教学中作业的针对性是突出的问题,但在相当一部分学校,对教师的作业布置仍处于放任状态。

二是规范办学行为意识不强烈。

【案例】教育调查显示,2009 年学校课时违规率为 53.1％,初中课时违规率高于小学,随意加课 36.1％、小学科被挤占 38.7％、集体补课 15.5％。比如有一所初中,不仅擅自挤占体育、音乐、自然等学科课时,还堂而皇之地排出双休日课程表,大面积补课。

校长一方面要执行好国家课程,满足国家课程实施的要求;另一方面要在现有国家课程体制下,围绕学生需要和学校特点,渗透自己的办学理想和教育理念,创造性地执行国家课程,开发校本课程,形成学校的课程体系。但是当前,仍然有一部分学校没有很好地实现观念转变,没有严格执行规定的课程计划,不研究教学规律和提高质量的科学方法,随意增减课时等。作为课程领导力的底线要求,校长必须不折不扣地严格执行,所有区县一以贯之,所有学校一视同仁。然而,由于当前相当一部分校长的课程领导力总体上比较薄弱,一些校长脱离教学一线,不熟悉教学业务;一些校长年轻经验不足,缺少对教育教学基本规律的把握,这些都导致了课堂教学存在投入与产出不匹配、形式与实质相脱节、知能与情感相分离、控制与开放左右摇摆的状况。校长课程领导力薄弱成为影响课程有效实施和促进学校内涵发展的制约因素。

三是片面追求学业质量倾向依然严重。

【案例】上海学业质量测试数据差异的解释率均小于 25％(根据国际通用的学校教育对学生成绩差异的解释率标准,学校解释率分为三个水平:25％以下、25％—42％、42％以上,解释率越低,表明学校间差异越小),说明上海学校间学业质量差异不大,学业质量较为均衡,与芬兰、瑞典等发达国家相当。但与令人相对满意的学科测试成绩相比,学生问卷结果却给我们留下思考的空间,学生睡眠时间不足,没有时间参加体育锻炼,师生关系紧张,学生学习压力大,学习内部动机不强,学习自信心不足。

当前,仍有不少学校缺少对"培养什么样的人、怎样培养人"(学会做人、学会做事、学会学习、学会共处)的整体思考和设计,缺乏整体、全面、科学的教育质量观,片面追求单一的纸笔测试所呈现的学业质量和排名,教育教学活动直指学生学业成绩和排名,凡是有利于短期、直接提高成绩的教学内容和过程一加再加,不直接相关的一减再减。在这种单一、片面的学业质量观的支配下,完全忽视所谓"成绩"背后的成本和代价,遮蔽教育教学过程中丰富的育人内涵,加重学生的课业负担,严重影响学生的身心健康成长和终身发展。我们有些学校校长的办学行为,以追求区域学业质量排名为主,再加上某些符合上级要求的素质教育活动作为点缀,这完全背离了办好学校、搞好教育、培养好人才的教育工作者的基本价值追求。

四是有效利用社会资源的意识不强、动力不足。

【案例】虽然市教委列出了科普教育基地、博物馆等社会教育资源名录,但实际的利用率依然较低。

城市里的课程资源很丰富,但校长们并没有充分开发。所谓充分开发,是要基于学校的开发。比如说,上海有很多的博物馆,还有很多科研院所,他们依托自己的科研资源开设了很多公共博物馆、展览馆。因为他们有科普的责任,所以要面向社会开放。同时,这些场馆建立以后,我们也跟这些场馆合作,对博物馆里面的解说词进行了针对学生的处理,将这些解说词同教材内容作了衔接。但是弄好以后,学校组织去参观还是比较少。当然这里面有安全问题等多方面原因,但总体意识不强。为什么我们不能把相应的课程放到这些场馆中去上呢?关键还是校长并没有把这些看作学生很重要的学习经历,或者嫌麻烦,感觉只要在教室里面就能够把知识教给学生,为何还要去折腾。其实一个校长如何主动利用社会资源,丰富学生的学习经历和体验,就是课程领导力的具体体现。

▶▶ **要切实把正确的办学理念转化为日常教育教学行为**

刚才提到的这些都是教育内涵发展中的深层次问题,具有深刻性、广泛性、长期性和多因性的特征,也是校长课程领导力的直接体现。当前,我们应当深切感受到提升校长课程领导力的迫切性,必须将聚焦点、关注点和归宿点落到学校、教师和学生层面,将正确的办学理念转化为日常的教育教学行为,发挥学校遵循教育规律的主体性和主动性,使按规律办学成为师生共同的行事方式,而教育行政部门则要做好引导和服务。

我想特别提出,要树立三个观念:

一是校长课程领导力是一个系统。

在《校长课程领导力三年行动计划》中明确指出,提升课程领导力是学校内涵发展的客观需要。课程是学校内涵发展的核心领域,要把课程建设与特色培育、队伍建设、文化建设等有机融合。因此,校长的课程领导是一个系统,它涉及校长对全部校园生活的协调安排,也就是说要在学校方方面面工作的有效整合中,体现一个校长的课程领导力,决不要把各项工作机械地割裂开来。

比如,温馨教室的建设,这不仅是一项德育活动,更是涉及班级课堂文化建设和学校教育氛围创设的问题。又比如,教师专业发展,教师是课程建设的核心主体,课程团队的专业水平和工作机制是深入推进学校课程改革的重要保证。进一步提升校长驾驭课程改革的能力、教师把握教学实践的能力、完善课程团队的工作机制,是当前课程改革的重要议题。再比如,生命教育和民族精神教育的"两纲"教育、阳光体育活动、创新素养培养等,这些都不是割裂的分条线的。对于校长而言,应该纳入学校工作的系统中去考虑,这才是实实在在的课程领导力。

二是校长课程领导力不是零起点。

很长一段时间以来,校长的办学理念和行为选择往往局限于行政力量的推动,既不利于办学主体性的形成,也使得完整的学校管理和课程运行系统被行政措施所肢解,长此以往,不少校长已习惯于行政管理,把接受行政指令作为校长的工作任务,对以学校为单位地系统推进课改非常不利。

所谓"不是零起点",指的是我们许多校长都有课程领导的实践,或整体或局部,关键是要总结好、整合好。但是,也有相当一部分校长把主要精力放在了社会公关、分数排名等方面,远离了教育教学,失去了对学校教育教学的领导,往往表现为行政领导角色大于课程领导角色,教学意识大于课程意识,以"控制"为核心的课程文化渗透在课程目标和课程管理之中,课程评价的专业知识储备欠缺等。这些问题不解决,课程改革难以持续深入发展,而解决这些问题不能仅靠教育行政指令,更重要的是必须下移重心到学校,在课堂第一线"落地"。因此,提升校长课程领导力在这样的背景提出显得尤其迫切和重要。

三是关注学生是校长课程领导力的重要观测点。

当前,教育改革进入内涵发展阶段,一个重要标志就是如何体现以学生发展为本。学生是教育的出发点和归宿点,研究学生不是一项外在叠加的研究任务或工作要求,而是一种最基本的能力。因此,关注学生是校长课程领导力提升与否的重要观测点。校长应该把学生的感受作为教育的出发点,要寻找获取学生真实信息的方法,要把学生信息作为改进教育教学的资源,同时还要学会倾听学生,使不断调整教学行为成为教师的基本能力。

我越来越深刻地感受到,当前我们要改变"目中无人"的教学。我们不能把生动而复杂的教学活动安放在固定且狭隘的认知框框之中,只注重学生对学科知识的记忆、理解和掌握,而不关注学生在教学活动中的情绪生活和情感体验;我们更不能把教书和育人割裂开来,以教书为天职,以完成学科知识传授、能力培养为己任,忽视学生在教学活动中的道德生活和人格养成。我想,教学过程不能关注到每一个学生,不能在学生的身心成长、道德提升和人格发展中发挥作用,失去对学生生命存在的整体关怀,从而使学生成为被肢解的人、被窒息的人,这将是教育的最大失职。

改变教师教的观念与方式,引导教师关注学生的学,让交往与互动成为教师课堂教学的常态,这种转变需要校长的智慧和策略,其本身就是课程领导力提升的重要标志。

▶ 全方位提高校长的课程领导力

▶▶ 立足实际,以饱满的改革热情加强课程领导

一是进一步提高规范办学意识和能力。提升校长课程领导力,规范办学的意识和能力是基础、是前提。越是强调改革和创新,越是要强化规范意识。2010年市教委专门下发了《关于进一步规范中小学课程教学工作深入实施素质教育的若干意见》,就是要求校长立足规范办学,深化课程教学改革。文件对"合理安排中小学生作息时间、规范有效实施课程计划、加强教学规范、完善学习方式、控制作业总量、改进作业设计、科学开展教学评价"等都有详细要求,希望大家认真学习,严格贯彻落实。我想强调的是,所有的课程领导行为,都应该

是基于规范和标准的，而不是对规范和标准的抛弃和践踏。规范办学与加强课程领导是一致的、并行不悖的，加强课程领导是为了更好、更有效地落实课程与教学工作规范。

二是从分析办学实际出发，积极寻找突破口，锐意改革探索。当前政府对学校办学条件的保障水平有了很大提高，学校各种办学条件已经基本上都由政府保障落实，校长的主要精力应该集中到学校内涵发展和建设上来。要深刻认识到，缺乏课程领导力的校长，不是专业的校长，也不是合格的校长。校长是学校课程实施和质量管理的第一责任人，是决定国家课程校本实施成效的关键因素。要振奋精神，以饱满的热情，从分析本校的学生需求、教师发展、学校文化、社区环境等出发，以学生为本，积极投身于课程领导实践，寻找推进课程改革的突破口和生长点，锐意改革创新，尝试和探索本校的内涵发展路径。

▶ 抓住重点，从多方面提升课程领导能力

提升课程领导力是一项系统工程，我想当前至少可以从以下三方面着手展开：

一是以学校课程计划为抓手，加强学校课程规划的领导。

学校课程计划是学校近期目标、课程设置、课程内容、实施策略、评价管理等可操作的整体方案，而国家课程校本化实施问题的核心是通过研制学校课程计划，找准国家课程与学校实际情况的结合点。

我们要把课程计划的编制和修订作为提升课程领导力的抓手，使校长们进一步认识到学校课程计划的内涵和价值，逐步掌握把办学理念、发展目标和学生培养目标落实为学校课程计划的基本方法，增强对学校课程目标、课程设置、课程内容、课程实施等的整体规划能力，特别是要提高对社会教育资源的利用能力。应该把社会教育资源纳入学校课程计划中，充分发挥社会教育资源的育人功能，拓宽学生学习渠道，丰富学生学习经历，通过多种途径满足学生学习多样化和个性化的需要。

学校要在校长领导下始终坚持以学生发展为本的理念，根据《上海市普通中小学课程方案》[①]和市教委颁发的课程计划，统筹人、财、物等资源，本着有益

---

① 2004年上海市教委颁布了《上海市普通中小学课程方案》，标志着上海中小学课程教材改革进入了一个系统推进和全面试验的阶段。

于提高教与学的效率,有益于学生全面、有个性的发展,有益于体现学校办学理念与特色等原则,科学制订和有效实施学校课程与教学计划。编制学校课程计划要因地制宜、因校制宜,合理规划、开发和实施校本课程,校长要引领教师不是为了开发与实施校本课程而开发与实施校本课程,要确保校本课程服务于学校培养目标和办学特色。校长应依靠教师智慧,大胆探索,在学校教学计划的一天作息时间安排、一周教学活动安排和学校课程(拓展型课程和研究型课程)的设计与实施方面形成特色。

二是以提高教学有效性为突破口,加强课程实施的领导。

教学领导是课程领导的重要内容,教学有效性是校长课程领导力的直接体现。上海要从三方面入手,一是落实教学基本规范;二是把握教学基本要求;三是改革课堂教学,创新教学方式。要出台相关文件,为校长规范学校教学行为提供依据和保障。在抓好规范的基础上,引导校长把基本规范内化为领导教学活动的自觉行动,把课程标准转化为学校的教学基本要求,变革教学方式,实现增效减负。

校长要用正确的教育思想引领教师实施新课程,要深入课堂教学第一线,分析教学动态,抓住主要矛盾。要深入课堂听课,摸清课堂真实情况,要抓住教学环节中的问题,研究如何改革教学过程、教学方法。要提高课程实施的有效性和到位度,尤其提倡校长在课程实施中对教师的专业支持,充分关注课堂中的疑难问题,关注教师教学中的困惑,引导和指导教师改进和完善教学改革的策略和技能。

三是建立学习型团队,加强对校本教研的领导。

课程实施是团队行为,校长需要带领教师团队落实学校课程计划。要进一步加强"以校为本教学研修",校长要围绕课程目标和要求,为教师参与课程改革提供民主、开放、协力、合作的氛围,为每一位教师创设发展的机会、条件和空间,不管这位教师今天处于什么样的基础之上,引领教师敏锐地捕捉课程实施中的问题,引导教师共同反思和研究,寻找对策,破解难题。同时,通过制订和实施学校、部门和教师个人的发展规划,实现个人与团队的共同成长,不断提升教师课程研究能力。

要健全并完善各科教研组织,制订符合本校实际的校本教研制度和切实可行的实施方案,以"研"促教,以教促"研",实现研训一体。学校要对校本教研工作过程与质量进行监控与评价,定期检查制度运行情况,不断提高校本教研工作质量。要选配好教研组长,在教研组长的带领下,通过教研组集中精力聚焦课堂教学,针对实际问题开展教研活动,增强教研组的活力。教研组要通过"专业引领""同伴互助""自我反思"来主动适应课程改革执行力提高的需要,执行力通过教研组发挥,使学校整体教学质量持续发展。

提升校长课程领导力应处理好四对关系[①]

校长对课程的理解以及对课程实施的掌控,包括在课程实施中间对实施团队的有效建设,是决定一所学校能不能落实甚至进行创造性实施课改要求的关键要素。

提升校长课程领导力要特别注意处理好四对关系。

▶ 处理好规范与创新的关系

学校是教学实施的基本单位,提高教学有效性非常重要的一点是学校各项工作的规范运作。近几年,教育系统处在更新换代的高峰期,校长大面积调整,年轻教师增多。过渡期间,新校长、新教师对岗位和职责暂不完全熟悉,加之社会、舆论对学校施加的不利于教学规范实施的外力,课程实施中难免出现一些不太合乎规范要求的行为。我们通过调研、视导、督导以及其他一些途径发现,在不同地区、不同学校确实存在着不同程度的不规范问题,学校层面如教学计划的执行问题,教师层面如教学基本要求的执行问题,等等。这些问题若得不到正视和重视,必将阻碍教学有效性的提高。

抓好课程实施规范是校长提高课程领导力的一个环节,强调规范不是要束缚校长、限制校长的课程实施自主权,而是希望校长通过对规范的了解和执行,最终把规范内化为领导课程实施的自觉行动,在此基础上,从规范走向创新。课程实施是一个规范化和个性化交融的过程,个性化对校长而言,主要体现在

---

① 提升校长课程领导力 促进学校内涵发展[R].2010 - 10.根据在教育部中学校长培训中心的讲话稿整理。

其对国家课程的创造性实施上。校长把自己的教育理念、对课程的理解以及对学生成长需求的认识,渗透到学校课程实施计划之中,一方面创造性地执行国家课程,进行国家课程校本化实施;另一方面结合学校的办学理念和发展定位,研制实施校本课程,这个过程是一个充满创新成分的过程。

▶ 处理好基础性与差异性的关系

有效教学没有固定的标准,但是有一个固定的起点。这个起点就是教学的基础性,即基本的教学目标和教学要求的达成。学生通过教师的教和自己的学,能够在三维目标上达到基本的要求。这两年上海强调抓好教学五环节,重要目的之一是打好有效教学的基础,推动高效教学的实现。当然,不同的教学方式有不同的程序和规律,达到教学基本目标和要求的途径也会不同,学校需要加强探索和实践。如何在打好基础的前提下,取得进一步发展?这里提出几个关注点:第一,关注教育教学的多样性。教育的对象是具体的一个一个学生,他们不仅在思维上具有多样性和复杂性,认知的风格上具有鲜明的个体特征,而且拥有的基础可能不同,需求也会存在差异。现代教育的理念要求给学生更加个性化的人文关怀和指导,从而回应学生存在的差异。从教师角度而言,教师的禀赋不同,对教育的理解、对学生的认识不同,对教育方法的选择和对环境的取舍有个人偏好,所以有效教学首先要关注学生和教师的多样性。第二,关注教育教学的多主体性。以人为本的教育,学生应该具有主体性,对自己的学习有选择权,他们可以对学习的内容、过程、方法甚至是学习结果的应用等作出更加符合个人实际的取舍。若不给学生自主选择的权利和机会,这样的教育教学恐怕很难有效。教师是另外一个重要的选择主体,教师是不是可以选择教育的内容、主宰教育的过程?是不是可以用自己的教育理念和教育行事方式去影响学生?我想,缺少师生主体地位的教学恐怕难以有效。第三,关注教育决策的多主体性。政策制订时,每一级组织和每一个个体都有表达观点和诉求利益的权利。政策执行时,不是照搬照抄,而是通过政策本地化来体现执行的主体性,从这个意义上说,不同层面的执行主体同时又是决策的主体。校长要从政策的要求和学校的实情出发,既能担当好上一级决策的执行主体,又能够担当好本级层面的决策主体,解决实际问题,推动教学向前发展。

▶ 处理好国家课程统一执行和校本实施的关系

我们现在常常遇到这样一个问题，就是把国家课程、地方课程与学校课程机械地隔离开来。其实，国家课程是学校课程体系的主要构成部分，学校的教育教学活动主要是围绕国家课程展开的。国家课程服务于所有学生，提出的是统一的规定和基本的要求。以课程计划为例，国家规定每门课程每周多少课时，学校一周总课时不超过多少课时等，但同时也有一定的灵活性，如果认真研究市教育行政部门颁布的课程计划，可以了解到学校是有一定的自主权的。同时，为了有效地落实国家课程的总体目标，学校实施国家课程的方式方法可以因地而异、因校而异、因人而异，因为国家课程的实施需要一个校本化的过程，因此便产生了国家课程与校本实施的关系。背离了国家课程的主旨，违反各项原则和规定或者机械地照搬国家课程的规定，不分析学校的实际，这样的实施都会影响教学有效性的提高。

处理好这对关系，校长要进一步明确课程执行与课程开发的关系。有的校长习惯于把国家课程、校本课程等割裂开来，不太关注国家课程在学校结合实际、富于创造的有效实施，而仅仅关注在拓展型、探究型课程中的科目开设和教材编写（当然这些工作在"二期课改"中也是重要的工作），把课程开发仅仅理解为开发占学校课程一定百分比的"校本课程"，我认为是有失偏颇的。国家课程的执行有不同的层次：基本层次的执行，特征是学校大体上按照国家课程的基本要求去做，学校课程安排基本符合一般规范，但缺少对学校实际情况的深层次分析，在实施中还缺少创意；高一层次的执行是学校根据实际情况对国家课程予以创造性地执行，即国家课程的校本化实施。这种层次的执行本身也是一种开发，是让国家课程得到更有效的实施。在高一层次执行的基础上，学校根据目标定位、办学特色、校长的教育判断等，除了有效完成国家规定的课程之外，还能开发出具有学校特色的课程，成为学生学习的有效载体，这当然是我们乐意看到的。

▶ 处理好校长领导和团队实施的关系

我们不是说学校课程计划制订出来就万事大吉了。学校的课程实施过程是需要领导掌控的，校长要统领课程的实施和执行，并能对实施中的问题用有效的领导去解决。如果没有这个掌控的能力,课程的实施不可能真正到位。

同时,课程实施是团队行为,校长需要带领教师团队落实学校课程计划。校长围绕课程目标和要求,引领教师敏锐地捕捉课程实施中的问题,通过加强教研组、备课组建设和活动,共同反思和研究,寻找对策,破解难题。

完善评价机制,全面提升校长课程领导力

根据教育部基础教育课程改革纲要精神,近年来上海市政府教育督导室坚持完善常态下的教学督导评价,会同市教委教研室开展对中小学校长课程领导的督导,旨在提高校长课程领导力、教研员的教学指导力和教师课堂教学执行力,全面提高教学质量。

▶ 制定校长课程领导力评价指标,为全面提高教学质量提供保障

在全面实施推进素质教育中,要全面提高中小学的教育质量,关键是校长的课程领导力和教师的教学责任心与教学水平。要解决三个突出问题:一是学生课业负担过重,制约中小学生德智体全面发展;二是新教师比例大,基本功不扎实,影响学生有效学习;三是教师课堂教学质量不高,缺乏对学生有效学习指导。由此,市政府教育督导室制定了提升校长课程领导力督导评价指标,规定了提高学校管理水平和提高教育质量的六方面督导的重点:

现代教育的管理理念——明确校长要重视促进学生可持续发展的学习能力,拓宽学生的学习渠道,丰富学生的学习经验,提升学生的学习成效,为学生创设参与社会实践的资源和条件。

三位一体的合力统整——要求校长从学校、社区、家庭三方面为学生有效学习创设良好环境,敦促教师严格执行教学计划,争取家长支持教学改革,社区为学生提供实践的资源。

三级课程的建设开发——要求校长正确处理国家、地方和校本课程的关系。遵照国家课程规定,严格执行上海市课程标准,开发校本课程内容。

减负增效的责任到位——明确校长是减负的第一责任人,督查教师不准实行阴阳课表,不准挤占体、艺、综合活动、专题课程,不准组织对学生的集体补

课,确保"三课两操两活动"的有效落实。

重视教师的课堂教学——校长要深入教研组和备课组,加强校本教研制度建设。深入课堂听课评课,重视指导教师改进课堂教学,建立促进学生有效学习的考核激励机制。

教育质量的有效监控——校长要有贯彻执行本市中小学生综合素质评价的措施。建立教学质量分析、评价和反馈制度,加强对学生有效性学习的监控,规范对学生学习评价的命题和考试。

▶ 开展常态下的教学视督导,建立促进学校教育质量的评价机制

自 2007 年以来,市政府教育督导室会同市教研室先后对黄浦、徐汇、闵行、嘉定和松江区的校长课程领导力开展督导。其原则是,实施对学校常态下的督导,提高校长常态下的管理,促进教师常态下的教学。具体做法是:

实行合作型——督导部门与教研部门联袂开展视督导。全市选定 40 位有校长管理经验和学科背景的督学,教研室选定 60 名教研员,同时到一个区县中小学视督导。

规定周期性——一个学期用一周时间对一个区县进行督导。规定在每一个学期中,用一周时间对所在区县校长课程领导力视督导。

强调全覆盖——以对义务教育阶段和高中学校为主进行督导。把督学和教研员分成幼儿园、小学、初中和高中四个组,覆盖所有教育单位。

采取地毯式——同时听取区县推荐的优秀课和随堂课。规定教研员以听优秀教师教案为主,市督学听三分之一优秀教案,另三分之二随机听开门课。

运用反证法——通过座谈、访谈与问卷了解学生学习状况。督学和教研员分别召开校长、教师、学生和家长座谈会,并向教师发放问卷,了解校长课程领导力的有效措施;向学生发放问卷,了解教师促进学生学习的效果;向家长发放问卷,了解对学校减负的意见。

我们要求每位督学在一周中听 15—18 节课,并撰写"一课一点评"和"一校一评价"报告。市政府教育督导室下达的督导报告,肯定成效、指出问题及整改意见各占三分之一。这对区县进一步重视校长课程领导力,促进全面提高管理水平和教育质量起到了积极的导向作用。

第五部分
聚焦学校变革

从酝酿到编撰这本书经历了很长时间,而确立下"聚焦学校变革"这个章节也是最晚的。因为我有一些小小的纠结,一方面,本书所有的内容,无论是公共服务体系建设,还是均衡发展、课程改革,或者是转型之路,其核心都是围绕一个教育行政工作者在思考宏观教育制度和政策时的抉择判断与调查研究以及相应的工作经验积累而展开的,而把"学校变革"单列为一部分,与这条主线有什么关系呢? 另一方面,我也在想:对我这么多年在行政工作方面的心得也许大家会比较认可,但是我只有很短的教师工作经历,没有管理学校的经历,我怎么能对学校发展指点迷津呢?

　　然而,促使我最终决定增加这一部分有两个原因:一是任何一项政策制度的形成离开了在学校实践中的落实就往往会成为空中楼阁而无法落地,要让教育理念与行政要求转化为实践行动,必须依靠学校,因此,作为教育行政管理者就必须了解学校、走进学校;二是30多年来让我履行行政职责走向成熟的很重要的因素也是一所所鲜活的学校和一批批共同携手经历改革的校长们。教育理念和行动智慧从来都不是凭空而生的,而是自上而下的政策和制度设计与自下而上的实践智慧相互作用、相互滋养而逐渐形成的。因此,我想写一写我这个从没有当过一天校长的教育行政工作者对学校办学的思考。

　　我到学校去观察主要有两条:一是始终谨记吕型伟先生的教诲——"到学校不听课等于没有到过学校"。到学校去一定要听课,只有听课才能让你全面了解整个学校的环境。这里指的环境,不仅仅是打扫得是否窗明几净的看得见摸得着的外环境,更为重要的是在课堂上,你能看到这所学校的师生关系怎么样、学生的学习状态如何;在与校长、教师的交谈中,你能发现这所学校校长和教师的教育观念怎么样,他们对教学的理解是什么等,这些都是学校的软环境。二是通过观察、交谈来了解教育管理层面制定的政策能不能在基层学校得到落实。能够落实的学校是怎么落实的,在落实的过程中有没有创造出可以推广的经验;如果没能落实,那么问题又出现在哪里,是政策制定不贴切还是学校管理上的漏洞,抑或是转化教师个体行动时的认知偏差。深入了解到这些情况后,才能帮助决策层更好地改进和调整政策设计,或者让好的制度设计拥有可操作的鲜活实践。这一条对于行政机关始终保持对基层工作的敏锐性和有效性,克服工作中的官僚主义和形式主义是十分重要的。其实,这就是教育行政人员需要始终操练的基本功。

随着工作经验的积累,特别是经过长期与校长的充分交流以及在学校场境中的观察、分析、研究,让我从间接经验和现场感悟中逐步建构起关于学校管理的知识结构,有了这样的积累,就在宏观角度的鸟瞰能力与微观领域剔透的洞察能力之间架起了桥梁。

汇集在这一部分中的文章大都是在宏观和微观的结合上对学校的发展问题的论述,其中有两个议题我特别要多说几句。

一是关于我写《校长的文化自觉与教育创新》的这篇文章。文章写于2008年,也就是2007年我回到教委后一年。我为什么写这篇文章?因为我看到了当时的一些现象:作为引领教育改革风向的一些高中学校校长受一味追求升学率的影响,改革的动力不足,似乎有些迷茫;有些校长深陷其中,失去了学校应该朝哪里走的远见和动力。这与我曾经经历的20世纪80年代争创一流的高中改革势头和90年代创建市实验性示范性高中的改革劲头都不能同日而语。

高中怎么了?如果我们的高中学校校长受到社会思潮和风气的影响而迷失了前进的方向,或者只是停留在上一轮改革的功劳簿上,或者以优秀生源、以分数和排名为学校赚取所谓的声誉,那么校长和学校的教育境界就会大大下降,整个教育体系也会不知不觉地受到影响。

如何弘扬高中的独立价值,如何让高中学校找到发展的新台阶,如何迅速度过新老交替,让年轻一代校长在继承的基础上焕发改革的内在能量,这些问题的破解或许都不是开一次会议讲几句话所能解决的。

正在我反复叩问和思考的时候,我再次阅读了《费孝通论文化与文化自觉》一书,看完我受到了莫大的鼓舞和启发。费孝通先生认为,生活在一定文化中的人对其文化有"自知之明",明白它的来历、形成的过程、所具有的特色和它发展的趋向,自知之明是为了加强文化转型的自主能力,取得决定新时代文化选择的自主地位。

费孝通先生的这些观点在我看来,文化自觉是对观念和行为的觉悟,是对观念和行为的扬弃与创造,是对观念和行为自主性的生成与确立。因此,文化自觉的核心是对自身行为的选择在本能上的自觉性。而这些对于当时的高中校长而言太重要了,我们的校长应该有这样的智慧和勇气,而所有的智慧和勇气应当来自我们的"文化自觉"。

那么,这样的文化自觉应该是什么呢?后来我反复推敲豁然开朗,写下"不局限于行政的推动,不束缚于潜规则,不屈服于世俗压力"这三句话,这是我从现实出发认为现今校长应该达到的文化自觉的高度。

这些观点第一次在2008年的"长三角"校长高峰论坛上发表后,引起与会校长的热烈反响;之后我又在上海的实验性示范性高中校长会议上再讲;再后来发表了文章。我试图用这样的方式唤醒某些校长迷失的意识,给校长注入一点前进的动力。

当然,仅仅讲道理、说理念是不够的,必须给跃跃欲试的校长一些可操作的项目,于是聚焦课程改革的校长课程领导力项目和高中学生创新素养项目,以及后来推出的特色高中创建项目,让高中校长找到了抓手,而学校的面貌更新和校长的状态改变对每一个学段的提升都起了非常重要的作用。

二是推出"新优质学校推进"项目。如果说前者更多是作用在每一个校长身上的话,那么这个项目则对我内心的触动特别深,因为它让我非常清醒和深刻地认识到"今天必须重新定义好学校"。尽管"重新定义好学校"的命题在2001年就已提出,但面对现今的教育实践,这一命题更加值得我们去叩问和反思。

什么是好学校?以分数排名第一的不一定是好学校,择校率最高的学校不一定是好学校,离开教育本原的学校更不是好学校。教育以学生为本,学生的全面发展得到关注,学生的需求得到响应,学生的身心得到健康发展、适应能力强,作为社会合格公民心智完善,这才是我们追求的培养目标,努力培养这样的"人"的学校,才是好学校。还有就是我们的师资队伍,不是看师资队伍的学历达标,而是看学校里所有的老师在校长的带领下,具有读懂学生、理解学生的内心需要等方面的能力水平,这样的老师才是好老师。按照这样的思考路径想下来,我们需要改变的是传统观念中用一把尺子衡量和评判所有学校的做法,我们应该用多元的尺子来衡量每一所学校在对孩子发展过程中的增值价值。

同时,在推进"新优质学校"的过程中,我发现,教育自身也同样处于现实的摇摆之中,在对功利的追求和对育人本原追求的交织之中摇摆,因此我们今天有必要通过"挣扎"来认清教育的意义和价值。这暴露了一个很严峻的现实:教育的专业性与社会理解教育的简单化之间的矛盾。正是这种社会认识的简单化,容易影响并导致教育过程中精神生命的窒息和教育工作者专业道德的泯灭。而自从我们推出了"新优质学校推进项目"以来,一所所家门口学校的办学经验给了我信心和勇气,过程是艰苦的,需要我们去坚守,需要我们通过坚定专业立场去捍卫崇高的人类文化精神。

这就是走进学校给我带来的不断的思想升华和对教育反复的价值审视。每一个人走进学校的理由和视角都不相同,但对于一个教育行政工作者而言,最重要的是善于捕捉学校改革过程中最灵动的智慧经验,用这些生动的案例来佐证和支撑教育政策,从而让教育政策更丰满、更富有人性;同时我们也要更多地从学校中汲取养料,发现改革中的新问题和找到解决问题的新办法,从而形成下一阶段继续深化和引领的政策制度。我想,这就是教育行政与学校实践相互滋养的生态关系吧。

1. 学校变革是基础教育改革的落脚点

上海基础教育改革的重点正在逐步转移到教学层面,改革的重心正在逐步下移至中小学校,这是教育改革逐步深化的一种必然。如果"以学生发展为本"作为一切教育活动的起点和终极目标的话,那么在整个中小学的管理体系中,"以学校发展为本"则成为管理的重心所在,因为最基本的教育活动主要在学校范围内展开,学校改革的成败决定了教育改革的成败,同时也决定了学生的质量。

学校发展阶段及其发展规律①

由于学校文化背景与历史传统等差异,当前上海各学校的办学条件仍然存在着新的不平衡。在确立了"以学校发展为本"的改革方向后,对于学校发展的规律是什么、学校发展的动力是什么等一系列问题都必须作出回答。而研究其规律和动力的主要视角,首先要集中在"自主"和"发展"两个方面。所谓"自主"是指建立在学校作为办学实体基础上,所应具有的自主意识、自主权、自我约束和自我保障机制等;所谓"发展"则是指学校向一定的办学水平目标主动发展的动态过程。

我们假设:学校的发展犹如人的生命体,会经历初生、成长、成熟、衰退的过程。如果给予一定的动力,会缩短它的初生期,促进它的成长期,延长它的成熟期,甚至消除它的衰退期,使学校永葆改革的朝气,永远自主地向前发展。

---

① 学校发展阶段及其发展规律[J].中小学管理,2002(3).收录时有改动。

▶ 学校的初创阶段——从不稳定到稳定

新建学校往往会呈现一种暂时的无序状态,其表现是:学校成员尚未形成共同的目标追求和行为准则,尚处磨合期;学校的设备设施尚不完备,学校人力和物资组合的效益尚未发挥;以至于新建学校很容易变成薄弱学校,教育质量和社会声誉不尽如人意。

针对这类现象,必须加速学校从无序到有序的过程,其基本对策是加强规范和投入,可以采取两项措施:一是加强制度管理。建章立制,适度约束学校成员的行为,使之对学校共同的目标、任务、行为准则产生认同。这种管理方式一般称之为刚性管理,在学校的初创阶段极为有效。二是加大人力、财力、物力的投入,改善基本的办学条件。人力投入主要指加强领导力量和师资力量,对学校尽快结束无序状态起决定性作用,而物力、财力的投入则是一种快变量,投入初期作用大。尤其是新建学校,一定程度上可以推动学校快速地聚集人心,振奋精神,迅速跨越初创阶段的不稳定期。但一旦学校教育活动有序展开,物质条件的作用力便逐渐衰减,因此,最终决定学校办学水平的关键还是人力的投入。例如,徐汇区长桥地区20世纪90年代以后迁入了10余万居民,新建了10多所学校。这些学校的校舍设施条件均是标准化的,然而仅仅如此并不足以吸引居民入学。为了整体提高教学质量,区教育局集中组织全区的教研员,对这些学校的每一位教师的教学进行分析,提出改进建议;同时组织跨校的教研组,大力推动教师和学校提高教学质量,这样才使学校迅速达到常态。

还有的案例可以证明,一些学校虽然办学时间较长,但由于制度建设不齐全,校长更替或一大批教师退休、转业等原因,也会引起学校办学的不稳定,出现管理的空白和无序。这一类学校的主要特征与前一类新建学校十分相似,可以采取同样的方式解决问题,促使其尽快从不稳定阶段进入稳定阶段。

▶ 学校的发展阶段——从稳定到有特色

学校发展阶段中的"发展"与学校自主发展的命题是不同层面的概念。前者的"发展"是指学校相对于不稳定状态中的稳定前进,即学校内部组织体制、规章制度和运作机制的合理化已经达到规范性要求,形成了学校的整体表现,然后形成一种学校共同的精神、文化和价值追求,并且比较充分地利用自己的优势形成一定的学校特色,在这里"发展"只是对这一阶段特定的一种表述而不是学校自主发展中的动态状况。

在这一发展过程中,最值得探讨和把握的问题是,规范有序管理的内涵如何从"强序"走向"弱序"。强序常常表现为处处有规范,规范越多越细越好,学校越秩序井然;但管理者和被管理者都容易陷入被动,缺乏活力。当规范上升为原则,成为教育价值的"凝结"的时候,它常常代表一种精神追求,代表整个团体共同认同的原则,因此它常常被允许在运行过程中灵活地执行。所有成员以此自律,其行为往往超越了规范。只有原则没有必要的规范,不足以约束人们的行为;只有规范,没有一种蕴含其中的文化精神,一所学校在运行过程中会缺乏一种神韵和灵气。上海市打虎山路第一小学,曾经共有112条规范。经过学校的长期工作,最终缩减为仅有的29条,然而学校却比过去更加富有生气和活力,可见该校在这一过程中已经完成了从外在规范到自觉内化的过程。

我们常常可以看到,一所学校在稳定中发展,往往是以局部突破来带动整体提高的,而局部突破只要持之以恒,聚集优势,就能发展为学校的个性特点,形成学校特色,它来源于学校实际同时也超越了现实的学校。飞虹中学地处上海著名棚户区虹镇老街,学生学习基础差,学习障碍者约占25%,学校留不住教师,也留不住学生。1991年,校长以科研为抓手,参与了原上海市教科所的国家"八五"重点课题"初中学习困难学生成因及教育对策"的实验,实施"分层递进教学",学校形成科研特色,成为全市科研先进单位,办学水平大幅度提高,社会声誉日渐上升。

必须承认,在学校发展阶段中,校长个人的办学思想和人格魅力至关重要。学校的个性化发展也会促使学校扩大对外的开放度,引入社会力量的支持,使其内部和外部高度整合,并形成新的改革动力。至此,学校的发展就进入到由政策导向、制度保障转变为动力推进、自主发展了。

▶ 学校的成熟阶段——从特色到全面优质

上海所进行的实验性示范性高中的评审,是一次优质学校的检验。我们发现,相当一部分学校在共性中呈现出个性、个性中又蕴含着共性,整体办学水平达到了全面优质阶段,可以深入进行更高层次的教育实验、全面示范办学经验。在对这些学校进一步了解以后,发现学校的全面优质不仅是外显的办学水平,还是内隐的办学精神和活动过程。学校发展的动力源于全体教育工作者的群体智慧,表现在全员共同参与学校规划的制定,全方位、全过程参与学校改革的活动,具有个体与学校组织融为一体的自我发展意识、自我约束机制和自我实现的价值追求。学校组织从强调柔性管理逐渐上升为学习型组织,在学习中发挥组织智商,在开放中完善组织功能。

在全面优质的学校发展中,学校一般已从长期的计划模式、他控模式中解放出来,学校能依法自主设计自身的发展,按社会需求调整办学目标和任务,内部组织结构有效发挥功能,外部与社会资源互补,其优质的基础是学校的文化和师资的整体水平。

在上述的不同阶段中,我们可以判断出推动学校发展的动力大致有四个方面:一是政府对学校的人、财、物的投入。但随着学校自主发展阶段的变化,其支持的力度应该呈反比例,支持的方向应从人、财、物的直接投入转为间接的政策控制。二是社会的参与。学校发展越是快,社会参与越是多,学校与社会之间形成一种相互开放、支持的格局。三是制度的保障。制度建设是学校的基本建设之一,对学校稳定起至关重要的作用,但制度应该随着学校改革的深化而不断创新。制度不光是管理,更是推动学校发展的重要依据。四是人的智慧。在学校初创阶段和发展阶段中,校长的个人魅力和智慧成为凝聚学校的核心力量与学校个性的灵魂,但随着学校进入成熟阶段,校长的思想应该成为全体师生的共识,其间校长的智慧必须发展为群体智能,形成组织智商。因此,我们强调校长要运用三方面的权力:学校的规划权、教学的指挥权、质量的控制权。

从现实的学校发展状态来看,由于学校是一个复杂的开放的社会系统,各项资源要素处在经常的流变之中,社会对学校要求也不断提高,因此各种变化会导致学校发展阶段的"波动"乃至"逆行",因此学校的发展过程存在一定的可逆行。我们对学校发展的规律只是根据一般学校的行为表征而加以归纳的,对其内部动力只是具体分析提炼而成。为了防止学校的"逆行",还需要对新时期中推动学校前进的一些策略作更进一步的分析。

特色学校与特色建设

特色学校大体分为三类:第一类是有特色的学校。学校有突出的、个别的强项或优势表现。根据国家对各级各类办学、培养目标的要求,在全国推进、全面完成各项基本要求的前提下选出重点、采取措施、予以突破,逐步形成某一方面的独特风格。这样的特色学校在数量上占大多数。第二类特色学校是学校整体改革的产物。特色体现在学校的各个方面,成为学校群体共同追求的,努力形成一套全面的、整体的、综合的学校文化模式。这样的特色学校目前还很少。第三类等同于一些优质学校,指办学效果突出,学校有特色,享有很高的社会声誉,治校有方、教学得法、英才辈出的学校。这种学校是所有学校发展的方向。

▶ 对特色学校的基本认识

认识一:特色从根本上讲,既不是管理特色,也不是课程特色,而是一种个性化的办学思路及其指导下的实践。以学生发展为本是学校特色建设的价值取向,偏离这个方向的特色难以持续生长。学生的需求是多样的,因此为满足需求提供的服务也是多样的,所以,特色是多样化的。

认识二:学校特色不等于特色学校。学校特色指的是学校工作的某个方面形成特色,它的形成往往经历特色活动→特色项目→多项特色→整合成学校某一方面的特色,即形成学校特色。而特色学校则是特色渗透在学校工作的各个方面,体现出独特的整体风貌。由学校有特色发展为特色学校,这是一个由局部向整体推进的过程。很长一段时间,各地中小学大多数只是处于学校特色阶段,形成特色学校尚需时日。

认识三:创建特色学校是指在党的教育方针和素质教育思想的指导下,校长根据学校实际,结合现代教育科学理论,提出鲜明而独特的办学思想和理念,在得到全体师生认可并达成共识的基础上,校长身体力行率领全体师生不断地践行办学思想和理念,逐步积累学校管理的先进经验和教育特色经验,并随着时间的推移,这些经验不断提升、拓展、优化,使原有的办学理念和办学思想转化为学校办学的现实和效益,形成了适合校情、个性鲜明、社会认可的独特的办学风格和办学风貌。它具有稳定性、优质性、独特性、效能性、动态性和发展性的特质。特色学校的创建一般有一个孕育、变革、发生、渐进的过程,它从校长的办学理念一直到全校师生共同认同并且人人参与,最终产生具有深远影响的学校风格;它从规范化发展状态发展至个性发展状态,最终成为规范基础上有强项优势的个性化学校;它由技术见长的办学到以策略见长的办学,发展到制度见长的办学,再超越制度而建设文化,成为文化见长的优质教育的学校。

认识四:特色学校是个性化学习的学校,是个性化学习的推动者。个性化学习是优质学校面向所有学生的优秀教学,关注每个孩子都是不一样的、特殊的,使用评价来激活教学,运用教学来开启每个学生的天赋,以课程选择来发展个人天赋,确保学生能够参加校外的音乐、艺术、运动、科学和语言学习。

▶ 特色学校建设的抓手

▶▶ 办学理念:特色学校的行动指南

特色学校的本质是学校的个性化,这种个性化首先体现在办学理念的个性化。一所一流的学校一定有自己鲜明的办学理念,它凝聚了这所学校的个性风格、文化品位和人才培养等特色。

适合本校特点的鲜明办学理念一经确定,并成为全校师生共同追求的奋斗目标,学校就有了自我超越、追求特色的可能,学校的凝聚力、吸引力、向心力、感召力也会得以增强。因此,选择和确立办学理念是学校实行校本管理、追求特色发展的首要任务。比如,南开大学以"允公允能"为办学理念,"允公"即"爱国爱群之功德","允能"即"服务社会之能力";东北师范大学着力尊重教育规律和人才成长规律,尊重受教育者的人格和个性,提出"尊重的教育"之办学理念;江苏省梁丰中学把一百年成功育人的深厚底蕴与当前时代特征相结合,提出"办有灵魂的教育,育有底气的新人"的办学理念;武汉育才小学确立了"给学生最美好的童年,给人生最坚实的起步"的教育理念。这些个性鲜明的办学理念无一不是办学者教育思想的结晶,无一不是关乎学校方向选择、目标定位、特色所在的理想和价值追求,也无一不是引领学校朝着特色化、个性化方向发展的行动指南。

▶▶ 教学制度：创建特色与教育创新的重要内容

  教学制度实际上是一种对大教育方法的规定，良好的教学制度往往能营造有利于学生创新精神培养和个性发展的教学环境。优秀校长深谙此道，他们会通过教学制度的建立、改革与创新来体现自己的教育理念，从而变为对所有学生的影响，为具有各种才能潜质的人提供充分发展的机会。查尔斯·埃利奥特是美国著名的大学教育思想家和改革家，他在担任哈佛大学校长 40 年间，最大的贡献就是创立了自由选课制。这一教学制度的创新，把哈佛带入了世界顶尖学府的行列。南京市金陵中学走"培养健全人格，立足潜能开发"的素质教育之路，创立适合高中特点的新型学分制，既保证国家和学校课程的完整实施，又激励了学生追求更高层次的发展价值。上海市复兴高级中学大力开展研究性学习，坚持实行自主研究制和"导师制"，逐步形成了开放、有序的教学管理特色。因此，创新教学制度，是学校特色发展的关键，也是教育创新的重要内容。

▶▶ 课程体系：特色学校人才培养的施工蓝图

  课程集中体现了教育思想和办学理念，直接影响和决定着学生的素质结构，是实施培养目标的施工蓝图，也是形成学校特色的重要渠道之一。《国务院关于基础教育改革与发展的决定》中提出，"实行国家、地方、学校三级课程管理"，这标志着我国基础教育课程体系开始打破统一化的局面，逐步扩大学校在课程设置上的自主权，这无疑为学校的特色发展提供了广阔的空间。如何围绕学校的特色主题，优化学科课程，落实综合课程，开发校本课程，将国家、地方和学校三级课程优化整合，更好地促进个性化人才的培养，是摆在每个校长面前的新课题。华南师大附中以"促进学生的最优发展"为办学理念，深化学校课程体系改革，已形成了一个独具特色的校本课程体系：着力创新人才培养的提高型课程，关注个性发展的拓展型课程，注重实践锻炼的实践型课程。这些校本课程有效地促进了学生的全面发展、特殊发展、和谐发展。江西省高安中学着力培养学生的"发展性学历"，专门开设了学法指导课，并将其作为必修课列入课表。系统的学法指导使学生摆脱了学习的困境，提高了学习效率。江苏省姜堰中学从 1986 年起就独树一帜地开设了思维与创造课，系统地培养学生的创新精神和创造灵感，该校很多学生在全国各类发明比赛中获奖并获国家专利。浙江省余杭中学则独辟蹊径，坚持开设天文选修课，该校的天文教育已成为重要的办学特色。

校本课程是学校创建特色的重要载体,争创学校特色必须依托丰富多样的校本课程资源。在新课程改革中,形成国家课程、地方课程和学校课程三位一体的课程结构,学校课程的设置既是国家赋予学校的权利,又是争创学校特色的必然要求。因此,学校要充分珍惜这一难得的发展机遇,结合学校争创特色的总体要求,正确把握学校争创特色的目标、内容、进程要求等,通过挖掘校内外丰富的自然资源和人文资源,并及时融合现代教育理念和科学原理,建设多样化的校本课程体系,从而不断满足学校争创特色需要,不断满足学生个性特长发展需求。

▶▶ 学校文化:学校魅力和个性的表现

学校文化及其环境是影响教育效果的重要手段和支配力量,学校文化的品位直接影响到教育环境的品位,影响到学校所造就人的品位。正是由于对环境创设在人才培养,尤其是在形成学校特色过程中的不可替代作用的认识,使许多校长都把营造优良的育人环境作为自己治校实践的基本理念。一是校园精神文化环境的营造,学校的优良传统、校训、校风和学风都属于校园精神的范畴。它们一旦被师生共同接受就会成为引导他们追求理想、规范行为的无形力量。如长沙雅礼中学立"公勤诚朴"为校训,吉林实验中学则以"笃学、践行、求是、创新"来要求学生。这些校训无不折射出学校追求的一种价值和精神,其学子一旦得其精神必受益终身。二是校园制度文化环境的营造。制度文化是依据学校办学理念和特色主题有意选择的,如培养目标、校规校纪、教学及管理制度等形成的环境。很多校长重视对制度文化的建设,并通过其强制作用,慢慢使之转化为具有持续的、恒久的、无所不在影响力的精神文化。三是校园物质文化环境的营造。校园物质文化环境是学校特色的外在体现,很多特色学校从细微处着眼,将学校特有的无形之精神文化与有形之物质环境有机结合,发挥其潜移默化的育人功能,使人一走进校园就能感受其独具特色的魅力。

▶▶ 师资队伍:特色学校的办学灵魂

"教师是一个学校的灵魂"(世界著名学府加州伯克利大学校长田长霖语),是学校的生命和活力所在,精神和力量所依。校长的办学理念和学校的特色主题,都必须依靠一支与之相适应的教师队伍去实施。只有把校长的办学理念内化为每个教师的自觉行为,并持之以恒地努力实施,学校才能逐步形成鲜明的办学特色。重视师资队伍的建设与培养是学校领导者达成的普遍共识。一名好的校长除了要充当先进教育思想的实践者和探索者外,还要围绕学校的特色主题坚持不懈地组织教师进行团队建设,启发指导教师形成共同的教育价值观,达成共同的行动目标,培养他们成为学校特色资源的开发者。上海市山阳中学十几年坚持走艺术教育特色之路,多渠道吸收和引进了一批具有艺术专长的教师,并坚持开展艺术师资培训,雄厚的师资水平为学校艺术教育特色的形成奠定了坚实的基础。

▶▶ 课题引领:积极探索创建特色学校的经验和规律

　　教育科研是创建学校特色的有效途径,课题研究是探索创建规律的重要载体。从现代教育来看,大凡在全市乃至全国享有高知名度的特色学校,都离不开教育科研的引领。有的学校甚至先在教育科研上获得成功,取得了较为显著的研究成效,才使学校真正成了名副其实的特色学校。如静安区万航渡路小学之所以形成了"学会参与"的办学特色,最大的成功是于 1992 年通过建立课题,在教育科研中探索"学会参与"的理论与实践,通过研究,获得了"学会参与"的科学认知,形成了学校"学会参与"教育的操作机制。更可贵的是该校没有满足现状,而是结合教育发展形势,不断对"学会参与"进行深化研究,于 2004 年,学校又形成了"学会参与主动发展——现代学校文化建设的实践研究"。由此可见,学校特色创建需要教科研来引领。如果不重视教科研,那么创建特色学校就会缺乏深度和内涵。

内涵发展阶段学校文化的引领作用①

　　传统的学校领导,对内以行政权威为主,是一种家长式和科层式的领导;对外以游说和攻关为主,这是资源不足时代的产物。当教育资源和经费不足的时候,政府教育预算的走向必然会有所偏斜,善于游说和攻关的校长,往往可以为学校谋得更多的教育资源,借此推动学校发展。这种方式在 20 世纪 90 年代以前十分普遍。

――――――――――――

　　① 内涵发展阶段学校文化的引领作用[R].2009－9－25.根据在上海师范大学主办的"'长三角'中小学名校长论坛"上的讲话稿整理。

但是今天,随着经济水平的提高,带来教育发展阶段的变迁,也带来教育理念的提升。校长们越来越认识到,学校正在进入内涵发展阶段,学校发展的瓶颈和重心已经不再是校舍、场地、仪器设备等物质资源,而是教育理念、培养方式、课程建设等软件元素的发展,是办学特色和学校文化的长久积淀,而这些恰恰是传统领导方式所不能做到的。因此,今天的校长必须充分地自觉地转向内涵发展,对学校的领导转向以课程领导为核心的专业领导。

在内涵发展阶段,各项工作的着力点在学校。上级行政部门出台的针对性举措最终都要通过校长及其带领的教师团队的创造性劳动,转化成实际行动,取得实际效果。因此,校长如何在内涵发展阶段发挥学校文化的引领作用是重要的教育命题。

▶ 立足文化基因,集聚改革与发展的持久力量

文化是教育的基因。今天的教育政策和举措,其中有很多都是民族文化基因的使然,如"民本思想与教育公平"的提出。民本文化是儒家的核心文化观点,其核心思想是,国家的治理应以民为本。教育涉及千家万户,惠及子孙后代,教育事业发展和受教育权益的保障是体现民本文化的重要方面。鉴于此,我们认为,保证人民享有接受教育的机会,是政府义不容辞的职责。因此,各级政府高度关注民生、推进义务教育均衡发展,促进教育公平,让每一个孩子都有书读、读好书。我们以"普及、发展、提高"为主要任务,建立健全保障教育优先发展的机制和制度,实施多项惠民举措,促进教育公平和社会公平。一是推进义务教育均衡发展,将义务教育全面纳入公共财政保障范围,确保"三个增长";国家制定义务教育基本办学标准和质量标准,省级政府负责统筹规划实施,县级以上政府要均衡配置教育资源;制订出台生均公用经费基准定额,提高农村和郊区义务教育阶段中小学公用经费保障水平。二是推进教育惠民政策,全面免除义务教育阶段学杂费,以流入地政府为主、以公办学校为主,保障进城务工人员随迁子女平等接受义务教育;向全国农村义务教育阶段学生免费提供教科书(上海等部分省市已经全面免除义务教育阶段学生教科书费用);完善家庭经济困难学生资助和寄宿生生活补助政策,健全国家助学体系。

再如"与时俱进与课程改革"。中华民族五千年以来始终屹立于世界民族之林,其中很重要的一条经验就是我们始终坚持一以贯之和与时俱进的文化传

统,它帮助我们时刻以一种历史的厚度和时代的步伐迎接任何挑战。教育能否与时俱进,首先要看课程改革,因为课程涉及教育的目标、内容、过程和方式,是教育发展的核心领域。我们一直重视通过课程改革,培养与时俱进的时代弄潮儿。20世纪80年代,社会发展对人才培养提出了更高的要求,我们坚持教育要"面向现代化、面向世界和面向未来",通过课程和教材改革,提出了"加强基础、培养能力、发展智力"的要求,"加强双基,发展智力"的思想得到进一步的发展和落实。新旧世纪之交,面临知识经济和全球化的挑战,传统单一的人才规格和培养模式已经难以适应时代要求和国际竞争的需要,我们果断推出新一轮课程改革,提出了以学生为本的理念,从知识与技能、过程与方法、情感态度和价值观三个维度。深化培养目标、课程内容、教育方式的改革,不仅重视学生知识与技能的掌握,而且强调培养学生创新精神与实践能力,通过引导学生形成正确的人生观、价值观而为其终身发展服务。

一个民族的文化就是这个民族成员共同表现出来的思想观念和行事方式,推动文化的发展,本质上是推动人的发展。文化本身具有巨大的教育功能,教育发展始终离不开一个"基因",这个"基因"就是民族悠久的历史底蕴和文化传统。我们要始终站在文化传承与创新的高度,深刻解读文化和教育的交互价值,以此确定基础教育的改革方案、政策设计和制度安排,为教育改革和发展集聚持久的力量。

▶ 加强文化自觉,引领学校改革与创新[①]

校长如何从现实的体制机制和传统文化的束缚中解脱出来,如何从现行的招生考试制度的束缚中解脱出来,如何从功利性目的与教育本质和人的长远发展目标之间的矛盾中解脱出来?作为学校教育的领头人,校长在办学理念和行为选择上不能局限于行政力量的推动,不能屈服于世俗压力,而要集聚智慧和勇气,以文化自觉去推动教育文化转型和学校的自主发展。

▶▶ 校长文化自觉主要体现在办学过程中的思想观念和行为方式的主动选择上

学校文化是师生长期积淀下来的稳定的思想观念和行为方式,校长文化自觉主要体现在办学过程中的思想观念和行为方式的主动选择上。

---

① 校长文化自觉与教育创新[N].中国教育报,2009-5-26(6).

什么是文化自觉？费孝通先生认为，生活在一定文化中的人对其文化有"自知之明"，明白它的来历、形成的过程、所具有的特色和它发展的趋向，自知之明是为了加强文化转型的自主能力，取得决定新时代文化选择的自主地位。根据费先生的观点，文化自觉是对观念和行为的觉悟，是对观念和行为的扬弃与创造，是对观念和行为自主性的生成与确立。因此我认为，文化自觉的核心是对自身行为的选择在本能上的自觉性。校长文化自觉的主要领域是学校文化，学校文化是师生长期积淀下来的稳定的思想观念和行为方式，因此，校长文化自觉主要体现在办学过程中的思想观念和行为方式的主动选择上，它有以下特征：

——把坚持"以人为本"作为一种行为方式。校长文化自觉的核心是确立以人为本的理念，从人的需求出发，思考并选择恰当的教育行为，促进学生发展。

——把反思办学观念和教育行为作为一种习惯。在文化的视角下洞察学校教育的一切，高度重视文化对教育行为的无可替代的基础性作用，使得在先进教育文化支配下的教育行为成为办学的"本能"，成为规划管理、课程设计、教学实施的必然追求。

——把办学传统作为学校承前启后的一条通道。校长文化自觉首先应来自对学校办学传统的诞生、形成、延续的全面认识，进而由对学校传统的自知之明求得继承和扬弃的文化自觉，求得办学的自主能力与自主地位。

——把教育交流作为吸收世界先进教育理念的一座桥梁。在全球文化大交流的背景下，文化自觉不能囿于一国一地，应吸收别国包括西方发达国家的先进教育理念。

——把倡导学校创新文化作为一种职业本能。校长应在学校倡导创新的文化，使创新的氛围弥漫校园。创新不是针对少数尖子生的专门服务，而是把它作为校园里普遍倡导的一种价值取向、一种行事方式、一种人格特征，从而在学校形成创新的浓厚氛围。在这种氛围的熏陶下，师生日渐形成一种不断地审时度势、变革创新、完善自我的进取精神，并将这种进取精神体现在日常的、细微的生活过程中。这样，师生会始终对事物保持敏感，会对那些理所当然或天经地义的事物去用心思考，对习以为常或司空见惯的现象给予批判性审视。久而久之，它将成为一种人格特征，表现为好学深思、善于质疑、不断进取、不断超越自我的质量，而决不会墨守成规、故步自封、得过且过。

▷▷ 立足现实，着眼长远，选择学校的改革举措，从而推动学校教育转型和自主发展

一所学校如果没有高瞻远瞩、切中实际的改革举措，要在高位上实现新的突破几乎不太可能。当前，学校需要进一步改善学生的培养目标、培养模式和培育机制问题。我们要重点关注以下几个方面：

——优化课程结构，丰富学习经历。通过改革课程体系提高课程的多样性和选择性，是国际上优质高中的一个基本特点。在英国，大多数高中学校的课程表都是以学生为单位制定的，几乎每个学生都有一份课程表，每天的学习活动都是根据自己这份课程表进行的，即便同一门学科，也可以分若干层次。在韩国，一些学校的每门课程都细分为若干层次，每个学生都能找到适合自己的课程，这方面是值得我们借鉴的。

——创新培养机制，建构校内外联合培养的平台。近期，上海市部分高中提出或实施的关于科技素养培育的试验方案，都试图突破一般意义上的"尖子生"选拔再加工模式，着力构建以中学为主，与高校和科研院所等机构协作的机制。比如，复旦附中学生创新素养培育的试验，在高二阶段的辅修课程以校外辅修为主，以复旦大学的课程为主，适当选修同济大学、上海外国语学院等院校的有关课程。根据课程和教学的需求，把校外教育资源纳入教育教学之内，建立起利用校外教育资源的机制。卢湾区同上海社科院联合，为学生校外社会科学领域的学习和实践搭设了平台，获取更多的社会资源。杨浦区正在创建的教育创新试验区，突出的一点就是加强基础教育与高等教育和校内外教育的合作，将通过搭建沪东青少年科学院等平台，在课程开发与实施、教师培养等方面形成联合培养的机制，达到拓宽学生培养管道、丰富学习经历的目的。

——完善培养模式，加强自主学习与个性化教育。教育的个性化程度越高，取得预期目标的可能性就越大。当前高中学生的情况较以往同龄人已经有了很大的变化。学生的入学基础、行为习惯在变化，对世界的认识更加多元，个人需求更加多样。面对这样一个群体，普通高中要提高教育质量，培养人格健全、善于创造、实践能力强的学生，就要根据学生的需要，结合学校的办学定位、培养目标和资源特点，开展多种形式的教学和辅导，探究高中个性化教育的路子。

教育创新的过程，是对教育本质规律的深刻把握、对学生发展需要的全面洞察和对国家教育政策的准确领会下，创造性地实施教育改革和教育教学实践的过程。教育创新难以完全靠行政力量的推动来实现，而要靠教育每一级层面的主体

发挥自主性、能动性和创造性，尤其要靠校长和他带领的教师，通过文化自觉把教育教学纳入到创新的轨道上，从而推动学校教育转型和自主发展。

▶ 以教育家精神办学，把文化自觉推入实践①

以教育家精神办学，就要有教育理想，要理解教育，理解"人"。校长应当描绘一下自己的教育理想是什么。我们不能光把学生当作未来的劳动者，还要培育他们的思想品德、关注他们的精神生活，培育他们对艺术的感受力和生活品位，让他们在未来不仅拥有足以谋生的劳动技能，还要有对环境变化的适应力。要从未来的角度去了解"人"的需求，要从"人"的需求去了解教育理想是什么。

以教育家精神办学，必须有革除教育弊端的冲动。我们有的同志从事教育工作已经有十几年了，对一些弊端已经麻木了。教育是有很多锁链，但也有很多改革的空间，关键是看面对这些弊端，我们有没有改变的责任心和冲动。也许我们无力回天，但是我们应该有能力改变脚下的这片土地。校长们可以去设计学生的生活，在办学上，还有很多工作可以做。要时刻想到我们的身上肩负着培养下一代的责任，这样我们才会有革除弊端的冲动。

以教育家精神办学，要选择教育管理的行为。我们常说学校文化的重要性，但文化不是抽象的，它总是表现为一种行为方式。支配我们行为方式的是价值理念。改变文化，我们有两条路可以走：可以组织大家讨论，统一思想；也可以从改变具体的行为做起，反过来改变文化。例如，我曾经到过一所学校，这所学校规定，如果教师把学生叫进办公室谈话，必须给学生端把椅子，让学生和教师一样坐着，而不能教师坐着、学生站着。这所学校对师生平等的提倡，就是从改变教师的行为习惯做起的。我也曾经在几所高中发现，提供给我们检查的课程表是 35 节课，但学生手里的课程表是 44 节课。如果是以教育家精神办学，这种现象是绝对不会发生的，因为精神一定体现在行为上。

以教育家精神办学，还要具有公共服务的意识和能力。我们使用的教育经费，都是公共财政在支出。可以说，校长的岗位，是政府教育服务的岗位。我们教育工作者，承担的是专业提供者的角色。今天，在公共服务概念下，我们的理

---

① 内涵发展阶段学校文化的引领作用[R].2009－9－25.根据在上海师范大学主办的"'长三角'中小学名校长论坛"上的讲话稿整理。

念和行为都要发生转变,因此,校长要问问自己有没有公共服务的意识和能力,如经费管理的能力等。今天我们学校的管理,还有很多观念是陈旧的,如上海19个自然科学博物馆免费开放了,并开发出了适合中小学生的课程,尽管有最现代的讲解设备,但中小学组织参观的还是不多,这说明有相当多的校长该考虑如何结合学校的课程方案,利用社会提供的丰富的教育资源。从这个角度再去审视校本课程如何实施。

学校文化建设的重要意义①

随着教育改革的深化,随着人的全面发展日益成为教育的出发点和归宿点,学校文化建设也已愈益成为教育工作者的思考、研究和关注的聚焦点。

当人们审视当今教育改革成效的时候,常常会发现:学校预定的教改目标能否顺利达成,最终并不取决于具体的推进策略和方法,而是取决于学校文化,取决于学校文化这一种内隐的、深层的而又弥漫于学校生活全部时空的一种无形的力量。

学校文化并不是空洞的、抽象的事物,它是看得见、摸得着的。它是一所学校的成员在长期的教育实践中创造的、普遍认同和遵循的价值准则,以及在这些准则指导下学校成员的行为、心理取向和精神风貌。有人把学校文化定义为学校教学及其一切活动的观念形态和行为形态的总和,我认为是非常正确的。如果我们认为价值观念、行为准则、道德规范、心理趋向等观念形态比较抽象,那么规章制度、校风校貌、学校精神和学校形象等行为方式却是具体的、外显的。人们通常可以通过学校成员在上述若干方面的行为(如管理者的管理行为、教员的教学行为、学生的学习行为)去洞察学校成员所认同的价值准则,而不仅仅从文字的表述上去判断其价值准则的先进性。

学校文化建设不只是关注学校的环境布置和校园绿化,也不只是关注学校的文体社团活动,而是关注学校成员的思想观念,尤其是其中起决定作用的价值观念和行为方式。因此学校文化建设的过程,是学校成员从社会发展要求和学校文化使命出发,对学校成员所应共同遵循的价值观念和行为方式的积淀、

---

① 学校文化建设琐谈[J].教育参考,2005(4).收录时有改动。

选择、凝聚、发展过程。学校文化建设可以从观念转变入手,通过建构体现学校特点的观念体系,进而选择与其相适应的行为方式,同时改变原有的行为方式;也可以从对具体行为方式的剖析入手,以小见大,透过具体的行为分析深层的思想观念。不管从何处入手,两者不可割裂。

学校文化建设是一个系统工程,需要有一个整体构思,但是也可以从学校工作的各个方面、各个角度做起,逐步积累,分步实施。有许多视角可以成为学校文化建设的着手点,如大力倡导创新的文化。在学校倡导创新的文化并不是着眼于培养少数尖子学生,也不能把创新仅仅看作是少数尖子的专利,而是把创新作为普遍倡导的一种心理取向、一种工作作风、一种人格特征加以发扬,从而在学校形成创新的浓厚氛围。在这种氛围的熏陶下,师生日渐形成一种不断地审时度势,不断地试图改变环境、改变自己的进取精神。这种精神体现在他们日常的、细微的生活过程中,始终会对理所当然和天经地义的事物用心去发现,对习以为常、司空见惯的想象给以批判性的审视。最终,它将成为一种人格特征,表现为好学深思、不断进取、不断超越自我的品质,而决不会墨守成规、故步自封、得过且过。要在学校确立这样的文化,需要我们在观念体系建构和行为方式转变上作出许多艰苦卓绝的努力。然而,这正是时代的要求、教育的使命。教育就是要从对学校教育中依然普遍存在的、扼杀创新的深层思想观念和行为表现的分析和审视中,更新学校文化,从而让师生在自由、安全、愉悦的文化氛围中,不断地探索进取,从而不断地创造出生活和生命的新价值。

再如,创造新型师生关系的文化。师生交往是学校生活必需的要素,师生关系中所蕴含着的文化精神,是学校文化不可或缺的部分。在传统的教育文化背景下,教师处于中心位置,而学生置于依附地位,学生的人格尊严、自主性、独立性被忽视,学生的智慧能力和创新精神被贬低,自我管理和发展能力被低估,学校生活中有许多事例会激起人们对现存师生关系中的文化精神的深刻反思。今天,我们需要确立一个理念,就是教师和学生都是真正意义上的人。只有确立这样的理念,并且通过理念的改变进而推动学校所有的管理和教学行为的改变,使得学校真正成为每一个人都能感受到自主的尊严,感受到独特性存在的价值,感受到心灵愉悦的场所。教师不是专制者,而是引领者,教师应当把学生真正引导到一种平等、理解、双向的师生关系之中,使学生在与教师的相互尊重、合作、信任中积极参与学习活动,全面发展自己。这种新型师生关系和文化建构,正是当今学校教育改革最迫切的任务。

充分利用好文化动力资源,推动学校文化建设。文化是学校发展的重要动力资源,为此学校要判断、巩固和整合这些持久的价值、信念等文化因素,赋予学校独特的内涵。要有能力培养和教育员工创造组织的传奇故事,把学校确定为一个有明确教学特点的实体。同时,学校管理者的行为要与学校的文化有机结合起来,包括明确学校目标和使命,使学校的新成员社会化,讲述学校历史,保持或深化学校的传统和信仰,解释学校运行方式,发展和展示学校的象征,奖励为学校创造文化的人员。文化动力资源的最终影响是使学生、教师及其他相关人员凝聚起来,使学校及其目标受到尊重,使学校成为他们事业的归宿。学校的管理者——校长要善于通过运用文化动力资源,把学校从一个以"我"为核心的组织转变为一个师生共同的精神家园。

学校文化建设水平反映着学校的总体文明状态,建设学校文化是学校成员共同的使命。作为学校的领导者、管理者——校长,首先要在影响、引导、形成学校文化中发挥主导作用,用言行传达学校的核心价值观,发现并表扬为学生和学校工作的人,提炼支撑学校灵魂的惯例和传统,发掘先进人物和先进事迹,宣扬学校更深层的使命,为师生员工的成绩而庆祝,以成功的故事吸引、激励学生。同样,学校文化建设水平的提高需要全体学校成员在教书育人和组织管理生活中,为追求和管理共同目标而作出长期、艰苦的努力。今天,我们关注学校的文化建设,无非是使我们更加深刻地认识学校文化建设的任务和使命,从而更加自觉和主动地去承担推进学校文明进而推进社会文明的重任。

2. 重新定义"好学校"

如今的学校里,太多用成人世界的规则去规范孩子的生活,用成人的思考方式去束缚孩子的天性,这都不是孩子所喜欢的。真正优质的教育,要从孩子的天性出发,创造孩子喜欢的学习氛围和学习环境。真正的优质教育,更要从孩子成长及发展规律进行深度审视,人的发展理应成为一所学校关注的出发点和落脚点。

现在,有些教育工作者常感困惑,为什么政府投入很大,学校建得很漂亮,但是老百姓对于教育、学校仍有一些不满意之处。这一方面说明老百姓对教育的期望值很高,另一方面也说明基础教育的着力点必须调整。我们在关注教育资源配置和保障教育机会均等的同时,必须更加关注以学校和教师为主导的教育过程,让家长、社会从孩子的成长以及孩子对学校的向往中,看到实在的教育进步,得到实在的教育利益。

因此,为了每个学生健康快乐成长,办学生喜欢的学校,应该成为转型时期学校内涵发展的逻辑起点。这既是对教育本原价值的认识与回归,也是对办人民满意教育的积极响应,孩子的喜欢程度反映了一所学校的办学质量。

好学校的标准[①]

好学校的标准,首先在于校长有自己的教育理念,并以此为核心、为灵魂来统领全校的工作,将这个理念转化为整个学校的管理行为,进而成为学校师生员工的共同行为,最终形成学校成员所认同的文化。这样的学校文化的形成,是需要积淀的,甚至可能要通过几代人的积累。既需要有思想、有理念的校长去思考、去身体力行地实践,还需要广大教师在校长办学理念的统领下去奋斗、去创造。这里有两层含义,一是必须是在校长的办学理念、行为的规范之下,二是要有教师自己创造性的实施。只有这样,学校才能形成以校长为核心、全体成员所共同形成的一个"文化场"。在这个"文化场"中,学校的每个成员都能认同并且遵循校长的办学理念,进而在本人的岗位上去创造出一种富有生机的教育行为,这样的学校才是最高层次的好学校。

校长既是一个思想家,更是一个实践家。校长要有思想,但这种思想必须是针对本校实际情况的,必须能使自己的办学思想转化为具体的管理行为。譬如,学校里有教师不够敬业,校长就要想办法使得这位教师改正,而这种改正又

---

① 好学校的标准[J].上海教育科研,2011(8).收录时有改动。

不仅仅停留在外表的行为上,是要让这位教师在思想上、观念上能够真正认同校长的办学思想和理念,至少是相接近的,这样整个学校才能动得起来。如果校长只是一个思想家,不是一个具体行为实施的组织者,那这所学校是办不好的。在这个过程中,全校师生对校长观念的认同非常重要,一旦大家都认同了,那就用不着校长整天板着脸忙于用具体的管理行为去约束教师的外在行为;相反,大家都能心往一处想、劲往一处使,使学校成为一个具有群体认同的目标并为之努力的组织机构。在这个组织机构里面,所有外在的规章制度,都深入到教师的内心世界,内化成教师的自觉行为,这样的学校就能成为一所好学校。

在学校发展的过程中,校长的思想可能不是某一个人的,而往往是几任校长的积累,是不同时期思考和实践形成的理性认识,既是传统的积淀也随时代发展而发展,这样的学校一定是一种学习型的机构或组织,是所有成员把作为组织机构的发展目标与个人生命需要相结合,从而不断地去学习和追求的“文化场”。当然,有时在一个具有传统的学校里,要改变教师的思维和行为去适应新的环境是比较困难的,因此校长需要根据不同的个人和情况,扬长避短,使大家逐渐认同共同的目标,同时也逐渐地通过一定的契机转化教师的理念,并且渐渐地影响和改变他的长期以来的行为。尽管各人的转变程度是不一样的,但这种集体适应于新形势的集体行为就融合成了一种“文化场”的力量,群体之间互为影响、互为推动。这样的学校中的成员达到了一种更高的境界——教育、教书是我的职业,而这种职业之中有一种精神,有一种价值追求。我在这所学校教书,不仅是一种工作的需要,更是一种对生命的追求,是一种超越物质和技术层面的高层次精神需要。当教师的价值追求、精神追求与学校的教育目标交汇在一个点上时,教师在集体中发挥的作用就到了更高一个层面。所以说,好学校是依靠所有教师的共同发展来达到自身发展的。

好学校是否一定要有特色?对于办学特色要作具体分析。现在有些学校比较看重一些外在的标志,如科技特色、外语特色等,这是比较浅层次的。办好一所学校,需要依据自身条件发挥办学优势。在这个过程中,校长应该将自己的独特价值追求转化为有个性的管理行为。一所学校,如果是自主办学而不是外控办学,经过自主发展提高了学校的整体办学水平和教育质量,形成了自己的学校文化,那么必然会有自己的办学特色融于其中,这是办学特色的核心。当然,在学校发展初期,通过创出某一方面的特色项目来推动学校整体工作,鼓舞和凝聚人心,也不失为一种办学策略。由办学的特色项目带动整体改革,是方法、是过程,而根本的、内在的动力是形成独特的办学理念和学校文化。

教育是有灵性的,是生命的交流。作为校长,要创造条件,充分发挥每一个师生员工的主动性、积极性和创造性。从一定意义上说,富有个性特色的学校其丰富多彩的教育教学活动的最佳决策者是教师,是面对一个个充满生命活力的学生的教师,因此怎么能用简单和机械的书本知识教学的统一要求去评价富有生命的教学呢?同理,在学校发展的过程中,也要根据不同的发展阶段选择适当的发展策略,脱离学校发展时空和生态的统一标准去衡量学校办学水平,是不符合学校发展的客观规律的。

关注人的发展是优质学校的核心①

时代在发展,社会在进步,教育肯定需要发展。我们已经走过仅仅依靠分数指针、物质计量、工具价值来判断教育效益的阶段,我们正在回到教育的原点来考虑教育的发展。什么样的学校最优质? 我认为就是能使得教育教学过程更加丰富、师生关系更为和谐、多样化学习需求更充分满足的学校,这体现了一所学校对学生全面发展、学校内涵建设和教育人本价值的深入思考与实践。一个学生走进学校,他所遇到的每一件事,看到的每个场景,其实都是一种教育,也就是"学校的全部生活就是课程"。当我们今天探索教育本原的时候,人的发展理应成为一所学校关注的起点和终点,关注到每一个学生的内心世界,进而通过课程的浸润使得其内心世界丰富而有追求,这是学校教育能否达到优质的核心问题,也是社会发展所需要的公平与质量。

当前,单一的分数指针已无法反映出学校在对改变孩子内心世界过程中所作出的贡献。如何衡量一所学校教学质量的优劣,我们首先要改变对学校的评价。如果一所学校能真正对不同起点的孩子通过不同的教育方式对其不同的发展路径起到推动作用,那就可以判定这是一所优质的学校。尽管每个孩子的家庭背景、生活经历各异,学习基础、学习习惯不同,但只要他走进学校,就能够

---

① 关注人的发展是学校教育的核心[J].上海教育,2011(12).收录时有改动。

促进其内心世界的发展和学习习惯、学习能力的形成,当他走出学校面对社会的时候,充满自信,我想这就是一所优质学校对人一生的影响。

▶ 关于教学模式的转变

学校教育的核心是关注学生在学校里面的学习,关注人的发展,它涉及教学模式的变化,教学模式的改变有三个非常重要的要素需要关注。

第一是作为学习者的主体性。如果只把学生作为一个接受知识的容器,那就不是一个学习的主体。作为主体的学习应该是在与他人对话、与文本对话,进而与自我对话的教学设计中显现的,其中同自我对话很重要,就是学生所接受的价值观念同其原来形成的价值观念在内心形成冲撞后的反省,以期实现德性成长、精神升华。只有我们的教学模式实现这样的对话,学生学习的主体性才能确立起来,那么这种对话就是有意义的。

第二是在课程实施中的学习设计。学校要设计一些教学场景,优化一些教学内容,让学生在体现学校全部生活的课程中实现同他人的对话、同文本的对话和同自我的对话,这是一种在课程实施过程中促进学生学习的设计,需要有非常好的载体。

第三就是教师。因为学生需要引导,不管是教学情景还是课程内容的设计都依赖于教师的主导作用。这个主导作用不是简单地把知识传授给学生,而是设计一些场景,在教与学的过程中,发现学生哪些是值得肯定的、哪些是需要借一把梯子让他爬上去的、哪些是需要加以引导和点拨的,这都需要教师有一双慧眼去发现、观察和动态生成。这些都和过去对教师的要求不同,涉及整个教学模式的改革。

▶ 关于信息技术的作用

关于信息技术对学习的影响,我们必须把握一个思想,无论科学技术如何迅猛发展,都是为了促进教与学方式的变革,促进教师更有效地教和学生更有效地学。另外,我们必须认识到教育还承担着一个重要使命,就是让人性和人类的文化精神得以传承,并能协调人类社会中的各种关系,这里面有一种普世价值观,而这种价值观的培养与形成是需要通过教育让学生感受得到的。德性发展与精神升华是教育的重要任务,而这一任务并不是完全可以通过技术的发展就能够实现的。

技术所能解决的是有标准、可复制和可以重复出现的,而整个教育教学过程恰恰是需要人的精神和人的交往去传递、去点燃、去形成人类文化精神传承的功能。在这个过程中,我们可以运用和发挥科学技术的优势,我们的确也需要正视科技对人的发展的影响。但绝不能把两者对立起来,我们不能完全离开人与人的真实交往,只通过机器、技术在虚拟环境中实现人的社会性发展。如果科学技术发展使得我们的教育不能实现人的德性发展和精神升华,那反而会产生价值迷失、精神堕落,那就非常危险了。

▶ **关于教师的专业发展**

教师的专业成长正在从知识的传授、教学技能的提高转变为提升教育境界下的观念变革和方式更新,要在全新的教学模式中把握教学能力。在教师专业成长上,要克服单纯强调掌握学科知识和教学技能倾向,更加注重教师教育境界和专业能力的提升。教育质量从根本上说就是教师质量。我们传统的教育方式是以学科知识为中心,教师的责任是讲授知识,学生的责任是知识记忆与训练。相应地,教师专业培养也主要围绕学科知识的传授和技能的培训展开。教师专业成长是以学科知识为出发点,还是以学生成长为出发点,这是完全不同的教育价值观。科学的教育观要求我们必须把学生的成长放在中心位置。相应地,要促进教师专业成长,关键是要改变教师"只见分数不见人"的陈旧观念,树立崇高的育人使命和职业神圣感,确立现代教育理念,应用先进教育方法,具有精深的育人专业素养,努力成为受学生真心喜爱、让学生终身受益的好老师。

此外,要大力弘扬高尚师德,提高教师的职业境界,让教师将育人不是作为一般职业,而是作为崇高的事业。要把先进典型引路、先进思想倡导与严格规范的管理、监督结合起来,让教书育人、为人师表成为每一位教师的基本岗位职责和自觉的行为准则。

让学校成为学生喜欢的地方①

办一所让孩子们喜欢的学校,这是教育者最朴素的追求。如果一个孩子不

---

① 上海基础教育的历史方位与内涵要义[J].上海教育,2011(6).

喜欢自己的学校,不喜欢自己的老师,怎么会对学习感兴趣? 怎么会真实地提出自己的成长需求? 每所学校都应该是学生喜欢的,这原本是教育毋庸置疑的问题。然而,现实社会中过度追求功利价值、过度倚重学科成绩,以及高度统一的标准化培养模式,让我们与教育本意渐行渐远。因此,每一所学校都能让学生喜欢,并形成蕴含在"生命机体"中的不可逆转的机制,正成为内涵发展阶段所要攻克的瓶颈问题。

▶ 柳营路小学:追求均衡发展新境界

因为所处小区外来人口密集,从 2004 年起,虹口区柳营路小学开始全面招收外来务工人员随迁子女。学校首先展开了"全校大家访"活动。通过家访,教师发现学生交来的作业本,有的油渍斑斑,有的残缺不全,有的沾着烂水果的浆汁,这都与他们的家庭环境有关。教师们主动提出"放学后为学生保留一张书桌",为他们提供良好的学习环境。教师们分析了孩子不同口音所带来的英语发音差异,并有针对性地一一矫正;还细分出 81 种"天天好习惯",全校动员开展养成教育,提出两周改变一个"坏习惯",帮助孩子成为文明的城市公民。

这个例子给我留下了深刻的印象。这所学校教师的所作所为是最接近教育本质、最接近育人本原的,因为他们知道教育面对着的孩子是自己的责任。如果学校养成了学生得益终身的习惯,丰富了他们的精神,这样的教育难道不是优质的吗? 近几年来,我们推出了一批"非名校"走向优质的案例,它们虽然名不见经传,但始终坚守着对教育本原的理解,展开质朴而充满人文关怀的教育实践。正是这样一批非常普通的学校托举起上海教育的质量,提升了上海基础教育的基准线。

促进教育公平,政府首先需要实现的是起点公平。上海在促进均衡过程中的政府作为和创新举措无不证明了我们为保证每一个孩子获得平等的人生起点,缩小不同社会群体之间的知识鸿沟,从而获得起点公平方面所做的努力。

▶ 启新小学:用课程关照每个学生的成长

徐汇区启新小学是一所地处城郊接合部的普通公办小学。几年前,学校教师的课堂样貌是:一本教材、一本教参,不管课程标准如何要求,也不管教材是否适应学生,照本宣科。为了改变这种"教教材"的状态,校长带领教师们从各个渠道收集全国各种版本教材,汲取各家之长,针对本校学生学习的难点,基于课程标准统整教材,使得教学内容更适合学生,课堂效率大大提高。从"教教材"到"用教材教"的变化折射出来的是教师对学生的深入研究,反映出什么才是一堂真正有效的课。

启新小学的校长在课程实施过程中,运用自己的经验,不断地将教材统整的原因和程序明晰化;在解决问题过程中,校长从提供结论的个人分析者,变为问题解决中集体认同的促进者。校长的这种探索性实践不仅有着丰富的意蕴,体现着一种创造性的劳动,更重要的是,校长的这种探索指向于学校改革中的实际问题,直接目标是因材施教、改进教学。

以启新小学为代表的聚焦课堂改革实践探索的学校,在基础教育内涵发展阶段正在不断涌现。他们用课程关照每个学生的成长,为学生的终身发展奠基。人的差异性以及多样化的发展需求通过传统的高度统一的课程及其教学实施已无法实现,这就需要开发新课程,而这种开发不能建筑在全市或全区层面统一要求和专家设计上,一定要动员所有的课程实施者,在共同目标精神的引领下,面对本校学生的实际情况去创造,这是当下内涵发展阶段基础教育课程改革的重要命题。

课程是需要多层次设计和开发的,在素质教育推进和深化的过程中,新课改从关注学科发展到关注学生的发展,因此将课程管理的重心下移到学校。把设计和开发的空间留给校长带领下的专业团队,让他们针对本校学生的实际情况,根据时代的要求和学校可及的资源条件通过校本化的设计,开发生动的教育内容和创新的学习方法,提供给学生。同时,我们必须深刻地认识到课程是学生全部学校生活的总和,是全部教育目标的实现途径。课程的育人功能体现在学生德、智、体、美等多个方面,对学生的成长起到整体作用。只有让学生浸润在课程所创改的独特文化之中并经过长期熏陶才能彰显出学校教育无可替代的育人效果。因此从这个意义上说,当前学校的发展迫切需要课程领导力,校长则需要用课程来办好学校。

▶ 黄浦区的"学生喜欢":回归教育本原,反思育人本质

黄浦区教育局提出要树立"成长比成功更重要"的理念,满足不同个性学生对教育的发展需求,从"成长需要"出发,让学生喜爱自己的学校。两年来,黄浦

区教育局将"办学生喜欢的学校"作为区域教育发展目标和办学理念,成为创新教育内涵发展机制的重要抓手,这既体现了区域的专业领导能力,又为教育回归本原、切入本质提供了实践样本。

我始终关注黄浦区的试点进程,因为这是上海基础教育真正实现"以学生发展为本"的重要命题。目前,黄浦区已经提炼出每所学校和教师要重点突破的四个方面:一是确立倾听学生的观念和习惯;二是掌握了解学生的方法;三是建立从学校管理层到教研组再到教师获得学生的需求并用以调节和改进教学行为的机制;四是建立了解并协调家长、社会诉求的制度。

要让"学生喜欢",就要关照到每个学生的心灵,还原他们的本真。今天的教师需要通过与学生更多的情感交流,深入而细致地了解学生的需要、动机和情感特征,进而更加个性化、灵活深入地关注学生情感发展的差异性、丰富性,达到促进学生情感发展、实现认知和情感协调的目标。同时,我们学校的教育教学应该更多地让学生主动发现,让学生的学习充满着探究的快乐。教学要适应学生学习方式的多样性、差异性和选择性,就应该更加细微地关注学生的学习方法、学习习惯、学习意识、学习态度、学习质量,允许学生选择适合自己的方式学习。

我想,有效的教学一定是以学生喜欢为前提的。因此我们必须从研究学生开始,选择合适的教育策略,特别是寻找教育契机,优化学习过程,让学生健康、快乐地成长。要办人民满意的教育,一定是从办让学生喜欢的学校开始的。

▶ 闸北八中成功教育:在坚守与创新中提升专业境界

随着 PISA 测试成绩的公布,上海市闸北八中校长刘京海和他的成功教育蜚声海内外,国外的许多媒体都试图以闸北八中为例破解上海如何托起底部学校的秘诀。30 年来,从成功教育萌芽到一步步发展,一直到现在日臻成熟,这整个过程是非常艰辛的。从"帮助成功"到"尝试成功"到"自主成功",刘京海从教改探索之初就选准了基础教育的世界难题——"差生"问题迎头而上。他给困难学生开出的"药方"是通过帮助学生成功,使学生获得更多更大的成功。明确的指导思想、科学的课堂教学指导策略、积极正面的评价,成为撑起"成功教育"的三个支点,使得"成功教育"的成效显著,教育教学质量大幅度提高。

进入 21 世纪,刘京海和他的团队又敏锐察觉到,信息技术的诞生为经验的显性化、细节化提供了新的可能。他们尝试打造了托起"成功"的教与学电子平台,这种课堂教学改革模式在全国近百所学校得到了积极推广。2005年至今,刘京海又成为委托管理这创新机制的探路者,在他的潜心实践下,一所所农村学校的办学水平得以迅速提升。

之所以把刘京海这个历久弥新的案例再次呈现出来,我想他代表着当前内涵发展阶段我们最缺失的一种精神——教育家办学的可贵精神。校长需要不唯书、不唯上,从学校办学实际出发,保持独立思考,并在坚守与创新中提升专业境界。

校长必须成为教育理想的追求者、文化立校的躬行者、教育改革的引领者和课程教学的实践者。他们的办学理念和行为的选择不能局限于行政的推动,不能束缚于潜规则,不能屈服于世俗压力,只有达到文化自觉的高度,才能推动教育文化转型和学校的自主发展,才能实现具有历史和时代意义的文化担当。我想如果不是因为对每一个学生都能成功的理念的坚守,不是出于教育家的良知和责任,不是深耕于课堂与教学的第一线,刘京海和他的成功教育是不会由表及里、由浅渐深地不断探索下去的。正是有了这样锲而不舍、有滋有味的努力,一个校长自身的成功体验和幸福感受蕴含其中。

▶ 实验学校东校:跨越校内外的家校互动

时代的变迁传递出一种趋势,教育越来越从封闭走向开放。2004年,上海实验学校东校开始创办。这所全新的九年一贯制学校在6年的办学实践中因其实质性推行家校合作而成为小区里最令百姓满意的优质学校。家委会直选,学校事务协商,让家长享有知情权、参与权、决策权,所有现代学校制度的要素都在这所学校显现出来。午餐质量听证、校园意外伤害事故处理、教学质量投诉、甚至加收10元钱的学生活动费,都要经过家委会的民主评议、协商产生共识。

实验东校的做法有其特殊的价值,值得借鉴与研究。传统的封闭的教育,仅仅是层层落实既定的教学目标,而忽略了学生作为鲜活的生命真实地存在于社会环境中的各种内在需要。开门办学,让家长参与、让社会关心,这样的学校就不会成为"孤岛",教育就会逐渐摆脱封闭。

家长、社区和学校三者间的互动关系提供了一种不断协调和重建社会需要的双通道。谁来发动更多的人和资源参与到教育每一个学生的事业中来?仅仅靠教师和校长是不行的,现代学校需要联系家长和社区,这是对伙伴关系来说必不可少的财富和专长。因为不管家长做得称职与否,他们都是孩子的第一位老师,他们对"这一个"孩子的成功具有天生的兴趣。而他们的这种兴趣、爱好、职业和社区中的相应地位,使其具有对孩子成功来说最为宝贵的知识和技能。

有很多学校先行研究表明,"发展的"学校与"僵化的"学校之间存在着教师与家长沟通的极大差异。僵化的学校,教师不具有任何家长参与的目标,而发展的学校,教师则把重心放在让家长参与教学内容上,由此在家庭和学校之间架起一座桥梁。僵化的学校认为与家长没有什么好说的,而发展的学校则把家长视作解决问题的好办法或好途径。因此,家长参与学校生活对学生的进步与发展将产生积极而深远的影响。

办有鲜明特色的民办优质学校①

20 世纪 90 年代,上海从最早的 5 所民办中小学起步,至 2007 年底,全市共有民办中小学 150 多所,在校学生约 13 万人,占全市中小学在校生的 10% 左右,已经成为上海基础教育的重要组成部分。民办中小学的发展对提升上海教育的整体水平,满足社会多样化的教育需求,作出了重大贡献,有力地促进了教育公平,推动了上海学习型城市的建设。

上海一批拥有丰富办学经验的知名校长,在退休之后,依然执著于教育事业,与时俱进地用扎实的办学实践印证着先进的教育理念,并不断创造出富有特色的教育教学成果。不可回避的是,长期以来,我们对民办学校究竟应该怎么办,对民办学校的价值、地位、作用一直都有不同的看法。有人认为民办教育的存在是为了弥补政府对教育投入的不足,起到拾遗补阙的作用。今天的上海正朝着率先实现教育现代化的方向奋进,如果仅仅把民办教育理解为是对政府公共财政投入不足的补充,那是远远不够的。众所周知,近代的上海,素有"万国博览会"的美称,海纳百川,兼容并蓄。各种教育流派、模式在上海都有实验和探索的空间。很多社会活动家,像蔡元培、陶行知、陈鹤琴等都在上海办有实验学校。所以,教育的国际化、教育的多元化应该成为上海海派文化的重要标志。

值得高兴的是,20 多年来,民办中小学的发展推动了上海教育体制、管理机

---

① 在上海民办中小学协会 2010 年年会上讲话[R].根据讲话稿整理。

制的变革。上海以政府办学为主体、社会各界共同参与办学的体制格局初步形成，并在实践过程中逐渐形成了一种新型的政校关系。民办学校在这方面的艰苦探索，不仅实现了自身的发展和完善，也促进了公立教育系统的变革，推动了上海基础教育的整体发展。

与此同时，上海民办教育在走好内涵发展之路方面孜孜以求，许多民办中小学呈现了如下的办学经验：

一是注重学校的内涵建设，注重学生的全面发展，满足了人民群众日益迫切的多样化教育需求。学校注重以人为本，注重管理的人性化，赢得了良好的社会知名度和美誉度。

二是始终以教学质量为核心，注重课程建设和校园文化建设。许多民办中小学提出了明确的课程建设目标和学生培养目标，积极投身上海"二期课程"改革，坚持课程的整体性与多样性相结合，形成了一批校本拓展课、探究课，渗透到学校的校园文化建设中来，通过课程教学形成和巩固了学校的办学特色。有些学校，还结合经济社会发展需要和上海国际大都市的特点尝试开展了双语教育、国际交流等活动，取得了良好的社会效果。

三是有较强的市场意识和服务意识，注重自身的目标定位，在不断努力中赢得了稳定的发展空间。许多学校坚持以质量取胜，以特色取胜，通过明确的目标定位，满足了特定群体对多样化、选择性教育的需求。

上海民办中小学总体上已经进入稳定发展阶段。它的结构比例、功能逐渐趋于稳定，从功能上越来越体现出民办教育主要是特色办学和满足选择性的需求。我认为，理想的教育应该是老百姓对公办教育基本满意，绝大部分老百姓在居住区里有实现教育的权利，然后有一点选择需求。学校有特色，老百姓也承担一部分办学的成本，由地方去实现选择需求。我认为民办学校可以在以下几方面努力：

一是一定要从大局出发，创生出更加富有特色的办学之路。一个有活力的城市，其教育体制应该是多元的，不是单一的。民办学校绝不是政府公共财政经费不足才去开办的，对上海而言，民办学校的存在就是提供选择，就是提供有特色的教育。老百姓的需求要满足，城市对教育多元化的需求要满足。国外民办学校选择学生，往往是面对社会公布办学理念和特色，让家长自己选择，让对教育理念有认同的家长和校长形成一个共同体，而不是简单地通过考试选拔学生。现在民办学校有同质化的趋势存在，有片面追求考分和升学率的问题。如何真正去践行素质教育理念,通过办学实践创造出更多充满生命力的经验,是民办学校未来生存和发展必须思考的问题。

二是要进一步从课程改革、学校管理、制度建设等方面出发,直面并攻克当下教育的难题,唤起文化自觉。学校的制度不仅是在墙上挂条文,学校的文化也不仅是用字、画来装点。文化的核心是学校所有成员的价值观念及行事方式,学校的文化建设是无形的,同时又是有形的。学校课程改革的推进、教学质量的提升,都必须营造良好的文化环境。课程改革不是推倒或颠覆教育文化传统,而是在尊重、重视并深刻理解自己教育文化传统的基础上,融合新的有益的文化元素的文化变迁过程。从学校文化角度看,课程改革和质量提升本质上仍是文化变革,有的学校文化与课程改革之间存在相悖的地方,这在某种程度上影响了课程改革的深化与学校内涵和特色的发展;从教师文化对课程改革的影响来看,构建一种新的适应的话语体系的教师文化也是应有之义,文化的选择与建设是课程改革的核心话题。民办学校应该在唤起文化自觉上有所作为。

要充分发挥民办中小学协会的作用,加强民办中小学的行业自律建设,为民办中小学创造更好的发展环境。希望民办中小学协会继续团结广大办学者、校长,在不断增强依法自主办学的积极性、不断提升办学的专业水平、不断提高教育质量和服务水平中发挥更大的作用。

给"问题"学生一个调适的港湾①

多少年来,我们一直面临着一个现实的问题,即每一年级的未成年学生中总有一些学习、生活、实践出类拔萃的佼佼者,也总有一些经常缺课、逃夜、不完成作业,或者经常扰乱课堂、对同学暴力相向、迷恋网络的学生。对于后者,一些教师在他们身上花费了很多精力,然而收效甚微。这些未成年的"问题"学生增加了学校管理和教师教学工作的难度,极大地影响着教育教学目标的实现,也不利于他们自身的成长和发展,我们必须提高重视程度,并采取有效措施加以解决。

教育的本质是净化人的心灵、提升人的智慧、丰富人的知识,对具有不良行为

---

① 根据有关本市工读教育工作的多次会议讲话整理。

的未成年学生进行教育转化是促进人的全面发展和提升人力资源水平的题中之义,也是全面推进义务教育均衡发展、推进基础教育内涵建设的题中之义。中国古代倡导"有教无类"思想,对于今天我们消除未成年"问题"学生的现象,依然具有很强的指导意义。"问题"学生的问题,讲到底还是教育方法和教育艺术的问题。

本市现有工读学校13所,分布在13个区县。这些学校一直在致力于未成年学生不良行为的发现与调适研究,这种以学生发展为本的"临床性"实践,使工读学校的学生得到了针对性的"治疗",较顺利地回归了社会。截至2011年,本市工读学校共教育转化行为不良学生23500余名,初中毕业学生6800余人,升学或就业率达93.5%,已经成为临界联防未成年人违法犯罪的重要屏障和维护社会稳定的积极力量。本市工读教育的改革发展过程中,广大工读学校教师的教育思想、教育观念也有了转变和提升,开展教育研究、驾驭教育艺术和解决教育问题的能力有了提高。

▶ 明确办学思路,让工读学校回归基础教育

上海工读学校复办伊始,由于过分强调"管制",学校被高墙、铁丝网包围,围墙外有公安执法人员监守,校园里随处可见"悔过自新、重新做人"标语,工读学校的禁闭室普遍存在,被称为"第二少管所";工读学校的办学条件和管理水平普遍较低,学校校舍陈旧、面积狭小,难以满足学生学习和生活需求;学校收生程序不够清晰,标准不够明确,致使生源杂乱,一定程度上影响了上海预防未成年人犯罪工作的开展。

2000年,我们以本市实施基础教育"校舍达标工程"和"加强初中建设工程"为契机,对工读学校进行标准化建设。至2003年5月,市、区县两级政府累计投入1.83亿元,完成全市工读学校校舍和设备设施达标建设,校园环境、教育教学设备等办学条件得到明显改善。

2003年2月,市教委和市公安局联合下发了《上海市工读教育暂行规程》,明确工读学校的性质、定位、教育管理要求,取消了禁闭室,规范了工读生与托管生的收生程序,妥善解决了个别工读学校私招弱智生、外来务工人员随迁子女教学班等问题。2003年9月,市教委下发了《上海市工读学校督导评估指标(试行)》,与暂行规程相呼应,主要有基础性指标(包括办学目标、德育工作、教学工作、队伍管理、教育科研、总务管理、办学效益、办学条件)和发展性指标(包

括学校发展目标、课程开发与教学改革、学校德育、师资队伍建设、学校特色)。2005 年初,工读学校与本市其他基础教育中小学一样,完成了校园安全的人防、物防和技防的建设任务,完善了校园突发事件预警预案体系,实行了专职保安门卫制。

长期以来,有关方面一直将工读学校列入特殊教育范畴。进入 21 世纪后,本市开展了主题为"新世纪的上海工读教育"的大讨论,达成以下共识:一是工读教育是我国基础教育的组成部分,而不是特殊教育;二是工读教育是基础教育领域中的"一所特殊医院",需要全年、全天候为"生病"学生提供"教育转化服务";三是经过这所"医院"矫治的学生不应被贴上"标签",不向学生发放工读学校毕业证书,以避免在社会上产生负面效应;四是工读学校应具有主动上门服务的功能,即不仅要"收治病重的孩子入院",而且要提前参与其他预防未成年人犯罪的有关宣传和教育工作。为此,我们提出了"规范、发展、提高"为主线的办学思路,努力促使工读学校回归基础教育。自 2001 年起,市教委明确:依照国务院和国家人事部规定,工读教育属基础教育。

近年来,随着上海高中阶段入学率的提高,高中阶段的行为不良学生已成为一个不容忽视的群体。为此,我们在工读学校的功能发展上,提出"三个延伸"的努力方向,即工读教育向高中阶段延伸、向行为不良学生家庭延伸、向社区延伸,形成学校、家庭、社区教育合力。几年来,全市按地域和生源分布特点在 4 所工读学校开设了高中阶段职业班,既为本校初中毕业生继续提供一个有针对性的教育调适环境,又为普通高中和中等职业学校中的行为不良学生提供了一个教育转化的平台。另有两个区的工读学校对本区中等职校中不良行为学生开展了短期矫治和跟踪教育工作,取得了一定的成效。据统计,自"三个延伸"要求提出后,全市共有近 3000 名高中阶段学生在工读学校得到矫治,其中绝大部分毕业后走上了工作岗位或考上了大专院校。工读学校参与社区预防犯罪工作已纳入日常管理范畴,放假期间教师经常性家访学生已成为制度,家长主动参与学校教育转化工作在部分工读学校取得可喜进展。

▶ 创新管理制度,让精细化调适取代粗放式管制

为贯彻落实本市基础教育均衡优质发展要求,努力为工读学校提升办学质量提供制度保障,我们按照"规范、发展、提高"的思路,采取"淡化管制色彩、强

化教育功能"的策略,通过创新管理制度,努力保障工读教育既能转化又能教好行为不良学生。为此,我们主要采取了四项措施:

一是加强制度建设,规范工读学校办学行为。我们先后制定《上海市工读教育暂行规程》《上海市工读学校督导评估指标(试行)》《关于加强工读学校跨区收生工作的指导意见》等行政性文件,引领和规范工读学校办学行为,从体制、机制、性质、任务、职能、管理等方面明确了工读学校的办学要求,为本市工读教育发展提供制度保障。

二是加强队伍建设,打造合格的工读教师队伍。我们根据工读学校教育教学特点,以提升教师师德素养和业务水平为重点,积极培养有爱心、懂管理、会教育、善教学的"全能型"教师。一方面,抓师德建设,提高教师素养。2004年以来,我们编写了《充满爱的耕耘——上海工读学校教师形象素描》,举行了工读学校"耕耘者之歌"师德演讲会,出台了《上海市工读学校教师师德守则》,细化师德要求,强化师德建设,取得了良好效果。另一方面,抓师资培训,提高业务能力。2003年,我们制定了《关于工读学校教师岗位培训工作的若干意见》,明确工读学校教师每3年必须参加一轮专题培训,陆续完成以"应知应会""教育调适""分层教学""未成年学生不良行为的发现与教育调适"为主要内容的四轮全员培训。同时,我们注意加强拓展培训,即通过举办中青年骨干教师高级研修班,邀请本市高校及社科部门的中外专家授课,与日本、英国、我国港台地区进行专题研讨交流互访,深入学校和社区开展调查研究等形式,造就了一支年富力强、热爱工读教育的教师队伍。

三是加强个案总结,完善教育调适指导方案。临床型个案教育调适既是工读学校教师的基本功,也是推进工读教育走向精细化的重要着力点。为此,我们要求工读学校对每一位入学学生都要进行心理、行为测试,既要了解其"染病"的原因和环境,又要组合力量,提出并实践教育调适的"医治"方案,每个对象调适的时间不能低于半年,其间要做好"临床医治记录"和调适方案的修正和反思等,年中和年末要接受有关方面的检查。在广大教师教育调适实践的基础上,我们先后组织出版了《行为不良学生教育调适个案研究》和《未成年学生不良行为的发现与教育调适》,为工读学校开展校本培训和教育转化行为不良学生提供了参考和借鉴的实例。

四是设立"教育论坛",加强理论和实践研究。办好新时期的工读教育需要观念更新,需要理论指导,需要大胆实践,需要倾听相关领域专家对工读教育的见解。为此,2003 年起,我们设立了每年一次的"工读教育论坛"。每次论坛围绕一个主题,来自工读学校第一线的教师和来自不同领域且对工读教育、社会管理、教育心理有一定研究的专家、学者和行政主管部门的同志纷纷阐述思想、建言献策,分别就"借助社会资源,推进工读教育发展""工读教育向高中阶段延伸""工读教育向问题学生家庭延伸""工读学校学业质量监测""工读学校教师师德建设""工读学校班集体建设"等主题进行研讨,起到了观念更新、统一思想、团结奋进的效果。

▶ 创新教学模式,让每一位学生都能获得发展

行为转化和课堂教学是工读教育发展两大动力,二者结合的紧密度越高,教育转化的效果越好。换言之,应该把促进行为转化有机融入课堂教学之中,让课堂教学成为学生调适行为、获得发展的主渠道。

一是坚持"差异教学",努力提升学生学业水平。经过"十五"期间的探索和实践,我们出台了《关于加强和改进工读学校教育教学工作的若干意见》,突出了精细化教育的原则,明确了以临床型个案教育调适和学业质量监测为重点的教育教学任务。针对工读学校学生学业基础差别较大的特点,采取"差异教学"的方法,让每一位在校学生都能取得进步和发展。实践证明"差异教学"方法符合工读学校学生实际,有效改变了学生以前在普通学校听不懂、到了工读学校仍然听不懂的状况,对重塑学生自信心、提高学生学业成绩起到了重要作用。为了加强工读学校课堂教学与课外辅导的针对性和实效性,防止和减少教学过程中学生学习情况的分化,让每一个学生在每堂文化课上都有所得,我们为每个工读学校配备了学业质量监测软件系统,同时全面开展了教学过程中学生掌握知识点情况的监测工作。从实践情况看,任课老师对自己教学情况和学生学习情况掌握更加清晰,补缺补差的针对性有明显提高,学生的学习积极性和学习成绩也有所提高。

二是建立学科中心组,提升教师教学水平。我们以市教委教研室为基地,组织工读学校年轻骨干教师建立学科中心组,有重点地开展"如何实施差异教学""如何利用德育促进行为不良学生的转化""如何加强课程校本化建设"等数十个主题教研活动,引领和促进工读学校教育教学水平的提升。

三是鼓励学生的点滴进步,让每位学生身上的闪光点都成为其健康成长的激励因子。为了引导学生发现自我、肯定自我,发挥同伴教育、团队教育的作用,本市每所工读学校都开展了学生、班级一日常规评比工作,有的工读学校还开展了每天、每周或每月进步奖评选活动等。自 2004 年开始,市级层面每年在工读学校学生中开展一次"拥抱明天"系列活动,学生们通过体育项目、书画比赛、计算机技能展示、棋类比赛等活动,展示了技艺、提升了信心,对转变自我起到了积极作用。在各级各类比赛中,工读学校学生获市级以上竞赛奖项 174 项,区县级竞赛奖项 160 项。

四是拓展课堂形式和内容,提高学生综合能力。全市工读学校结合实际,分别开发了信息技术、动画制作、钟表修理、摄影、陶艺、剪纸、书法等兴趣课程,受到了学生的欢迎。为了让学生掌握一技之长,我们在帮助学生完成九年义务教育的基础上,针对部分学生学业成绩不太理想、升入高中阶段学校学习有困难但动手能力较强的特点,探索举办了职业教育,开设了汽车修理、宾馆服务、点心制作、烹饪、车钳等专业,自 2000 年以来已毕业职业班学生 3000 多人,升学或就业率达 90%。

"转化一名工读学生的价值绝不亚于培养一名大学生"的观念已在广大工读学校和教师中深深扎根。看到我们教育出来的学生能够健康、积极地成长和发展,我为工读学校教育蕴含的社会价值感到骄傲。

3. 在世界坐标系下看高中的发展态势

人们对 21 世纪充满着憧憬,因为 21 世纪为人们带来了知识经济时代和信息时代的无限魅力。然而期望与挑战是并存的,对任何人、任何社会群体和组织都是如此,对社会文明的进程而言,同样也面临着一次重大的转折。

今天来看高中学校教育,必须要有开阔的大视野,我们要在世界坐标系中寻找、确立发展的新起点,竖立国际参照系。

高中是创新人才培养的关键期①

高中阶段是基础教育的出口阶段,也是创新人才培养的"关键期"。高中阶段学生的兴趣、个性、能力、社会责任逐步形成,而这些素质又是创新人才必须具备的基本素质。正因为如此,世界上许多国家,尤其是发达国家都通过特别举措加强高中创新人才培养,如美国设立"科学高中""州长学校",韩国专门设立多所科学高中和外语高中,德国为天才学校举办特殊高中,等等。我国普通高中,由于长期应试教育的积弊,加上基础教育重识记、轻方法,重结果、轻过程,重讲授、轻发现的传统,高中学生创新意识不强、探究能力不足,越来越难以适应知识经济和全球化时代的挑战。

自 2005 年以来,上海高中阶段入学率持续保持在 99% 以上,其中普通高中一直为 60% 左右。为了更好地贯彻党和国家的教育方针,结合新时代对人才素质的要求,汲取国内外创新精神培养的经验和教训,上海从人才成长的规律出发,坚持以德育为核心,加强以培养学生创新精神与实践能力为重点的素质教育。继 2008 年上海中学率先开设实验班,展开以创新素养为核心的资优教育之后,2009 年 3 月,华东师大二附中、复旦附中和交大附中也相继开展试点工作。至此,上海开始了创新人才培养的多元模式探索之路。我们期待通过四所学校的先行先试,既能形成创新人才早期培养的"普适性"规律,又能产生创新人才早期培养的"特适性"经验,使得我们的创新人才培养能够从一般意义上的"尖子"选拔再进行加工的旧模式中解脱出来,从培养目标、培养模式、课程结构和管理体制等方面,探索学生创新精神培养的规律。我们的主要做法有以下几点:

▶ 优化课程结构丰富学习经历

通过改革课程体系提高课程的多样性和选择性,是国际上优质高中的一个基本特点。在英国,大多数高中学校的课程表都是以学生为单位制定的,几乎

---

① 高扬普通高中的独立价值,为学生的幸福人生奠基[R].2012 - 6.根据在上海市实验性示范性高中校长会议上的讲话稿整理。

每个学生都有一份课程表,每天的学习活动都是根据自己这份课程表进行,即便同一门学科,也可以分若干层次。学生毕业要参加考试,每门课程都有一张证书。在韩国,其外语高中是按照语种分班的,每班 20—25 人,学生每周 20—25 节课,每门课都细分为若干层次,每个学生都能找到适合自己的课程,学生可以通过网络参加美国 SAT(学术能力评估测试)考试。

上海中学从 2008 年开始实施的"创新素养培育实验项目",有招生方面的突破,更有培养课程方面的重大改革。在课程设置上,力求突破传统的课程结构,实验比较适合于科技资优生的新课程模式。它将课程设为基础课程、专门课程与探究课程三大部分。基础课程除学科基础外,强调丰富阅读内涵、提升人文素养;专门课程借助于数字技术,通过生命科学、物理、化学、计算机与自动控制等五个领域的涉猎,激发学生的探究兴趣,逐步形成其专业志向;探究课程则是以学生为主体的科学实验与课题研究,让学生体验科学的探究过程,培养他们的创新精神与科学精神。专门课程与探究课程的学习时间占总学时的 25% 强。

在课程实施上,力求摆脱传统教材处理方式的局限,用科技发展的近现代观点,改进教学内容的呈现方式,引进国际上影响较大的数理化原版教材,进行双课本、双语教学,适度配置现代化的仪器设备,适度引进新技术,凸显理化等实验学科的本色。

在教学组织上,力求突破现有的班级固定教学格局,采用大小班结合制、走班制、导师制、分流制等多元教学组织方式,匹配于学分制、绩点制的评价方式为学生创新精神、实践能力与个性潜能的发展,提供更大空间。

▶ 建构校内外联合培养的机制与平台

当前困扰普通高中进一步发展的培养机制问题,纵向体现在与高等教育的对接上,长期以来大学与高中的对接基本限于招生之上,在课程建设和共享、优秀人才的早期培养等深层次的对接还不够;横向体现在与校外教育的衔接上,同义务教育阶段相比,高中与校外教育的衔接更弱。两方面的不足,使得高中教育蜕变成高考教学,落入应试教育的藩篱。要打破这种局面,政府要做背后的推手,谋求建立一个立体化的高中生培养体系。

首先,在招生机制上,结合学校的办学定位和培养目标,开展招生机制改革。近期本市部分高中提出或实施的关于科技素养培育的试验方案,都试图突破一般意义上的"尖子生"选拔再加工模式。交大附中通过上海市搭建的各类中学生科技竞赛、科学实践活动等平台,从中选拔一批综合能力较强、创新潜质突出、具有特长的学生作为重点培育对象,与上海交大的工程科学、信息科学和生命科学等专业衔接,对口培养。

其次,在培养体制上,着力构建以中学为主,与高校和科研院所等机构协作的培养体系。

交大附中与上海交大共建学习课程,涉及工程科学、生命科学和信息科学三大领域的近十个项目,内容涉及机械设计、分子遗传学、计算机网络技术等 20 余门学科。复旦附中的学生素养创新培育试验项目方案提出,高二年级的辅修课程以校外辅修为主,以复旦大学的课程为主,适当选修同济大学等院校的有关课程。

最后,在利用校外教育资源上,根据课程和教学的需求,把校外教育资源纳入教育教学之内,建立起利用校外教育资源的机制。

▶ 完善自主学习与个别化教育

教育的个别化程度越高,达到预期目标的可能性就越大。

当前高中学生的情况较以往同龄人,已经有了很大的变化。学生的入学基础、行为习惯在变化,对世界的认识更加多元,个人需求更加多样。面对这样一个群体,普通高中要提高办学质量,培养人格健全、善于创造、实践能力强的学生,就要根据学生的需要,结合学校的办学目标和发展规划,开展多种形式的教学和辅导,探究高中个别化教育的路子。

华师大二附中的项目,提出对科技创新实验班学生实施双导师制度,即人生导师和课题导师。人生导师负责学生人生发展方面的教育引导和服务,特别是负责学生在思想政治、心理等领域的教育,保证创新人才培养的政治方向、人格基础和心理健康。课题导师主要由中学科技教师或大学教授承担,学生在课题导师的指导下展开课题研究,要求学生 3 年内完成 1—2 个科学研究课题,让学生在科学研究中培育创新意识、获得创新体验、提高创新能力。

上海中学试验项目,在学习方式上,力求突破以接受学习为主的传统框架,大力推进以学生为主体的科学实验与课题研究,强调个人探究与导师指导、个人学习与团队合作相辅相成,积极开展在数字化环境下的学习与探究,真正落实知识与技能、方法与过程、态度情感与价值观的三维目标的达成。

复旦附中的试验项目,提出了试行导师制度,强调指导学生从单纯的学科知识学习延伸到对专业的兴趣与追求,努力使学生成为深度学习者,促进学生批判思维和创新思维能力的提高。高三年级的辅修课程,为每位学生配备学业导师,保证每位学生有个性化培育的条件。

引领普通高中优质特色多样发展[①]

今天,随着高中多样化发展成为国家导向、基础教育转型发展成为全市要求,普通高中在时代关口何去何从,迫切需要思考并回答。市实验性示范性高中作为基础教育学校的领头雁、作为上海基础教育在全国保持高地的重要力量,如何率先实现转型,实现优质特色发展,推动普通高中多样化改革,引领基础教育内涵建设,成为教育界的关注点,也非常令人期待。

▶ 转型时代发展普通高中的思考

思考一:如何更加关注教育对人本身的意义?

我们一直在强调:教育在于让学生习得知识、提高技能、升入高一级学校;教育在于把学生培养成合格公民、高素质国民。我们要更加强调以学生发展为本,更加关注学生的存在与发展,更加尊重学生的个性特长,更加重视学生的兴趣和需要,更加重视人与自然、人与文化和谐共生、相互滋养。

思考二:如何更加体现教育对人的终身发展的奠基?

20世纪90年代,人们开始发现,分数导向的教育逐渐滋生一些问题,比如我们强调数理化,而人文、生活、社会等方面却被弱化;学生在国际奥赛屡获奖牌,但是生活能力、与人相处能力、心理承受能力不足;掌握了大量学科知识,但是动手能力却很差,质疑创造的精神严重不足。显然,分数导向的教育质量不应再是教育质量的全部。今天,面对知识经济、全球化和信息社会的挑战,我们要反思教育如何能让孩子"学会做事、学会求知、学会共存、学会做人",如何为孩子的终身发展和一生幸福奠基。

---

① 在市实验性示范性高中校长会议上的讲话[R].2012-1.根据讲话稿整理。

思考三：如何更加关注学生多样化需求的满足？

随着生产技术升级、产业转型、教育需求日益多样，统一的标准化的培养模式无法继续满足要求。今天的基础教育，要在关注学生基本素养获得的同时，更加关注学生个性化、多样化的教育需求的应对，深入探讨基于不同需要的多样化的培养模式。

思考四：如何更加注重学校的发展和治理？

当前，我们要追求的是全面的、以人为本的质量，这个质量目标需要以课程改革的深化来奠基，需要教师的创造性劳动来支撑，更需要教育行政部门的专业领导来保障。管理教育的手段越来越强调体制机制的创新、培养方式的变革、项目引领、对实践问题的关照、教师教学能力和专业境界的提升。要从管理走向治理。

▶ 国际上普通高中改革发展的基本趋势

▶▶ 一切以学生为中心

教育过程应该强调学习者是主体，国际社会认为"教正在变为学"，教育的主体应该是学习者，由此产生了设计教学、订单教学、任务驱动教学、参与性学习、研究型学习等教学方式。如美国道尔顿学校创办于1919年，学制12年，被誉为美国中小学素质教育的典范，创造了毕业生连续20多年都被哈佛、耶鲁等著名大学录取的纪录。道尔顿的奥秘就在于它的教育理念和培养方式。

在理念上，它以学生为中心，强调合作学习。这里的合作，一方面是学生与学生之间的合作，即学生良好的适应能力、善于同他人共处的能力；另一方面是师生之间的合作，学生在合作中是主体，教师是助手和朋友。在培养方式上，道尔顿学校抓住三大要点，即实验室、研究课题或目标明确的功课任务、教室。其中，道尔顿学校的"教室"与传统意义上的教室不同，是指学生分成小组的系统，在这里不同年级、不同水平的孩子可以一起讨论学校或世界上发生的事情。

道尔顿计划中的显著革新是：用新兴实验室代替传统的教室，以实验室为载体实施任务驱动的学习。学生在教师的指导之下接受和承担较为长期的学习任务，一般是每个科目为期一个月的学习任务。创办者海伦·帕克赫斯特认为，当学生了解一个月要完成的任务之后，他们将会很快学会安排他们的时间，根据个人兴趣进行学习。一个实验室就是一门学科的博物馆，从每个年级的教材、教辅材料到教辅工具等应有尽有。学生不再需要聆听铃声按照课表上课,他们可以按照自己的兴趣进行某门课程的学习;也可以在任何时候进入他们最感兴趣的实验室,在教师的帮助下与其他学生一起学习。学校采用学分制来记录学生的学习情况,学生可以根据兴趣在任何时间以适合自己的方式完成任务,取得学分。

这是不是过度的自由? 肯定不是。事实上,在道尔顿计划下,每个学生到月底,应该完成老师布置的每门学科的学习任务,并用卡片说明完成任务的过程中每个阶段的进步情况。此外,学校还保留了传统的一些规则,比如课程的权威性。道尔顿计划同我们今天倡导的素质教育的目标、方式是一致的。

▶▶ 以培养能力为本位

发达国家在制订新的教育发展规划时,都特别重视学生能力的培养。美国总统奥巴马提出,美国欲在 21 世纪保持其在 20 世纪的领导地位,就要自强,只有教育比别人强,竞争力才能比别人强。

法国针对高中学业失败严重、学科不平衡现象加剧的矛盾,于 2009 年启动了新一轮的高中教育改革,制订了"面向 2010 年的新高中"改革方案,并于 2010 年 9 月正式实施。新的高中改革方案提出了"更好定向、更好辅导和学好外语"三大要点:更好定向,指的是给予学生一种"错选权",使高中分科成为渐进的、可更改的过程;更好辅导,指的是教育要针对社会存在的不平等,通过为学生提供更好的教育和辅导,予以校正;学好外语,法国认为外语一直是法国高中教育的软肋,新的方案强调"在学业上,每个学生都应当掌握至少两门外语",文科应当成为培养国际化人才的重要领域并引起人们的足够的重视。

▶▶ 以完美人格塑造为重要价值取向

美国的斯蒂文森高中是一所具有百年历史的名校,向来有"小哈佛"的美称。史蒂文森中学的教育理念是给所有学生提供富有挑战性的核心课程,丰富学生的学习经历,塑造学生的完美人格。学校希望在学术氛围里提供合适的方向,培养出有智慧、品行端正、体格健壮、具有审美情趣的学生。史蒂文森高中具有鼓励学生竞争的优良传统,让学生们在各个领域的竞赛中都取得优胜;注重以体育锻炼体魄和意志,学校拥有 30 支运动队;鼓励学生参加各种志愿活动,也就是做"义工"。通过家长的帮助,培养每一个学生的责任感。

还有英国的公学,其实践的价值取向就是培养完美人格的绅士,其培养的

学生不仅要有健康的体魄、敏捷的思维和高贵儒雅的举止,而且还要具备吃苦
耐劳、团结协作的精神和战胜困难的自信心,同时在学术方面又是英国中学生
中的佼佼者,真正达到身心全面发展。

▶▶ **以课程为主要变革载体**

　　发达国家高中以课改带动培养模式的变革,是最突出的特点。

　　一是课程结构的改革。如英国的公学,在课程结构上,强调全面设置和重
点开发,围绕体能、礼仪风度、性格和学术四个发展领域在不同年级有所侧重。
在基础阶段,即第一、第二年级(13—14 岁),学生要学习英语、法语、数学、生物、
化学、物理、历史、地理、拉丁语古典教育、宗教、艺术、技术、设计、信息等几乎所
有科目。其中英语和数学为核心课程,自然科学和语言是极其重要的部分。到
了第三年级(15 岁),学生可以根据自己的兴趣、爱好和特长,选择普通中等教育
证书考试范围内的其他课程,当然也可以选修其他证书考试范围内的课程。到
了最后两年(16—18 岁),即公学的最高阶段,普通中等教育证书考试 0 级水平
以上并通过选拔的学生,进入第六学级,接受普通中等教育证书高级水平课程
和高级补充水平课程,这两类课程的选择性很大,学生至少要分别选择三四门
课程。学习特点是强调专门化和高而深,具有大学预科性质。

　　二是增加课程的可选择性。增强高中课程的可选择性,为学生提供更多的
选择和发展的机会,促进学生个性化的发展,这是当前高中课程改革的一大基
本趋势。例如,史蒂文森高中为了实现自己的培养目标,开设了 11 类共计 162
门必修和选修课程供学生学习(参见图表 5)。

图表 5　史蒂文森高中开设的必修与选修课程一览表

类　　别	数量	类　　别	数量
英语类	18 门	艺术类	10 门
社会学科类	12 门	音乐类	7 门
世界语言类	17 门	家庭和消费者科学类	13 门
商业类	16 门	工艺和技术教育类	23 门
数学类	26 门	健康教育、驾驶、体育类	5 门
科学类	15 门		

三是课程的个别化实施。个别化即依据学生的特质与兴趣进行授课和学习，对学生进行个别化的教育和辅导，充分挖掘学生的潜能。位于美国纽约的布朗克斯高中是实施个别化教育的佼佼者。学校严格采取小班制，一班 12 人为限，从而确保为每个学生提供真正的个别化辅导。教师会衡量学生的程度，除了专注于基本课程，会设计适当的教材及进度。学校里每个学生都有责任导师，课业的、生活上的任何问题都可咨询。除了基本教育，学校还会为这些有非凡天赋的学生提供特殊教育。开展天才教育的方法是让学生在一周中从正常上课时间中抽出几次，参加艺术、数学或自然科学等课程，传授更深入的知识。学校还组织各种活动让有才华的学生进一步挑战自我，如参加"解决未来疑难"、"思维探索"和"名著阅读"等全国性项目。还有全国的"资优班"项目课程和考试，如果在"资优班"联考中取得优异成绩，如 3 分以上，学生就可在几乎所有 4 年制大学中免修一定学分或升级。

▶ 近几年上海普通高中发展的举措

▶▶ 扩大高中优质教育资源，优化结构与布局

20 世纪 90 年代，寄宿制高中、实验性示范性高中建设，为实现上海高中教育办学水平的整体提升、扩大上海高中优质教育资源并为 90 年代末开始的高校扩招准备了生源基础。同时，上海在高中教育资源优化调整中积极探索市与区县、大学与区县、名校与薄弱学校共建合作的机制，扩大了优质高中的办学资源。随着城市布局的新调整，以及中心城区人口导出，上海加大了市中心优质高中教育资源辐射郊区的力度，如位于中心城区的向明中学、上海中学、上师大附中、华师大二附中、交大附中等优质高中先后到郊区举办分校，位于静安区的育才中学整体搬迁到嘉定区，位于郊区的朱家角中学、川沙中学和松江一中等完成了市实验性示范性高中评审。通过这些举措，郊区优质高中教育资源进一步扩大。据统计，目前上海普通高中在读学生中，70% 以上就读于市、区县两级的优质高中。

▶▶ 推行高中晋阶制度，建立持续发展的机制

市实验性示范性高中建设工程，不仅扩大了优质教育资源，更重要的是通过学校发展规划的制定和实施机制，保障所有参建学校都获得了持续进步，并带动、引领更多的普通高中通过规划的制定与实施实现办学水平和质量的提

高,逐步形成一个具有先进办学理念、鲜明办学特色和高质量办学成果的"优质高中示范群体"。在市实验性示范性高中建设制度的引领下,2005 年,区县开始启动区级实验性示范性高中建设和评审工作。市、区县两级实验性示范性高中建设与评审,形成了优质高中建设的联动和晋阶制度,聚合了市、区县两级政府和教育行政部门的力量。在这一制度的推动下,宜川中学、松江一中、川沙中学等先后从区县级实验性示范性高中晋升为市级实验性示范性高中,进一步扩大了全市优质高中教育资源。

▶▶ **聚焦创新素养培育,探索人才培养模式转型**

2008 年,市教委批准了上海中学举办科技资优生创新培养方案。根据方案,学校要从人才成长规律出发,坚持以德育为核心,以培养学生创新精神与实践能力为重点,从一般意义上的"尖子"选拔再加工的旧模式中解脱出来。在体制上,着眼于构建以中学为主,与高校和科研院所等机构协作的培养机制;在课程结构上,力求突破传统课程结构,以基础课程奠定全面发展的基础,突出科技课程和人文课程,强化专门课程和探究课程;在教与学的方式上,突破以接受学习为主的传统框架,开展数字化环境下的实践探究学习。从上海中学开始,上海逐步拉开了加强普通高中学生创新素养培育、探索人才培养模式转型的序幕。2010 年 4 月,上海市教委发布了《关于开展"上海市普通高中学生创新素养培育实验项目"的通知》,正式启动"上海市普通高中学生创新素养培育实验项目"。相关政策的设计具有以下几个特点:第一,关注培养模式的整体创新,承担"项目"的高中需要探索拔尖创新人才早期培养的办学机制、课程设置、教学途径、学习管理与综合评价办法;第二,鼓励高中与大学开展深度合作,承担项目的高中要组建由高校、科研机构的专家、教授与学校教师共同构成的导师团队;第三,扩大学校在招生、课程设置等领域的自主权。经审核同意开展初试的高中,可从学校自主招生和推荐生名额中,自主遴选招收参与实验的学生。

▶▶ **加强分类指导,推动高中多样化发展**

找准定位、多样化发展的背后,是政府和教育行政部门的分类指导。"十一五"末期,根据国家的有关政策要求以及上海高中发展的实际需要,上海调整传统的分层发展思路,加强高中的分类指导,倡导和推动特色办学与多样发展。在分类指导的政策思路上,一部分学校更多地承担培养创新拔尖人才的重任,主要是实验性示范性高中;一部分学校加强实验项目设计,以实验项目引领办学,这主要是针对大部分实验性示范性高中提出的,鼓励学校申报实验项目,依托项目开展教育教学改革。同时实施发展性评价,重点是评价学校教学和管理的基本运行情况、学校文化建设和办学特色创建、示范项目、实验项目和进一步发展的潜力等,希望通过项目和发展性评价进一步引发学校发展的内在动力。还有一部分学校,由于办学基础比较薄弱,在传统的应试思路下,难以有所突破。对于这部分学校,我们倡导特色办学和特色发展,如浦东新区香山中学的美术特色办学、静安区上海戏剧学院附中的戏剧特色办学、普陀区甘泉外国语中学的外语特色办学等,这些学校通过特色办学实现了突破,一跃成为质量较高、社会声誉较好、家长和学生欢迎的学校。

▶▶ **深化课程改革、推进素质教育**

高中教育发展和布局调整的同时,课程和教学等微观层面的改革也稳步实施。在国家和上海市的课改政策指导下,高中学校纷纷结合本校实际情况开展课程改革探索,并取得了许多成果。同时,上海把课程作为多样化发展的重要纽带,以课程多样化带动高中多样化。我们支持学校在贯彻国家课程方案的基础上,根据学校的办学理念和办学基础,加强学校课程体系建设,提高课程的多样性和可选择性,推动高中多样和特色发展。上海中学的课程图谱、育才中学的学程设计等,都是根据这一政策思路推进的。多样化和可选择的课程建设,拓宽了学习的渠道,丰富了学生的经历和经验,带动了高中多样化和特色办学局面的逐步形成,成为上海在课程改革深化阶段的一项重要举措和经验。

▶▶ **区域整体设计和实施,推动高中多样化发展**

在推进高中特色办学、多样化发展的过程中,不仅需要高中的探索与创新,更需要区域层面的整体设计与支持。近年来,上海市部分区县结合本区县实际情况,着力于高中多样化发展的区域整体设计,进而形成了不同的路径和风格。

杨浦区充分发挥区内高校聚集的优势,搭建合作平台,实现区内 10 余所高中与高校的深度合作,通过移植高校特色课程资源到高中建设启蒙课程,进而促进高中的特色培育。杨浦区建设高校与高中对接的课程资源平台,在大学和高中之间、高中学校之间开展"资源共享、课程互选、学分互认"的活动,实现优质课程共知共享;引进大学通识教育课程、网络课件、数字图书资源,积极推进大学图书馆、实验室、博物馆、文体活动场馆等教育资源向学生开放。

长宁区以"主题轴"综合课程的区域推进为抓手,推进学校特色课程建设。

"主题轴"综合课程通过围绕特定主题、进行跨领域有结构地综合设计课程体系,培养学生综合学习能力,提高学生跨学科学习水平。2010 年,长宁区 8 所高中构建了具有本校特色的"主题轴"课程,如延安中学"数学与科技"主题、市三女中"女生教育"主题、建青实验学校"媒介素养"主题、复旦中学"博雅文化"主题、天山中学"生涯规划"主题等。区域推进"主题轴"综合课程,客观上促使学校更主动地搭建起办学理念和课程实践的桥梁,促进高中自身特色的实现。

▶ 新一轮优质特色多样发展的基本思路

▶▶ 学校能动,引导学校走在前沿提升自主发展能力

学校是教育教学的基本单位,教育改革的各项举措都要靠校长和教师的创造性劳动落到实处。在内涵发展阶段,政策着力点不断下移,尤其要把学校推向发展前沿,提升学校自主发展能力。上海按照"上下结合,重心下移,区域推进,学校为主"的原则,将扩大学校依法办学自主权与承担相应责任、义务的有机统一。

▶▶ 课程载体,以课程多样化建设满足学生多元学习需求

课程是多样化发展的关键,是满足学生发展需求的重要手段。高中多样化有两个取向:一是不同高中的特色多样化,将引导高中从传统的分层结构走向分类发展;二是高中学校内部的课程多样化,为高中生提供更为丰富多彩的学习经历。两大取向最终都要靠课程这个载体来保障落实。

▶▶ 特色办学,推动学校找准定位实现个性化发展

办学特色是学校在办学过程中逐渐形成个性化的办学思路和育人模式。办学特色的形成需要一个长期的思考、实验、实践和提炼的过程。在内涵发展阶段,上海一直坚持鼓励学校找准定位,倡导通过一定的载体探索教育内容、教育方式的变革,培育办学特色,提高办学水平。如华东政法大学附中,依托华东政法大学资源,坚持"民主法治"的高中特色发展方向,在"明德治学,尚法精业"理念指导下,形成"民主法治"主题轴综合课程。学校在开发课程的同时,积极探索新的实施方法,通过多种形式提高课程实施效果。法治实验室就是他们的一大创造。依托法制实验室,学校开发和实施的项目有辩论会、模拟听证、模拟立法、模拟法庭、法治课题研究等。学校坚持面向全体学生,培养学生知法、守法、崇法,成为"讲规则、重民主、担责任"的现代合格公民,为未来各类政法类人才奠定基础。

▶▶ 试点先行,通过试点和实验带动整体改革和发展

上海普通高中办学基础较好,办学保障水平较高,较早地实现了普及教育、进入内涵发展阶段。在全国教育大背景下,处于内涵发展阶段的上海普通高中,面临的都是深层次的挑战,没有先例可以参照。因此,很多改革性的思路和方案,都强调分步骤、有重点,先实验、后推广,这是上海一贯的做法和策略。

21 世纪历史名校的使命[①]

曾有人作过这样一个判断:农业社会人们总是看过去,依赖的是以往的经验;工业社会人们始终看现在,注重现实的种种利益;而在信息社会中,人们更多地去关注未来,在对未来发生的各种可能作出判断以后,去选择眼前的最佳途径和应对方案。这个判断不仅告诉我们在不同的社会形态中,人们的价值观会不同,其背后的实质是处于不同物质基础社会的人们会有不同的文化意识形态;还告诉我们在社会急剧转型时期,我们必须转变思维方式,因为思维方式的落后会造成判断的失误,思维方式的迟钝会抑制创造能力的迸发。回首我们一些历史名校长期的发展过程,在各个历史阶段都是首先活跃了思维、解放了思想,才传承并引领着社会的文明,积淀了学校文化,形成了学校传统和特色。学校之名在于文化传统的进步,在于不断地开拓创新,在于校长、教师、学生活跃的思维质量和无限的创造潜能,在于学校不断地把握历史未来的进程。

▶ 历史名校的诞生

回首百年,当西方列强的炮火洗礼古老的中国之时,几千年的封建制度迅速瓦解,社会进入半殖民地半封建的苦难时期。在急剧的社会转型中,人们的思想开始冲破牢笼和桎梏,19 世纪末 20 世纪初以废科举、立新学为标志,中国历史上开始出现一批"西学为用、中学为体"的新式学堂。徐寿在上海创办了"格致学堂",继而杨斯盛、叶澄衷等人又办起了"浦东中学""澄衷中学"等,官办的上海中学以及传播西方文化和宗教的"中西女中"等,集聚了蔡元培、 陈鹤

---

① 21 世纪历史名校使命[J].教育发展研究,2002(22).收录时有改动。

琴、黄炎培等一批著名的教育家。"兼容并包"的集大成教育思想在南方尤其在上海这块外来移民众多而封建官僚制度限制较弱的区域内发展得很快,于是一批名校在历史的风雨沧桑中变革着、发展着、积淀着。从历史的角度去看这些学校,它们在开创新学制、传播新的教育内容、探索新的教育方法等方面开了先河,校长鲜明的办学思想凝聚成学校的优良教风、学风,刻录成学校的办学传统,创设成学校的一种内在文化,与整个社会的进步相吻合,代表着当时上海教育的最高水平,成为中国现代教育的标志之一。

▶ 历史名校的成长

　　20世纪50年代以来,随着我国进入了社会主义建设阶段,时代的使命要求教育迅速地为祖国建设培养人才。历史名校在构建社会主义教育体系中,在培养坚持社会主义方向、德智体全面发展的优秀人才上发挥着重要的作用。当时国家的财力极为有限,只能采取有重点地先发展一批学校,然后以点带面,梯度推进,进而促进教育质量的整体提高,许多历史名校从中得到了历史性的发展良机。其间随着60年代重点中学制度得到加强,名校在教育改革的浪潮中呈现出强劲的发展势头。名校在五六十年代为祖国培养的一大批栋梁之材,至今仍然在中国的政治界、经济界、科技界、文化界等各个领域内承担着振兴中华的重任,他们身上深深地烙印着这些历史名校的痕迹,严谨的治学态度和优良的品行为他们一生发展奠定了基础。

　　20世纪80年代以来,伴随着祖国的改革开放,伴随着整个世界科技进步和社会发展,中国面临着前所未有的巨变。这些变化为中国带来了综合国力的上升,但在深层次却是思想的大解放。从实践是检验真理的唯一标准到计划经济向市场经济的转轨,人们在各个领域内思想激烈地交锋。反映在教育领域,传统教育中固有的思想观念和弊端受到了普遍的质疑和批判。随着社会资源的日益丰富,差异发展的战略逐渐为普遍提高的目标所代替,教育权利公平和公正的普遍要求以及教育普遍水平的不断提高,精英教育日益走向大众教育,于是重点中学制度开始逐渐淡化。然而历史名校的文化积淀并没有淡化,进取精神没有淡化,它们在邓小平同志教育"三个面向"的号召下,通过新的改革举措,在课程教学、管理制度等领域取得了许多突破,始终成为教育改革的领头羊并与时俱进,这就是历史名校最为显著的特征,也是历史名校发展的不竭动力。

▶ 历史名校的"涅槃"

步入 20 世纪 90 年代以后,中国经济和社会持续发展,综合国力不断增强,人民群众的生活水平普遍提高,因此,人民群众对教育的需求特别是对优质教育的需求也越来越强烈。面对新形势,名校抓住了历史给予的机遇,趁势而上,为 90 年代教育的大发展作出了贡献,其主要表现在以下三方面:

一是历史名校的迅速扩容,为更多适龄青少年更充分地享受优质教育资源提供了机会。1990 年世界全民教育大会宣言告诉我们,当人类已经成为一个命运共同体时,它得以维系的前提是全体人民享受应有的教育。重点中学制度的淡化,其本质是中国教育制度内部公平性的体现,重点中学、高初中分离办学,以及高中的成倍扩容客观上为优质教育进入更多的"寻常百姓家"提供了条件。同时,为了在解决就学人数激增和城区改造过程中学校布局调整的现实问题,一批历史名校在迁移过程中办学规模显著扩大,既获得了发展的新的生长点,又为更多的青少年更充分地享受优秀文化成果提供了机会,这一变化直接反映了"学习成为人的生存必要和发展的可能"这一历史进步的潮流。当然名校的扩容成功是以校长和全体学校成员的艰苦劳动换来的,其间也经受了思想的碰撞和磨合。然而,正因为学校的优良传统和长年累月积淀的"文化场",使学校具备了强劲的辐射和吸收双重功能,因此其扩张带来的学校新成员和新设施,与原有的成员群体和原有的物质环境很快互动,其学校个性化的教师群体和校园文化的传统继续得以保持和发扬。

二是开创研究性学习,为我国中学课程体系的改革与突破奠定了实践基础。一个未来学研究的国际性民间学术团体——罗马俱乐部在《学无止境》一书中提出,为了解决人类社会将面临的复杂的全球性问题,必须改革面向过去和当前的"适应性学习"(或称"维持性学习")方式,实现面向未来的"创新性学习"方式。这种改革在中国传统的儒家文化背景中所形成的以学生被动接受为主要特征的教育方式里,难度更大,因为它不光冲击着课程体系和教学内容,更要在一种稳定的学习模式中解放人们固有的学习方式,即从教转向学的方式。20 世纪 90 年代后期,上海的一批名校率先探索了这种改革,并且取得了丰硕的成果,成为上海基础教育发展的新亮点,并与世界课程改革的总体发展趋势相一致。

三是在创建实验性示范性高中过程中逐渐形成了学校自主办学的机制。实验性示范性高中的创建,是历史名校在内涵发展跃上一个新台阶的里程碑。在创建过程中,坚持学校自主设置发展目标,发扬学校优良传统和特色,坚持学校主动改革,不断地自我反思和自我超越。创建工作强调过程,这个过程本身是体制、机制创新的过程,也是政府部门与学校之间,专家与校长、教师之间的融合过程。一批素享盛名的历史名校在创建过程中,凸显出学校的主体性,激发了办学活力,释放出强大的改革动力,以其富有生机的新形象,再度成为教育改革的示范榜样。

▶ 历史名校的腾飞

时代在飞速发展。面对新世纪,党的十六大确立要在 21 世纪头 20 年,集中力量,全面建设惠及十几亿人口的更高水平的小康社会的历史任务,要使经济更加发展、民主更加健全、科技更加进步、文化更加繁荣、社会更加和谐、人民生活更加殷实。我们要在中华民族不断奋进、人类文明不断进步的背景下,审视和思考教育。教育是任何时代进步的基础,也应该是任何时代超越的先行者,但问题是在实践中,教育有时会有两重性,时代的进步和超越需要依靠教育却不等同于现实的教育必然会与时代的进步和超越同步。当我们进入新时代的时候,教育的"身体"还停留在原地:强迫灌输、死记硬背、机械操练、考分至上仍是普遍的教育现实。在应试教育紧张的气氛中废寝忘食地铸造应考机器的现象并不鲜见,这就告诫我们教育工作者必须及时意识到身边已经、正在和将要发生的变化,主动地调整教育的目标及其运行方式,从而让我们的教育成为能够兴国的教育,让我们的历史名校萌发教育现代化的新芽。历史需要名校在新时代里用教育改革的行动更好地承担传承和发展先进文化的重任。

▶ 创设让每一位学生张扬、释放潜能的宽广空间

现代教育的哲学观把多样性看作是一种重要财富,世界物质的多样性能形成多元的选择和多极的组合,人的多样性能构成人力资源的最佳序链,每个人在每一点上都能迸发创造的欲望和显示创造的潜能。人们还记得哈佛大学 350 年校庆之际,有人问:学校最值得夸耀是什么? 校长回答说,不是哈佛出了 6 位总统、36 位诺贝尔奖获得者,而是让进入哈佛的每一颗金子都发光。因为学校开设了 1000 多门选修课,给予学生最充分的选择机会和发展空间。教育改革的历史经验给予我们深刻的启示:改革的真正深入只有扎进解放学生的层面上才能成功,一切制度的改革和教育内容、方法的改进,如果不与学生的发展相结合将一事无成,而这里所指的学生并不是一个集合体,它必须落实到每一位学

生个体身上,落实到每一位学生的差异性上。因此,对名校而言,下一轮的改革将是攻坚战,其难度比以往任何改革都要大。

▶▶ 为学生提供丰富人生体验的新课程

学校应该创设教育的"模拟情景",这是带着需要解决的、生活中真实问题所创造的一种以现实为中心的教学要求。尽管我们传统的教学是使学生以书本为媒介,间接地感知人类的经验和知识,但事实上也不乏更多通过直接体验认识世界、了解人生而获得成功的教育案例。经验与未来的趋势都需要我们为学生创造一种人生体验课程,并且使这种课程与系统的文化基础知识课程整合。经济合作与发展组织(OECD)的报告就曾根据知识经济时代的知识作了一个新的分类,认为 know what(关于事实的知识)、know why(关于原理的知识)属于明确的知识,而 know how(关于做的知识,即技能知识)、know who(关于人的知识)属于默会知识,默会知识必须通过体验,明确知识同样也是体验中的应用,要比记忆中的掌握价值更大。如何设置"模拟情景"去创造机会让学生体验将是名校教学领域改革的重点,也是一场真正的考验。

▶▶ 让教师成为学生人格发展的促进者

致天下之治在人才,成天下之才在教化,成教化之业在教师。它阐明了教师对于教育事业发展和治理天下大事的重要性。但是,近些年来,西方的一些学者从不同的角度对学校和教师提出了一些新看法,美国社会学家伊凡·伊里奇出版的《非学校化社会》认为,学校是现代社会人性的最大压抑机构,没有学校才有真正的人性解放。这样,学校消亡了,教师也就被取消了,当然这种观点是从教育技术出发思考学校功能变化而得出的结论,是一种极端的结论,但它提出了一个重要的命题,学校和教师特别是名校和名校的教师在今后的教育中如何去发展学生的人格。因为,教育不仅要传授知识,更要培养品德、陶冶人格,这离不开师生之间思想的交流、情感的影响、心灵的共振。在这些交流、影响、共振的过程中,品德只能用品德来培养,人格只能用人格来陶冶,决定了教师在未来的教育中的特殊作用是任何教学机器无法代替的。未来的教师,只有在促进学生人格发展中取得成效,才能"越来越成为一位顾问、一位交换意见的参加者、一位帮助发现矛盾而不是拿出现成真理的人"①,这样的教师应当率先在名校中涌现。

---

① 韦钰.学会生存——教育世界的今天和明天[M].北京:教育科学出版社,1996.

▶▶ 把学校建设成学习型组织

　　学校是人类文明的摇篮,过去是,现在是,将来仍然是。学校今后是否继续存在并不断发展,取决于社会的需要。在社会需要的筛选中,名校和一般学校都没有历史给予的特权,地位是平等的。从发展趋势来看,未来的学校趋向于多功能,会逐渐形成地区的科学——文化——教育的服务中心,会采用一种灵活并适合不同学习者不同需要的教育形式,校长、教师、学生、学校、家庭、社区将越来越多地产生服务的契约关系,因此,学校就越来越需要建设成为具有规则制约的学习型组织。在这样的学校里,生活和工作将不仅是每个成员谋生的需要,更是其对生命价值的追求,一种超越物质和技术层面的高层次需要,这样的学校组织是我们期待的。从现实来看,一些历史名校正在朝这一方向努力,或者说出现了一种学习型组织的雏形,但没有达到理想的状态,为了时代的进步和教育的发展需要努力去创设、去探索。

　　当前,人类文明正处在一个重大的转折关头,变化的速率之快和内涵的多重性、深刻性远远超过了我们的观测和预期。处于这样的阶段,历史名校肩负重任。历史名校之所以辉煌,因为它已经融入了人类文化的精华;历史名校要再创辉煌,那么它就要继承且吸收当今文明的精华,为后人的发展和升华搭设云梯,这就是历史名校传承文化的庄严使命。历史名校要在深厚的积淀中跨越发展,去主动把握未来的变化,因为未来的曙光不是从积淀中映现,而是在挑战中拨开迷雾去探求。愿历史名校在当今蔚为壮观的教育改革洪流中,继续成为教育发展的主流,承担文化传承的重任,再接再厉,乘势而上!

实现大学附中新的跨越[①]

　　"大学附中文化现象",我理解下来有两层意思,一个是大学附中发展过程中表现出来的外在形态,另一个是大学附中发展过程中蕴藏的本质特征,因为文化现象是人们把对现象的感受加以理性概括的产物。

---

　　①　在华东师大二附中 50 周年校庆研讨会上的讲话[R].2008-9-15.根据讲话稿整理。

▶ 大学附中的产生

大学附属学校是我国基础教育阶段一种独特的办学现象。大学附中的产生,都有一定的社会背景。上海几所大学附属中学,有的是在原有的办学基础上,纳为高校附属学校的,如复旦附中和交大附中都是在经过 10 余年办学后正式定为现名的。华东师范大学二附中创建于 1958 年,同复旦附中和交大附中不同的是,二附中最初是作为华东师范大学的教育实验基地而诞生的。当然大学附中的产生还有一些现实的原因,如解决高校教职工子女就读问题等。在那个年代,教育资源非常紧缺,而高校又具备比较便利的条件,大学附属学校的产生便水到渠成了。

▶ 大学附中的办学体制特征

尽管诞生的背景不同,当前,大学与附属中学的体制关系基本上有四种:第一种是经费方面由所属高校负担,教学和学校相关业务实行属地管理,如北大附中、人大附中等;第二种是附中校长由行政部门和大学共同任命,经费上实行行政隶属,如前面提到的上海的几所大学附中等;第三种是以资源共享为主的,如中央美术学院附中等;第四种是挂名附中,双方并无实质性关系。这一类附中在近年来增加较多,实际结果也是喜忧参半。有的学校确实因此获得了发展契机,但也有一些学校挂了大学附属学校的名号后,没有明显改观。

▶ 大学附中的优势和作用

附属中学相对于一般中学而言,具有一定的办学优势,这个优势就来自于其所依托的高校,高校的教学资源、实验室资源和课题资源往往都是中学所需要的。同大学建立业务联系和共享关系,有助于更好地拓展资源,促进学科和学生的特长发展。在上海市民眼中,传统的四大优质高中——上海中学、复旦附中、交大附中、华东师大二附中中,有三所是与大学合作的附属中学。原因很简单,大学有师资、学术氛围等多方面的优势,如同济大学派出专业教师到同济一附中,为中学生开设基础德语、三维动漫设计等课程,丰富了学校的拓展型课程;而体院附中的学生现在也可以选修体育学院的强势课程"体育新闻""体育英语""体育编舞"等。大学和中学合作办学后,将高校的特色课程延伸到中学,开设启蒙课程,扩大学生知识面,也加快了基础教育的发展。

还有北京的人大附中,作为北京首批示范高中校,其超常实验班早已将课堂延伸至大学和国家科研机关的实验室,学校还组织学生到北大、清华、北师大等实验室学习,选派优秀学生到中科院遗传所人类基因组中心实验室,参与破译人类基因图谱的实验等。该校是清华、北大、人大等重点大学的主要生源校之一。

当然,大学也可以借助与中学的附属关系,参与中学的教育教学过程,形成育人合力,并可提早挖掘培养自己的生源。

▶ 大学附中的新跨越

总体而言,传统的大学附中,在今天基本上都是优质学校。对华东师大二附中而言,过去的 50 年有过两次大的跨越,1963 年成为上海市重点中学,1978年成为国家教育部直属重点中学。这里名师辈出,桃李遍天下,早已超越了通过高考升学率来赢取社会声誉的阶段。这样的背景下,我感觉需要进一步思考如何实现新的跨越。

对此,我提三点想法:

第一,在实施素质教育中形成独特的办学风格和学校精神。今天的二附中,经费、师资、生源均不再是突出问题,老百姓关心的高考也不成问题。当然,上海还有不少这样的高中。对于这一类高中,今后该如何进一步发展,这是摆在我们面前亟待思考并解决的问题。党和国家都把实施素质教育作为一项重要的改革思路来抓,这是今后很长一段时期内教育发展的一个大趋势。高中阶段如何实施素质教育,特别是如何通过实施素质教育逐渐凝练自己的办学风格和学校精神,这是我们必须加强研究和实践的。

第二,深入探索高中阶段创新人才培养的模式与方法。当前,创新人才培养是上海和国家都十分关心的课题。高中是基础教育的出口阶段,高中教育的质量是未来人才供给质量的决定因素之一。作为一所国内外知名高中、上海市首批实验性示范性高中的一员,在国家急需的创新性人才上,二附中理当敢于跳出既有条条框框的束缚,在培养目标、课程设置、培养过程与方法、培养机制等方面率先探索,深入实践,加强总结,发挥示范引领作用。

第三,进一步谋求与高校的深层次合作。华东师大是国家著名师范学府,教育、中文等学科都很强，其在教师培训和进修方面也有非凡实力和经验。对二附中而言，自然要凭借作为附属学校的便利关系，充分利用好这些资源。但这些还不够，还要通过搭建平台、建立机制等，主动把大学资源引入到学校教师专业发展、课程开发、教学改革、招生录取等多个方面，实现深层次的合作。

第六部分
未来已来之间

每一个今天都会变成昨天，每一个昨天都会变成记忆的片段，我们需要的是通过对过去走过路的追寻和积淀产生对未来的预见和对已经到来的未来的洞悉。

　　上海自开埠以来就是中外文化交融汇聚的地方，上海基础教育史上产生过许多个中国的"第一"，如格致中学是中国最早的系统引进西方自然科学课程的新型学校，盲童学校是中国第一所特殊教育学校；还有陶行知、陈鹤琴等一批教育家的实践躬行……海派文化、推陈出新，培养了多少改革先锋和时代弄潮儿。所有这些历史文化积淀为上海城市教育的承前启后、继往开来打下了坚实的基础。

　　不同的时代对教育有不一样的要求。当信息化、网络化、数字化……科学技术的迅猛发展不仅改变了人们的生产和生活方式，引发了全球范围内各种思想文化的剧烈冲撞和交融，它还缩短了人类生存空间的距离、模糊了时间概念。

　　我常常在想，农业社会的时空往往是自然存在的尺度，通过血缘这种自然基因信息，人可以获得跨越一生的永恒，因此更多地表现为以实体功能状态变化为尺度丈量出的时空。工业社会的时空则是社会存在的尺度，人们常常说时间就是金钱，金钱成为等长的社会必要劳动时间的尺度，大规模生产和工业时代的核心就在于以做工的速度为尺度衡量出的时空，所以才有了班级授课制和传统的考试升学制度。

　　到了今天信息社会，对于时空的理解则完全不同。我们还清楚地记得20世纪90年代刚刚有移动电话大哥大，使得两地之间通话交流不再受限制，后来我们的移动电话可以发送短信使得彼此跨越时空的传递信息不再受限制，再到今天以智能手机和移动互联为载体的移动交互，使得交流与分享模糊了"启动和终结"的边界,信息交流时时处处都在发生。

从摆脱电话线到隐形了网线,技术正在改变着学习生活方式,而改变的核心就在于大量"意义存在的尺度"。这种基于数字化生存方式上的改变使得"当下的冲击"成为一种"文明的冲击",它来源于信息技术革命激活的客观世界的复杂性,而这种复杂性好不好,可以通过主题体验来检视。好的标准是什么,通过体验把握住意义,复杂性就是"好的";如果失去了意义,让各种需求剥夺了我们的主体体验,甚至带来焦虑,复杂性就是"不好的"。因此,信息时代的时空就是意义存在的尺度,只有学习生活的目的和意义才能调节学习生活的速度。从这个意义上看今天信息时代的教育与学习,为什么要回归本原、回归"人"的核心就不言而喻了,而这恰恰是带给我们从传统走来的教育工作者如何迎接未来所带来的最大挑战和难得机遇。

美国教育部长邓肯曾提出这样的疑问:为什么在教育领域信息技术的投入很大,却没有产生像在生产和流通领域那样的效果呢?其问题的核心就是教育为什么没有发生结构性改变。美国新媒体联盟最新推出的《地平线报告》也预测了云计算、移动学习、学习分析和开放内容将成为基础教育的应用方向。事实上,上海已经在这些领域展开了探索,但关键问题还是在于找到"意义"。只有让每个人都找到学习的意义、生活的意义、时空改变行走和思维方式的意义,那么教育才可能真正实现结构性突破。

与信息化同样面对机遇与挑战考验的是国际化。未来上海基础教育走向国际化的重要标志不是拥有多少门国际课程,而是对多元文化的理解与包容。东西方文化教育之间有差异,但不应有鸿沟。他们的融合应该是水的融合、是看不见的,不是凑合、叠加而是整合。在融合的过程中差异客观存在,包容至关重要。文化差异是历史形成的,是因为地域、地理环境带来的种种因素形成的,是不同民族的历史传统及生活习惯造就的。不管今天全球化背景如何,具体到个人的时候差异则是个性的。全球化不会也不应抹杀差异、磨平差异。但是因为交流的频繁,差异更加明显,冲突的机率增加,因此沟通和包容显得更为重要。

我曾和几个朋友在青浦淀山湖边游玩,有人问了一个问题:坐在湖边,你会想到什么。一个朋友回答道:看到宽阔的湖面,心情非常舒畅!蓝天白云,湖上点点白帆,非常漂亮。如果经常有时间在湖边坐坐,生命会得以延长。另一位朋友说:宽阔的湖面是最好的资源,非常希望到银行贷款买条船,撒网捕鱼,卖鱼赚钱之后再投资买船，形成船队，提高捕鱼能力，然后再建造生产鱼罐头的工厂，把产品卖到美国去。这两人的回答迥然不同：一种是审美的思维方式和人生态度，一种是现实的、功利的思维方式。因为他们职业的不同，形成了各自独特的思维与行为方式。文化实际上就是人的行事方式，形成或改变人的行事方式是很不容易的。因为所有人的家庭背景、生活经历、所处的民族文化背景的不同，决定了个人的行事方式。但当我们需要共事的时候，大家必须部分改变自己的方式，服从于共同的规矩。同时又必须包容他人，在同一规则下，允许那些无碍大局的个人行事方式的存在，保留自己独特的一面。我想，未来的国际化走向就应该是在包容多元文化中彼此理解与融合。

　　未来曾经很遥远，远得让我们无法清晰地描绘或精准地畅想。但是，教育的未来却很近，近得可以触摸——因为我们每天面对的孩子就是未来。教育是培养未来人的领域，因此我们必须思考教育对象的将来，以超前的眼光触摸未来，让未来提前到来。正如《学习的革命》一书中所说："如果今天你不生活在未来，那么明天你将生活在昨天。"

　　作为一个亲历上海教育改革 30 年的见证者，我见证并参与了上海大规模的课程改革。面对未来悄然已来的态势，常常扪心自问：在自己的历史接力棒中是否尽了应尽的职责？

　　上海基础教育在内涵发展"深水区"中破解的难题也是世界共同关注的焦点，这说明我们正在走向前沿，也正创造出自己的经验贡献给世界。然而，另一种危机感同样如此迫切，以美国为代表的西方国家在数据开掘、实证分析以及社会各方关注支持教育的责任态度，还有深入细致有效的培训都值得我们好好研究和反思借鉴。今天探讨的不论是"学生喜欢问题"的探索，还是男孩女孩课程的尝试；不论是美国研究问题的趋势，还是研究方法的选择；不论是全美教育年会组织理念和方式的介绍，还是会议信息化手段应用的展现，对我们都是有启发的。当我们一点一滴还在咀嚼、回味并分享 2009 年上海学生首次参与国际学生评估项目（PISA）测试带来的有助于教育改革深化之成果时，经济合作与发展组织（OECD）又公布了 2012 年 PISA 结果，上海学生又一次在成绩上问鼎。这一方面令我们非常欣慰，证明这些年抓教育均衡发展、抓课程改革、抓创新人才培养，我们的思路和措施都是顺应时代要求的；另一方面，上海学生的"负担"问题也被广泛提起，社会竞争的压力、学校生存的危机感等因素，化成一股无形的力量,令我们的学生"负重前行"。内涵发展"深水区"的教育生态,对我们而言,还有很多隐蔽的区域有待发现。

两次 PISA 测试没有显著的差异,这说明了什么？

首先,两次结果基本走向和发展趋势比较一致,说明一个地区学业水平高低取决于这个地区长期积淀的教育发展水平,包括这个地区的教育制度、教育文化对学生水平的影响。今天,我们用两次 PISA 成绩的结果大概可以印证上海长期以来教育政策的稳定性对这座城市中学习的学生所产生的影响是积极并持续有效的。

我想,一个地区的教育政策取向,稳定性和长期性一定会对这个地区的教育产生持续的影响,因此,短时期内通常不会在学业水平上发生上下起落很大的情况。学校水平、教师队伍、教学方式,以及教学实施的其他各个环节都最终取决于这个地区的教育制度和政策。

当然两次测试结果没有显著的差异,不等于说这三年我们的教育没有改变。恰恰相反,这三年中,我们重新审视了上海义务教育在这样的历史方位中走均衡优质发展之路的新内涵;我们重新定义了什么是好学校;我们更加深刻地认识了课程改革的意义价值;我们更富勇气地挑战着最难攻克的评价难题。在这样的认识基础上,我们推出了许多重大改革措施,但教育是需要积淀的,重大改革措施由点及面、从单向改革向综合改革的效益产生需要时间和过程的考验,更何况教育改革是需要全市 10 多万教师共同努力来实施的,从改变教师的理念到逐步影响教学方式再到逐步提升教育境界都需要时间和长期艰巨的过程,因此更需要我们具有坚持到底的韧劲。

2009 年以来推出的重要改革举措也许会在今后很长时间里逐步显现出效果。教育的改变是持续的过程,需要几代人的努力,不仅涉及 10 多万教师,还影响着上百万学生和家长。任何教育政策的改变,往往需要重新调整教育制度,重新塑造教育文化,它所反映出的效果往往有缓显性,因此,需要我们有足够的耐心,遵循教育规律来不得半点急功近利。

上海已经基本实现了连续两次参加 PISA 测试的三个基本目的。

一是上海基础教育的质量、课程改革成效如何既在全国的坐标中加以比较,又在全球的参照系中加以审视。两次测试的结果和所呈现的优势与不足,让我们大体对上海基础教育水平在全球中所处的位置基本有数和有底了。

二是学习先进的评价理念以及评价技术。两次测试确实让我们了解了世界先进的评价理念、方法和一整套的评价技术，也让我们掌握了如何从数据的挖掘中获得有益于我们检视教育水平的理念、技术、方法并且提高了解读能力，这对上海基础教育改革评价是很有裨益的。

三是借鉴 PISA 的数据和实证研究，不断增强教育行政决策的科学性。尤其是当上海处于基础教育内涵发展的"深水区"，任何一种仅凭经验判断所做的决策都不一定是科学的，如何让一所城市的教育发展更加体现公平与质量兼得的效果；如何从数据和实证中获取教育政策的优势和不足，并有针对性地发展自身优势，调整政策改进不足，这些都为我们在不断重新审视教育政策并科学地作出进一步发展的顶层设计时带来了益处。

2012 年 PISA 结果在本书准备付梓之际发布了，这让我不仅感受到参加 PISA 初衷的实现，更多地让我反思今天基础教育决策的关键路径：

——让课程改革成为教育战略选择的引擎；

——让学校成为教育改革发生的重要策源；

——让评价成为教育决策改进的实证依据。

在未来的日子里，上海基础教育改革一定会遇到更加艰巨的挑战，因为今天所有靠物质、靠金钱所能解决的问题都不再是主要问题，最难的问题还在于让教育真正回归到"人"的本原上来，让"人"成为教育的目的。我想，只要脚踏实地一步一个脚印立足当前、面向未来，基础教育发展一定会在原有基础上不断取得成绩，长期以来基础教育中存在的弊端也会逐步得到缓解。

古人说，不积跬步无以至千里，我们一定要集小胜为大胜，既不试图一蹴而就，又绝不能无所作为，坚持以改革去攻克内涵发展"深水区"的种种难题。

我把很多年前写的"我的教育理想"一文作为全书的结尾，不是为了"穿越"，而是感受一种"回归"。教育的未来不复杂不艰涩，用最简单的词语概括就是"回归"，回归人的自身发展。未来的教育，谁对人的研究更加透彻，谁对教育规律的把握更加深刻，谁就找到了振兴民族、造福人类的幸福和希望。

未来，已经扑面而来，而我们要做的就是"回归"！

1. 教育是一项没有终点的公共服务事业

　　面对经济体制深刻变革、社会结构深刻变动、利益格局深刻调整、思想观念深刻变化的大时代,今天的教育必须在这样的社会大环境中研究新问题,提出新措施,使得教育改革的实践与成果能遵循规律继续深化下去。

　　毫无疑问,教育是一项没有终点的公共服务事业。我们必须在变化的社会环境中,主动表达"最原味"的声音,准确传递政策制定的用意和立意,让老百姓在第一时间获得知情权。积极的社会动员、有效的民生回应,这或许就是教育行政专业领导的内涵要义。

面向未来,从经验走向科学

　　2013 年 2 月,美国《纽约时报》刊登了一篇评论员文章宣称"大数据时代的来临"。文章鲜明地指出,随着现代网络技术和科技的进步,数据正以惊人的速度增长。庞大的数据洪流给人类的每个领域都带来了巨大的影响,政府的决策也越来越基于数据和分析,而非自身的经验和直觉。

　　最近又有一本书叫《大数据:正在到来的数据革命》也非常引人关注,它以数据为轴线,描绘了美国走过的开放、创新的历程。它解释了数据在未来社会中的革命性作用,专家预言"大数据"将是下一个社会发展阶段的"石油"和"金矿"。无论教育、社会还是国家,谁能更好地抓住数据、理解数据、分析数据,谁就能在下一波社会治理中脱颖而出。而关于大数据的知识和经验,将成为政府决策和个人知识结构中必备的素养。

　　所谓"大数据",基本特点就是规模大,这是基础。但仅有大规模的数据,并不能称为真正的"大数据",还应当具有结构性和关联性的特点,形成结构清晰、相互关联的数据链。对具有非常丰富价值的数据坚持挖掘，以及面对同一个对象连续的观测，就是希望获得反映真实质量状况的实证数据，并形成清晰的行为逻辑数据链，给人信服的证据和方向性指引。

面对这样的"大数据时代"背景，我们该如何积极应对？

▶ 今天的教育决策需要顺应大数据时代的变革趋势

一是逐步向"数据实证型"决策模式转变。我们在走过"摸石头过河"的阶段后，需要通过反映质量的数据支撑，逐步形成"数据驱动型"决策模式，提高科学性、系统性和可行性。自从 2009 年上海参加国际学生评估项目（PISA）测试以来，我们的科研、教研、高校专家和校长、教师组成的团队，学习最多的就是数据分析和解读。经济合作与发展组织（OECD）不仅对测试成绩的综合情况提供分析数据，而且每个月都会深入挖掘形成一系列的主题分析报告，比如课外补课与学习阅读成绩提高没有相关性，学生对学校的认同度与成绩高相关，每天自由阅读半小时与阅读 2 小时的成绩没有很大差异，上海基础教育均衡化水平世界第一等，这些报告的结论都为我们政策决策提供了重要参考。

2011 年以来，我们与教育部基础教育课程教材发展中心共同探索"绿色指标"评价体系，从十大指标来反映学生的成绩及获得成绩背后的代价，并通过大规模数据的读取和分析，找到教育改革过程中的优势和薄弱环节，通过"处方式"的建议有针对性地调整教育决策和教学方式，并逐步将这种"数据实证型"模式架构到日常的教育教学改进过程中去。

二是重视对反映质量数据的挖掘，而非仅仅停留在数据的采集层面。"大数据"考验的是建立在实证水平上的思维能力，因此，必须重视对数据进行深入地挖掘和分析。

今年上海基础教育给基层带来的最大感触就是加强了数据分析和实证研究，我们没有停留在数据的采集层面，而是进行大量的解读和分析，逐步提高自身的实证研究水平。市教委教研室和一些先行突破的区域，都已经逐步开始基于实证的研究，改变以往的某些研究弊病，如以往在开展研究之前，内心已经有了基本结论，而研究的过程就是不断验证预设结论的过程。这种验证性的研究方式必须改变，而转为探究性的研究方法，已经成为必然。用数据采集开展实证分析，并形成持续改进的过程和方式，已经成为考量行政决策者思维能力和政策行为的重要标志。

我们正在酝酿设计架构在信息技术平台上基于课程标准的教材、教学、学习过程的"大数据"系统。实际上,全体学生学习过程中的数据采集已经成为可能,也许我们到了应该下决心建立以课程标准为核心的基于学生学习过程的综合学习平台,在每个学生学习过程中动态积累学习质量数据,从而为每个学生的学习提供个性化的分析服务,也为群体性的学习进行评估诊断,进而反过来影响教材修订和课程标准的完善。这个过程可能要花上 5 年甚至 10 年时间,但一旦这个系统建设完成,我们的教与学将发生根本性的变化,这是我们教育领域大数据发展的未来。但在这里,我特别想说明的是,实现这样的未来关键不在于技术,而在于人。当整个教育系统架构成这样的信息平台时,将真正改变教师和学生的教与学方式,真正提高教育效益和教育科学性。当然,这是一个漫长的过程。

三是善于用各方智慧进行数据的挖掘和分析,既要引进数据分析专业人才,也可通过购买数据服务的方式,提高公共行政管理能力和科学决策水平。

2009 年以来,我们成立了基础教育质量监测中心,加强了专业分析人员的队伍建设;我们也加强了与教科院、高校等科研院所的更紧密合作,更聚焦、更及时地在一些敏感领域中作出深度而专业的调研报告。

我们尝试发现、支持和培育一些第三方的教育专业机构,如有一家教育测评公司,这是由一些来自 80 后的新生代教育从业者创办的。他们都毕业于世界名校,怀着对教育的理想在评价领域进行着基于世界趋势的本土化研究,他们对 3—6 岁上海幼儿的发展研究报告引起了社会很大的反响。面对这些日益"生长"的第三方的专业机构,我们不能再用老眼光、旧思维去拒绝与排斥,而是要敏锐地捕捉这些动向,适时地引导并为我所用。

这方面,长宁区就做了很好的探索与尝试。他们与三家社会专业机构合作,关注学生身心健康指数、学习生活幸福指数和学业成就指数。比如,与一家调查公司合作调查"学生幸福指数"的结论,对教育部门带来了很大的思想冲击,打破了原有的好学校格局,传统意义上的好学校并不一定是让学生感受到幸福的学校。区域行政部门和学校再通过这一系列数据的分析用以改进学校日常的教育教学工作,收到了良好的效果,让区域内的老百姓满意度大大提高。

今天,对于数据的认识、理解和分析,还只是刚刚起步,我们也发现还有大量沉睡的数据没有被充分开掘。大数据具有催生社会变革的能量,但释放这种能量,需要严谨的数据治理、富有洞见的数据分析,以及一个激发管理创新的环境。

与此同时,大数据时代也触发了我们对教育信息化价值的重新审视。有一段时间,我们常说"教育信息化带动教育现代化实现跨越式发展",今天再看这句口号就有问题了。我一直在思考信息化是如何带动现代化的?信息化绝不是小打小闹或局部地区的改革,也不是一种简单的技术手段或方法,而是真正触及人的头脑和心灵,从观念到行为、从管理到教学、从系统运行方式到微观操作程序的根本性革命,信息化带来的将是一个全新的时代,从这个意义上说,教育信息化与教育现代化是相通的。

▶ 积极的社会动员和舆情研判是教育行政专业引领所需的新能力

我们正面临一个被称为"人人都有麦克风"的时代。据统计,通过网络传播的舆论热点平均每3天就会发生一次新的转移。这种舆论热点的形成往往非常迅速,据我分析,通常路径是一个热点事件的存在加上一种情绪化的意见,就可以不断发酵,成为点燃一片舆论的导火索,短时间内就能形成星火燎原之势。

这是一个我们没有任何现成经验去有效应对的时代命题。网络社会作为一种新的社会存在方式改变了传统的社会结构和人们的生存方式,这种社会存在新方式和新结构给人们带来便捷讯息好处的同时,也使得社会危机发生机制、表现方式和发生频度等各方面都发生了新的变化,使社会危机进一步常态化、多元化和随机化。

因网络而关联的社会结构往往在很大程度上加剧了社会的脆弱性,信息成为勾连整个社会的重要纽带,信息本身的不确定性和不对称性造成了整个社会结构的极度脆弱,政府形象和教育形象变成了"易碎品"。与传统的社会不同,网络支撑起来的社会,其内在就包含着结构性风险。也就是说,危机起源于社会,引爆于组织内在的构成因素,微信、微博等新媒体的运作规则和发展环境,常常会突然由常态异化而裂变为威胁性、破坏性能量。也就是说,社会危机不再像以前那样是一个一个孤零零的事件呈现,而是会成为一种状态、连续不断地发生。这就是为什么现在舆论热点的转移会3天发生一次,而且速度会越来越快。

　　基于这样的发展趋势,我们必须主动应对,积极的社会动员和舆情研判是行政部门专业引领过程中所需要具备的新能力。这一年中,我们在基础教育领域的尝试有了一些体会。

　　一是逐步放大内涵项目的社会化特征。以"新优质学校推进项目"为例,这既是一个内涵发展阶段整体提升学校办学质量的具体举措,同时也契合了社会民生的需求,即"办好家门口的好学校",让老百姓看到切切实实的教育利益。因此这个项目推进两年,其积极的关切民生的立意被广泛接受,也在越来越多的媒体中不断发酵。我们打破了"关起门来搞项目,有了盖棺定论式成果之后才发布"的传统方式,而是将推进的全过程公开化。项目组动态发现和提炼一些名不见经传的学校走向新优质的经验,及时向社会推介;过程中召开动态进展的发布会,及时向媒体提供线索;通过微博、微信、博客等方式及时传递项目组动态,这些举措都收到了良好的效果。不少媒体开辟专栏连续关注家门口的好学校,并不断丰富和推介在采访过程中发现的更多好学校,形成了积极互动,营造了良好的社会舆论环境。

　　二是充分利用好滚动推进的平台发布机制。我们已经形成"惯例",每学期开学之际,搭建新闻发布平台,或发布市级教育行政部门层面的工作重点,与媒体记者展开对话;或推介区域和学校的新鲜经验,让教学第一线的声音与媒体面对面。同时还做好每一项教育政策推出前的预判,召开小范围的媒体意见听取会,及时把握政策推出后舆情走势,让危机风险降低到可控的范围之内。

　　三是主动与主流媒体进行合作,形成话语权制衡。我们与不同特质的媒体进行不同层面的合作,不定期地推出一些恳谈机制。我们也培育一批学校或教育系统内部的评论员和观察员,让他们学会关注社会民生走向,学会用老百姓能够接受的语言方式传递主流的专业的声音。我们与电视台相关栏目组合作,共同策划选题,共同研究呈现方式,在不断碰撞、磨合的过程中实现传递与传播,至少初步实现了舆论制衡,让老百姓在不同观点中进行自我判断和选择。

▶ 教育决策部门的专业引领体现在自上而下与自下而上的结合之中

　　教育内涵发展是一项没有终点的实践,这就像用显微镜观察下的生命体,细胞层面下有分子层面,分子层面下面有原子层面,原子层面里还有精细的结构,教育内涵在不同层面的丰富性,越推进越显现。不同层面的主体都需要针对本层面的实际问题,开展具有创意的工作。教育行政部门不能寄希望一项举措就解决教育面临的全部难题。我们行政部门不能只是担当学校管理的纠察或救火队员,而是要管理重心下移,让离实践最近的组织和个人主动而有创意地去解决实际的问题。上一级教育行政部门主要职责在于做好本层面的规则制订工作,通过创设环境、提供资源实现从管理到治理的转变,从管制走向服务。

对于教育变革"怎么样算是成功的"这个问题,并没有简单的答案。因为变革的过程充满矛盾与复杂,往往深思熟虑的变革会因不可预测的因素而陷入困境。究竟需要多长时间的启动期,应该追寻内部的发展还是引进外部的革新,要有更多人参与还是小部分人先行,应该聚焦改变行为还是完善组织……这些都是教育行政领导在启动变革时需要面对的抉择。但如果当各种不同的资源同时呈现在眼前可以供你选择、而时代的浪潮又让你身不由己或无法经过深思熟虑就被推进了改革之中时,这或许就是变革的大好时机,因为我们可以不仅仅把这样的时机看作是一个事件,更重要的是一个教育行政部门有了一个适应时代发展的共同经历和成长的过程。

基于这样的背景看我们的教育决策与实施,我们专业引领的方式将更多地体现为"自上而下与自下而上"的有机结合之中。因为进入内涵发展阶段的上海基础教育已不能寄希望一项举措来解决教育面临的全部难题了。一方面,要求教育系统必须按行政规定的基本规范和统一要求令行禁止;另一方面,我们更需要下移管理重心,呼唤区县和学校围绕素质教育生成与创造实践经验。在这一过程中,政府的行政作用体现在坚持榜样引领和思想引领,通过搭建平台让基层的创造有交流分享的机会;体现在政策制定和制度设计等方面的机制创新;体现在人、财、物上提供充分的资源保障,尤其是师资队伍建设、调配和培养上。

今天我们必须重视激活微观主体,鼓励基层实践创造。如果我们的观念骨子里依然是一种命令式、给予式的,把基层当作牵了线的木偶,而不是一种发现式、支持式,去帮助个体和群体自身发展生长能力的模式,那么可能投入再多精力和经费,这个人群仍然没有自身成长的能力。

近年来,我们探索激活区县发展的创造性,扶持基层学校的智慧活力,在一定程度上促进了教育改革呈现"百花齐放"的局面和良性的竞争态势,如闵行区的"智慧传递",静安区的"学业效能",黄浦区的"办学生喜欢的学校",普陀区的

"桃浦模式",闸北区的"课程配送",长宁区的"三个指数",青浦区的"新课堂行动",虹口区的"电子书包"等。我们也通过项目带动一批学校创造了新鲜经验,如"新优质学校推进项目"中的启新小学、平南小学、迎园中学等,"家校互动项目"中的汽轮小学、晋元初级中学等。

这些实践经验和改革策略的核心都在于找到了全市、区县与学校间彼此"需要"的吻合点。它告诉我们,改革既不是完全意义上的自上而下,因为仅仅依靠行政推进是无法达到内涵发展阶段深化改革的效果的;改革也不是完全意义上的自下而上,我们需要下移管理重心,关注区县和学校自身的发展,善于捕捉改革中的闪光点。注重自上而下与自下而上的有机结合,这样的过程就是行政决策部门的专业领导——向教育改革的核心地带挺进。只有遵循规律、抓住核心、打破惯性,才能让改革深入而持久,让全市层面的教育政策真正"落地"。

所有这些方面都是内涵发展阶段领导方式转变所必须关注的新动向、新能力、新要求,其核心就是要体现思想领导和专业引领。

▶▶ 进一步增强部门间协同,力求改变行政管理方式

当然我们还需要更多教育内部和行政部门之间的力量统整,在大投入、大数据时代,没有比部门与部门的协调更重要了,改革最难的不在于单一部门的推进,恰恰是部门之间的协同。比如,我们在推进特殊教育"医教结合"项目过程中,与卫生、民政、残联之间新工作机制和信息共享方面始终是最重要的内容;再比如,在小学阶段推行"快乐活动日",市教委内部基教处、体卫艺科处、德育处、教研室等处室的合作,将体育、德育和日常的教育活动加以整合,一年多来的实践表明,孩子们的认同度高达97%以上。今后,我们还需要在信息技术如何支持教学变革、高校如何更有效与基础教育联动等问题上打破部门壁垒,改变传统管理方式,发挥更多的协同性。在协同过程中学会摒弃原有的不适应时代发展的部分,转变行政管理和公共治理的方式,真正提高我们的思想领导力和专业引领能力。

▶▶ 提高政策实施过程微观主体实践绩效反馈的敏感度

转型期的最大特征就是不确定性,我们将越来越多地面临改革进入"深水区"之后的两难抉择和没有"石子"可以摸的现实问题。变幻莫测的全球环境带来了全新的挑战,如果学习、创新和变革制度的能力不足,再精心的规划也不能

保证政府治理的连贯性和有效性。所以我们必须下移管理重心,激活微观主体,鼓励基层的实践创造,而我们教育决策需要关注和考虑让这个环境中的个人或群体自身成长所需的机制设计。

与此同时,一方面,我们应该逐步改变原先的"做事"路径,一年做了很多事情,忙忙碌碌地做得非常辛苦,可是如何检视和评估这些活动或工作的实际效果呢? 外企有很多项目的推进就给我们很多启发,他们在活动项目的设计之初就有部门做绩效评估和过程评估,我们也应该逐步提高这种"投入产出"意识;另一方面,我们行政"做事"路径还应该更多从基层主体的反馈中来,我们要经常开展调研,转变行政评价的视角,更多地从学校的变化、从学生的反映来审视活动或项目的效果。黄浦区的一项"办学生喜欢的学校"的年度调研显示,学生最不喜欢的就是学校召开展示会或现场会的那一天,那天会来很多领导,他们会"被安排"参加各种活动。这些来自学生的最真实的声音值得我们教育行政部门深刻反思,我们举办那么多活动是为什么,根本上讲是为了我们每一个孩子有更丰富的学习经历,有更美好的童年生活,有更多适应未来生活的能力和素养,而不仅仅是上级领导的肯定。

▶▶ **进一步体现教育决策过程中的思想领导和专业引领**

真正的思想领导和专业引领,不是应对偶然事件和突发事件的应急反应,而恰恰是深思熟虑的战略意图和价值判断在动态治理过程中的行动智慧。阻碍动态治理的两大障碍,一是不能认识环境变化,二是不能进行保持有效性所必需的制度调整。前者就是一个专业引领的问题,它的作用相当于一个过滤器,感知和解释在未来可能出现的重要发展状况;后者就是一个思想领导的问题了。要能够识别当前问题的主要矛盾,选择性地借鉴学习他人经验,以有限的、关联性的政策来有效应对变革,甚至引导变革的能力。

基于这样的思路,今天我们的教育决策过程中要坚持三个性:首先是系统性,要有系统的分析和思考。今天教育的问题很多,政策的任务很重,不能头痛医头、脚痛医脚,不能拉到篮里都是菜,听到存在矛盾和问题就急忙去补上漏洞,一定要在系统思考的基础上有步骤、有计划地推进改革,才能争取主动。其次是前瞻性,要善于吸取先进的经验,要有宽阔的视野和长远的目光,对未来的发展能够早思考、早谋划。第三是可操作性。我们在做政策研究时应从历史轨迹和未来趋势的大背景下予以把握,要有宏观视野,同时也要非常剔透地洞察微观领域。这样大处着眼、小处着手,长远目光和近期目标相结合,才能实现比较完善的科学的政策设计。

如何做到基本底线要求的统一性与动态治理过程的灵活性相结合,提高行政效率? 怎样做到教育决策能跟随着社会环境的变化而变化,甚至是在预判社会变化而进行的未雨绸缪? 我想我们必须增强这样的意识——我们不仅是在管理教育,而且是作为政府部门在治理社会的一个部分。在职能上提高服务社会的能力和水平;在机制上进一步挖掘社会在管理方面的潜力,提高社会自我治理和协调的能力;在体制上追求政府、社会和学校合作共治,并在共治和协商过程中形成合理的治理规则,形成责任、权利、义务的规范体系和治理秩序,使得教育更加充满活力。要完成这样的转变,其核心的一条就是要实现思想领导和专业引领。内涵发展阶段,以"面上见长"的行政手段开始显出不适应的地方,要求我们洞察中观和微观层面的需要,做到见微知著。

我们已经踏上了转型的征程并迈出了坚实的步伐,在漫漫征途中我们自身需要变革和突破的还有很多。改革的实施和持续为何如此之难? 就在于改进与深化的敌人就是惯性,甚至这个敌人就是我们自己。今天我们必须遵循规律、打破惯性、让教育决策和管理从经验走向科学。

在不断超越中实现自我超越①

"如果我们要学习世界最好的教育系统的经验,并在此基础上建立一个比世界上现存的都要好的教育系统,那么我们应该怎么设计",这是我们当前值得深入思考的问题。

2009 年,上海作为中国的一个省级城市参加了国际学生评估项目(PISA)测试,第一次参与便获得令世界惊奇甚至质疑的结果。对此,上海始终保持足够的理性。因为我们最初决定参加测试时,考虑的最多的是把上海置于世界发达国家和地区的教育平台内,观察我们所处的方位,而非名次,为我们改进上海

---

① 超越上海 美国应该如何建设世界顶尖的教育系统的序[A].上海:华东师范大学出版社 2013.收录时有改动。

教育决策提供坐标参考。上海作为一个开放型的国际化大都市,始终关注着发达国家和地区的先进经验,同时也特别注重摸索适合自身教育特点的教育政策和改革路径。早在 2000 年 PISA 首次面世后,上海就开始持续关注在 PISA 测试中表现优异的国家和地区。上海政府官员、校长多次到日本、芬兰、新加坡等一向表现突出的国家考察,学习他们的教育经验。即便 2009 年 PISA 测试结果公布以后,上海依然一如既往地关注着一直处在高位水平上的国家和地区,关注他们的最新教育政策和可能的走向,为及时调整上海的教育政策提供更多的视角。

　　不过,我们知道,经验可以学习,但不可以复制。我们在放眼世界的同时,更加强调自身经验的探索、总结和发展。PISA 测试结果,促使上海进一步思考和总结了原有的一些政策和做法。比如:(1) 推进基础教育课程改革。新旧世纪之交,上海启动了基础教育课程改革,相对于欧美国家而言,我们的优势是基础知识扎实、擅于讲授法和进行间接学习。而在这种方式下成长的学生,其创造意识、批判性思维、探索与发现能力比较弱,同信息化和全球化时代对人的要求不相适应。因此,上海的新课程方案,在强调基础知识和基本技能的课程功能基础上,设置了基础型、拓展型、研究型三类功能性课程。其中基础型课程,着眼于促进学生基本素质的形成和发展,体现国家对公民素质的基本要求,是全体学生必修的课程。拓展型课程着眼于培养、激发和发展学生的兴趣爱好,开发学生的潜能、促进学生个性的发展和学校办学特色的形成,是一种体现不同基础要求的、具有一定开放性的课程。研究型课程则是学生运用研究性学习方式,发现和提出问题、探究和解决问题,培养学生的自主与创新精神、研究与实践能力、合作与发展意识的课程,是全体学生限定选择修习的课程。三类课程的实施有利于满足学生不同的学习需要,但是课程作为学习的载体和内容,必须使全体学生的学业质量达到基本的水平,即需要制定相应的标准。上海课程改革制订的标准是一份基本标准,它规定的质量"底线",是绝大多数学生通过适当努力就可以达到的标准。对于优秀学生,他们达标后可以进行一些个别化的学习,从而更好地满足学生的多样化学习需要。(2) 办好每一所学校。学校是课程实施的基本单位,政府提供的公共教育服务主要是通过学校教育作用于学生的。学校质量高低,直接影响到公共教育服务的实现程度和教育公平的程度。因此,提高教育质量、促进教育公平,首先要办好每一所学校。但是由于历史和现实的原因,地区之间、学校之间,办学质量还存在一定差距。在资源和经费匮乏的时代,政府只能有重点地办好一部分学校,这客观上拉大了校际差距。由于城区和郊区经济发展差距,城市的优质学校和教育资源相对充裕,郊区则相对不足。而今天,随着大量人口移入和中心城市人口导入,上海郊区学生总量的比例大大提高,使得原本资源不足、优质学校较少的弊端更加显现。对此,上海采取的做法主要有:第一,让好校长领导和管理更多的学校。中国流行一句话——一位好校长能带出一所好学校。好的校长在学校规划、教学与管理、团队建设和处理各种校内外关系上都有很高的水平,这些都是一所学校质量提升的关键因素。我们做了一些试点,让一所好的学校就近同薄弱的学校形成集团学校,让这所好学校的校长统一领导和管理集团内的多所学校。上海的很多区县都开展了这项工作(如浦东新区的福山外国语小学集团、明珠小学集团、建平学校集团等),实践效果比较明显。我们希望通过这种集团办学的形式,把好学校和好校长的经验辐射到更多学校。第二,推行学校委托管理。公共教育服务不是用权力来支配教育资源,而是用制度和机制来治理教育,因为制度资源比物质资源更具长期效力。基于这种认识,2005 年,浦东新区推行了"委托管理"机制:由政府"埋单",将薄弱的农村学校,委托给中心城区优质学校或教育中介机构进行管理。2007 年上海在全市推行学校委托管理,政府委托优质学校或教育组织管理郊区质量较低的学校。郊区农村 20 所义务教育阶段相对薄弱学校由中心城区的品牌中小学及有资质的教育专业机构进行委托管理,为期两年。经第三方评估机构的评估结果表明,这些受援学校的面貌发生明显变化。委托管理突破了现行管理体制下教育资源跨区域流动难的障碍,通过团队契约的方式,明确目标、途径、期限和绩效考核方式,实现了优质教育资源向郊区农村辐射。2009 年,又有一批郊区农村义务教育学校接受托管。第三,城区和郊区结对发展。2005 年,上海 9 个中心城区与 9 个郊区县(浦东新区形成区域内城郊学校间的交流互动)签署了"上海市区县教育对口合作交流协议书",9 对区县本着优势互补、协作互助、改革创新、共同发展的原则,开展为期 3 年的教育对口合作交流计划。2008 年,签订了第二轮区域结对协议。对口合作交流的实施,使得城市教育支援郊区教育在形式和内涵上都有了根本性的变化,有力地促进了郊区学校发展。(3) 完善教研制度。如何通过制度性的构建为课程实施和教师发展提供专业的服务? 我们的答案是依靠教研制度和教研室,这是中国和上海的特色。教研室是政府和教育行政部门的教学指导机构,当前担负的主要职能是以课程改革和实施为中心,进行教学研究、指导、服务和管理工作。在中国,教研制度已有61年历史,而上海是中国最早成立专门教研机构的省级行政区。60多年的教研制度推进经验表明,它对于保证中国基础教育的质量,发挥了不可替代的作用。我们的主要举措是:第一,健全三级教研网络,即市、区县和学校三级教研网络。市、区县教研机构通过质量分析和监测、教学视导和研讨、教学经验总结和推广、教学能力培训和交流等对区域和学校进行引导和指导,对教研员和教师进行业务培训,提升教学水平。通过整个教研机构网络的建设,壮大增强教研室对课程实施的专业指导。第二,实施校本教研,即立足本校需要、在本校开展和服务本校教学改进的教研。校本教研鼓励教师以教研组为载体,积极参与和深入研究课程教材实施中存在的问题,并以研究为纽带,以同伴互助为主,通过专业引领、行动跟进和实践反思来促进自身专业发展,形成扎根于每一堂课、关注每一位教师、促进每一位教师发展的新型教研文化。第三,转变教研方式。传统教研工作,主要以教研员逐级召开会议或者现场指导的方式进行。"层级式"的工作方式削弱了教研员与学校教师之间的信息沟通,影响了指导的效果。我们正在着力架构一个基于现代技术支撑的全市范围的新教研体系,建立基于网络的教研方式,增强教研的实时互动和在线研讨,实现对基层教研的"扁平化"指导,提高教研的有效性。(4)加强教师继续教育。职后继续教育是教师专业发展的直接和有效的手段,上海连续多年坚持开展教师全员继续教育。当前,教师全员继续教育的实施重心在学校,中、高级职称教师每五年分别必须完成全市规定的"240""540"学时培训,其中校级培训的学时比例应高于50%。对校长则开展了校长培养计划、年度暑期校长全员培训计划、赴国外"影子校长"培训计划等。针对教育相对薄弱的郊区制订教师培训计划。将郊区教师培训放在全市培训工作的优先位置加以规划和落实,投入专项支持经费,支持各郊区根据当地需要确定培训项目和课程,选择优质培训资源。从市区选派优秀教师到郊区支教、讲学,从郊区选派校长、骨干教师到市区中小学挂职锻炼、跟岗培训。在资源上,建立了上海教师教育资源联盟。通过购买服务的办法,采取签订合同、自主选学、学分积累、社会评估和根据绩效进行资助等方式,充分调动各类教师教育机构的人力和环境资源。

可能正是这些着眼于全体学生公平接受教育的基本做法,抬高了上海基础教育的底部,进而提高了整体水平。回顾这些经验时,上海在 PISA 测试中取得较好的结果,似乎又不那么令人惊奇了。

愿每一个国家和地区的教育,在不断地超越中实现自我超越。

上海基础教育国际化实践与思考

1983 年邓小平同志为北京景山学校题词——教育要面向现代化,面向世界,面向未来。这是改革开放以后,中国首次明确地提出教育要国际化的概念。到了 2010 年,"国际化"一词在中国获得了更多的关注和更深的思考。上海世博会的召开,让人们在共享人类文明成果、分享先进科学技术的同时,更清晰看到了"世界是平的",也更深刻地体会到:每个人国际意识的提升,才是一座城市和一个国家迈向国际化的基础,才是各国和谐共处、共建和谐世界的关键。在教育领域,我们看到"教育国际化"正在加速起步。国家中长期教育改革和发展规划纲要中,第一次提出了"国际化人才"的培养目标,明确要求"培养大批具有国际视野、通晓国际规则、能够参与国际事务与国际竞争的国际化人才"。上海中长期教育改革和发展规划纲要提出:"要进一步扩大教育开放""提升上海教育国际化水平""让学生具备国际交流、理解、合作、竞争能力"。

▶ 国际化是上海近代以来基础教育发展的基本特征之一

对上海这样一座开放的城市而言,国际化从来都是城市发展的应有之义,教育也是如此。自近代以来,回顾百余年的教育发展历史,我们可以看到这座开放型的城市在基础教育领域所进行的种种国际化实践。鸦片战争以后,上海口岸开放,开埠通商,教育的国际化征程随之开启。当时主要有 4 种类型:

——办学者的国际化。分两种:第一种是外国人办的招收外国人的租界学校,如今天的光明中学,它是租界当局在上海办的第一所租界学校,主要招收法国学生;第二种是外国人办的以招收中国人为主的租界学校,如今天的晋元高中,当时称华童公学,主要招收华人。

　　——引进国际化的教育内容。如今天人们熟知的格致中学,它是中国近代史上最早系统传授西方自然科学知识的学校,在当时是为国人之先的。

　　——外语特色办学,如育才中学。我们对育才中学的了解更多的是它在20世纪中后期开展的教育教学改革,其实育才中学的显赫之处还包括,它在创校之初就非常重视英语教学,当时上海的同类学校,英语水平几乎无出其右。从当时看来,加强英语教学、培养熟悉英语的学子,这是为中国培养国际化人才的最基本、最具时代价值的工作。

　　——引进国际通行的教育组织形式。如澄衷高中,它是近代第一所引进和实施班级授课制的中国人办的学校。

　　此外,还有一些学校,受当时西方教育思潮和教育模式的影响,纷纷转变教育思想和教育模式,如上海中学从传统的书院模式(龙门书院)转型而成新式学校;或者有些学校,根据西方的教育模式而创建,如黄浦区的梅溪小学,它是近代中国第一所新式学校。根据今天的学段划分标准,这些实践都发生于基础教育阶段,构成了早期上海基础教育国际化的实践雏形,也为今天教育国际化的实践铺就了一定的基础。

▶ 上海基础教育国际化在实践中体现不同的层次,呈现多种类型

　　基础性层次是知晓,即通过打开教育之门,直接或间接地知道对方是什么;第二层次是交流,主要是与国外师生的交流互访,建立姐妹学校,学生的海外游学等活动;第三层次是理解,通过活动和课程,让孩子们理解世界上有不同的文化、不同的制度、不同的宗教、不同的价值观,并明白将来世界需要在这种不同的背景下共同发展;第四层次是融合,一方面是学生的融合,另一方面是课程的融合;最上位的是输出与主导,我们要在借鉴和发展的基础上,形成我们自己的品牌、理念和国际课程,让更多国家和国际组织认同。

　　每个层次都可以有所作为,目前上海基础教育国际化主要可以概括为五种类型:

▶▶ 引进和实施国际课程

　　国际课程驱动模式以国际或国外课程为载体,通过引进、改造等加以实施,授课教师以与课程输出国家(组织)相应的外籍教师为主。不同学校对学生的来源规定不同,有的学校以招收外籍学生为主,而有的则以招收中国籍乃至本

地学生为主,持后一种取向的学校越来越多。学习国际课程的高中学生,以申请国外大学为主要目的,少许类型的国际课程的学生可以报考国内大学(如上海大同中学的全球通用证书课程,即 PGA 课程)。具体驱动方式可以分为三种情况:

第一种是替代式,即引进的国际课程完全替代本土课程,以外籍教师授课为主,本土教师一般只参与管理和教学辅助工作,学生选择了这种课程将来只有出国读大学一条出路,世界外国语中学等引进的国际文凭组织课程(IB 课程),就是这种模式。

第二种是整合式。即把引进的国际课程与本土课程进行整合,通常是剔除国际课程中的某些科目,加入本土课程中的一些科目,如南洋模范中学,在其引进的加拿大不列颠哥伦比亚省课程中,加入蕴含中国传统文化精华的课程,如中国历史、中国地理、书法等,并实行学分制管理,保障学习质量。

第三种是备考式。高中本土课程总体基本不变,特别是核心课程不变。在此前提下,开设一些国家或国际组织的考试课程,学生以此作为进入国外大学的依据,如有的学校开设美国学术能力评估考试(SAT)课程,学生的考试成绩可以作为申请就读美国大学的重要依据。在美国大学评测一位学生是否应当被录取时,SAT 分数所占比例一般在 50% 左右。

三种做法各有特点,学校和学生都是按需而取。当然,国际课程驱动模式也存在一些问题,如课程的审批和内容的审查问题、公办学校举办收费的国际课程班的可行性问题、学生出国读大学可能引起的人力资源流失问题、教师引进和专业支持问题、教学质量监管问题等,这些问题都需要进一步的研究。但其最根本的问题还是国家基本教育体制和基本课程体系可能会受到较大冲击,这个问题面上还没有引起足够重视。

▶▶ 举办国际部(班)

通过举办国际部招收外籍、外境学生,这是 20 世纪 90 年代出现的一种国际化办学模式,北京、上海等国内发达地区起步较早,上海中学的国际部已经有近 20 年办学历史。最近几年,部分学校自行设立并命名了国际部(班)。相对于传统的国际部,新办国际部(班)的生源结构和培养方向有较大不同,很多海归子女也成为招生对象。当然实践过程中还存在一些问题,如国际部(班)课程的审批和管理问题、收费和师资问题、公办高中举办收费国际部的体制机制问题,这些问题需要进一步探讨和加以解决。

▶▶ 参与国际教育项目

近些年,基础教育系统引进和参与了众多国际教育项目,如参与经济合作与发展组织(OECD)的 PISA 项目,参与联合国教科文组织环境人口与可持续发展教育项目(EPD 项目),引进法国的"做中学"项目等。这些项目,有的是学校直接引进的,有的则是由区域教育部门牵头引进的。

国际项目的参与、引进和实施,进一步加深了区域和学校之间的国际合作与交流,给教师和学生创造了更多的学习和借鉴国际经验的机会,也很好地展示了我们的学校教育。国际项目一般具有短期性、针对性和易操作性的特点,多数教育类项目一般不会与输入国(地区)的政策和法律法规相冲突,因而跨境、跨国实施的可能性很大。随着教育开放程度的日益加深,教育对话与合作需求的进一步增强,引进和参与国际教育项目将会越来越普遍。对此,我们除了要学习和领会好的国际教育项目的设计和实施经验之外,还要挖掘和设计我们自己的项目,既要做国际项目的参与者,也要做国际项目的设计者。

▶▶ 开展国际理解教育

国际理解教育最初是联合国教科文组织为了防止战争重演在 20 世纪 40 年代末提出来的。但随着时间的推移,人们对国际理解教育的认识更加深刻。教育是跨文化理解的重要载体和工具,而学校教育更是其中的重点。根据联合国教科文组织提出的"四个学会"①,结合区域和学校的实际情况,编写国际理解校本教材、开展专题研究、加强外语教学等,这些是上海中小学推进国际理解教育的主要举措。

以浦东新区为例,作为国际化程度较高的地区和 2010 年上海世博会的主展地,浦东新区早在 2009 年就制订了教育国际化三年行动计划,把加强国际理解教育作为全区的任务来抓。区教育局组织编写了国际理解教育市民读本、中学生读本和小学生读本等,组织了 10 余所中小学校以项目的形式推进国际理解教育试点工作。浦东新区中小学生开展的国际理解教育,以增进学生对中华民族文化认同感为基点,以提高学生汲取国外优秀文化的能力为视野,在民族性与国际性的融合中走向世界。浦东实施的国际理解教育项目,不强调为学生

---

① 联合国教科文组织于 1986 年提出教育的四大支柱,也可以说是教育的四大目标,即:Learning to know(学会求知),Learning to do(学会做事),Learning to co-operate(学会合作),Learning to be(学会生存与发展)。

专门举办的国际部或者国际班,注重从引领中国学生学习外国语言、文化起步,到拓宽国际视野、培养国际素养,最终让理解、尊重、民主等国际教育理念深入学生心中,这应该说是教育国际化的一个方向。

▶ 外语引领的国际化特色办学

语言是文化的载体、交流的主要工具,拓展学生的国际视野,提高学生的国际合作与竞争能力,必然离不开外语的学习。因此,加强外语特色办学成为很多学校开展国际化教育的一大举措。

目前上海有一些学校非常注重以外语为引领的特色办学,推动国际化办学。甘泉外国语中学、上海外国语大学附属中学、曹杨二中等都是颇具特色的以外语带动国际化办学的典型。甘泉外国语中学开展以日语见长的多语种教学,面向外籍学生提供教育服务,帮助他们参加中国的高考,成为来华留学生。同时也利用中外学生同处一校的机会,加强跨文化的交流互动,提升本国学生的国际交往能力。曹杨二中于 2009 年正式成为 DSD(Deutsches Sprach-diplom)项目中国学校,DSD 证书即德语语言证书,是在世界范围内提供的德国大学入学语言证明。持有 DSD Ⅱ 证书的学生,若中国高考成绩达到一本线,可以直接申请进入德国所有大学。在一年多时间的运营中,学校先后举办了 DSD 中国学校工作研讨、德语角、德国月等活动,并邀请了来自德国不来梅大学和德国领事馆的专家为学生做关于德国文化的报告,为德语班的学生创建了良好的学习氛围。

从目前的发展趋势上看,今后依托外语特色办学推动国际理解的实践探索将会更多。学校需要进一步着力探索的是,如何依托外语开发更多的国际教育校本课程,让学生以语言为"管道"汲取更多的养料,既能增加本地学生的出路,又能增加外籍学生的入口,实现真正的双向交流。

当然,除了上面列出的几种类型之外,发达地区普通高中阶段还有一些做法,比如同海外学校建立姊妹学校,校长、教师、学生跨境互访和交流,参加或举办国际会议等。这些做法虽然比较普遍,但都是教育国际化很重要的形式。

▶ **上海推进基础教育国际化给孩子更多的学习空间**

从上海角度来看,在已有国际化实践的基础上,当务之急是在长远的发展目标下明确具体抓手,并着眼长远加强制度设计和政策制订,包括多通道的学籍管理政策、多样化的课程管理政策和多元化的升学制度,同时加强教师的培养和引进工作,并逐步引进和改造更多优秀的国际课程,以丰富和完善我们的高中课程,为孩子们提供更大的选择空间和发展空间。

▶▶ 把基础教育国际化放在新的经济、社会和教育发展背景下认识

我们现在谈教育国际化问题,需要放在我国当前综合国力不断增强、政治地位不断提升的国际大背景下来思考。经过 30 年的改革开放,我们的经济社会空前发展,国力空前强盛,国内外的各种交流也空前频繁,特别是中国模式越来越受到国际各界的关注。

衡量一个城市的国际化程度,有几个指标是国际公认的。比如,每天有多少外籍人士在这个城市"落地",有多少外籍人士在这个城市居住,全年有多少国际性会议在这个城市召开,城市里有多少外资机构,这个城市的对外经济依存度有多高,这个城市里有多少人需要与外国人交往,等等。如果用上述指标来衡量,作为改革开放的前哨站和经济社会发展的龙头,上海的国际化程度在国内城市中应该是比较高的,虽然与香港相比还有一定的差距,但是近年来的追赶势头是显而易见的。在这样的背景下,来考虑我们的教育国际化问题,就显得尤为迫切。

从社会发展的角度来看,一个国家软实力的提升,特别是国民素养的提升,也对国际化提出了迫切的要求。中国是一个大国,我们应该注重培养下一代的大国心态,既不妄自菲薄,也不妄自尊大。勤劳是我们中华民族的优良传统,需要继承和保持,但同时我们也需要尊重他国的文化、习俗和宗教信仰,一律平等,这既是大国心态的具体表现,也是中国人最基本的国民素养。

让学生掌握基本的行为规范和礼仪,培养他们求同存异的胸怀,学会倾听,学会分析,以及对人类公认的价值观念和人类文明的共同追求,这些都是我们教育应该担负的责任。我们必须站在更高的高度来整体思考教育国际化问题,因为它关系到我们未来一代的培养问题,这是上海这座城市的国际化给我们提出的要求。

▶▶ 基础教育国际化是主权国家自主的教育改革行为,是教育发展的一种手段

一是处理好"基础"与"国际"的关系,做到"基础为本,国际为用"。基础教育中的"基础",是人的世界观和价值观、是人的可持续发展的能力、是人的国家意识和民族情怀,国际化必须建基于此。一个国家基础教育的国际化,首要价值是培

养具有民族情怀、能够走向世界的现代公民,然后才是国际教育服务问题。

二是处理好基础教育国际化与民族性的关系。基础教育的国际化要求各国基础教育要有国际的视野、开阔的胸襟,开放本国的教育市场,吸纳他国基础教育的优势。基础教育的民族性是在全球化背景和基础教育国际化发展的进程中,保持本国文化的独特性,固守本国基础教育的特质。基础教育的国际化是世界发展趋势,是活跃和能动的因素,基础教育的民族性是各国教育传统的集中体现,是相对稳定和根本的因素,两者之间存在着一种张力,如何把握两者之间的张力、处理好两者之间的关系,对基础教育的发展至关重要。基础教育的国际化和民族性不是一个此消彼长的对立关系,而是相辅相成、互相促进的关系。基础教育的国际化要以民族性为前提,必须建立在实事求是地认识和肯定民族教育传统的基础之上。需要着重强调的是,基础教育的民族性并不排斥国际化,相反会在一定程度上影响国际化。基础教育只有在走向国际化的道路上提升民族性,这样的民族性才是具有国际竞争力的,才能从根本上体现"越是民族的就越是世界的"普遍共识。

▶▶ 培养学生的国际素养是基础教育国际化的核心追求

培养学生的国际素养,比如国际意识、国际视野、国际交往能力,这些都应该在国际化的范畴里。讲到国际意识、国际视野,我觉得是对我们传统文化的一种考验。中国文化有个特征就是家族文化,熟悉的人万事好商量,不熟悉的人则会有一条边界线。家族文化影响着我们国人的国际视野和国际意识。所以,要提升国际意识,就需要把人放到国际大社会中,该怎么做,不该怎么做,按国际的标准来执行和衡量。作为最大的发展中国家,中国的经济社会有了迅猛发展。在国力空前强盛的背景下,作为一个负责任的大国,我们的民族应该具有怎样的国际意识、国际视野,这是我们的教育需要考虑的,也是我们教育的责任。

▶▶ 立足本国、本地、本校教育特点和经济社会发展的总体要求,明确国际化的目标

国际化不是跟风攒潮,而是要在不同教育制度、文化、价值观冲撞的过程中,找到一种适合中国教育的目标和平衡点。比如,当前国际课程很热,我们该怎么看?

我们的课程改革,从 20 世纪 80 年代开始,就一直在关注世界教育的改革。"二期课改"提出"以学生发展为本"、探究性学习,包括"一期课改"的理念,很大

程度上汲取了建构主义课程理念的最新成果。作为一个研究未来学和全球问题的国际性民间学术团体罗马俱乐部,早在 1979 年的时候就提出了"人类学习方式的转变"等观点,认为未来社会将是一个知识爆炸的社会,知识只是载体,只有学会学习,才能应对社会的改变;未来的学习,应该让学生在实践中不断学习,就是探究性学习。到了 20 世纪 90 年代,整个世界的教育都在朝这个方向发展,人的知识结构也在不断重组。我们在课改中渗透了这些理念,所以不能简单地说我们的课程没有国际化,只是传统力量比较强,课改推进中遇到了较大的阻力。引进国际课程确实是一种捷径,但需要内化,更不能把引进课程当做赚钱的方式。

当前高中的"国际课程班"要避免"四不":第一,公办实验性示范性高中的国际课程班,不是外国大学的预科班;第二,高中国际班不是国际教育机构的招生办,中国的学生可以自由选择在国内或国外上大学,但是公办高中基本职责不是让中国的学生到国外去上大学,不是国外教育机构的招生办;第三,国际课程班不应该成为中介机构的营业部和广告牌;第四,国际课程班不是教育产业化的新渠道。

目前,在国际意识、国际视野、国际交往能力的培养方面,我们还没有形成一个相对完整、稳定的课程体系和指导方案。在这样的情况下,一些学校以项目的形式进行了积极的尝试和探索。这些尝试和探索都是很有价值的,但我们也必须站在更高的高度来整体思考教育国际化问题,因为它关系到我们未来一代的培养问题,这是上海这座城市的国际化给我们提出的要求。

2. 社会进步为基础教育拓展了发展空间

教育是一项备受社会关注的民生工程。今天,老百姓评论教育的优劣往往是从自己"这一个"孩子身上所反映出来的切切实实的教育实惠中所感受出来的。随着社会发展和教育进步,家长对子女教育的关注已从"创造机会读书"转变为"参与学校教育过程",我们要鼓励学校主动争取家长和社会参与学校工作,让家长和社会更多地理解、支持和配合学校按照素质教育要求推进教育教学改革。

社会进步为基础教育拓展了发展空间,架构更深刻更广泛更丰富的合作机制,是教育突破传统藩篱的核心之举,也是创新人才培养的必由之路。

新时代呼唤建立家校新关系

近来年,上海基础教育取得了许多改革成果,然而调查却显示,老百姓的满意度并没有同步直线上升。学校和家庭,作为孩子成长的直接相关方和伙伴,怎样构建互动新关系,形成适应和满足多元需求的新机制,这不仅直接关系到转型发展战略的达成,更关系到每一个孩子的终身幸福。

当然,深化家校互动,还有一些更直接的必然因素。

一是关切和呼应家长、社区等方面合理诉求的需要。目前在学校和家庭之间,常常出现一种双方都在抱怨的情况:一方面,校长和教师们觉得冤枉、在抱怨,我们尽心尽力做了那么多的工作,但还是受到家长的指责和批评,觉得家长不了解、不理解学校;另一方面,家长们在抱怨学校不民主,对家长不尊重,有意见没地方反映。出现这种局面,显然表明教育公共服务的提供者和消费者之间的沟通出了问题。

二是提高基础教育满意度的需要。2011 年上海已经明确将教育领域纳入质量工作体系之中,要求开展教育公共服务领域满意度测评工作。在满意度测评模型中,有一个重要指标叫"响应性"。所谓"响应性",就是机构对于公众需要的响应速度。如果我们的学校及时了解了公众的呼声并且响应得迅速、准确、有效,那么家长和社会对我们教育的满意度,就会不断提高。

三从根本上说,是学生健康成长的需要。学校、家庭和社区、社会对于学生的作用一致起来,形成教育合力,共同创设良好的育人环境,才能保障和促进青少年成人成才。

所以,2011 年的基础教育工作会议特别强调和重视建立健全学校、家庭、社区互动合作机制。我们要鼓励学校主动争取家长和社会参与学校工作,让家长和社会更多地理解、支持和配合学校按照素质教育要求推进教育教学改革。今后五年,看教育的进步,不仅要看我们在教育均衡和内涵上的进步,不仅要看我们的学生在国际测试中反映出来的情况,还要看学校、社会、家庭互动合作开展得怎么样。家长、社区参与中小学教育是世界的潮流,上海推进教育的国际化,在家校互动方面也应适时接轨。作为政府公共服务的直接转化者和提供者,学校更要主动增强民主、开放办学意识,通过各种平台和机制的建设与创新,促进家庭和社会对教育知情权、参与权、监督权和管理权的实现,积极推动学校、家庭、社会"三位一体"合力育人。

家校互动在当下,学校存在事实上的主导权。学校要充分发挥主导作用,在家校之间建立一套制度和机制,来保障学校对教育的主导权,落实家长对教育的知情权、参与权、监督权和管理权。

▶ 健全和完善家委会制度

教育部 2012 年出台了《关于建立中小学幼儿园家长委员会的指导意见》,力主推动中小学幼儿园成立家长委员会。家长委员会可以参与学校管理,对学校工作计划和重要决策,特别是事关学生和家长切身利益的事项提出意见和建议。家委会要向家长通报学校近期的重要工作和准备采取的重要举措,听取并转达家长对学校工作的意见和建议;向学校及时反映家长的意愿,听取并转达学校对家长的希望和要求。上海中小学家委会建设起步较早,三级家委会已经基本成型。今后,关键是要注意两点,一是一定要按照一定的民主程序,在自愿的基础上,选举出能代表全体家长意愿的在校学生家长,组成家长委员会;二是转变观念,切实搭建平台载体,真正让家委会发挥沟通、监督、管理、评价等多种职能,避免搭空架子。

▶ 建立学校、家庭、社区的双向沟通制度

加强学校与家长、社区之间的联系沟通,是形成各方面共同推动教育发展合力的有效办法。前不久,一名家长写了一封投诉信到市教委,投诉孩子在学校排座位问题。是什么原因使得连排座位之类的问题也要投诉到市教委?如果有家校之间的及时沟通,可能就不会有此类投诉信。所谓"多种形式",就是要通过设立热线电话、家长接待室和微博、虚拟社区等传统与现代相结合的举

措,建立交流、对话的渠道和机制,学校主动倾听、回应家长及社会的意见和需求,寻求家长、社会对学校的理解、支持和帮助。学校要通过健全家校联系沟通制度,变被动为主动,传播学校的办学理念、愿景和改革举措,及时把握家长和社区的教育思想动态和利益诉求,引导家长和社会正确看待和处理孩子的教育问题,把"家长参与学校教育""家校共同关注孩子成长"作为深化教育改革的一个切入口。

▶ 建立学生事务民主协商制度

对事关学生的教育教学活动、衣食住行、收费等各项事务,比如校服问题、晚托班问题、吃饭饮水问题、作业布置问题等,学校要建立有家长参与的民主协商机制,通过民主协商,家校之间达成共识。这既是一种民主观念的实践,也是对学校的自我保护。

▶ 建立和完善家长参与学校课程教学的制度

家校合作不能仅仅停留在资源支持、活动协助、信息沟通层面上,要不断深化进入核心环节,课程教学就是一个切入口。晋元高级中学附属学校开展家长督学,其中一个重要的原因是随着社会发展和教育进步,家长对子女教育的关注已从"创造机会读书"转变为"参与学校教育过程",同时家长离开当年的课堂一般已 20 多年,他们非常想了解当今学校教育,因此要创设一定的渠道。嘉定区普通小学建立了一套家长微型课程开发的制度和机制,确保了微型课程的系统化开发,同时也通过家长申报制度、选题制度、培训制度和授课制度建设,稳步提高家长微型课程的质量。长宁区愚园路第一小学依托家长开发课程资源、利用网络平台促进教学和作业改进,也是很好的例子。

▶ 建立家长、社区参与学校管理监督制度

家长、社区参与学校管理,能够有效推动学校和家长、社区的互动,能够帮助学校灵活应对家长、社区提出的各项合理诉求,及时改进学校管理和教育教学活动。上海市新杨中学的社区听证会、上体附中附属小学(原杨浦区世界小学)的一日校长制度等,都是着眼于学校生源、家庭和社区实际情况而开展的有针对性的管理制度创新,体现出开放的办学和民主的管理。

医教结合提高特殊教育水平①

　　长期以来,上海注重为残疾学生提供多类型、高起点、高质量的特殊教育服务,已经基本建立了以特殊教育学校为骨干,以特殊教育班和随班就读为主体,以送教上门为补充,从学前教育到高等教育互相衔接、普特融合的特殊教育体系,基本满足了残疾学生的入学需求。

　　然而,在推进医教结合的过程中面临着不少困难与问题,医教结合的实施还仅仅局限于某些学校或某种残疾类别的残疾儿童,还没有将所有残疾儿童纳入医教结合服务的范围,学校康复训练的实施者主要为教师,医生很少参与到学校的康复服务之中,尚未形成由卫生、教育部门共同参与的医教结合一体化服务体系,更重要的是还没有建立起教育、卫生、残联等各部门相互合作的医教结合管理机制,缺乏有利于推进特殊教育医教结合的政策与制度。

　　当前,上海特殊教育正处于转型发展的重要时期,把特殊教育发展的着眼点从注重教育的普及度、校舍、设施设备等基本建设转向内涵建设,医教结合是特殊教育内涵发展的重要举措。

▶ 对特殊教育医教结合内涵的新认识

　　特殊教育医教结合是指采用教育、医学、心理等多学科合作的方式,根据残疾儿童身心发展规律和实际需求,对其实施有针对性的教育、康复与保健服务,开发其潜能,使每一个残疾儿童的身心得到全面发展。其基本特征主要体现在以下四个方面:

　　专业学科综合化——专业学科综合化是医教结合的学理基础,它为医教结合提供理论依据。特殊教育医教结合不仅仅是医学与特殊教育学的结合,而是以特殊教育学为主,综合医学、心理学、管理学、社会学、政策学等学科的理念、方法与技术,具有典型的综合性。

---

　　①　在"关注特殊儿童发展"中美医教结合研讨会上的发言[R].2013-9-22.根据发言稿整理。

服务内容个性化——特殊教育医教结合强调分析每个残疾学生的病因,采取有针对性的手段,将疾病治疗、康复、保健、教育等手段有机结合,为每个残疾学生提供有针对性的服务,实现从发现开始,涵盖学前教育、义务教育到高中教育直至毕业全程服务,最大限度地开发残疾儿童的潜能,提高特殊教育的有效性。

服务主体多元化——教育机构的性质和残疾儿童"学生"的社会角色以及个体的残疾类别特点,决定了为其提供医教结合服务的主体应以教师为主,同时还需要儿童发育、儿童保健、眼科、耳科、康复科等各类专科医生共同参与,教师、医生发挥各自的专业特长,优势互补,形成合力。

部门管理整合化——特殊教育医教结合必须整合教育、卫生、残联等各部门力量,加强合作,建立满足特殊教育医教结合工作需要的管理机制,使医教结合成为特殊教育的基本特性被固化。

▶ 构建特殊教育医教结合管理系统

特殊教育医教结合研究必须从机制入手,对涉及医教结合的内容、人员、经费、资源、制度等各个要素及相互关系进行全面分析与研究,依托现有的管理体系,着手构建上海市特殊教育医教结合管理系统,建立长效管理机制。特殊教育医教结合管理系统由特殊教育机构、医教结合行政管理体系、医教结合专业服务体系和医教结合支持保障体系四方面组成,以特教机构为核心,其他三个体系为特教机构提供管理、专业、政策、服务等支持,从而确保全体残疾学生享受持久的特殊教育医教结合服务。

提供多学科结合的全方位服务,关键是要将医教结合的要素渗透到培养目标、课程、教育教学过程、管理等各个环节,使医教实现真正的融合。

一是拓展医教结合服务领域。特殊教育医教结合必须立足于残疾儿童的发展需求。由于绝大部分残疾儿童都伴有其他疾病或障碍,所以,我们把特殊教育的服务领域拓展到教育、康复和保健,对不同残疾类别学生开展听力言语、视功能、定向行走、运动功能、认知等相应的康复训练,并且新增疾病预防、饮食与营养、辅助器具的维护与保养、突发事件的处理等保健服务,使得医教结合的内容更加全面。

二是加大教育评估与医学评估的结合度。医教结合必须将教育评估和医学评估有机结合起来,通过对残疾儿童的医学诊断、健康评估和教育评估,对残疾儿童的发展情况进行全面、客观、精准的分析。我们从医学和教育两个方面进行了评估内容与评估工具的开发:由卫生部门负责编制了《上海市特殊儿童入学健康评估表》,确定了 6 个方面 25 个残疾儿童健康检查项目;由教育部门开发了 6 套残疾儿童教育评估工具,从而建立了上海残疾儿童医学与教育评估的基本内容。

开展残疾儿童入学评估,主要目的是通过对残疾儿童的医学诊断和健康评估,全面了解他们的残疾类别与程度、体格生长发育和神经心理行为发育状况,以及其他相关疾病和社会适应能力,并且综合评估残疾儿童的健康与发育水平,在此基础上对残疾儿童的教育安置、教育、康复、保健等提出意见与建议。2012 年 8 月,市卫生局、市教委联合首次开展对报名就读特殊教育学校的 219 名残疾儿童进行入学评估,在开展残疾诊断和健康检查的基础上,由市卫生局、市教委共同组织沪上顶级的 25 名各科医学专家和特殊教育专家,进行与残疾儿童家长面对面的综合评估。

残疾儿童入学后评估,目的是通过评估了解教育康复目标达成情况,为制定下一阶段教育、康复训练目标提供依据。残疾儿童入学后,学校为残疾儿童建立个人健康档案,根据医学、教育评估结果,制订个别化教育与康复计划,确定阶段目标,综合教育、康复、保健等内容,实施医教结合服务。

本市还将"医教结合"纳入课程理念,编制了辅读学校九年义务教育、盲高中、聋高中课程标准。盲校、聋校开设了视功能训练、定向行走训练、听力言语训练、感觉统合训练等康复课程,辅读学校开设了感知运动训练、言语沟通训练、行为训练等康复课程,通过课程的实施将医教结合贯穿于教育过程之中。

在教学过程中,采用集体教育与个别教育相结合、专门训练与日常训练相结合、教师与医生相结合、校内资源与校外资源相结合等方式,对残疾学生实施个别化教育。

▶ 形成以政府为主导,各部门共同参与的特殊教育医教结合管理机制

一是强化各级政府对医教结合工作的领导,本市将特殊教育医教结合纳入特殊教育事业发展规划,市、区县政府通过召开特殊教育专题会议、联席会议等

形式把政府各相关职能部门的力量凝聚起来,共同为特殊教育医教结合的推进出谋划策、贡献力量,实现"三个结合"——教育队伍与医学队伍的结合,教育教学与康复医学的结合,医院康复与学校康复的结合。

二是加强政府相关职能部门的合作,加强部门合作必须将医教结合的工作任务纳入本部门的工作职责,实施常态化管理,必须在部门之间建立合作机制,实现工作无缝衔接。

通过研究,明确了教育、卫生、残联等各职能部门在开展医教结合工作中的地位和作用,教育、卫生部门联合制定了建立残疾儿童发现、诊断、评估、转介、安置运行机制、建立残疾儿童确诊、报告定点医疗机构制度;建立残疾儿童评估制度,成立区县残疾儿童入学鉴定委员会;建立特殊教育机构与医疗机构合作制度,建立指导医生制度等六项相关工作制度,将不同部门的工作有机联系起来。

此外,市教委、市财政局、市人力资源与社会保障局、市编办、市残联还研究制定了有利于推进医教结合的师资、生均公用经费配备、残疾儿童免费教育政策,率先将随班就读专职特教教师、巡回指导教师、校医、学前特教教师纳入特教编制标准。将特殊教育生均公用经费提高到 7800 元,并要求各区县将医教结合经费纳入年度预算,率先将免费教育对象扩大到学前和高中阶段残疾学生。

三是加强教育机构与医疗机构、教师与医生的合作,在开展医教结合工作的过程中,改变了医院、学校各自单兵作战的状态,开展学校与医院结对,建立医院、学校联动机制,在市级层面建立一支由特教、医学、心理学等专家组成的医教结合专家队伍,开展对医教结合工作的咨询与指导。各区县卫生部门建立了由多学科专家组成的指导医生队伍,将学校康复和医院康复结合起来。

▶ 构建多层次互动的服务体系

为了让医教结合能够惠及每一个残疾儿童,使随班就读、送教上门残疾儿童同样享受医教结合服务,本市依托 1 所盲校和 4 所聋校建立了 1 个视障教育指导中心和 4 个听障教育指导中心,并且强化区县特殊教育指导中心的作用,着力建设市——区县——学校多层次互动的医教结合服务体系。视障、听障教育指导中心通过与定点医院的合作为全市视力残疾、听力残疾儿童提供医教结合专业服务,各区县特教指导中心通过与区县指导医生的合作为本区域内所有残疾儿童提供医教结合专业服务,教育机构主要负责本校残疾儿童的医教结合专业服务,从而实现医教结合服务的全覆盖。

全方位推进特殊教育医教结合涉及行政管理、学校教育、资源配置、队伍建设等多个领域,是一项需要长期研究的课题。例如,跨部门管理机制的进一步完善,师资队伍的配备到位和医教结合专业水平的提升,各类教育机构中如何提高医教结合服务的针对性和有效性等。我们将一方面在全市推广试点区县的成功经验,全面推进医教结合工作;另一方面继续开展对相关问题的积极探索,深化对特殊教育医教结合的研究,促进上海特殊教育在更高水平上发展。

携手大学,优化人才早期培养环境①

关于创新人才的培养,人们越来越认同这样的观点,即大学固然是创新人才培养的最重要的阵地,但学生的创新意识和创新思维却是在基础教育阶段就开始形成的。高中阶段是学生创新意识萌发、个性形成和自主发展的关键时期,因此在整个创新人才的培养体系中,普通高中是创新人才生成的关键阶段。在这一重要的阶段,大学如果与高中携手,加强在教育资源开放、课程共建和培养模式衔接等方面的合作,对于优化早期人才培养环境,促进学生创新意识与能力的形成将起到至关重要的作用。

正是基于这样的认识,《国家中长期教育改革和发展规划纲要(2010—2020年)》明确提出:"树立系统培养观念,推进小学、中学、大学有机衔接。""支持有条件的高中与大学、科研院所合作开展创新人才培养研究和试验,建立创新人才培养基地。"然而中学和大学到底该如何衔接、如何合作,培养创新人才,大学和中学各自能做什么,这是当下大学和高中都要思考的问题。

---

① 创新人才培养——大学与高中共同的责任与使命[R].2013-1-4.根据在上海市民进教育论坛上的讲话稿整理。

▶ **上海的许多高中近年来主动与高校合作进行拔尖创新人才培养方面的尝试与努力**

上海中学自 2008 年起,率先在全市试点高中生创新素养培育实验项目。2010 年,该校成为国家教育体制改革试点项目"探索建立拔尖创新人才培养基地"试点校,逐步形成了一条以聚焦志趣、激发潜能为导向的创新人才早期培育新路。经过四年多的建设,该校的课程图谱已包含 800 多门课程,实现了课程的高选择性、现代性和探究性,充分满足了不同志趣学生个性化的选择需求,为实现学生"志、趣、能相匹配"的早期人才培养模式奠定了坚实的基础。

上海中学的改革探索得益于其积极借助了高校对学校的助推力,大力借助多所高校的资源,推进三方面的紧密合作:一是邀请高校专家参与科技实验班学生的遴选。依托上海交大、复旦等高校的专家,按高校专家与本校教师 2:1 的比例,配置专家团,遴选实验班学生,共同研究拔尖创新人才的早期识别方法和途径。二是合作开发并实施相关课程。比如,2010 年与上海财经大学合作开设金融实验组,与同济大学合作开设节能汽车实验组,与交通大学医学院合作开设人体医学实验组,2011 年与华东政法大学合作开设法学实验组,2012 年与上海戏剧学院开设主持与演讲实验组、微电影实验组等。鼓励学生在上述实验组开展课题研究和项目实践,相关大学派出教授对学生进行指导。三是合作开展现代创新实验室建设。近四年来,高校参与了学校 13 个创新实验室的前瞻性研究、规划论证、建设方案制定、设施设备配置等工作,实验室成为学生探究学习的重要场所。

上海中学的实践告诉我们,促进高校参与到高中的课程建设、培养模式改革,高中应主动作为。高中应先要有系统化的设计与考虑,让高校明白你需要什么,哪些方面需要高校以何种形式参与。上海中学课程图谱的建设,就是围绕学生的全面发展、多方面志趣去组织开发课程体系。

▶ **上海的一些高校近年来也主动与高中合作,共同探索创新人才的培养模式**

同济大学于 2012 年 3 月与全国 20 所知名高中携手合作推出"苗圃计划",本市曹杨二中、晋元高级中学和同济大学二附中等名列其中。大学主动与高中进行课程开发与实施层面的合作,这是同济大学在招生和人才培养改革方面的突破之举。

根据"苗圃计划",同济大学把中学里的目标人群锁定在高一高二年级学生。结合中学教育的实际情况,以相关的学科、专业与中学对接,建立兴趣小组、实验小组或特色班。每一个小组和特色班,都像一个"苗圃基地"。同济大学组织教授们走进基地"育苗",对学生集中开展能力培训。这些中学生在"苗圃基地"参加训练,在达到学校制定的相关学业标准和要求后,可以享受自主招生优惠政策,并在进入同济大学后,对接该校的"4+M+3"本硕博贯通培养模式,优先进入各类人才培养模式创新实验区。

同济大学"苗圃计划"的推出,目的在于让一些优秀高中生尽可能摆脱高中的应试教育,腾出一定时间从事自己真正有兴趣的学科。事实上,在正式推出"苗圃计划"前,同济大学已经主动做了几次"育苗"实验。最近一两年,该校的年度大学生创新活动,如土木工程学院的结构模型设计大赛、建筑城规学院的建造节等,都出现了高中生的身影,晋元高级中学、同济大学二附中、复兴高中等学校的学生都参加了这样的大赛。部分表现优异、还在读高一高二的学子,已拿到同济大学的自主招生优惠政策,读高三时可免笔试,直接参加该校自主招生面试。

同济大学的"苗圃计划"是一次全新尝试,它的意义绝不仅限于招生制度的突破和完善,更重要的是,高校把学科人才培养的平台从大学延伸到了中学,使大学教育和中学教育更好地融合在一起。

▶ 大学与高中的合作,应该基于共同的育人使命与责任

这里还有一个案例。一所一般的高中,通过与高校的全方位合作,实现了特色化发展。华东政法大学附属中学,前身是番禺中学,是长宁区一所公办完中。随着生源的逐渐减少和办学同质化现象日趋严重,学校面临进一步发展的瓶颈,学校领导开始思考如何利用周边资源,寻找学校进一步发展的生机。在多番考察后,华东政法大学以其优质教育资源和政法特色,成为他们的心仪之选。2009年12月24日,学校与华东政法大学签订"联合办学协议",并更名为华东政法大学附属中学。

联合办学实现了区域优质中等教育资源与优质高等教育资源的成功对接。

学校依托高校政法专业优势,开发"法治精神"主题轴综合课程,旨在将学生培养成"知法、守法、崇法的现代文明人"。华东政法大学对学校课程建设给予大力支持,学校派教授和研究生来到学校,帮助梳理、拓展各学科中的法治教育的内容,形成序列,编写了分年级的法治教育校本教材。基础型课程分年级确立法治主题,定期授课,面向全体学生进行学科渗透,如高中政治学科形成高一"经济生活中的法律"、高二"宪法教育"、高三"民主与法治"三大课程模块。在此基础上,学生可以自主选择中外法治史、校园法典、逻辑学初步等丰富多彩的法治学科拓展课。除法治学科拓展课之外,华东政法大学还帮助附中积极开发"适应社会、贴近学生、让学生喜欢"的跨学科、跨领域的综合主题课程模块。在"法律伴我成长""法治热点""法治论坛"等课上,担任辅导员的华东政法大学的大学生们带来许多经典而鲜活的法律故事和案例,供学生们分析、讨论,激发了孩子们学习法律的热情。

在开设课程的同时,华东政法大学的学生会、团委和中学的学生会、团委结对,共同举办"模拟法庭"和各种社团活动,来丰富学生们的法治实践。华东政法大学把"模拟法庭"搬到了附中校园,为了让更多学生参与其中,学校组织全校学生在"庭审"前学习分析案例,认真观摩"模拟法庭",在活动结束后反思总结。此外,还有时事社、辩论赛、法治巡讲团等多种社团活动让学生在实践中与"法"有更亲密深入的接触。

应该说,近年来,在加强高校与高中合作的大背景下,高中挂大学附中牌子的不少,但真正能够像华东政法大学附属中学与华东政法大学进行全方位合作的并不多。正是基于共同的育人使命,华东政法大学帮助附中开发课程,并在较短时期内就帮助附中形成了办学特色。

以上三个案例,就发生在当下,就发生在我们身边。创新人才的培养,是大学和中学共同的责任和使命。创新人才培养需要长期合作,高校与基础教育的联动已经越来越重要,这种联动不是简单的高校课程下放高中,也不是几个大学教授到中小学开讲座,更不是通过联动高校提前到高中来抢生源。

上海普通高中正在经历一个重要的转型期,一场聚焦内涵、关注孩子个性发展的变革正在发生,越来越多的学校开始凝聚学校特色建设,聚焦学生志趣能的协调发展,也对高校课程改革和招生制度提出了新的要求。而有责任的高校,也正在奋力破冰,复旦大学、上海交大等高校的自主招生、同济大学的苗圃计划、华东政法大学等高校对基础教育学校的全力支持,已经拉开了高等教育、基础教育共同育人的序幕,这是创新人才培养的必由之路。

3. 未来我们更要做的是"回归"

今天,基础教育科研正面临新趋势与新特点。教育研究对象更加凸显"人"的地位。教育的基础价值是育"人",人的身心发展、兴趣滋长的最佳环境和最佳方式是什么,我们怎样才能给学生提供最适合的教育……这些都是未来研究要着力回答的本原性问题。"以人为本"教育理念的回归意义在于重新恢复"人"在教育活动中的重要地位,顺应人的禀赋,提升人的潜能,完整而全面地关照人的发展。

个性化教育的未来走向

个性是人性在个体上的具体表现。个性化教育要求承认个性,尊重差异,正视学生的独特性,针对学生的天赋、兴趣、资质等不同特点,对学生进行有区别的教育,促使其全面和谐的发展。简言之,个性化教育就是为每个学生提供适合的教育。

个性化教育带来的是教育体系的整体性变革,实施的基本单位是学校。个性化教育的成果,要通过学校这个"中介",转化为老百姓获得的实实在在的利益。因此,学校是个性化教育变革的责任主体,承担着不可推卸的历史责任。

学习是人的天性。20世纪90年代后期,全球研究教育的"重心"开始围绕着学生个人的学习而展开,课堂教学改革成为全球焦点。教育工作者逐渐认识到,教是手段,学是目的。近年来,中国的教育也逐渐开始了把焦点从"教"移到了"学"的进程。但是在这样的变革中,我们也不断地受到观念激荡——长期以来,我们一直认为"教得好"就能"学得好",而且在这方面我们已经有了有力的评价证据。但是,今天我们是否应该想到另外一些维度:如何进入一种境界,可以让学生在知识的天地里自由驰骋,而教师只是发挥指点和引导的作用;有些学生的学习,并不发生在课堂教学范围之内,甚至不是在学校范围之内的,那么如何因其需施教,实现促进他们学习的目的;还有,我们身处创新型社会的建设中,如何让学生具备创新意识和实践能力,应该成为学校关注的重要内容。

假如我们今天把学生的学习放到中心位置,把学习目的放眼到学生的未来,那我们又会感受到什么呢? 学校和课堂学习只是他们学习的一小部分。从社会的前瞻和未来的发展来看,已不是如何把学校装备得更加丰足的问题,而是把整个社会视作学生学习的资源,其中学校则成为为学生服务的"学习枢纽"。

高度结构化、系列化的课程单元,要求学生不断练习和记忆,然后再搭配上标准化测验,在这样传统的体制下,学生们被剥夺了属于他们年龄最擅长做的事情:获得认识这个世界的有意义的学习经验。由于欠缺与真实世界的真实相遇,那些因真实相遇所产生的原发性、灵光乍现的突发奇想都消逝无踪,取而代之的是一些合乎情理的复制品。他们坐在座位上,让别人以一个个小包装的方式将世界"塞"给他们,而不是带领他们一起接触世界,并使用他们的想象力和好奇心去主动"打开"这个世界。

个性化教育则在于让每一个学生都找到自己个性才能充分发展的独特领域和生长点,最终实现人的全面而自由发展的最高价值,而实现的途径就是课程改革。课程是学生全部校园生活的总和,实现学生的个性化发展,关键要从研究学生出发,创设适合学生的课程,关注学生内心世界的成长与发展。

在深化课程改革的过程中,上海的一些学校正在积极孕育和探索以研究、表达、行动、设计等为核心的创新课程。比如,上海实验学校的特需课程、上海外国语大学附属大境中学建立在多媒体互动益智测试平台上的人口智力评估和开发课程(IMMEX)、上海市世界外国语小学经过本土化改造的国际文凭课程小学项目(PYP)课程、静安区整体推进的 N 项学习经历课程等。这些课程与以往校本课程的最大区别就是面向全体,并从"一出生"就是为学生发展而来的,深深地烙着"培养学生个性与能力"的印记,它们满足学生的个性需求,注重让学生选择不同的课程组合,形成各自不同的知识结构。

这些个性化创新课程从体验与实践中发掘学习的乐趣,让学生发现自己的

潜能,以及体会知识应用的价值。这些课程面向全体学生,是一种使每个人都
能够得到不同发展的教育,每个人都在他原有的基础上有所发展,都在他天赋
允许的范围内充分发展并积极地像海绵一样吸收自己感兴趣的各种外界知识。
这样的课程面向每一个学生,要求平等和尊重差异。而教师则在其中实施多元
评价,从用一把尺子评价学生到尽可能地用多把尺子评价学生的学习过程。就
像对艺术的理解没有对错、没有标准答案一样,学生在这些研究型或表现型课
程中根据自己对自己、对他人、对社会、对世界的认识,表达自己对问题的见解。
无论是性格内向的还是外向的学生都可以通过这一课程,保留自身特有的个
性,在教与学过程中找到自己、打开自己。

综上所述,我认为,个性化教育主导下的基础教育改革应该体现在以下几
个方面:

一是关注对学生精神世界的关怀。学校课程的创设,要使每一位学生在充
盈着精神关怀的环境中,真实地感受到精神关怀的存在,体味着精神关怀,践行
着精神关怀,形成关怀精神。精神关怀是个性化课程设计的核心要求,它的实
质是育人。要把对学生精神世界的关怀体现在课程目标、课程内容、课程实施
方式等各个环节和各个方面。

二是尊重学生的差异。尊重学生的差异是个性化课程设计的最基本理念。
每个人都有着他人所不能替代的独特性,性格、气质、思维方式、想象力、观察力
的不同,造成了人们在接受教育时的种种差异。因此,在个性化课程的创设中,
要对每个人的种种差异予以应有的重视,顺应每个人的优势智能,使之能够自
发地、积极主动地、持续地得到成长和发展,使每个人的个性得以自由成长。

三是发挥学生的主体性。个性化课程的创设,要能促进学生个性潜能最大
限度地开发,让学生找到一条适合个体自身的创造性发挥的最适宜的道路,丰
富自我、完善自我、展现自我,彰显人格魅力、人生价值和生命意义。

四是促使学生全面发展。个性化教育在使学生个性充分发展的同时,也促
进了其他素质的全面发展,加速了个性社会化的进程,从而培养了学生适应社
会的能力。因此,我们倡导的个性化教育是与全面发展的精神相一致的,只不
过这个全面发展并不是各种素质的平均或者划一的发展,而是在认同个体差异
下的综合能力的提高。个性化基础教育课程创设,要以学生的个性潜能开发为
前提,统筹考虑学生发展的各个方面,促使他们全面发展。

未来的教育科研需更凸显人的位置①

随着社会转型与改革的深入，教育现代化、国际化进程的加速，基础教育转型发展任务更加艰巨，传统的研究如何创造性地传承发展，基础教育科研正面临新趋势与新特点。

一是教育研究对象更加凸显"人"的地位。教育的基础价值是育"人"，人的身心发展、兴趣滋长的最佳环境和最佳方式是什么，我们怎样才能给学生提供最适合的教育？这些是未来研究要着力回答的本原性问题。我们要在关注师生学习心理、认知特点的基础上，去探索最合适的学与教，包括内容和方式。即便是教育的宏观政策研究，其最初的动力、最终的落脚点也是实践中师生的学与教行为。

二是教育研究高度聚焦到以课程建设和实施为核心的教育教学过程。课程是学校育人的蓝图，是宏观教育决策与微观教育行为衔接的纽带。当我们的基础教育解决了"温饱"问题进入"小康"以后，解决了"生存"问题想追求"生活幸福"的时候，课程改革与建设就是我们绕不过去的主要话题。今天，世界教育发展的趋势之一，也是以课程为核心的教育改革。我们要研究学生个性化发展需要怎样的课程内容、怎样的实施方式、怎样的评价机制、怎样的课程政策，只有如此，我们才能通过课程的深化研究不断增强课程的整体育人功能。

三是教育研究的复杂性不断增强，跨部门、跨领域的协作研究不断增加。教育作为与千家万户直接相关的公共事业，越来越受到关注，复杂性不断增加；社会对教育政策的关注度和教育宏观决策在社会大格局中的关联度也非以往可比。教育研究将更加多地需要在不同部门、不同领域之间联合开展。只有这样，我们才能从更宽领域、更多角度和更高视角去剖析、研判教育的现象、要求与任务。

四是教育研究已经处在信息化带来的大数据时代。信息技术的革命性变化带来的影响已经渗透到人类生活的每一个方面，影响着人们的认知方式、思维方式和行为方式。信息数据海量增长、快速喷涌时代，人们的信息素养将成

---

① 在上海市普教科研 30 周年暨上海市教科院普教所建所 30 周年庆典活动上的讲话［R］.2012 - 12 - 8.根据讲话稿整理。

为左右工作成效的重要因素。由于教育的复杂性，我们已经不能仅依靠我们所熟悉并擅长的经验性的质性研究来形成教育的决策了，必须同时通过诸如数据的采集、处理、研判等来得到结论。我们如何既能够从瞬息万变的海量信息中捕捉到有价值的研究资源，又能够在坚守实践土壤中挖掘最本真的研究课题？这对科研人员的个人能力、团队建设、跨学科跨领域的联合研究都将提出严峻的挑战。

面对新的教育发展形势和新的研究发展趋势，普教科研要在新的时代继续发挥传统优势，关注前沿、扎根实践、注重实证，不断提升研究能力和成果水平，奠定学术高地，有力推动基础教育转型发展。

▶ 进一步关注改革前沿，增强普教研究的前瞻性、敏感性和预见性

改革开放 30 年来，上海基础教育之所以走在全国的前列、紧跟国际步伐，关键在于我们始终瞄准国内外教育发展的趋势和潮流，不断进取，奋发作为。在新的转型发展的时代，上海基础教育要进一步巩固已有高地、为全国基础教育事业发展作出前瞻性贡献，必然要求我们的教育科研密切关注国内外学术热点和理论前沿，引领学术风气和实践前端，时刻保持研究者对前沿的敏感性，深入研究、敢于探索，始终保持教育科研的前瞻与引领地位。

▶ 进一步扎根实践，使普教研究更具"草根性"，直面"真问题"

基础教育是实践性很强的公共事业，基础教育科研是实践性统领的科学研究。实践性是基础教育事业最突出的特点，实践不是科研成果的点缀，它是基础教育科研的动力源、是基础教育科研成果的试金石。普教研究要善于发现实践中的真问题，敢于面对难问题，并且坚持深入实践、艰苦努力和探索。我记得当年我们原上海市教育科学研究所钱在森老所长带一个团队开展飞虹中学（现华东师大一附中实验中学）分层递进教学实践研究，始终扎根于学校，用一年多时间在学校及社区里开展调查研究，这样的实践过程是我们今天教育科研的典范。成果与实践好比氢气球与绳子。我们今天把氢气球比喻为科研成果，它能够高高地升起而万众瞩目。但是假如说这个氢气球没有一条结实的绳子把它系住，它就飘走了。如果要让我们的成果升得更高，为万众瞩目，那么实践就是这根粗绳子。过去 30 年，我们通过扎根实践的研究催生了多项全国知名的科

研典型,今天面对世界教育发展的形势,普教所的同志要切忌浮躁,防止发生一些理论包装"成果",这同普教所老一辈的研究人员长期扎根实践所奉献出的成果相比,根会比较浅。

▶ 进一步发挥教育科研在学校发展、教师专业成长中的思想领导和专业引领作用

教师参与教科研是教师专业发展的必经路径。教师需要丰富的间接经验,普教科研要在扎根实践、关注前沿研究的过程中,不断提炼总结教师发展、教学改进的新鲜经验和典型案例,从而引领教师专业发展的方向和重点。同时,我们也必须看到,任何间接的经验都是在实践主体的亲力亲为中发挥作用。所以,我们要推动群众性科研的广泛开展,在研究起点、过程以及结果上为广大一线教师留出足够的空间,鼓励和引领他们积极投身实践研究之中,把他人的经验通过自身的实践研究转化成促进自身专业发展、改进教学的动力源。

▶ 在加强学风、研风、所风建设中进一步加强队伍建设

学风、研风、所风既是普教所的文化支撑,也是普教科研同志发展的重要基础。我们要在发扬立足实践、坚持真理、务实致用等普教所的优良传统中,展现新面貌,培养新队伍。我们要鼓励科研同志建功立业、著书立说,把个人成才的理想与教育发展的需求结合起来,在教育发展中体现人生价值和专业价值。科研人员要沉下心来加强学习,关注前沿、扎根实践、打好基于实践的专业功底、找准自己的专业方向、形成自己的研究独特性,真正成为能够支撑上海基础教育发展的重要力量与资源。

我的教育理想①

编辑部向我约稿,谈谈我的教育理想。我断断续续地想到一些,记录在这里以与同行们交流。

---

① 教育理想的断想[J].上海教师,2002(2).收录时有改动。

▶ 教育管理也能够体验到教育工作的神圣和乐趣

与许多教育工作者不同的是,我从事教育工作的起点不在学校、不在讲台,而在机关、在教育行政管理的岗位上。20 余年市级教育行政管理部门的工作经历,不仅丰富着自己的人生阅历,而且也在教育管理规律的探索中不断发展着自己的教育理想,提升着自己的人生价值。

人们通常认为最有价值的教育工作岗位是教师,因为教师的价值最能从成长中的学生身上得到体现,能从学生对教师的情感中得到"回报"。然而,对于教育管理工作,如果不满足于应对一般日常行政工作的繁文缛节,不局限于程式化地处理工作事务,而在实践中不仅把教育管理作为一般的行政管理去探求它的规律,而且悉心探求教育管理对于教育这一专业领域发展的特殊规律,那么,你也同样能体验到教育工作的那份神圣、那份乐趣,只不过它不如教师那么直接。

我认为,一名合格的教育行政管理人员,尤其是在比较宏观的行政部门工作的人员,必须同时具备从宏观的角度对事物的鸟瞰能力和对微观事物剔透的洞察能力。宏观的鸟瞰能力,能使管理者高瞻远瞩地从宽广的现实背景和历史跨度上去分析和把握眼前的事物及其趋势和走向;微观的洞察能力,能使管理者从对事物关键细节的把握中去辨别宏观决策的可操作性和实效性。教育行政人员如果具备了这样的能力,同时又善于在宏观问题和微观问题的观察中适时调焦,那么他所做的教育管理工作就不会是简单机械地重复各种行政程序的枯燥过程,也不会是脱离微观实践、没有操作基础、缺乏务实精神的"宏观管理",而将是一项与教师的教育工作同样充满生机和活力的事业。因为他可以从中感受到宏观的教育行政工作对微观教育教学工作的促进和推动,可以从第一线教育工作的变化中享受自己工作的成就感,也可以试图通过调整和改善本岗位的工作去实现教育事业发展的社会要求和个人理想。可以这样说:教育行政管理工作的生命价值,正是在管理者超脱于具体事务的教育理想追求中才能体现,只有在管理者潜心于教育真谛的探索中才能实现。因此作为教育行政管理者只有充满教育理想,同时又善于把分析力、想象力和务实感完美地结合起来,才能使管理工作充满着神韵。

▶ 把中小学建设成为学习型组织，是最高层次的办学理想

最优质的学校需要一个有思想、有理念的校长，并以校长为核心把教育理念转化为学校的管理行为，进而转化为全体学校成员的共同行为，最终形成学校成员共同认同的文化。校长既是思想家，也是实践者，而全体教师既认同并且遵循校长的办学理念，更在本岗位上创造出一种富有生机的教育行为，这样的学校才是最高层次的好学校。因为学校具有一个群体认同的目标，目标的认同激活了全体成员的潜能，所有外在的规章制度都融入教师的内心世界，内化成教师的自觉行为，焕发起教师的创造精神。这样的学校一定是一种学习型组织，由于它的成员把学校的发展目标与个人生命需要相结合，从而不断地去学习和追求，最终融合成一个"文化场"的力量，群体之间互为影响、互为推动、逐级提升、不断发展，这样的学校的成员会达到一种很高的境界——在这所学校教书，不仅是工作需要，更是对生命的追求，是一种超越物质和技术层面的高层次需要。这样的学校是我心目中理想的学校。

▶ 创造更多的机会让学生经历丰富的人生体验课程

现今四、五十岁的人士都有同样的经历，由于"文革"及其"上山下乡"的影响，都未能在年轻时受到完整的文化基础知识教育，然而社会生活的实际体验以及自学的经历成了这一代人最具教育意义的学习过程，加上"文革"结束之后不同形式的学校教育，这一代人最终在学校和社会体验的交替中完成了课程。同今天的学生主要以书本为媒介、间接地感知人类的经验和知识不同的是，这一代人更多的是通过直接的体验认识世界、了解人生的。今天，从这一代人成长的过程中我们能不能得到某种启示，我们是不是该为学生创造一种人生体验课程，使这种课程与系统的文化基础知识课程结合，去造就新的一代。因为任何个人的成熟需要经历焦虑、甚至痛苦，需要付出代价去自主地战胜困难、认识自我，这样的学习作为丰富人生价值的生命过程，能使学习者的学习动机更为强烈、执着。这就是今天倡导研究型课程和研究性学习的主旨，我认为现今理想的课程应当包含这些形式和内容。

▶ 让教师成为学生人格发展的促进者

　　教师工作之所以神圣，是因为它担负着造就学生完美人格的重任，而人格的养成需要人类灵魂工程师悉心的观察、发现、呵护。作为一名学生人格发展的促进者，需要具备体察学生内心的能力，比如要善于识别、体察、感受学生的情绪，善于与学生沟通情感，善于欣赏、鼓励、调动学生的积极情感。而这种能力在教师从事学科教学能力面前，常常处于从属地位。实际上从学生人格发展的角度看，人的情感、意志、态度、价值观这些深层指标远比学科分数来得重要。当然，真正能够影响学生人格发展的教师自身也应该具有丰富的情感品质和能力，应该重视自己情感世界和经验的丰富性，应该重视自身的文化和语言修养。因为教师最终是用自己的人格去影响学生、教化学生，通过情感的交流，使学生的情感发生变化，达到教育目的。

▶ 每一位教育工作者都应该把自己的教育生涯作为永不毕业的人生

　　教育工作者应该是一位终身的学习者。教育工作就像常青的生命之树，不断地新陈代谢。教育工作对象的丰富性、多样性和独特性，使得哪怕是阅历丰富的教师所面对的教育实践，即使会有相似性，也没有绝对的相同性。因此教师年复一年、日复一日的工作始终蕴含着挑战，应对挑战就需要不断地更新。同时也只有终身学习，才能不断地提升教师自身的生命价值，才更有能力以自己对知识和真理不断追求的人生态度去感染更多的社会新人，使之成为有益于社会的人，进而完成教育工作者的神圣使命。

　　教育理想，作为教育工作者个人的追求，常常体现着他对于理想人生的追求，教育工作者正是在这一过程中体现他的人生价值，实现取之于社会、进而回报社会这样的一个生命再造的循环，谱写教育工作者人生奋斗最有意义的华彩乐章。

　　教育理想，作为人类共同追求的目标，它承载着人类永恒的期望，因为人类正是通过教育来实现精神永存和生命不朽的。个人的生命之所以有价值，是因为它已经融入了前人的生命精华，同样个人的生命之所以有价值，还因为它也将其精华融入其中并为后人的发展和升华搭设着云梯，人类就是这样生生不息。

教育工作者不能仅仅把教育作为谋生的手段,因为,只有当教育充溢着教育工作者自身人生价值的时候——即教育理想升华的时候,人们才会发现教育无穷的奥秘,才有资格去享受教育无尽的乐趣和魅力。

著者主要文献目录索引

［1］尹后庆.对确定"七五"期间教育科研重点课题的几点看法［J］.上海教育科研,1987(2)

［2］尹后庆.关于青浦县教育经费包干制度的调查［J］.上海教育(中学版),1988(4)

［3］尹后庆.横滨朝日文化修养中心［J］.上海教育(成人教育版),1988(5)

［4］尹后庆.上海郊县制订教育规划的十大课题(一)［J］.上海教育(中学版),1988(9)

［5］尹后庆.上海郊县制订教育规划的十大课题(二)［J］.上海教育(中学版),1988(10)

［6］尹后庆,张一民.上海市农村小学自然课教学现状与改革刍议［J］.小学自然教学,1989(3)

［7］尹后庆.对公立中小学转制工作的思考［J］.中小学管理,1998(2)

［8］尹后庆.开展"研究性学习"推进素质教育［J］.上海教育,1999(12)

［9］尹后庆.上海开展"研究性学习"的实践与认识［J］.上海教育科研,2000(1)

［10］尹后庆.要将评价理论的科学性和教育改革的实际相结合［J］.上海教育,2000(3)

［11］尹后庆.继往开来深化发展——关于深化上海民办中小学管理改革的几点意见［J］.教育发展研究,2000(12)

［12］尹后庆.上海市基础教育体制改革的现状未来［A］.胡卫,丁笑炯.聚焦民办教育立法［C］.北京:教育科学出版社,2001

［13］尹后庆.对基础教育几个社会关注热点的分析［A］.袁振国.中国教育政策评论 2001［C］.北京:教育科学出版社,2001

［14］尹后庆.关于"研究性学习"若干问题的思考［J］.上海教育,2001(17)

[15] 尹后庆.推动学校发展的新策略[J].上海教育,2001(20)

[16] 尹后庆.均衡化:教育政策的必然取向[J].上海教育,2002(5)

[17] 尹后庆.我所看到的法国"做中学"科学教育活动[J].上海教育科研,2002(3)

[18] 尹后庆.学校发展阶段及其发展规律[J].中小学管理,2002(3)

[19] 尹后庆.均衡化非划一化[J].上海教育,2002(7)

[20] 尹后庆.均衡化:我们该怎么做[J].上海教育,2002(8)

[21] 尹后庆.为了未来的教育[N].中华读书报,2002-7-31

[22] 尹后庆.教育督导呼唤专业化发展[J].上海教育,2002(17)

[23] 尹后庆.社会变迁中的学校改革——上海地区学校改革问题的调查报告[J].上海教育科研,2002(9)

[24] 尹后庆.名校使命[J].上海教育,2002(19)

[25] 尹后庆.叩诊名校之当代使命三人谈[J].上海教育,2002(20)

[26] 尹后庆.21世纪历史名校的使命[J].教育发展研究,2002(11)

[27] 尹后庆.适应教育改革发展推动督导工作创新[J].上海教育,2003(3)

[28] 尹后庆.德育的任务:建设师生的精神家园[J].上海教育科研,2003(2)

[29] 尹后庆.基础教育创新需要强调的几个方面[J].科学咨询(教育科研),2003(3)

[30] 尹后庆.以高品质的教育为建设高品位的浦东服务[J].上海教育,2004(7)

[31] 尹后庆.改革进取,勇破难题[J].上海教育,2004(9)

[32] 尹后庆.追求完整的人的教育的积极探索[J].异步教学研究,2004(5)

[33] 尹后庆.关注教育改革的前沿问题[J].上海教育科研,2004(8)

[34] 尹后庆.聚焦于教学 致力于行动[J].素质教育大参考,2004(8)

[35] 尹后庆.关注核心领域,促进内涵发展,全面提高初中教育[A].上海市教育委员会 上海市人民政府教育督导室.民心工程:上海市加强初中建设工程成果巡礼[C].上海:华东师范大学出版社,2005

[36] 尹后庆.创新精神培养和基础教育创新[A].顾明远.挑战与应答:世纪之交的中国教育变革[C].福州:福建教育出版社,2005

[37] 尹后庆.学校文化建设琐谈[J].教育参考,2005(4)

[38] 尹后庆.让浦东名校走进"世界地图"[J].上海教育,2005(9)

[39] 尹后庆.浦东新区:东沟托管尝试体制创新[J].上海教育,2005(17)

[40] 尹后庆."管办评联动"机制创新研究——基于上海浦东教育改革的探索[J].教育发展研究,2006(20)

[41] 尹后庆.在政府职能转变中完善教育督导体系[A].上海市人民政府教育督导室.督学风范——上海建立教育督导制度20周年回顾与展望[C].上海:上海教育出版社,2007

[42] 尹后庆.打造开放、多样、优质的学前教育,努力办好让人民满意的学前教育[J].早期教育(教师版),2007(1)

[43] 尹后庆.在头脑激荡中凝练真知灼见[J].上海教育,2007(14)

[44] 尹后庆.从管理到治理:活力的城市追求有活力的教育[J].教育参考,2007(8)

[45] 尹后庆.深化课程与教学改革 全面提高教育质量[J].上海教育科研,2007(9)

[46] 尹后庆.为了未来的教育[J].上海教育,2007(20)

[47] 尹后庆.加强基础教育科学管理的战略举措[N].中国教育报,2007-12-17(3)

[48] 尹后庆.提高教学有效性要抓好校长、教师两个关键[J].现代教学,2008(7)

[49] 尹后庆.从教育管理走向教育治理——政府转变管理职责方式的思考[J].上海教育科研,2008(1)

[50] 尹后庆.校长要有教育家办学的精神[J].上海教育科研,2008(2)

[51] 尹后庆.校长应以教育家精神办学[J].上海教育,2008(6)

[52] 尹后庆.教学改革呼唤教师教学价值观的转变——由两则案例引发的思考[J].全球教育发展,2008(4)

[53] 尹后庆."以人为本"推动教育进一步解放思想[J].上海教育,2008(9)

[54] 尹后庆.改进备课要做到五个"关注"[J].现代教学,2008(7)

[55] 尹后庆.一项让百姓分享发展成果的普惠制度[J].上海教育,2008(17)

[56] 尹后庆.大幅提高生均教育经费整体水平——上海市教委副主任尹后庆谈城市义务教育免费[N].中国教育报,2008-9-07(2)

[57] 尹后庆.为城市发展目标集聚势能[J].教育与职业,2008(31)

[58] 尹后庆.教育家办学的思考与实践——兼议上海市薄弱学校委托管理改革[J].云南教育(视界时政版),2008(10)

[59] 尹后庆.教育服务的制度架构与民办教育制度创新[J].教育发展研究,2008(22)

［60］尹后庆.完善课程实施体系 提高基础教育品质［J］.现代教学,2008(12)

［61］尹后庆.提高校长课程领导力［J］.现代教学,2009(1)

［62］尹后庆.建立和完善公共教育服务体系的思考［J］.教育发展研究,2009(1)

［63］尹后庆.为青少年学生架起迈向未来社会的坚固桥梁——上海基础教育应对全球化浪潮的思考和举措［J］.上海教育科研,2009(1)

［64］尹后庆.充分发挥社会资源在教育中的作用［J］.上海教育,2009(3)

［65］尹后庆.推进教育发展均衡化的几点思考［EB/OL］. http://www.moe. gov.cn/publicfiles/business/htmlfiles/moe/moe_915/200509/12162.2009 - 2 - 04

［66］尹后庆.点评《一场输不起的战争》［A］.鹿永建.一场输不起的战争:2008 山东素质教育［M］.北京:中国社会科学出版社,2009

［67］尹后庆.中招零志愿按1:1投档更公平——市教委副主任尹后庆昨为考生在线"支招"［N］.天天新报,2009 - 4 - 14

［68］尹后庆.校长文化自觉与教育创新［J］.上海教育,2009(10)

［69］尹后庆.构建特教支持保障体系,推进特殊教育现代化［J］.现代特殊教育, 2009(5)

［70］尹后庆.上海学前教育挑战及发展对策［N］.人民政协报,2009 - 5 - 02(C02)

［71］尹后庆.校长文化自觉与教育创新［N］.天津教育报,2009 - 6 - 03(3)

［72］尹后庆."委托管理":政府从"运动员"到"裁判员"的转型［N］.人民政协报,2009 - 6 - 17(C01)

［73］尹后庆.一把钥匙打开一把心灵之锁［N］.中国教育报,2009 - 6 - 27(3)

［74］尹后庆.政府教育公共服务职能须在校长办学过程中实现［J］.上海教育, 2009(14)

［75］尹后庆.教育发展与文化弘扬相得益彰［N］.中国教育报,2009 - 7 - 27(2)

［76］尹后庆.政府履责下的放权改革［J］.中国改革,2009(8)

［77］尹后庆.校长与教育创新［J］.山西教育,2009(9)

［78］尹后庆.这里充满改革活力［N］.中国教育报,2009 - 9 - 22(1)

［79］尹后庆.职业生涯指导:让中职生赢在职场［N］.中国教育报,2009 - 10 - 10(3)

［80］尹后庆.提升"研究学生"能力是教师职业生涯的永远追求［J］.上海教育, 2009(23)

［81］尹后庆.上海普通高中改革的时代命题和发展路径［J］.上海教育科研，2009(11)

［82］尹后庆.落实教育公共服务关键在校长［N］.中国教育报,2009－12－19(2)

［83］尹后庆.关注农村中小学教育信息化应用推进,促进基础教育均衡化发展［J］.教育传播与技术,2010(1)

［84］尹后庆.向高中开放大学课程［N］.羊城晚报,2010－1－06(B8)

［85］尹后庆.加强教学质量评价 还原教育丰富内涵［J］.现代教学,2010(1)

［86］尹后庆.有效教学:一个历久弥新的时代命题［N］.中国教育报,2010－1－22(7)

［87］尹后庆.提升校长课程领导力是深化课改的关键［J］.基础教育课程,2010(1、2)

［88］尹后庆.论三维目标的三个特征［J］.上海师范大学学报基础教育版,2010(1)

［89］尹后庆.加强课程领导:现实的挑战与应对的策略［J］.上海教育科研,2010(3)

［90］尹后庆.慈善源于爱［J］.大众心理学,2010(4)

［91］尹后庆.历史名校肩负改革重任——《名校春秋》序［J］.上海教育,2010(8)

［92］尹后庆.创新公共教育管理模式推进区域教育发展［N］.文汇报,2010－4－25(8)

［93］尹后庆.教育国际化:影响着未来国家的软实力［J］.上海教育,2010(12)

［94］尹后庆.教育从研究学生开始［J］.现代教学,2010(7)

［95］尹后庆.以科学发展观为指导 积极推进特殊教育事业［EB/OL］.http://www.shdisabled.gov.cn/clinternet/platformData/infoplat/pub/disabled_132/docs/200903/d_155236.html

［96］尹后庆.聚焦课程领导 推进课程改革［J］.现代教学,2010(9)

［97］尹后庆.以"项目"为载体,深化课程教学改革［J］.上海教育,2010(22)

［98］尹后庆.校长课程领导力:当前基础教育内涵发展的重大命题［J］.基础教育课程,2010(12)

［99］尹后庆.可持续发展教育聚焦素质教育战略主题［N］.中国教育报,2011－01－15(4)

［100］尹后庆.课程是学生全部学校生活的总和［J］.基础教育课程,2011(1)

［101］尹后庆.在上海市中小学幼儿园教育信息化工作先进集体和先进工作者

表彰会暨上海市教育技术协会 2010 年年会上的讲话[J].教育传播与技术,2011(1)

[102] 尹后庆.上海"二期课改"为学生的终身发展奠基[J].基础教育课程,2011(1、2)

[103] 尹后庆.伙伴合作教研的创新价值[J].上海教育科研,2011(2)

[104] 尹后庆.站在新起点:上海基础教育的历史方位与内涵要义——基于六个典型案例的思考[J].上海教育,2011(6)

[105] 尹后庆.好学校的标准[J].上海教育科研,2011(8)

[106] 尹后庆.关注人的发展是优质学校的核心[J].上海教育,2011(12)

[107] 尹后庆.卷首语[J].现代基础教育研究,2011(2)

[108] 尹后庆.关注教育转型期校长课程领导力的提升问题[J].现代教学,2011(7、8)

[109] 尹后庆.课程是研究学生的最佳载体[J].上海教育,2011(14)

[110] 尹后庆.提高保教质量:要重视研究和解读幼儿——尹后庆谈实施《上海市学前教育三年行动计划(2011—2013 年)》[J].上海托幼,2011(9)

[111] 尹后庆.上海基础教育转型发展的责任担当与现实使命[J].教育发展研究,2011(18)

[112] 尹后庆.在课程的浸润下激活每个学生的创新因子[J].基础教育课程,2011(10)

[113] 尹后庆.要能改变孩子的内心世界[N].新民晚报,2011-10-10(A22)

[114] 尹后庆.上海基础教育需要定期"健康体检"[J].上海教育,2011(21)

[115] 尹后庆.办孩子们喜欢的学校[N].中国教育报,2011-11-14(2)

[116] 尹后庆.为松江区《现代学校课程与教学的有效管理》一书作序[A].潘惠琴,常生龙.现代学校课程与教学的有效管理[C].上海:同济大学出版社,2012

[117] 尹后庆.让每一所家门口学校都优质——上海 PISA 成绩世界第一后的理性思考与实践作为[J].中国教育学刊,2012(1)

[118] 尹后庆.推进综合改革试点项目　深化上海基础教育转型发展[J].上海教育科研,2012(2)

[119] 尹后庆.办孩子们喜欢的学校[J].教书育人,2012(11)

［120］尹后庆.以"绿色指标"引导基础教育科学发展［J］.现代教学,2012(7、8)

［121］尹后庆.改革学业质量评价　推动基础教育转型［J］.教育发展研究,2012
　　　(15－16)

［122］尹后庆.信息化助推教育转型［J］.上海教育,2012(30)

［123］尹后庆.让幼儿在"健康教育"的浸润中健康成长［A］.邵乃济,邱晓云.播
　　　种"健康"——上海市实验幼儿园"健康教育"课程领导篇［C］.上海:上海
　　　教育出版社,2012

［124］尹后庆.校本课程的价值追求和实践探索［J］.上海教育,2013(1)

［125］尹后庆.读懂学生:新时代教师最重要的基本功［J］.现代教学,2013(1)

［126］尹后庆.上海普教科研的历史贡献与未来期望［J］.上海教育科研,2013(1)

［127］尹后庆.感受实验室里的创新脉动［J］.上海教育,2013(4、5)

［128］尹后庆.家校互动是转型时期上海中小学校的主动作为［J］.上海教育,
　　　2013(7)

［129］尹后庆.读懂学生:新时代教师最重要的基本功［J］.上海教育,2013(11)

［130］尹后庆.培养学生迎接未来挑战——21世纪基础教育课程改革的国际趋
　　　势［J］.上海教育,2013(14)

［131］尹后庆,金忠明,倪闽景,徐淀芳,李明.高中国际课程政策挑战与应对
　　　［J］.现代教学,2013(6)

［132］尹后庆.上海义务教育的均衡发展［J］.上海教育评估研究,2013(2)

［133］尹后庆.准确理解学科育人是课程改革深化的必然要求［J］.现代教学,
　　　2013(7、8)

［134］罗阳佳.让课程领导力真正成为学校的"软实力"专访上海市教委巡视员
　　　尹后庆［J］.上海教育,2013(21)

［135］尹后庆.以体制机制创新深化家校互动［J］.未来教育家,2013(7、8)

图书在版编目（CIP）数据

上海教育丛书：典藏版.综合卷 / 上海教育丛书编
辑委员会编. — 上海：上海教育出版社，2023.8
ISBN 978-7-5720-2197-8

Ⅰ.①上… Ⅱ.①上… Ⅲ.①地方教育－基础教育
－教育改革－上海－丛书 Ⅳ.①G639.2-51

中国国家版本馆CIP数据核字(2023)第234567号

总 策 划　缪宏才
执行策划　刘　芳
统　　筹　公雯雯
责任编辑　张志筠
整体设计　陆　弦